Scotch Whisky – Herstellung und Geschichte

Ralf Zwanziger

Scotch Whisky –
Herstellung und Geschichte

Eine Reise über 500 Jahre

Bibliografische Information der Deutschen Nationalbibliothek: Die Deutsche Nationalbibliothek verzeichnet diese Publikation in der Deutschen Nationalbibliografie; detaillierte bibliografische Daten sind im Internet über dnb.dnb.de abrufbar.

Lektorat: Michael Firschke

Verlag: BoD · Books on Demand GmbH, Überseering 33, 22297 Hamburg, bod@bod.de
Druck: Libri Plureos GmbH, Friedensallee 273, 22763 Hamburg

ISBN: 978-3-7693-3848-5

Inhaltsverzeichnis

Vorwort

Wenn man in einem Buchladen nach Büchern über Whisky sucht, findet man neben Michael Jacksons „Malt Whisky – das Standardwerk" vor allem Bücher, die verschiedene Whiskybrennereien und deren Produkte beschreiben. Außerdem gibt es Bücher, die Tipps für ein Whisky-Tasting geben oder Reiserouten beschreiben, auf denen man verschiedene Brennereien auf einer Rundreise besuchen kann. Klar, da sind auch ein paar interessante Bücher dabei, einige davon stehen auch bei mir im Regal. Whisky ist ja die Spirituose mit den meisten Varianten und Sorten weltweit. Aber warum ist das so? Woher kommt diese Vielfalt? Und wer steckt eigentlich hinter den ganzen Produkten? Diese Infos findet man nur selten. Wie lange gibt es Whisky schon? Wie hat sich die Herstellung verändert? Und wer sind die wichtigen Leute und Erfinder in der Whiskybranche? Kurz gesagt: Wie ist die Geschichte von Whisky? Leider gibt es dazu bisher nur wenig Literatur, zumindest im deutschsprachigen Raum.

Ich fand die Geschichte des Whiskys, vor allem des schottischen Whiskys, ziemlich interessant. Wenn man hier Infos sucht, kommt man allerdings um englischsprachige Literatur nicht herum. Da gibt es jede Menge Bücher und Zeitschriftenartikel, aber kaum Bücher, die die Geschichte des Whiskys von den Anfängen bis heute umfassend darstellen. Deswegen habe ich mich entschlossen, das zu ändern. Das Ergebnis halten Sie in den Händen.

Die größte Herausforderung war, dass die einzelnen Werke, die als Grundlage für dieses Buch dienten, oft widersprüchliche Angaben machen. Vor allem bei Jahreszahlen vor 1900 und Namen von Personen kommt dies häufig vor. Ich habe mich, wo es ging, bemüht, bei widersprüchlichen Aussagen wenigstens zwei Quellen zu finden, die die gleiche Information teilen. Ich habe bei den einzelnen Aussagen keine jeweilige Quelle angegeben, stattdessen finden Sie alle verwendeten Quellen im Literaturverzeichnis am Ende des Buches. Auch die Auszüge aus dem britischen Staatsarchiv zu früheren Gesetzestexten, Untersuchungsberichten und ähnlichen Dokumenten waren sehr hilfreich. Danke an dieser Stelle an die entsprechenden Mitarbeiter, die mir ohne viel Bürokratie und zu relativ günstigen Gebühren geholfen haben.

Whisky wird mittlerweile in vielen Ländern der Welt hergestellt. Neben Schottland und Irland sind vor allem die USA, Kanada, Japan und Indien wichtige Produzenten. Auch Deutschland gehört mittlerweile zu den Ländern, in denen Whisky hergestellt wird. Diese Länder sind jedoch nicht Gegenstand dieses Buches. Stattdessen möchte ich mich hier ganz besonders auf die Geschichte des Whiskys aus Schottland konzentrieren. An einigen Stellen werde ich auch einen kleinen Abstecher nach Irland machen, wenn es für die Geschichte wichtig ist.

Bei meinen Recherchen zu diesem Buch ist mir immer wieder aufgefallen, wie sehr die Behörden über die Jahrhunderte hinweg gegen Schwarzbrenner und Schmuggler ankämpften, vor allem in der Zeit bis zum Ende des 19. Jahrhunderts. Es gibt so viel Material, Erzählungen, Berichte und Folklore zu diesem Thema, dass man damit ein weiteres Buch füllen kann –

vielleicht tue ich das auch irgendwann. In diesem Buch konnte ich das Thema jedoch nur an verschiedenen Stellen streifen.

Dieses Buch besteht aus zwei Teilen und einem Anhang. Im ersten, kleineren Teil beschreibe ich die Herstellung von Whisky und stelle die Unterschiede zwischen heutigen Produktionstechniken und vergangenen Methoden dar. Hier hat sich über die Jahrhunderte viel verändert. In diesem Teil werden auch viele Fachbegriffe und Techniken erklärt, deren Erfindung dann im geschichtlichen Teil auftaucht. Der zweite, weit größere Teil des Buches ist der Geschichte des schottischen Whiskys gewidmet. Wir begeben uns auf eine spannende Reise, die mit der ersten Erwähnung von Whisky beginnt und im 21. Jahrhundert endet. Im Anhang habe ich unter anderem auch noch eine Übersicht der im Buch verwendeten, alten Maßeinheiten zusammengestellt, damit Sie sich besser zurechtfinden.

Ich wünsche Ihnen viel Freude und spannende Momente auf Ihrer Reise durch die faszinierende Geschichte des Whiskys.

Die Herstellung von (Malt-)Whisky

Seit es Whisky gibt, hat sich an der Herstellung dieses Getränks eigentlich nicht viel geändert. Die Methoden wurden natürlich modernisiert, die Brennanlagen sind heute größer und anders aufgebaut und die Herstellungsprozesse laufen größtenteils automatisch. Die einzelnen Schritte bei der Herstellung sind aber gleich geblieben. Die Herstellung ist in viele aufeinander aufbauende Schritte unterteilt, die ich auf den nächsten Seiten vorstellen möchte. Jeder dieser Arbeitsschritte prägt den Geschmack des Whiskys zu einem gewissen Teil, mal mehr, mal weniger. Das Zusammenspiel aller Schritte macht am Ende den Charakter einer Brennerei aus. Deshalb sind Whiskys so vielseitig.

Ich schreibe bei den Fachbegriffen jeweils die englischen Bezeichnungen in Klammern dazu. Wenn Sie einmal die Gelegenheit haben, eine Whiskybrennerei in Schottland zu besichtigen, werden Ihnen diese Begriffe begegnen. Für einige Fachbegriffe gibt es in der deutschen Sprache nicht einmal passenden Wörter. Nehmen wir zum Beispiel die „Würze", die wir vom Bierbrauen her kennen. Bei der Whiskyherstellung gibt es dafür zwei Begriffe: Die Würze wird zunächst als „wort" bezeichnet und wandelt sich nach Zugabe von Hefe und durchlaufener Gärung zu „wash". Im Deutschen wird die bei der Bierherstellung vergärende Flüssigkeit in allen Phasen nur als „Würze" bezeichnet.

Wenn Sie sich die einzelnen Schritte der historischen Herstellung von Whisky im Rahmen eines Urlaubs in Schottland ansehen möchten, können Sie das übrigens in der „Dallas Dhu Historic Distillery" tun. Sie finden sie am Südrand des Städtchens Forres in den Highlands, die genaue Adresse lautet: Mannachie Road, Forres, Morayshire, IV36 2RR. Die 1898 gegründete Dallas Dhu hat bis zum Jahr 1983 als Whiskybrennerei gearbeitet, wurde dann aber geschlossen. Im Gegensatz zu vielen anderen ehemaligen Brennereien wurde die Dallas Dhu aber nicht abgerissen. Die alten Geräte und Gebäude wurden restauriert und renoviert und fünf Jahre später als Museum wiedereröffnet. Als Besucher kann man allein durch die historische Brennerei laufen, sich in jedem Bereich beliebig lange aufhalten und mithilfe eines mehrsprachigen Audioguides interessante Hintergründe erfahren. So kann man auch Bereiche sehen, die Besuchern in einer arbeitenden Brennerei normalerweise nicht zugänglich sind.

Erst seit den 1950er Jahren arbeiten Whiskybrennereien durchgehend über das gesamte Jahr. Vor dieser Zeit gab es eine Brenn-Saison, die nur vom 1. Oktober bis etwa Ende Mai ging. Die Gründe dafür waren vier Probleme, die im Sommer auftauchten.

Zuallererst gab es Probleme mit der Rohstoffversorgung, denn im Sommer war günstige Gerste schwer zu bekommen. Im September wurde auch früher schon geerntet, aber die Möglichkeiten der Trocknung und sicheren Lagerung, wie wir sie heute kennen, gab es damals noch nicht. Außerdem gab es im Sommer teilweise Wasserknappheit, auch im sonst so nassen Schottland. So musste man die Gerste und das Wasser dann verwerten, wenn beides reichlich vorhanden war, also nach einer eventuellen Trockenperiode, besonders aber nach der Ernte im Herbst.

Als zweites Problem haben sich die oft zu hohen Außentemperaturen erwiesen. Im Sommer war es schwierig, den Mälzprozess zu kontrollieren. Die Gärung verlief auch unterschiedlich gut, weil die Maischen oft zu warm waren. Dadurch war die Qualität der Maischen nicht immer gleich. Natürlich gab es früher auch keine Möglichkeit, wie heute im großen Stil zu kühlen.

Drittens gab es im Sommer weniger oder gar keinen Brennstoff, um die Brennblasen zu heizen. Die meisten Anlagen wurden mit Torf (peat) geheizt, der aber hauptsächlich im Mai und Juni gestochen wird und dann mehrere Monate trocknen muss, damit er überhaupt brennt. Wenn im April oder Mai der Vorrat des Vorjahres an Brennstoff aufgebraucht war, konnte nicht mehr produziert werden. Es gab einfach keine Möglichkeit, die Brennblasen zu befeuern. Das änderte sich erst mit der Industrialisierung, als man auch auf Kohle zurückgreifen konnte.

Das vierte und sicher nicht das kleinste Problem waren die Arbeitskräfte, die im Frühling und Sommer einfach knapp wurden. Viele von ihnen arbeiteten in der Landwirtschaft und hatten in dieser Jahreszeit einfach genug auf dem Hof zu tun. Dort musste Torf gestochen werden, Aussaat und Ernte standen an, Heu musste gemacht werden und so weiter. Erst ab Herbst wurde es ruhiger, wenn die Ernte eingefahren war. Diese als „silent season" bekannte Auszeit für die Whiskyproduktion wurde erst nach dem Zweiten Weltkrieg abgeschafft. Der Grund: Durch die aufkommende Automatisierung wurde weniger Arbeitskraft benötigt. Außerdem war Gerste das ganze Jahr über in ausreichender Menge verfügbar. Und bestimmte Anlagenteile konnten im Sommer gekühlt werden. Seitdem stoppen die Brennereien die Produktion nur noch für ein paar Wochen, um nötige Reparaturen und Renovierungsarbeiten zu erledigen.

Aber genug der Vorrede, kommen wir zum Wesentlichen. Als erstes beschreibe ich, welche Zutaten für die Herstellung von Whisky gebraucht werden. Danach erkläre ich, wie Whisky hergestellt wird. Dabei werde ich auch einen Blick darauf werfen, wie sich die Arbeitsweisen im Laufe der Zeit verändert haben. Schließlich ist auch die Whiskyherstellung ein Handwerk, das sich weiterentwickelt hat. Die modernsten Brennereien arbeiten inzwischen vollautomatisiert und mit sehr wenig Personal – dank Computertechnik. Es gibt aber auch noch Brennereien, die auf Handarbeit setzen und auf Computertechnik weitgehend verzichten. Die Brennerei Wolfburn zum Beispiel ist eine „handwerkliche" Brennerei, die erst 2013 fertiggestellt wurde und die gleichzeitig die nördlichste Brennerei des schottischen Festlands ist. Nur die Temperatur beim Maischen wird hier per Computer überwacht und geregelt. Alle anderen Schritte laufen hier ab wie früher.

Die Zutaten des Malt Whiskys

Ein Malt Whisky besteht im Prinzip nur aus drei Zutaten: Wasser, Gerste und Hefe. Außerdem muss man sich noch den Herstellungsprozess und die Reifung im Fass ansehen. Beides wird in diesem Kapitel genauer erklärt. Trotz dieser eigentlich sehr wenigen Parameter schmeckt jeder Malt Whisky anders. Selbst innerhalb einer einzigen Brennerei kann eine neue Charge ganz anders schmecken als die vorherige. Sogar wenn der Whisky aus dem gleichen Brennvorgang stammt, kann er ganz unterschiedlich schmecken, je nachdem, in welchem Fass er anschließend gelagert wird. Und auch die Art und Weise, wie die einzelnen Schritte durchgeführt werden, hat Einfluss auf den Geschmack.

Wasser ist bei der Herstellung eigentlich ein zweigeteilter Rohstoff. Wasser wird zum einen gebraucht, um die Gerste einzuweichen, die Maische anzusetzen und um am Ende die Alkoholstärke des fertigen Whiskys auf einen bestimmten Wert zu verdünnen. Zum anderen wird Wasser an verschiedenen Stellen während der Herstellung zum Kühlen gebraucht. Dieses Wasser wird auch Prozesswasser genannt und kommt mit dem eigentlichen Getränk nicht in Berührung. Meistens kommt es aus Bächen, Flüssen oder Seen, denn es besteht beim Prozesswasser kein besonderer Anspruch an Reinheit. Kein Wunder, dass sich Brennereien gern in der Nähe von Wasserläufen oder Seen ansiedeln. Die Qualität des Prozesswassers hat keinen Einfluss auf das Endprodukt, nur die Temperatur spielt dabei eine kleine Rolle, wie wir noch sehen werden. Das A und O ist aber, dass immer genug Prozesswasser vorhanden ist. Wenn es zum Beispiel aus einem Bach kommt, der in einem heißen Sommer austrocknet, kann in diesem Fall nicht weiter produziert werden.

Beim Wasser, das direkt für die Herstellung verwendet wird, sieht die Sache natürlich ganz anders aus, da es letztendlich in der gekauften Flasche landet. Dieses Wasser kommt meistens aus Quellen oder Brunnen. In vielen Fällen wird die Quelle sogar auf den Internetseiten der Brennereien angegeben. Quellwasser gibt es in verschiedenen Härtegraden. Weiches Wasser bedeutet, dass darin nur wenige Mineralien gelöst sind. Wenn das Wasser dann noch über oder durch Gestein fließt, löst es dabei einen gewissen Anteil an Mineralien aus dem Gestein. Es wird dadurch härter, und zwar umso mehr, je länger es mit dem Gestein in Kontakt ist. Die meisten Brenner denken, dass weiches Wasser besser ist als hartes. Deshalb zapfen sie das Wasser möglichst nahe an der Quelle ab. Einige Brenner schwören auch auf härteres Wasser, weil sie glauben, dass mehr Mineralien den Whisky würziger machen. Egal ob hart oder weich – alle Brenner sind sich einig, dass das Wasser absolut rein sein muss. Es darf keine organischen Rückstände, Mikroorganismen oder Verschmutzungen enthalten.

Weitere Zutaten kommen dann ins Spiel, wenn sie im Herstellungsprozess zum Einsatz kommen. Sobald das Getreide geerntet und gedroschen ist, startet der eigentliche Prozess.

Mälzen des Getreides

Whisky ist ein Destillat, das aus vergorenem Getreidebrei gewonnen wird. Das klingt jetzt vielleicht nicht sehr lecker, ist aber genau so. Als erstes wird ein Bier (ale) hergestellt. Dafür eignet sich Gerste am besten, die zunächst gemälzt werden muss. Einige Getreidesorten wie Hafer, Weizen oder Roggen verderben nach der Ernte schnell, wenn sie nicht sofort sorgfältig getrocknet werden. Dafür sind Bakterien verantwortlich, die die äußeren Hüllen und Spelzen durchdrungen und so ins Innere des Korns gelangen können. Aus solchem Getreide eine Maische herzustellen, ist immer ein Kampf gegen Schimmel und Bakterien. Hafer ist etwas besser geeignet, aber auch hier sind die Spelzen nur locker am Korn festgewachsen und fallen leicht ab, wenn man den Hafer nicht sorgfältig behandelt. Bei Gerste ist das anders, da sind die Spelzen sehr stabil und undurchlässig für schädliche Substanzen, Bakterien oder wilde Hefen. Das

Korn hat nur einen kleinen „Zugang" in Form eines Lochs am Ende, durch das die Wurzel beim Keimen wächst. Gerste hat sich über die Jahrhunderte hinweg als das Getreide der ersten Wahl für Whisky und Bier erwiesen, weil das Korn eine besonders stabile Hülle hat.

Ein weiterer Grund dafür ist, dass die Enzyme, die man für den Vorgang des Mälzens (malting) braucht, nur in der Gerste in ausreichender Menge vorhanden sind. Brenner, die auf andere Getreidesorten setzen, brauchen also immer auch eine gewisse Menge Gerstenmalz. Man kann auch noch andere Getreidesorten zur Gerste hinzufügen, zum Beispiel Roggen oder Mais. Hier geht es aber erst einmal nur um Gerste, denn die wird für den Malt Whisky benötigt, der ja sozusagen das „Königsprodukt" ist. Übrigens: Schon in der Antike wusste man, dass man aus gemälzter Gerste und Hefe Bier herstellen kann.

Eine gute Zeit für einen Besuch in Schottland ist Ende August bis etwa Mitte September, wenn die dort vorherrschenden und manchmal äußerst lästigen Insekten namens „highland midges" ihre Aktivität bereits nahezu eingestellt haben. Dann können Sie auch die vollen Getreidefelder und die Ernte in der Gegend nördlich von Inverness auf der Halbinsel Black Isle bewundern. Wie an vielen Orten auf der Welt wird das Korn dann von den Ähren befreit und in Kornspeichern gelagert. In großen Lastwagen wird es dann das ganze Jahr über je nach Bedarf an die Brennereien geliefert. Dank moderner Trockentechniken kann man das Getreide heute sicher und ohne Gefahr des Schimmelbefalls lange genug lagern.

Die Gerstenkörner, die in der Brennerei angeliefert werden, werden erst einmal einer Qualitätskontrolle unterzogen. Danach kommen sie ins Gerstenlager (barley loft). Das Lager ist in der Regel im oberen Bereich des Gebäudes untergebracht. Früher war das eine ziemlich anstrengende Tätigkeit, säckeweise Getreide nach oben zu transportieren. Heute wird die Gerste ohne Säcke und in großen Lebensmittel-Lastwägen angeliefert und aus diesen ins Gerstenlager geblasen – ganz ohne mühsames schleppen von Säcken.

Die Gerste ist bei der Anlieferung trocken (hat also etwa zehn bis zwölf Prozent Wasseranteil) und inaktiv. In diesem Zustand ist sie längere Zeit lagerfähig. Ein Gerstenkorn besteht hauptsächlich aus Stärke, dazu kommen noch Fette, Eiweiße, Mineralstoffe und andere Spurenelemente. Die Stärke dient normalerweise dem entstehenden Keim als Nahrung. Alkoholische Gärung funktioniert aber nur mit Zucker, nicht mit Stärke. Deshalb muss das trockene Getreide erst einmal ein Verfahren durchlaufen, bei dem sich die Struktur des Korns ändert. Dieses Verfahren nennt man Mälzen. Dabei werden die harten Zellwände des Korns, die die Stärke umgeben, aufgebrochen. In seinem Buch „Miscellany of Whisky" vergleicht Charles MacLean den Vorgang passenderweise mit dem Auswickeln eines Bonbons vor dem Verzehr.

Wenn man die Biochemie betrachtet, sieht man, dass Zucker und Stärke ziemlich ähnlich sind. Stärke besteht nämlich aus langen Ketten von Zuckermolekülen. Um diese Ketten aufzuspalten, kommt das Getreide zunächst in große Holzbehälter (steeps). Dann wird mehrmals Wasser eingeleitet und wieder abgelassen. Das Einweichen (steeping) wird über die Dauer von zwei bis drei Tagen fortgeführt, abhängig von Jahreszeit, Wetter und Gerstenart. In dieser Zeit saugen sich die Körner voll Wasser. So wird der komplexe Wachstumsvorgang ausgelöst und ein natürliches, im Korn vorhandenes Enzym, die zu den Amylasen gehörende Diastase, dazu angeregt, die Stärke in Zucker aufzuspalten. Das passiert durch den Kontakt mit Luftsauerstoff beim Ablassen des Wassers. Dem Korn wird dabei quasi vorgegaukelt, jetzt sei Frühling. Es beginnt nun zu keimen, denn eigentlich soll ja aus ihm eine neue Pflanze entstehen, wenn es auf den Boden fällt und vom Regen benetzt wird.

Jetzt wird das Korn, das inzwischen einen Wassergehalt von fast 50 % hat, durch Öffnungen in den Böden der Holzbehälter in den darunterliegenden Malzboden (malting floor) geschaufelt. Dort wird es in einer dicken Schicht von etwa einer Handbreite auf dem Malzboden ausgebreitet. Man spricht davon, dass das Korn dabei „atmet". Während des Mälzens atmet das Korn tatsächlich wie ein Mensch, es nimmt dabei Sauerstoff auf und gibt Kohlendioxid ab. Der gesamte Mälzprozess dauert zwischen vier und 14 Tagen. Die genaue Dauer hängt wieder davon ab, welches Korn verwendet wird und wie warm es ist. Beim Mälzen entstehen die kleinen Wurzelfasern, mit denen sich der neu entstehende Halm normalerweise im Boden verankern würde.

Während des gesamten Mälzprozesses muss das Korn regelmäßig gewendet werden. Andernfalls besteht die Gefahr, dass die oberen Körner austrocknen und absterben, während die unteren anfangen zu schimmeln oder die ganze Masse verklumpt, wenn sich die entstehenden Keime ineinander verhaken. Durch das Wenden (turning the piece) wird sichergestellt, dass alle Körner gleichmäßig keimen. Außerdem kann so die beim Keimen entstehende Wärme, die am Boden der Kornschicht am höchsten ist, besser abgeleitet werden.

Früher wurde das feuchte Getreide traditionell in Handarbeit gewendet, indem man es mit hölzernen Schaufeln (shiels oder malt shovels) hochgeworfen hat – ein- bis zweimal täglich. Für diese ziemlich anstrengende Arbeit gab es eigens die sogenannten „malt turner". Oft hatten sie durch die hohe körperliche Belastung auch Schleimbeutelentzündungen in den Schultern. Viele haben sich durch die immer wiederkehrenden, gleichförmigen Bewegungen mit der Malzschaufel, die sie oft über Jahrzehnte ausführten, eine Krankheit zugezogen, die im Volksmund den Begriff „Monkey Shoulder" hatte. Das führte praktisch dazu, dass sich das Skelett dauerhaft und ziemlich schmerzhaft verformte. Auf dem Whiskymarkt gibt es einen Blended Malt, der in Erinnerung an die Arbeiter und die mit ihrem Beruf verbundene Krankheit ebenfalls „Monkey Shoulder" heißt. Auf dem Rückseitenetikett wird erklärt, woher der Begriff kommt. Die Krankheit heißt wissenschaftlich RSI-Syndrom (Abkürzung für: Repetitive-Strain-Injury-Syndrom). In abgeschwächter Form gibt es die Krankheit heute noch (umgangssprachlich: Sekretärinnenkrankheit, Maus-Arm).

Norman Morrison, ein früherer Mitarbeiter der Brennerei Talisker, der seit Anfang der 1970er Jahre dort arbeitete, erzählt in Gavin D. Smiths Buch „Stillhouse Stories, Tunroom Tales" von seinen Erfahrungen mit dem Wenden des Malzes: „Das war meine erste Stelle bei Talisker. Damals hatte fast jede Brennerei noch ihren eigenen Malzboden. Wir hatten gleich zwei Malzscheunen mit je zwei Malzböden, die jeweils mit etwa 20 Tonnen Malz gefüllt wurden. Wenn es im Sommer richtig heiß und stickig war, habe ich lieber die Nachtschicht übernommen. Die Gerste spross wie verrückt. Wir mussten sie oft wenden, damit die Keime sich nicht ineinander verknoten. Von 10 Uhr abends bis 6 Uhr früh warst du allein, hattest aber selten viel Zeit zum Ausruhen. So hart habe ich vorher noch nie gearbeitet. Wenn du dann morgens nach Hause kamst, bist du einfach umgefallen und hast geschlafen."

Später, im Zuge der Industrialisierung, wurden dann natürlich Maschinen erfunden, die die keimende Gerste mit Motorkraft wenden konnten. Sie sehen ein bisschen aus wie Motorhacken. Eine weitere Methode, um die Gerste zum Keimen zu bringen, war die Erfindung der Saladin-Box. Sie wurde Ende des 19. Jahrhunderts von einem Franzosen namens Charles Saladin konstruiert, der damit auch gleichzeitig Namensgeber war. Die Körner werden hier nicht auf einem Malzboden verteilt, sondern kommen in einen großen, langgestreckten Behälter, der meistens aus Stein oder Beton besteht. Oben sind korkenzieherförmige Quirle angebracht, die sich über die ganze Länge des Behälters auf Schienen bewegen. Diese ziehen die Körner dann mit Drehung vom Boden der Box nach oben, ähnlich wie bei den Knethaken eines Handmixers. Dadurch wird das Getreide umgerührt und gewendet. Das Wenden erfolgte zwei- bis dreimal täglich. Der Vorteil ist, dass die Saladin-Box weniger Platz braucht als ein Malzboden. Man kann das Getreide nämlich bis zu einem Meter hoch einfüllen, während es auf dem Malzboden nur in einer etwa zehn Zentimeter dicken Schicht liegt.

Etwa zur selben Zeit haben die Ingenieure noch eine weitere Methode entwickelt, um die Gerste mit Maschinen zu mälzen. Die Idee war, eine Methode zu finden, mit der man das Getreide gleichmäßiger und mit einer konstanten Temperatur mälzen kann. Das A und O dabei ist die Belüftung. Nicholas Galland hat dann ein System aus gusseisernen Zylindern (drums) entwickelt, die per Druckluft belüftet wurden. In den 1890er Jahren hat dann der schottische Ingenieur R. Blair Robertson das System noch weiter verbessert. So entwickelte sich das Trommelmälzverfahren (drum malting), wie es auch genannt wird, um 1900 zum gängigsten Mälzverfahren. Hierbei kommt eine große, rotierende Trommel zum Einsatz, in der die Gerste keimt. Das Getreide wird dabei schonender gewendet, weil die Trommel sich nur langsam dreht. Durch Löcher in der Trommel wird Luft eingeblasen, um die gewünschte Temperatur einzustellen. Anfangs konnten die Trommeln zwischen zwei und zehn Tonnen Getreide fassen, aber sie wurden schnell weiterentwickelt. Malz wird heute noch mit genau dieser Technik großindustriell hergestellt.

Der Keimprozess dauert so lange, bis die Zellwände des Korns aufgebrochen sind. Dabei verändert sich die Struktur des Korns (modification), es wird weich und breiig. Erfahrene Mälzer (maltmen) beißen in ein Korn und erkennen, wie weit der Keimvorgang schon fortgeschritten ist. Sie spüren, ob die Textur schon weicher ist und ob sich Süße gebildet hat. Wenn der Keim etwa halb so lang ist wie das Korn selbst, wird der Mälzprozess verlangsamt, indem die Schicht an Körnern dünner ausgelegt wird als bisher. So bildet sich weniger Stauwärme und das Wachstum geht langsamer vonstatten. Über das Ende des Mälzvorgangs sagte einmal ein alter Mälzer: „Fertig bist du, wenn du mit den Körnern deinen Namen auf die Wand schreiben kannst" – weil das Korn nun weich und kreidig ist.

Am Ende des Mälzprozesses könnte der aus aufgespaltener Stärke entstandene Malzzucker für das Wachstum der neu entstehenden Pflanze sorgen. An dieser Stelle muss der Keimprozess unterbrochen werden, da der Zucker, der für die Pflanze nur ein Zwischenprodukt darstellt, sonst weiter in Zellulose umgewandelt wird. Das versucht der Mälzer zu vermeiden, denn der Zucker soll ja für die alkoholische Gärung zur Verfügung stehen. Den perfekten Zeitpunkt dafür kennt der Mälzer durch seine Berufserfahrung. Das Ziel ist, auf der einen Seite möglichst viel Zucker zu gewinnen und auf der anderen Seite den Keimungsprozess nicht zu weit voranzutreiben. Am Ende dieser Phase hat man sogenanntes „grünes Malz" (green malt), weil die kleinen Keime dem Ganzen eine insgesamt grüne Färbung verleihen.

Jetzt wird der Mälzprozess unterbrochen, indem der Mälzer dem Korn das anfangs zugesetzte Wasser wieder entzieht. Das gekeimte Korn wird aufgesammelt und in die Malzdarre (drying kiln) gebracht, wo es getrocknet wird (kilning, to kiln-dry). Dazu wird das Ganze auf engmaschigen Rosten in einer Schicht von 30 bis 60 cm Höhe ausgebreitet, worunter ein Feuer (kiln fire) entfacht wird. Die heiße Luft, die dabei entsteht, dringt durch die Roste und trocknet so die gekeimte Gerste. Der Rauch wird über die Pagodendächer der Schlote abgeführt, die das typische Erscheinungsbild einer Whiskybrennerei ausmachen.

Der Mälzer muss darauf achten, dass die aufsteigende Luft aus dem Ofen nicht über 70 °C heiß wird. Das würde nämlich die Diastase zerstören, aber dieses Enzym wird für den nächsten Schritt der Herstellung noch benötigt. Die Hitze, die nach oben steigt, beendet zum einen den Mälzprozess, indem sie das Korn trocknet. Zum anderen werden Pilze und Keime durch die Hitze unschädlich gemacht. Dadurch kann das getrocknete Malz besser und länger gelagert werden als die ursprüngliche, ungemälzte Gerste.

Wie auch zum Heizen von Häusern hat man früher in Schottland oft Torf (peat) für das Darrfeuer verwendet, vor allem in den Highlands und auf den Inseln, wo es keine Kohle gab und Torf an vielen Stellen ausreichend vorhanden war. So bekam das Malz diese typische, phenolartige Rauchnote, die man auch im fertigen Produkt noch deutlich schmeckt. Vom englischen Wort „peat" für Torf kommt auch der Ausdruck „peated whisky" für einen Whisky, der nach Torfrauch schmeckt. Früher war das Torfstechen eine wichtige Aufgabe in jeder Brennerei, weil die Gerste ja noch rein mit Torf gedarrt wurde. Die Torfbrocken mussten mit dem Spaten aus dem Torffeld abgestochen werden. Als nächstes mussten die Torfbrocken, die nach dem Stechen triefnass sind, getrocknet und anschließend gelagert werden. Die Trocknung dauerte etliche Wochen bis Monate. Im Sommer, wenn die Brennereien traditionsgemäß sowieso nicht liefen, hat jeder Brennereimitarbeiter Torf gestochen, teilweise wurden sogar zusätzlich noch Saisonarbeiter dafür beschäftigt. Denn es musste ja eine so große Menge getrocknet und eingelagert werden, dass der Vorrat dann für die gesamte Brennsaison reichte. Und natürlich brauchte jeder auch noch Torf, um den eigenen Hof zu beheizen.

An dieser Stelle ein paar Informationen zum Thema „rauchiger Whisky" und Torf, denn in diesem Produktionsschritt entsteht das Raucharoma. Teilweise wird auch heute noch bei der Trocknung des Malzes Torf als geschmacksbildendes Element zugesetzt, wenn man in bestimmten Whiskys genau diese rauchige Note haben möchte. Doch was ist Torf eigentlich und wie entsteht er? Und warum ist der Rauch von brennendem Torf anders als der Rauch eines Kohlefeuers? Der Entstehungsprozess wird wissenschaftlich „Inkohlung" (coalification) genannt. Abgestorbene Pflanzenteile fallen in der Natur zu Boden und verrotten. In einem Moor herrschen dabei besondere Bedingungen: stehendes Wasser, wenig Sauerstoff und ein saures Milieu. Dies führt dazu, dass die Pflanzenteile nicht vollständig verrotten, wie es zum Beispiel auf einem Waldboden der Fall ist. Dies kann man in einem Torfmoor an den Stellen sehen, an denen Torf gestochen wird: Im oberen Bereich ist der Torf heller und noch sehr faserig. In tieferen Schichten wird der Torf dunkler, verdichtet sich und man sieht immer weniger Pflanzenteile. Da die grünen Pflanzen, die auf einem Moor wachsen, absterben, wächst die Torfschicht kontinuierlich. Das Wachstum ist jedoch sehr langsam und beträgt nur etwa einen Millimeter pro Jahr. Der richtig dunkle Torf aus tieferen Schichten braucht viel Zeit, um zu entstehen, etwa 10.000 Jahre. Aus solchem Torf wird nach Jahrmillionen zunächst Braunkohle und nach etwa 500 Millionen Jahren schließlich Steinkohle.

Je älter die Substanz wird, desto mehr Kohlenstoff enthält sie. Während Holz zu etwa 50 Prozent aus Kohlenstoff besteht, sind es bei Torf bis zu 60 Prozent und bei Steinkohle schließlich rund 90 Prozent. Dementsprechend hat Torf einen deutlich höheren Anteil an anderen Elementen, vor allem Wasserstoff- und Sauerstoff-Stickstoff-Verbindungen. Insbesondere die Elemente Wasserstoff und Sauerstoff sind für den typischen, medizinischen Geruch von über Torfrauch geräuchertem Malz verantwortlich. Sie bilden nämlich zusammen mit Kohlenstoff sogenannte Phenole. Phenol, chemisch exakt heißt es Hydroxybenzol, wurde früher häufig als Desinfektionsmittel in Krankenhäusern verwendet, daher kommt der Begriff „medizinischer Rauch" bei getorften Whiskys. Neben Phenolen bilden sich im Torf auch noch weitere aromatische Verbindungen. Wird Torf verbrannt, werden diese Verbindungen freigesetzt und reichern das Malz und damit später den Whisky mit den entsprechenden Aromen an.

Die meisten dieser aromatischen Verbindungen entweichen, wenn der Torf nicht mit heller Flamme brennt. Deshalb werden die brennenden Torfstücke mit Wasser abgelöscht, wodurch ein Schwelbrand und infolgedessen dicker Rauch aus Wasserdampf und echtem Rauch entsteht, der besonders reich an Aromen ist und sich auf den Gerstenkörnern niederschlägt. Mit reinem Torffeuer trocknet heute allerdings niemand mehr die gemälzte Gerste, weil das fertige Produkt für den heutigen Geschmack einfach zu stark nach Torf schmecken würde. Je mehr Phenole sich auf dem Malz niedergeschlagen haben, desto mehr schmeckt der fertige Whisky danach.

Der Phenolgehalt von Whiskys wird in „phenolic parts per million" (ppm) angegeben und kann mit Hilfe eines Flüssigkeitschromatographen im Malz oder im fertigen Brand gemessen werden. Dabei ist zu beachten, dass der Phenolgehalt im Malz immer höher ist als im fertigen Brand, wo er nur noch knapp die Hälfte des Wertes wie im Ausgangsmalz beträgt. Außerdem nimmt der Phenolgehalt während der Lagerung des Whiskys weiter ab. Stark getorfte Whiskys wie Ardbeg oder Laphroaig haben etwa 40 bis 55 ppm Phenolgehalt im Malz bzw. 20 bis 25 ppm im frischen Brand (newmake), um eine Größenordnung zu haben. Der am stärksten getorfte Whisky auf dem Markt dürfte derzeit der Octomore mit einem Phenolgehalt von über 100 ppm sein, doch ist ein so hoher Wert tatsächlich selten. Übrigens: Der größte Torfverbrauch geht vor allem auf die Vergangenheit zurück, als Torf auch zum Heizen der Häuser verwendet wurde. Heute wird Torf nur noch zu einem geringen Teil im Darrfeuer verwendet, so dass der Verbrauch durch die Whiskyindustrie nur noch etwa 0,1 % der Menge beträgt, die in den schottischen Mooren nachwächst.

Nun aber wieder zurück zum Herstellungsprozess. Das Darren wird fortgeführt, bis nur noch etwa drei bis fünf Prozent Restfeuchte vorhanden sind. Das dauert etwa zwei Tage. Der Keimvorgang wäre zwar schon vorher gestoppt, aber die Körner dürfen nur noch diese Restfeuchte aufweisen, weil sie sonst nicht gemahlen werden können. Dafür müssen die Körner trocken und spröde sein, ähnlich wie Kaffeebohnen in einer Kaffeemühle. Wenn die Trockenzeit vorbei ist, ist das Malz bröckelig und kann gut und lange gelagert werden. Je spröder am Ende der Trocknung das Korn ist, desto weiter war der Grad der „modification" schon fortgeschritten.

Am Ende dieses Produktionsschritts hat man gemälzte Gerste (malted barley), meist nur Malz (malt) genannt. Deshalb heißt Whisky, der nur aus gemälzter Gerste und nicht aus beispielsweise Roggen (rye) hergestellt wurde, auch „malt whisky". Die kleinen Wurzeln (malt culms), die sich beim Keimen gebildet hatten, sind nach diesem Arbeitsschritt vertrocknet und braun. Sie werden dann in einer Maschine (dressing machine) entfernt. Manchmal werden sie noch als Tierfutter verwendet, in der Regel aber als biologischer Abfall entsorgt oder als Dünger verwendet.

Früher haben die meisten Brennereien noch selbst gemälzt. Ironischerweise sind die schönen Pagodendächer, das Wahrzeichen jeder Whiskybrennerei, heutzutage bei den meisten Brennereien eigentlich überflüssig. Denn wo nicht mehr selbst gemälzt wird, findet auch kein Trocknungsprozess unterhalb dieser Pagoden mehr statt. Heute beziehen nämlich die meisten Brennereien ihr Malz von Firmen, die sich darauf spezialisiert haben. Ein Beispiel ist die 1967 eröffnete „Burghead Maltings" in Burghead an der Nordküste Schottlands, eine der größten Mälzereien in ganz Europa. Hier arbeiten ganze 48 Trommeln mit je 60 Tonnen Kapazität. Die Firma übernimmt das Einweichen, Mälzen und Trocknen des grünen Malzes. Das Malz, das hier jedes Jahr hergestellt wird, reicht rechnerisch für 135 Millionen Flaschen Whisky. Aber natürlich gehören auch Bierbrauer zu den Kunden der Malzfirmen.

Eine weitere Mälzerei befindet sich in Muir of Ord, direkt am Rande der Black Isle, einer Halbinsel, die als Kornkammer Schottlands gilt. Die „Glen Ord Maltings" beliefern nicht nur die gleichnamige Brennerei mit Malz, sondern auch Talisker und andere Brennereien der Diageo-Gruppe. Eine dritte Malzquelle hat einen kleinen Sonderstatus, denn es handelt sich um die Mälzerei der ehemaligen Brennerei Port Ellen auf der Insel Islay. Hier wird seit 1983 kein Whisky mehr gebrannt, aber die Mälzerei ist noch in Betrieb und beliefert einige andere Brennereien auf der Insel. Port Ellen gehört ebenfalls zum Diageo-Konzern, der auf Islay die Brennereien Lagavulin und Caol Ila betreibt und diese natürlich bevorzugt mit Malz aus Port Ellen beliefert.

Über eigene Mälzereien verfügen in Schottland derzeit noch Bowmore, Kilchoman und Laphroaig, alle auf der Insel Islay, sowie Balvenie (Speyside), Springbank (Campbeltown), Highland Park (Orkney) und einige weitere. Aber auch diese Brennereien kaufen teilweise Malz aus anderen Quellen zu. Dies ist darauf zurückzuführen, dass viele Brennereien im Laufe der Zeit vergrößert wurden, um der steigenden Nachfrage nach Whisky gerecht zu werden, die Malzböden aber nicht weiter ausgebaut wurden. Generell ging der Trend seit den 1960er Jahren stark dahin, keine eigenen Mälzereien mehr zu betreiben, sondern das Malz ausschließlich von externen Firmen zu beziehen. Die weltweite Nachfrage nach Whisky stieg in dieser Zeit so stark an, dass sich der Betrieb eigener Mälzereien nicht mehr lohnte oder die vorhandenen Mälzereien zu wenig ertragreich waren.

Auch die in Schottland angebaute Gerste reichte längst nicht mehr aus, um den enormen Bedarf der Brennereien zu decken, zumal Gerste neben Whisky auch zur Bierherstellung verwendet wird. Da Gerste aber in vielen Ländern angebaut wird, importiert Schottland einen Teil der verwendeten Gerste und teilweise sogar fertiges Gerstenmalz aus anderen Ländern.

Mahlen in der Malzmühle

Der nächste Schritt für die gemälzte Gerste ist das Mahlen in der Malzmühle. Obwohl die meisten Brennereien keine eigene Mälzerei mehr betreiben, mahlen sie ihr Malz auch heute noch selbst. Dies mag auch daran liegen, dass eine Malzmühle wesentlich weniger Platz benötigt als der gesamte Mälzprozess.

Das bedeutet, dass in den meisten Brennereien das Malz heute fertig per Lastwagen angeliefert wird und der erste Schritt zur Whiskyherstellung tatsächlich das Mahlen, auch Schroten genannt, ist. Das Mahlen ist sehr staubintensiv, weshalb in diesem Bereich der Brennerei in der Regel keine Besucher zugelassen sind. Oder besser gesagt, es wird einfach nicht gemahlen, wenn Besucher anwesend sind, denn das wäre für diese gesundheitsschädlich. Das Personal, das dort arbeitet, hat natürlich die entsprechende Schutzausrüstung, aber für die Besucher steht diese nicht zur Verfügung.

Das angelieferte Malz ist krümelig und spröde. Um die Mühlen nicht zu beschädigen, kommt das Malz zunächst in einen Steinentferner (stone extractor, de-stoner). Hier werden eventuell vorhandene Steinchen entfernt, die die Mähdrescher mit den Ähren aus dem Feld geholt haben und die auch nach dem Dreschen teilweise noch zwischen den Körnern verbleiben. Anschließend gelangen die getrockneten Körner über einen Trichter in die eigentliche Malzmühle. Ziel des Mahlens ist es, die einzelnen Körner so weit zu zerkleinern, dass im nachfolgenden Prozess möglichst viel Zucker herausgelöst werden kann, der dann für die Gärung zur Verfügung steht.

Tatsächlich gab es nur zwei große Hersteller von Malzmühlen in Großbritannien. Wenn Sie eine Brennerei besuchen, die über eine eigene Malzmühle verfügt, ist es sehr wahrscheinlich, dass sie entweder von der Firma Porteus stammt, die ursprünglich in Leeds (England) ansässig war, bevor sie von der „Hull engineering company" übernommen wurde, oder von der Firma Robert Boby Ltd Engineers, Bury St. Edmunds (ebenfalls England, etwa 40 km östlich von Cambridge). Beide Firmen stellten Malzmühlen her, die für ihre lange Lebensdauer bekannt waren. Kein Wunder also, dass die meisten Mühlen, die heute noch in Betrieb sind, aussehen, als wären sie aus einem Museum entwendet worden. Tatsächlich arbeiten diese Mühlen seit vielen Jahrzehnten zuverlässig.

Leider war die Qualität der Mühlen auch der Fluch dieser beiden Firmen. Die Mühlen waren so zuverlässig, dass praktisch nie neue Anlagen angeschafft werden mussten, so dass sich die beiden Firmen selbst überflüssig machten und vom Markt verschwanden. Fast alle

Malzmühlen, die heute in Whiskybrennereien in Betrieb sind, sind Generationen alt. Die jüngsten dürften aus den 1970er Jahren stammen. Malzmühlen waren für Brennereibesitzer eine Investition für das Leben, und fast alle haben die Schließung der Brennerei, für die sie angeschafft wurden, überlebt. Danach fanden sie oft als Gebrauchtmaschinen in einer anderen, vielleicht neu eröffneten Brennerei eine zweite Verwendung. Geplante Obsoleszenz, bei der die Hersteller Geräte absichtlich so konstruieren, dass sie irgendwann (idealerweise kurz nach Ablauf der Garantie) kaputt gehen, war damals einfach noch nicht erfunden.

Abb. 1: Malzmühle bei Glendronach, hier ein Modell von Robert Boby Ltd.

Die Tatsache, dass beide Hersteller nicht mehr existieren, führt dann zu großen Problemen, wenn doch einmal ein Defekt an einer Mühle auftritt. Ersatzteile sind dann nur sehr schwer zu bekommen. In den meisten Fällen müssen sie extra angefertigt werden, was deutlich teurer ist, als ein vorrätiges Ersatzteil kosten würde. Und natürlich bedeutet eine solche Reparatur dann auch einen längeren Ausfall für die gesamte Brennerei, sobald der Vorrat an gemahlenem Malz aufgebraucht ist.

Die Mühlen beider Hersteller arbeiten nach dem gleichen Prinzip. Das eingefüllte Malz muss zunächst ein Gittersieb passieren, in dem größere Teile als das eigentliche Korn nochmals ausgesiebt werden. Solche Fremdkörper sind z.B. Strohhalme, früher vielleicht auch mal eine tote Maus. Außerdem sind Magnete angebracht, um eventuell vorhandene Metallteile aus dem Mahlgut zu entfernen. Die Mühle selbst besteht aus zwei Walzenpaaren, wobei das erste Paar die Schale des Korns aufbricht und das zweite Paar das Korn zerkleinert. Unter jedem Walzenpaar befindet sich ein speziell geformtes Buchenholzbrett, das im Falle einer Selbstentzündung des Mehls eine Staubexplosion verhindern soll, indem es den Mahlraum verschließt.

Der Mahlgrad ist einstellbar und reicht von grobem Schrot (grist) über feinen Grieß (grit) bis hin zu Mehl (flour). Wird das Mehl zu fein gemahlen, verstopft es im nachfolgenden Prozess Behälter, Siebe und Rohrleitungen. Zu grob gemahlenes Malz hingegen kann den Zucker nicht optimal verwerten und herauslösen. Als ideal gilt eine Mischung aus 15 bis 20 Prozent Spelzen, 70 bis 80 Prozent mittelgrobem Schrot und fünf bis zehn Prozent feineren Partikeln und Mehl. Die jeweiligen Gewichtsanteile im Mahlgut werden mit einer so genannten Shuttle-Box ermittelt. Sie besteht aus einem Holzkasten mit zwei eingelassenen Sieben, einem feinen unten und einem gröberen oben. Eine abgewogene Menge Mahlgut wird in die Box gegeben und geschüttelt. Anschließend werden die einzelnen Ebenen geleert und gewogen. Dann wird die Malzmühle so lange verstellt, bis das für die Brennerei ideale Verhältnis der Mahlgrade erreicht ist.

Das Ergebnis dieses Arbeitsschrittes, also die Mischung der oben genannten Anteile, wird Malzschrot oder kurz Schrot (grist) genannt und nun dem nächsten Prozessschritt zugeführt.

Maischen und alkoholische Gärung

Bei diesem biologischen Prozess wandeln bestimmte Hefen den Malzzucker in Alkohol um. Dieser Vorgang ist bei allen alkoholischen Getränken gleich, egal ob es sich um Wein, Bier, Schnaps, Rum oder Whisky handelt. Bei Getränken mit geringerem Alkoholgehalt wie Wein, Bier und Sekt ist das Getränk nach Abschluss der Gärung im Prinzip fertig - abgesehen von nachgelagerten Prozessen, die Aussehen und Geschmack verbessern, wie Klärung und Lagerung. Bei stärkeren Alkoholika wie Obstbränden, Weinbränden, Whisky, Rum, Wodka und dergleichen wird durch Destillation ein noch höherer Alkoholgehalt erreicht - dazu später mehr.

Während z. B. beim Wein einfach der Saft der ausgepressten Trauben (beim Rotwein werden anfangs auch die Schalen mitverwendet) in einen Gärbehälter gegeben und vergoren wird, ist beim Whisky (und auch beim Bier) noch ein weiterer Schritt notwendig, nämlich das Einmaischen (mashing). Dies geschieht in großen metallenen Maischebottichen (mash tuns), die heute mit einem mechanischen Rührwerk (mash rake) ausgestattet sind. Maischebottiche für die Whiskyherstellung sehen aus wie überdimensionale Teekessel. In manchen Brennereien sind sie außen noch mit Holz verkleidet, aber die Bottiche selbst sind heute alle aus Edelstahl, da sie die gleiche Funktion wie ein echter Teekessel haben.

Der Malzschrot wird im Maischebottich mit einer bestimmten Menge Wasser (je nach Brennerei zwischen 4.000 und 9.000 Liter pro Tonne Malzschrot) bei einer Temperatur von 63 bis 68 °C zu einem Brei vermischt. Dieser Brei wird Maische (mash) genannt und während des gesamten Prozesses ständig gerührt, heute natürlich mit motorgetriebenen Rührwerken. Die Temperatur des zugegebenen Wassers ist hoch genug, um den Zucker und andere Inhaltsstoffe aus dem Malzschrot herauszulösen, aber noch nicht so hoch, dass die noch vorhandenen Enzyme zerstört würden. Denn neben dem bereits gebildeten Malzzucker enthält das Korn noch viel Stärke, die beim Mälzen nicht vollständig umgewandelt wurde. Durch das erneute Einweichen werden die Enzyme wieder aktiviert und setzen so den beim Mälzen begonnenen Umwandlungsprozess von Stärke in Zucker fort.

Dies ist auch aus einem anderen Grund wichtig, denn nur so ist es möglich, einen gewissen Anteil ungemälzter Gerste oder anderer Getreidesorten für die Whiskyherstellung zu verwenden. Hier ist nämlich noch kein Zucker im Mahlgut enthalten, sondern nur die Stärke. Wenn man also in diesem Schritt ungemälztes Getreide hinzufügt, erhält man später Kornwhisky (grain whisky). Verwendet man nur gemälzte Gerste, ist das Endprodukt reiner Malzwhisky (malt whisky). Die Enzyme arbeiten so gut, dass für die Herstellung von Kornwhisky nur etwa 10 % Gerstenmalz zugesetzt werden muss, damit die Umwandlung der Stärke stattfinden kann.

24

Nach einer gewissen Zeit, in der die Temperatur auf 64 °C gehalten und die Maische mit dem Rührwerk ständig umgewälzt wird, wird die Maische von den festen Bestandteilen getrennt. Dies geschieht durch Siebe am Boden des Maischebottichs. Die Flüssigkeit wird in einem Zwischenbehälter (underback) aufgefangen, die festen Bestandteile der Maische verbleiben im Maischebottich. Nun wird wieder mit Wasser aufgegossen, diesmal bei einer Temperatur von etwa 80 °C. Bei diesen Temperaturen können die Enzyme nicht mehr arbeiten und werden zerstört. Ziel dieses „Waschvorgangs" ist es aber auch nur, den restlichen Zucker aus der Maische zu lösen, denn die Stärke ist nun bereits fast vollständig in Zucker umgewandelt. Auch dieses Gemisch wird nach einiger Zeit wieder durch das Sieb von den festen Bestandteilen getrennt, die Flüssigkeit wandert zum „ersten Aufguss" in den Zwischenbehälter.

Was sich nun in diesem Zwischenbehälter befindet, ist die sogenannte Würze (wort). Vielleicht kennen Sie den Begriff „Stammwürze" vom Bier. Die Stammwürze bezeichnet die Menge des gelösten Malzzuckers und entspricht dem Mostgewicht bei der Weinherstellung. Die Würze wird im nächsten Schritt in den Gärtanks vergoren. Doch noch ist es nicht so weit. Ein drittes Mal wird die Maische mit Wasser aufgegossen, nun bei Temperaturen um 90 °C. Dadurch werden auch der letzte Zucker und die letzten verwertbaren Inhaltsstoffe aus dem Getreide gelöst. Diese nun relativ zuckerarme und dünne Lösung nennen die Bierbrauer Glattwasser (sparge). Sie wird nicht in den Gärbottich gegeben, sondern in der nächsten Charge beim ersten Waschvorgang mitverwendet.

Die festen Bestandteile, die sich nun noch im Maischebottich befinden, werden Treber oder Trester (draff) genannt. Der Trester wird mit Schaufeln aus dem Maischebottich entfernt. Weggeworfen wird er aber nicht, denn er enthält zwar keinen Zucker mehr, aber andere wertvolle Stoffe wie Eiweiß und Ballaststoffe. Deshalb wird er in spezialisierten Betrieben getrocknet und zu Viehfutter verarbeitet. Zu Pellets gepresst und getrocknet ist das Produkt lange lagerfähig. Früher, als dies noch nicht möglich war, wurde der Trester sofort an die Bauern abgegeben, die damit ihr Vieh über den Winter brachten.

Die Geschwindigkeit, mit der die Würze aus der Maische abgezogen wird, beeinflusst den Geschmack des Whiskys. Wird die Würze langsam abgelassen, erhält der Brenner eine klarere Würze als bei einem schnellen Ablassen, bei dem eine eher trübe Würze entsteht, da mehr feste Bestandteile, die so genannten Trubstoffe, mitgerissen werden. Ein Whisky aus einer solchen trüben Würze weist später Getreidearomen auf, die einem Whisky aus einer klareren Würze fehlen.

Zurück zur Würze aus den ersten beiden Aufgüssen. Aus Gründen der Energie- und Zeitersparnis wird sie heute in Gegenstromkühlern auf Raumtemperatur abgekühlt und in die Gärtanks (washbacks) geleitet. Als es früher diese Kühler noch nicht gab, wartete man einfach ab, bis die Würze abgekühlt war. Heute wird die beim Abkühlen gewonnene Wärme zum Vorwärmen der nächsten Charge an Würze verwendet.

Die Gärbottiche sind manchmal noch aus Holz, heute aber meist aus Edelstahl und fassen in der Regel einige zehntausend Liter. Hölzerne Behälter sind natürlich schwieriger zu reinigen, aber einige Brennereien schwören auf sie, weil in ihnen neben der alkoholischen Gärung noch andere mikrobiologische Prozesse ablaufen. Diese erzeugen weitere, oft fruchtige Aromen, die sich später im fertigen Whisky wiederfinden.

Die Größe der Gärbottiche ist wirklich beeindruckend, wenn man bei einer Brennereibesichtigung zum ersten Mal davorsteht, auch wenn man die wahre Größe gar nicht gleich abschätzen kann. Man sieht nämlich nur den großen Durchmesser von drei Metern und mehr, nicht aber die Höhe der Behälter, die gut sechs Meter betragen kann. Das liegt daran, dass man bei den Führungen die Behälter nur von einem Arbeitsboden aus sehen kann, der sich etwas mehr als einen Meter unter der Oberkante befindet - eben so, dass die Arbeiter bequem einsteigen können, um die Behälter zu reinigen. In einigen Brennereien ist es möglich, einen Blick in den unteren Bereich (underfloor) zu werfen, wodurch die gesamte Größe der Gärbehälter deutlich wird. Größere Gärbottiche werden mit einigen zehntausend Litern Maische pro Gärvorgang gefüllt, in kleineren Brennereien können es auch nur 2.000 Liter sein.

Für die alkoholische Gärung wird neben der zuckerhaltigen Würze auch Hefe benötigt, da die Hefepilze den Zucker in Alkohol und Kohlendioxid umwandeln. In einem Edelstahltank werden dazu getrocknete Hefeblöcke (yeast) mit lauwarmem Wasser vermischt und so die Hefepilze aktiviert. Diese milchige Flüssigkeit wird nun in die Gärtanks mit der Würze gegeben, was auch der Grund für die vorherige Kühlung der Würze ist, denn ab einer bestimmten Temperatur würden die empfindlichen Hefezellen absterben. Bei Temperaturen um 20 °C fühlen sie sich jedoch wohl, und in den folgenden Tagen wandeln die sich rasch vermehrenden Hefezellen den gelösten Zucker in Alkohol um.

Die Gärbottiche werden nur bis etwa 2/3 ihrer Höhe gefüllt, da die Würze durch die Gärung und die dabei entstehende Kohlensäure stark zu brodeln und zu schäumen beginnt. Würde man die Gefäße ganz füllen, würde die Würze während der Gärung „überkochen". Um das Überschäumen im Moment der heftigsten Gärung zu verhindern, wurde seit dem späten 18. Jahrhundert ein rotierender Arm (switcher) an der Oberseite der Gärbottiche angebracht, der den Schaum zerstörte, bevor er den oberen Rand des Bottichs erreichen konnte. Davor war es Aufgabe der Arbeiter, den Schaum regelmäßig mit Heidebesen zu zerstören.

Bis zu diesem Punkt ist der Prozess fast identisch mit dem der Bierherstellung. Für ein Bier würde nun noch Hopfen als Geschmacksgeber hinzugefügt, der gleichzeitig als Konservierungsmittel dient und das Bier haltbar macht.

Neben Alkohol und CO_2 entstehen bei der Gärung in geringem Umfang weitere Nebenprodukte (congeners): Verschiedene Ester, Aldehyde, Säuren und höherwertige Alkohole. Sie sind entscheidend für den Geschmack des Whiskys. Insbesondere die Ester liefern eine Vielzahl von Fruchtaromen, die dem späteren Whisky seine Geschmacksvielfalt verleihen.

Während der zwei- bis viertägigen Gärung werden die Gärbehälter mit Deckeln verschlossen, um das Eindringen von Verunreinigungen zu verhindern. Das Endprodukt der Gärung ist ein stärkeres Bier mit einem Alkoholgehalt von sieben bis zehn Volumenprozent, je nach dem ursprünglichen Zuckergehalt der Würze, der Art der verwendeten Hefe, der Temperatur und der Dauer der Gärung. Die so gewonnene alkoholische Flüssigkeit wird im Englischen als „wash" bezeichnet, einen deutschen Begriff gibt es dafür nicht.

Beim Wein ist die Gärung beendet, wenn genügend Alkohol entstanden ist, um die Hefezellen abzutöten. Zu diesem Zeitpunkt ist noch eine gewisse Menge Restzucker gelöst. Das ist beim Wein auch notwendig, denn sonst wäre der Wein so sauer, dass man ihn nicht mehr genießen könnte - das gilt auch für trockene Weine, die in der Regel noch 5 bis 9 Gramm Zucker pro Liter enthalten. Anders bei der Whiskyherstellung: Hier endet die Gärung, wenn der gesamte gelöste Zucker zu Alkohol vergoren ist. Die Hefezellen verhungern dann sozusagen, weil ihre Nahrung aufgebraucht ist. Bei der Whiskyherstellung soll der Zucker möglichst vollständig in Alkohol umgewandelt werden, da der Wash am Ende der Gärung nicht zum direkten Verzehr bestimmt ist und daher kein harmonisches Verhältnis zwischen Alkohol und Restzucker benötigt.

Destillation in einer Pot Still

Eine Destillationsanlage für Malt Whisky besteht immer aus zwei, manchmal auch aus drei Brennblasen, die vom Prozess her in Reihe geschaltet sind. Das bedeutet, dass jeder Tropfen Malt Whisky mindestens zweimal destilliert wird. Aufgrund der Bauform einer solchen Brennblase, die entfernt an einen überdimensionalen Kochtopf erinnert, wird sie als „Pot Still" bezeichnet, im Gegensatz zur Säulendestillationsanlage (column still), die für Grain Whisky verwendet wird.

Diese mächtigen, mehrere Meter hohen Kupferbrennblasen beeindrucken durch ihre Größe und Form, die ein wenig an eine stehende Birne oder eine in die Länge gezogene Zwiebel erinnert. Damit sind sie deutlich größer als die vielleicht aus Obstbrennereien bekannten Brennblasen, das Funktionsprinzip ist jedoch das gleiche. Eine Pot Still besteht aus einem großen, runden, manchmal auch kugelförmigen Teil am Boden, dem Unterteil. Darauf sitzt das Oberteil (head), das aus einem sich nach oben verjüngendem Rohr besteht. Dieses kann je nach individueller Konstruktion noch mehrere Einbuchtungen und/oder Verdickungen aufweisen. Allen Pot Stills gemeinsam ist jedoch, dass das Rohr am oberen Ende seitlich in einem Bogen (neck) abknickt und in einem Kupferrohr (lyne arm) endet. Dieses Rohr wird weiter durch die Wand des Brennhauses geführt und endet im Nebenraum in einem Kühler.

Nach Abschluss der Gärung wird die Maische aus den Gärbehältern in einen Zwischenbehälter (wash charger) gepumpt, von dem aus die eigentliche Brennblase für den ersten Brennvorgang befüllt wird. Da hier die vergorene Würze direkt eingefüllt wird, trägt die Brennblase dieser ersten Brennstufe den Namen „wash still". Der englische Begriff „still" wird allgemein für eine Brennblase verwendet. Nach dem Einfüllen der vergorenen Würze in die Brennblase wird das Wasser-Alkohol-Gemisch erhitzt. Die heute am häufigsten verwendete Heizmethode besteht aus einem Kupfer- oder Stahlrohr, das in mehreren Schlangen oder Windungen im Inneren am Boden der Brennblase verlegt ist und nach dem Befüllen direkt von der vergorenen Würze umspült wird. Durch dieses Rohr wird heißer Wasserdampf geleitet, der die Flüssigkeit wie bei einem Tauchsieder erwärmt.

Früher wurde einfach ein Torf- oder Kohlefeuer unter den Brennblasen entzündet, später eine Gasflamme. Während sich eine Gasflamme noch recht gut regulieren ließ, bestand bei kohle- und torfbefeuerten Anlagen immer die Gefahr, dass der Wash in der Brennblase verbrannte, denn er bestand nicht aus einer klaren Flüssigkeit, sondern enthielt durchaus noch Reste von Spelzen, Körnern und Hefe. Und ein verbrannter Wash hatte zur Folge, dass auch das gesamte Destillat verdorben war und nicht mehr verwendet werden konnte. Erst gegen Ende des 18. Jahrhunderts konnte das Problem durch den Einsatz eines Rührwerks gelöst werden, bei dem Stahlketten (rummagers) über den Boden der Brennblase gezogen wurden und die Flüssigkeit während des Erhitzens ständig umrührten. Seit der Einführung der Dampfbeheizung besteht die Gefahr des Anbrennens nicht mehr und die Rührwerke werden in solchen Anlagen nicht mehr eingesetzt.

Bei der Destillation macht man sich den Effekt zunutze, dass die einzelnen Bestandteile (hier Wasser und Alkohol) unterschiedliche Siedetemperaturen haben. Wasser hat eine Siedetemperatur von 100 °C, Ethanol (Alkohol) siedet jedoch bereits bei etwas über 78 °C. Ein Wasser-Alkohol-Gemisch, wie es in der Würze nach der Gärung vorliegt, hat einen Siedepunkt irgendwo zwischen diesen beiden Werten. Wird das Gemisch langsam erhitzt, beginnt es zu sieden und zu verdampfen. Dabei verdampft mehr Alkohol als Wasser, die Alkoholkonzentration der Ausgangslösung sinkt also, der Siedepunkt steigt dadurch leicht an. Um das Sieden aufrechtzuerhalten, muss die Flüssigkeit etwas weiter erhitzt werden, wodurch nun mehr Wasser verdampft. Der Prozess setzt sich fort, wobei die Flüssigkeit im Kessel immer heißer wird und der Dampf immer weniger Alkohol enthält. Der Dampf steigt nach oben und wird über das Kupferrohr in einen Kühler oder Kondensator (condenser) im Nebenraum geleitet. Die Temperatur in der Brennblase kann vom Brenner über ein Ventilrad beeinflusst werden, mit dem er mehr oder weniger Dampf durch das Heizelement strömen lässt. Eine „heißere" Destillation läuft schneller ab, aber die Alkoholabscheidung ist nicht so gut wie bei einer langsamen Destillation. Die Brenngeschwindigkeit beeinflusst also auch den Charakter des Endproduktes.

Es gibt verschiedene Arten von Kühlern. Die gebräuchlichsten sind der Spiralkühler (worm condenser) und der Säulenkühler (tube condenser). Allen Bauformen ist gemeinsam, dass das zunächst als Dampf einströmende Destillat eine längere Strecke in einem Rohr zurücklegen muss, das dabei durch Wasser außerhalb des Rohres gekühlt wird. Durch die Abkühlung kondensiert der Dampf an den Wänden wieder zu einer Flüssigkeit, die am anderen Ende des Kühlers austritt. Heute wird nicht mehr nur gekühlt, sondern die dem Destillat entzogene Wärme an anderer Stelle wieder dem Brennprozess zugeführt, um möglichst energieeffizient zu arbeiten. Früher wurde das Kühlwasser einfach in den Fluss zurückgeleitet.

Ein Spiralkondensator oder Spiralkühler kann gewaltige Ausmaße von mehreren Metern Höhe und Durchmesser erreichen. Im Kühler läuft eine Kupferspirale in einem großen Wasserbad, das unten ständig mit frischem, kaltem Wasser gefüllt wird, während oben das erwärmte Wasser abfließt. Häufig ist der Kühler außerhalb der Brennerei im Freien installiert und doppelt ausgeführt, so dass für jeden Brenngang ein Kühler vorhanden ist. Von außen sehen diese Kühler aus wie große hölzerne Wasserbottiche (worm tubs), weshalb sie manchmal mit Wasservorratsbehältern verwechselt werden.

Abbildung 2: Holzbottiche (worm tubs) für die Spiralkühler der Brennerei Dalwhinnie

Den Säulenkühler (tube condenser oder shell-and-tube condenser) kann auch als Rohrbündelkühler bezeichnet werden. Er ist so aufgebaut, dass ein Bündel dünner Kupferrohre parallel in einem Kupferbehälter angeordnet ist. Auf der einen Seite des Behälters befindet sich ein Einlass für den Dampf. Dieser tritt in den Behälter ein, kondensiert an den Kupferrohren, durch die Kühlwasser geleitet wird, und tropft von dort auf den Boden des Behälters, von wo aus das Destillat abgeführt wird. Der Vorteil dieses Kühlers liegt darin, dass er leichter zu reinigen ist, wenn bei zu starker Destillation etwas überkocht. Außerdem benötigt er weniger Wasser als der klassische Spiralkühler und bietet dem Dampf eine größere Kontaktfläche mit dem Kupfer, was dem Destillat einen reineren und leichteren Charakter verleiht.

Obwohl die Säulenkühler viele Vorteile gegenüber den klassischen Spiralkühlern hatten, setzten sie sich nur langsam durch. Selbst in der Boomzeit nach 1890, als viele neue Brennereien gebaut wurden, setzten die meisten noch die alten Spiralkühler ein. Erst nach dem Zweiten Weltkrieg begann der Siegeszug der Säulenkühler.

Im Kühler, gleich welcher Bauart, ist auch die unterschiedliche Temperatur des Kühlwassers entscheidend. Ist es wärmer, so legt der Dampf insgesamt einen längeren Weg bis zur Kondensation zurück als bei kälterem Wasser, hat also länger Kontakt mit dem Kupfer. Dieses Metall hat aber gleichzeitig eine chemisch reduzierende Wirkung auf bestimmte Bestandteile des Destillats, höherwertige Alkohole, Aldehyde usw. Diese können bei längerem Kontakt besser abgebaut werden, der Whisky wird weicher, verliert aber gleichzeitig bestimmte Geschmacksanteile. Deshalb sagt man auch, dass Winterwhisky mehr Charakter hat, schwerer ist und traditioneller schmeckt, denn im Winter ist das Kühlwasser, das meist aus Flüssen oder Seen stammt, sehr kalt. Die Kondensation des Dampfes erfolgt schneller, der Kontakt des Dampfes mit dem Kupfer ist entsprechend kurz und die Reduktion daher geringer. Ein bekannter Winterwhisky ist der „Dalwhinnie Winter's Gold".

Der Brennvorgang, auch Destillieren (distilling) genannt, kann vom Brennmeister (stillman) durch kleine Fenster im Kupfermantel der ersten Brennblase beobachtet werden. Der Brenner muss darauf achten, dass das Gemisch nicht zu stark kocht, da sich sonst Schaum bildet, der, wenn er zu stark wird, zu hoch aufsteigt und in den Seitenarm eindringt. Dies kann zu einer Verstopfung des nachgeschalteten Kühlers führen, was eine aufwändige und zeitraubende Reinigung nach sich zieht.

Der Destillationsprozess in dieser ersten Stufe wird so lange fortgesetzt, bis fast der gesamte Alkohol durch den Kühler geflossen ist und praktisch nur noch Wasser verdampft. Kontrolliert werden kann dies durch die Temperatur der Flüssigkeit in der Brennblase und durch eine Messeinrichtung, auf die ich später beim „Spirit Safe" noch eingehen werde. Was nun in der Brennblase verbleibt (pot ale, manchmal auch: burnt ale), hat einen Restalkoholgehalt von unter einem Volumenprozent und wird, teilweise zusammen mit dem Trester, zu eiweißhaltigem Viehfutter verarbeitet, teilweise aber auch verworfen. Manchmal wird die abdestillierte Würze auch noch zum Düngen von Feldern verwendet.

Das Ergebnis des ersten Brennvorgangs ist noch lange kein Whisky, denn die Mischung hat jetzt erst einen Alkoholgehalt von etwa 20 bis 25 Vol.%. Im Vergleich zu den sieben bis zehn Volumenprozenten der Maische ist sie aber bereits etwa dreifach konzentriert. Diese erste Destillation dient vor allem dazu, die Wassermenge zu reduzieren, und tatsächlich hat man danach nur noch etwa ein Drittel der Flüssigkeit wie vor dem Brennen. Außerdem ist sie jetzt wasserklar und kann beim nächsten Brennvorgang nicht mehr anbrennen.

Dieses Zwischenprodukt nach dem ersten Brennvorgang nennt man „low wines". Es wird in einen geschlossenen Zwischenbehälter aus Stahl (low wines and feints receiver) geleitet und dort für den zweiten Brennvorgang aufbewahrt. Das „feints" in seinem Namen steht für das englische Wort „Nachlauf", dazu später mehr. Meistens werden im Zwischenbehälter die „low wines" von zwei Brenndurchgängen gesammelt, bevor sie im nächsten Schritt weiterverarbeitet werden.

Das eigentliche Endprodukt wird in einer zweiten Brennblase (spirit still) destilliert. Im deutschen Sprachgebrauch wird diese Stufe manchmal auch Feinbrand-Brennblase genannt. Sie ist in der Regel etwas kleiner als die erste, da das gebrannte Volumen hier geringer ist als beim ersten Durchgang. Ausgangsprodukt sind hier die low wines aus dem ersten Brennvorgang, weshalb die spirit still selten auch als „low wines still" bezeichnet wird.

Die Brennblasen beider Stufen befinden sich in der Regel zusammen in einem gemeinsamen Brennraum (still room). Die Unterscheidung zwischen erster und zweiter Destillation erfolgt durch die Farbe der Rohrleitungen bzw. deren Verbindungen: Rohrverbindungen und Ventile, die mit der Befüllung der Wash Still zu tun haben, sind rot lackiert. Leitungen, die zur Spirit Still führen, sind blau markiert und Leitungen, die den fertigen Brand nach der Spirit Still transportieren, sind schwarz markiert. Die weiß markierten Leitungen führen Wasser. Achten Sie einmal auf dieses Detail, wenn Sie eine Whiskybrennerei besichtigen. Die Farbgebung hat ihren Ursprung in einem Gesetz von 1823, dem „1823 Excise Act". Darin wurde bis ins kleinste Detail festgelegt, wie eine Brennerei aufgebaut sein musste, um den Steuerbeamten die Kontrollen zu erleichtern. Dazu gehörte auch die vorgeschriebene Farbe der Rohrleitungen:

[...] and every pipe to be used in such distillery shall be painted as hereinafter mentioned; that is to say, every pipe for the conveyance of wort or wash shall be painted of a red color, every pipe for the conveyance of low wines or feints shall be painted blue, every pipe for the conveyance of spirits shall be painted black, and every pipe for the conveyance of water shall be painted white [...]

Heute gibt es diese Vorschrift zwar nicht mehr, aber wie so oft hat man sich wohl an die Farbgebung zur besseren Unterscheidung der verschiedenen Leitungen gewöhnt und sie vielerorts beibehalten.

Die Brennblasen selbst unterscheiden sich auch dadurch, dass nur die Wash Still über die erwähnten kleinen Sichtfenster verfügt. In der Spirit Still werden die Low Wines schonender erhitzt, auch findet keine Schaumbildung mehr statt, da hier bereits ein flüssiges Destillat ohne feste Bestandteile vorliegt. Aus diesem Grund ist die Gefahr des „Überkochens" in den Kühlern hier nicht gegeben, so dass auf Fenster in der Brennblase verzichtet werden kann.

Es gibt einige schottische Brennereien, die noch einen dritten Brennvorgang anhängen, üblich sind aber meist nur zwei. Diese Beschreibung bezieht sich daher auf das doppelte Brennen mit zwei Brennblasen. Bei Whiskey aus Irland sind drei Brennvorgänge hingegen die Regel.

Die Form der Brennblasen beeinflusst den Geschmack des Destillats. Eine niedrige, gedrungene Form mit möglichst wenig Einschnitten oberhalb des Flüssigkeitsspiegels (z. B. Birnenform) ergibt einen kräftigeren und intensiveren Geschmack, während eine hohe Form eher einen weicheren und reineren Alkohol ergibt. Hat der Hals einer Brennblase mehr „Ecken und Kanten", so führt dies dazu, dass ein größerer Teil des aufsteigenden Dampfes bereits an diesen Stellen kondensiert und wieder nach unten abfließt. Bei einigen Brennblasen werden daher kugelförmige Ausbuchtungen (reflux balls, boil balls) in den Hals eingearbeitet, um den Rückfluss zu erhöhen. Die Brennerei Balvenie hat die Form ihrer Flaschen diesen Kugeln nachempfunden. Sie weisen ebenfalls eine runde Verdickung im Hals auf.

Die Trennung von Alkohol und Wasser gelingt mit den Refluxkugeln besser als mit einem glatten Hals. Dasselbe gilt für die Höhe der Brennblase. Je höher die Brennblase ist, desto mehr Dampf kann vor Erreichen des Kondensators bereits im Inneren der Brennblase kondensieren und nach unten zurückfließen. Die höchsten Brennblasen hat beispielsweise die Brennerei Glenmorangie mit über fünf Metern Höhe. Sie ist auch für ihre milden Whiskys bekannt. Beispiele für eher kleine und glatte Brennblasen sind Aberlour und Lagavulin.

In den letzten Jahrzehnten haben sich in verschiedenen Ländern, vor allem aber in Österreich und Deutschland, Obstbrenner mehr oder weniger experimentell auch an die Herstellung von Whisky gewagt. Die wenigsten von ihnen haben sich dafür eine eigene Brennblase angeschafft, sondern verwenden für die Destillation ihre gewohnte Obstbrennblase. Das ist der Hauptgrund, warum Whisky aus solchen Brennereien nie so schmeckt wie schottischer Malt Whisky. Den Dämpfen fehlt hier einfach der Weg entlang des katalytisch wirkenden Kupfers. Obwohl solche Whiskys sehr gut schmecken können, schmecken sie nicht wie schottischer Malt Whisky.

Entscheidend für einen guten Whisky ist also das Material der Brennblase. In Schottland wird dafür ausschließlich Kupfer verwendet. Das Kupfer wirkt im Kontakt mit den heißen Dämpfen als Katalysator, der zum Beispiel langkettige Kohlenwasserstoffe in kürzere Ketten spalten kann. Kupfer bewirkt auch eine Reihe von chemischen Reaktionen innerhalb der Brennkammer. Die physikalischen und chemischen Vorgänge, die bei der Destillation ablaufen, sind weitaus komplizierter, als man sie auf wenigen Seiten darstellen kann, und noch sind nicht alle Vorgänge vollständig erforscht. Man weiß nur, dass verschiedene Faktoren die Qualität und den Geschmack des Endproduktes beeinflussen.

Bei einer hohen Brennblase, bei der mehr Reflux stattfindet, ist der Kontakt mit dem Kupfer insgesamt länger, es werden also mehr Bestandteile entfernt als bei einer kleinen, glattwandigen Blase. Aber auch der Brennmeister kann durch die Brenngeschwindigkeit die Länge des Kupferkontaktes beeinflussen. Die Brenngeschwindigkeit hat somit einen direkten Einfluss auf den Geschmack des Whiskys. Eine Charge wird in der Regel in einem Zeitraum von vier bis acht Stunden in der Brennblase verarbeitet. Wird nur langsam gebrannt, also eher auf der langen Seite des Zeitspektrums, gelangen weniger unerwünschte Fuselöle aus den Low Wines in das Endprodukt. Andererseits erhält das Destillat dann auch weniger Eigengeschmack, d.h. weniger vom Charakter des verwendeten Getreides und anderen in der Maische gelösten Bestandteilen.

Über die Form der Brennblasen wird seit langem diskutiert. Tatsächlich gibt es keine ideale Form für eine Brennblase, aber es ist unbestritten, dass die typische Form, die eine bestimmte Brennerei gewählt hat, den Charakter ihres Whiskys bestimmt. Wenn eine Brennerei beispielsweise expandiert, wird sie versuchen, neue Brennblasen zu erwerben, die in Form und Größe möglichst genau den alten entsprechen. Wichtig zu wissen ist auch, dass der Charakter eines Whiskys fast ausschließlich durch die zweite Destillation in der Spirit Still entsteht. Der Grund dafür ist, dass diese Destillation sehr viel langsamer und vorsichtiger abläuft als die erste in der Wash Still, bei der es vor allem darum geht, die Menge zu reduzieren und die Alkoholkonzentration zu erhöhen

Zu Beginn dieses Kapitels hatte ich geschrieben, dass bei der Destillation wegen der unterschiedlichen Siedepunkte zuerst der Alkohol und dann zunehmend das Wasser verdampft. Das ist richtig, nur besteht die vergorene Würze nicht nur aus einem Gemisch von Alkohol und Wasser, sondern aus viel mehr Stoffen, die einerseits schon in den Ausgangsprodukten enthalten waren und andererseits als Nebenprodukte bei der Gärung entstanden sind. Da sind zum einen die Geschmacksträger, die man im fertigen Whisky haben möchte. Es gibt aber auch Bestandteile, die man möglichst nicht im Whisky haben möchte, zum Beispiel die bereits erwähnten Fuselöle. Diese entstehen bei der alkoholischen Gärung als Nebenprodukte des Stoffwechsels der Hefezellen und beeinflussen die Bekömmlichkeit des Alkohols. Man vermutet, dass die als „Kater" (hangover) bekannten Kopfschmerzen nach einem Abend mit zu viel

Alkohol zu einem großen Teil auf diese Fuselöle zurückzuführen sind. Ein weiterer unerwünschter Bestandteil ist z. B. Methanol (Methylalkohol), das bei jeder alkoholischen Gärung in geringen Mengen entsteht. Bei der Vergärung von Getreide ist der Methanolanteil jedoch wesentlich geringer als beispielsweise bei Obstbränden. Die Kunst des Brennmeisters besteht nun sowohl bei Whisky als auch bei Obstbränden darin, den guten, erwünschten Teil des Destillats abzutrennen und die unerwünschten Bestandteile möglichst aus dem Endprodukt fernzuhalten.

Die Destillationsprodukte mit alkoholischer Ausgangsbasis werden grob in drei Teile unterteilt. Der erste Teil, der den Kondensator verlässt, ist der Vorlauf (head oder foreshot). Er enthält die Komponenten mit den niedrigsten Siedepunkten. Das ist zum Beispiel das bereits erwähnte Methanol (Siedepunkt 65 °C), aber auch andere Komponenten, die einen scharfen Geschmack haben und im Endprodukt nicht erwünscht sind. Der Vorlauf hat einen stechenden, unangenehmen Geruch, der fast an Klebstoff erinnert.

Steigt die Temperatur weiter, kommt man in den Bereich, in dem das eigentlich gewünschte Produkt, der Mittellauf oder Herzstück (middle cut, centre cut oder heart) verdampft. Dieser Teil enthält anfangs sehr viel Alkohol. Je heißer die Brennblase wird, desto mehr Wasser verdampft und der Alkohol wird verdünnt. Irgendwann überwiegt der Wasseranteil und es kommen andere Bestandteile hinzu, die man auch nicht haben will, wie z. B. höherwertige Alkohole (2-Propanol oder 2-Butanol mit Siedepunkten von 82 bzw. 99 °C) und verschiedene ölige Bestandteile. Dieser dritte Teil der Destillation ist der sogenannte Nachlauf (feints oder tail). Er enthält zwar noch das gewünschte Ethanol, aber bereits mehr Wasser und unerwünschte Bestandteile. Geschmacklich könnte man diesen Teil als eher fad bezeichnen. Der Nachlauf wird nicht weggeworfen, sondern der nächsten Maische zu einem bestimmten Anteil zugegeben, um auch die letzten Ethanolreste daraus noch verwerten zu können. Aus diesem Grund heißt der oben erwähnte Zwischenspeicher „low wines and feints receiver", denn genau in diesen Behälter fließt auch der Nachlauf. Eigentlich müsste er „low wines, foreshot and feints receiver" heißen, aber diesen Ausdruck habe ich noch nie gehört.

Grob gesagt erhält man aus den Low Wines beim zweiten Brennvorgang etwa ein Drittel Brand, also den späteren Whisky, ein Drittel Vor- und Nachlauf und ein weiteres Drittel verbleibt in der Brennblase. Dieser Rest (spent lees) wird verworfen. Die Arbeit des Brennmeisters besteht darin, den richtigen Zeitpunkt zu finden, um Vor- und Nachlauf abzutrennen, um ein möglichst reines Destillat zu erhalten.

Ich habe schon Brennern in Deutschland und Österreich zugesehen, wie sie Vor- und Nachlauf trennen, indem sie Geruchs- und Geschmacksproben machen und das Thermometer beobachten, das die Temperatur in der Brennblase misst. Auch ohne Übung erkennt man zum Beispiel den scharfen Geruch des Vorlaufs. Die Whiskybrenner in Schottland haben es hier leider nicht so einfach. Sie können weder riechen noch einen Geschmackstest machen, denn ab dem Punkt, an dem der Dampf die Brennblase verlässt, ist die gesamte Anlage verplombt. So will man verhindern, dass sich die Brenner hier ein kleines Nebengeschäft aufbauen.

Destillation in einer Column Still

Obwohl es hier in erster Linie um Malt Whisky geht, soll auch das Destillationsverfahren für Grain Whisky zumindest kurz erläutert werden. Es unterscheidet sich grundlegend vom Brennverfahren in Pot Stills. Die Anlagen haben verschiedene Bezeichnungen, die gebräuchlichste ist Säulen-Destillationsanlage (column still) oder auch Kolonnen-Destillationsanlage, da hier zwei oder noch mehr Säulen in einer Kolonne angeordnet sind. Im Englischen ist auch die Bezeichnung „continuous still" verbreitet, die darauf hinweist, dass in dieser Destillationsanlage kontinuierlich destilliert werden kann, während eine Pot Still nach jedem Destillationsvorgang entleert, gereinigt und neu befüllt werden muss.

Die Säulen-Destillationsanlage wurde 1826 von dem schottischen Brenner Robert Stein erfunden, der sich diese auch patentieren ließ. Einige Jahre später verbesserte der irische Erfinder Aeneas Coffey das Verfahren und benannte die verbesserte Anlage nach sich selbst: Coffey Still. Heute gibt es eine Vielzahl solcher Anlagen, die je nach Verwendungszweck in einigen Punkten vom Original abweichen. Das grundlegende Verfahren ist jedoch bei allen Anlagen gleich. Es gibt mindestens zwei Kolonnen, von denen die eine als Rektifikator (rectifier) und die andere als Analysator (analyzer) bezeichnet wird. Die Kolonnen sind bis zu 15 Metern hoch.

Um den Brennvorgang zu starten, wird die vergorene, kalte Würze von oben in den Rektifikator eingeleitet. Im Inneren dieser Kolonne befindet sich ein spiralförmig angeordnetes Kupferrohr, das an der Unterseite wieder aus der Kolonne austritt. Auf dem Weg durch dieses Rohr wird die Würze durch Dampf erwärmt, der von unten in die Kolonne eingeleitet wird. Anschließend führt das Rohr die nun heiße Würze an der Oberseite des Analysators in dessen Inneres.

Im Analysator befinden sich mehrere Zwischenböden aus Kupferblech, die mit Löchern versehen sind. Durch diese Löcher fließt die Würze, der Schwerkraft folgend, im Analysator durch die einzelnen Zwischenböden nach unten. In entgegengesetzter Richtung strömt der Würze Wasserdampf entgegen, der von unten in den Analysator geleitet wird. Dabei werden Aromastoffe und Alkohol aus der Würze gelöst und vom Dampf mitgerissen. Der alkoholhaltige Dampf steigt auch durch die Löcher in den Zwischenböden nach oben. Die Zwischenböden sind im unteren Bereich heißer als oben, da die oberen durch die zwar warme, aber immer noch deutlich kühlere Würze gekühlt werden. Dadurch kondensiert der Alkohol an jedem Zwischenboden, tropft mit der Würze wieder nach unten, wird erneut erwärmt und verdampft usw. Die Reinheit des Alkohols nimmt dabei ständig zu. Die Würze, die am Boden des Analysators ankommt, enthält fast keinen Alkohol mehr. Sie wird abgelassen und entsorgt.

Der alkoholhaltige Dampf, der den oberen Teil der Kolonne erreicht, wird durch ein Rohr nach unten in den Rektifikator geleitet. Dort übernimmt er die Aufgabe der ersten Erwärmung der frischen, kalt eingefüllten Würze. Auch im Rektifikator befinden sich entsprechende Zwischenböden, an denen der Dampf bzw. die im Dampf gelösten Stoffe kondensieren. Diese gelösten Stoffe haben unterschiedliche Siedepunkte. In einer konventionellen Destillation werden sie als Vorlauf (Stoffe mit niedrigen Siedepunkten), Hauptlauf und Nachlauf (Stoffe mit hohen Siedepunkten) bezeichnet. Dementsprechend werden die Kondensate im Rektifikator in unterschiedlichen Höhen entnommen. Vor- und Nachlauf werden entweder zur erneuten Destillation in den Analysator zurückgepumpt oder verworfen.

Der Betrieb einer solchen Anlage erfordert viel Erfahrung, da eine kleine Änderung der Durchflussmenge bereits große Auswirkungen auf die Alkoholmenge haben kann. Bei gut eingestellten Anlagen sind Alkoholkonzentrationen von deutlich über 90 Volumenprozent möglich.

Nach diesem kleinen Ausflug in die Welt der Grain Whisky-Herstellung wenden wir uns wieder der Herstellung von Malt Whisky auf Pot Stills zu.

Der Spirit Safe

Im Gegensatz zum Brenner hierzulande muss der Brennmeister (still man) in Schottland für seine wichtigste Aufgabe auf ein Gerät zurückgreifen, das „spirit safe" genannt wird. Ein deutsches Wort dafür gibt es nicht, vielleicht wäre „Alkohol-Tresor" eine treffende Übersetzung. Da es diese Konstruktion aber im deutschen Sprachraum nicht gibt, bleibe ich hier bei der englischen Bezeichnung.

Spirit Safes sehen aus wie eine Mischung aus Aquarium und Springbrunnen, sind in hochglanzpoliertes Messing gekleidet und an der Vorder- oder Oberseite mit zahlreichen Hebeln und Stellschrauben versehen. Seitlich ist der Spirit Safe meist mit einem oder zwei dicken Vorhängeschlössern verschlossen - auch wenn keine teuren Koi-Karpfen darin schwimmen. Dennoch spielt dieses Gerät seit über 200 Jahren eine wichtige Rolle in der Whiskyherstellung. Mit Hilfe des Spirit Safe kann der Brennmeister über Hebel und Drehknöpfe Vor- und Nachlauf abtrennen, ohne selbst mit dem Destillat in Berührung zu kommen. Denn alles, was er hier tut, kann er nur durch die Glasscheiben der Anlage beobachten. Doch warum so umständlich? Auch das hat historische Gründe.

Spirit Safes wurden 1823 eingeführt und einige sehen noch so aus wie damals. Der Erfinder war wahrscheinlich James Fox, ein Alkoholhändler aus Plymouth. Er meldete 1819 ein Patent an für „eine verbesserte Methode zur Verminderung des Qualitäts- und Quantitätsverlustes von feurigen Spirituosen und anderen Flüssigkeiten während des Destillations- oder Rektifikationsprozesses" (An Improved Method or Methods of Diminishing the Loss in Quantity and Quality of Ardent Spirits and other Fluids during the Processes of Distillation or Rectification). Dies war noch nicht der später entwickelte Spirit Safe, aber das Grundkonzept war beschrieben: ein Kasten zwischen Kühlschlange und angeschlossenen Gefäßen, in dem das Destillat untersucht werden kann, ohne es der Luft und damit der Verdunstung auszusetzen.

Zwei Jahre später erfand Thomas Pottinger in einer Brennerei in Irland eine Variante, die es ermöglichte, eine Probe des Destillats abzuzweigen und in einen Glaszylinder im Inneren der Apparatur zu füllen. Im Glaszylinder befanden sich außerdem eine Spindel (Aräometer) und ein Thermometer. Anhand der Eindringtiefe der Spindel in das Destillat und der Temperatur wurde die Dichte bestimmt und daraus die Volumenmasse, d. h. der Alkoholgehalt der Probe, errechnet. Das Prinzip beruht darauf, dass Alkohol eine geringere Dichte hat (ein Liter Alkohol hat eine Masse von 789 Gramm) als Wasser (998 Gramm pro Liter). Alkohol-Wasser-Gemische, die bei der Destillation aus dem Kühler kommen, liegen irgendwo zwischen diesen beiden Werten. Je geringer die Dichte, desto tiefer dringt die Spindel in das Gemisch ein und desto mehr Alkohol ist darin enthalten. Diese Dichtemessung wird auch heute noch zur schnellen Bestimmung der Alkoholkonzentration von Destillaten verwendet.

Die rechtliche Grundlage für den Spirit Safe wurde dann 1823 durch ein Gesetz geschaffen, welches später im Buch noch eine große Rolle spielen wird. In diesem stand u.a. (übersetzt): „[...] dass das Ende jedes Kühlers, der zu einem Destillierapparat gehört, auf Kosten des Brenners in einem solchen Mechanismus [...] eingeschlossen und gesichert wird; und dass alle Spirituosen, Vorlauf und Nachlauf, die vom Ende eines solchen Kühlers kommen, von dort in einen so geschlossenen und gesicherten Tresor laufen und durch ein Rohr, das wie oben angegeben [...] in den Spirituosenspeicher oder einen Speicher für low wines oder Nachlauf geführt wird. “

Es folgte ein langer Paragraf, der im Wesentlichen besagte, dass nur Beamte des für die Erhebung der Branntweinsteuer zuständigen Amtes Zugang zum Inneren des Spirit Safe hatten und dass Manipulationen daran mit einer Geldstrafe von 200 Pfund geahndet wurden. Ausschlaggebend für das Gesetz war, dass man die Brennereien in England, Schottland und Irland gleich besteuern wollte.

Mit den verwendeten Spirit Safes werden die Alkoholflüsse aller Brennblasen, also Wash Still und Spirit Still, gesteuert. Im selteneren Fall der Dreifachdestillation wird mit dem Spirit Safe auch die mittlere Brennblase (intermediate still) geschaltet. Der Safe besteht aus drei bzw. vier verschiedenen Bereichen. Diese sind: „low wines compartment“, „intermediate spirit compartment“ (bei Dreifachdestillation), „spirit compartment“ und „sample compartment“. Der folgende Teil der Beschreibung bezieht sich auf Anlagen mit Zweifachdestillation.

Auf der Rückseite des Spirit Safes befinden sich die beiden Eingänge, die mit den Ausgängen der Kühler der beiden Brennblasen verbunden sind. Die Rohrleitung von der Wash Still endet im Low-Wines-Bereich, die Rohrleitung von der Spirit Still im Spirit-Bereich. Am Boden der Apparatur befinden sich drei große Auslässe: Low wines, Nachlauf (feints) und Feinbrand (spirit). Ein vierter, kleinerer Ausgang ist direkt mit dem Abfluss verbunden. Oben befinden sich ein oder mehrere Deckel, die stets mit Vorhängeschlössern gesichert sind.

Das Destillat aus dem ersten Durchgang, also aus der Wash Still, läuft über einen rutschenförmigen Hahn in einen Glasbehälter, der optisch ein wenig an ein Goldfischglas oder ein Glasgefäß für Bowle erinnert, nur dass der Behälter ein großes Loch im Boden hat. An dieses Loch schließt sich ein Rohr an, das direkt in den Vorlauf- und Nachlaufbehälter „low wines and feints receiver“ führt. Mit einem der Knöpfe an der Oberseite kann der Brenner durch Drehen des rutschenförmigen Hahns aus dem Destillat eine Probe abzweigen, die er dann im Prüfbereich der Anordnung (sample compartment) auf ihren Alkoholgehalt untersuchen kann. So erkennt er, wann der Brennvorgang der ersten Brennstufe beendet werden kann.

Das Destillat aus dem zweiten Brenndurchgang wird im „spirit compartment“ des Safes aufgefangen. Hier befinden sich zwei der Glasbehälter, die als Trichter dienen. In den ersten 10 bis 45 Minuten des Brennvorgangs, je nach Brenngeschwindigkeit und Größe der Anlage, läuft der Vorlauf zunächst in den Vorlauf- und Nachlaufbehälter. Hier wird ebenfalls der Alkoholgehalt gemessen. Zeigt die Messspindel einen Alkoholgehalt von weniger als 75 Volumenprozent an, dreht der Brenner das Einlaufrohr vom Vorlaufbehälter in einen weiteren Glasbehälter, aus dem der Brand dann direkt in einen weiteren Stahltank (spirit receiver oder warehouse vat) fließt. Dies ist dann das lagerfähige Endprodukt, der Roh-Whisky.

Im weiteren Verlauf des Brennvorgangs entnimmt der Brennmeister immer wieder Proben aus dem Alkoholstrom. Fällt der Alkoholgehalt unter einen bestimmten Wert (die Grenze liegt bei etwa 60 Vol. %), ist der Punkt erreicht, an dem der Nachlauf beginnt. Der Brennmeister dreht den Knopf erneut und das Destillat nimmt den gleichen Weg wie am Anfang, nämlich in den Vor- und Nachlauf. Der Brennvorgang ist jedoch noch nicht beendet, sondern es wird weiter destilliert, um keinen Alkohol zu verschwenden.

Auch der Zeitpunkt, zu dem der Brennmeister den Hauptlauf der Destillation beendet und den Spirit Safe wieder umschaltet, ist für den Geschmack entscheidend. Geschieht dies früher, wird der Whisky leichter, als wenn er später umschaltet, da die schweren, öligen Bestandteile der Low Wines mit ihren höheren Siedepunkten erst später verdampfen. Die oben beim Darren erwähnten Phenole, die dem Whisky seinen rauchigen Geschmack verleihen, sind relativ große Moleküle mit hohen Siedepunkten. Sie verlassen daher die Brennblase erst spät. Wenn der Brennmeister den Hauptlauf früher stoppt, wird das Raucharoma des späteren Whiskys nicht so stark sein wie bei einem späteren Umschalten.

Im Testbereich (sample compartment) des Spirit Safes werden die Proben sowohl aus dem ersten als auch aus dem zweiten Brennlauf entnommen. Der Brennmeister füllt dazu einen Glasstandzylinder mit dem Destillat. Die Messung selbst erfolgt wie oben beschrieben durch Ablesen der Eindringtiefe der Spindeln in die Flüssigkeit. Für den Vorlauf gibt es eine weitere Analysemethode. Durch Zugabe von Wasser zum Destillat und Verdünnung auf eine definierte Alkoholstärke kann der Brenner erkennen, wann der Vorlauf beendet ist, denn während des Vorlaufs trübt sich das Gemisch durch die Verdünnung ein. Tritt keine Trübung mehr auf, ist das Herzstück (middle cut) des Brennlaufs erreicht. Über kleine Hähne kann der Brenner die Glaszylinder auch wieder entleeren. Der Inhalt geht direkt in den Abfluss und wird nicht mehr verwendet.

Die Schlüssel zu den dicken Vorhängeschlössern hatten bis 1983 tatsächlich nur die Steuerbeamten. Musste der Spirit Safe tatsächlich einmal geöffnet werden, zum Beispiel zur Reinigung, musste der Brennmeister aber nicht erst jemanden losschicken, der einen Beamten holen sollte. Denn früher hatte jede Brennerei einen oder zwei Steuerbeamte, die direkt auf dem Gelände der Brennerei wohnten. Die Brennereien mussten ihnen sogar eine Wohnung zur Verfügung stellen. Ihre Aufgabe bestand vor allem darin, dafür zu sorgen, dass jeder Brand in den Büchern eingetragen wurde. Die Beamten hatten auch die Aufgabe, die in einer Brennerei produzierte Menge zu messen. Heutzutage haben jedoch die Manager die Schlüssel zu den Tresoren und die Steuerehrlichkeit wird auf andere Weise gemessen. Die Spirit Safes gibt es aber immer noch und auch die Arbeitsweise der Brennmeister hat sich nicht geändert.

Abbildung 3: Zwei kombinierte Spirit Safes – hiermit können gleich zwei parallele Brenndurchläufe kontrolliert werden

Bemerkenswert ist, dass Vor- und Nachlauf bei der Whisky-Destillation nicht einfach verworfen werden, wie es bei Obstbränden üblich ist. Beim Whisky werden Vor- und Nachlauf beim nächsten Brennvorgang wieder mitdestilliert. Man fragt sich natürlich, ob so nicht auch viele „Verunreinigungen" in das Endprodukt einfließen, die man eigentlich gar nicht haben will. Hier zeigt sich aber der Unterschied zwischen Whisky und Obstbränden, bei denen der Vorlauf und der Nachlauf verworfen werden. Durch die Zugabe in den nächsten Brennvorgang werden diese Bestandteile immer wieder destilliert. Durch den Kontakt mit dem katalytisch wirkenden Kupfer der Brennblase wandeln sich viele dieser Bestandteile während der Destillation in andere Aromen um. So entsteht schon während der Destillation die Geschmacksvielfalt der verschiedenen Whiskys und Brennereien, die durch die unterschiedliche Art und Dauer der Lagerung noch verstärkt wird.

Damit ist die Herstellung von Whisky eigentlich abgeschlossen. Auch wenn sich die einzelnen Produktionsschritte von damals bis heute nicht wesentlich verändert haben, so hat sich doch die Art und Weise, wie sie durchgeführt werden, gewandelt. Das zeigt sich zum einen an der Zahl der Beschäftigten. Früher hatte eine Brennerei um die 50 Arbeiter und Angestellte, heute findet man in den beliebten Brennereien wohl deutlich mehr Tourguides als Mitarbeiter in der Produktion. Andererseits sind die Brennereien von heute saubere Arbeitsplätze. Das war zu Zeiten der Kohle- und Torffeuerung anders. Kohlestaub, Ruß und Asche waren an allen Ecken und Enden zu finden und im Brennhaus roch es beim Brennen ständig nach Rauch. Moderne Arbeitsschutzmaßnahmen und Veränderungen in der Technik haben hier deutliche Verbesserungen gebracht, vor allem wenn man die Gesundheit der Produktionsmitarbeiter betrachtet.

Aber auch ein für sie sicherlich angenehmer Brauch fiel dem Arbeitsschutz zum Opfer und verschwand Ende der 1970er Jahre: das „Dramming". Dabei wurde den Arbeitern zu Beginn und am Ende ihrer Schicht ein Dram Whisky gereicht - in manchen Brennereien „newmake", also harter, ungereifter Alkohol direkt aus der Destille, in anderen Brennereien hingegen auch gereifter Whisky. Ebenfalls von Norman Morrison wissen wir, dass bei Talisker beim Dramming ausschließlich fertiger Whisky ausgeschenkt wurde, und zwar dreimal am Tag: um 9 Uhr, um 12 Uhr und um 17 Uhr. Man erzählte sich, dass damals sogar der Postbote darauf achtete, möglichst pünktlich um 12 Uhr in der Destillerie zu sein, wenn gerade die Drams an die Arbeiter ausgegeben wurden.

Die Fassabfüllung

Nach dem Brennen muss der Rohwhisky (new make spirit), der mit einem Alkoholgehalt von 65 bis 70 Vol. % im Tank liegt und zu diesem Zeitpunkt noch klar wie Wasser ist, noch eine gewisse Zeit in Eichenfässern reifen, bevor er sich Whisky nennen darf. Gesetzlich vorgeschrieben sind mindestens drei Jahre, aber nur wenige hochwertige Whiskys werden bereits nach dieser Mindestzeit in Flaschen abgefüllt.

Bis etwa Mitte des 19. Jahrhunderts wurde Whisky überhaupt nicht gereift. Er wurde mit einem Alkoholgehalt von etwa 70 Volumenprozent direkt verkauft. Das Produkt war ein scharfes Getränk ohne die Geschmacksvielfalt, die wir heute kennen. Dann begannen einige reiche Genießer, den Whisky in Eichenfässern reifen zu lassen, bevor sie ihn tranken. Das ist umso erstaunlicher, als bereits seit dem Mittelalter bekannt ist, dass die Lagerung in gebrauchten Rotwein- oder Sherryfässern den Geschmack vielfältiger macht und bei längerer Lagerung sogar süßliche Aromen entstehen. Der eigentliche Erfinder der Fasslagerung ist jedoch unbekannt.

Vor der Abfüllung in die Fässer wird der Alkoholgehalt gemessen und, wenn er über 63,5 % Vol. liegt, was meistens der Fall ist, entsprechend mit Wasser auf 63,5 Vol. % verdünnt. So hat man in allen Fässern, zumindest zu Beginn der Reifung, den gleichen Alkoholgehalt und damit die gleiche geschmackliche Beeinflussung durch die Lagerung. Die Verdünnung auf 63,5 Volumenprozent hat einen historischen Hintergrund: Früher tauschte man gerne verschiedene Fässer untereinander aus. Durch den gleichen Alkoholgehalt ersparte man sich das Abmessen und Umrechnen.

Aber warum nahm man dafür einen so krummen Wert? Auch das hat seinen Ursprung wieder im Verbrauchsteuergesetz aus dem Jahr 1823 (1823 Excise Act). Darin war festgelegt, dass der Whisky im Lagerhaus nur zwei Stärken haben durfte - entweder 25 % over proof oder 11 % over proof, was in Volumenprozent entweder 71,4 Vol. % oder 63,4 Vol. % bedeutet, wobei man sich später wohl auf die niedrigere Zahl geeinigt und auf ein halbes Prozent aufgerundet hat. Details zur Definition der Alkoholstärke in „% proof" und zur Umrechnung in Volumenprozent finden Sie im Kapitel über die Maßeinheiten.

Die Befüllung der Fässer erfolgt auch heute noch in vielen Brennereien von Hand. Dazu rollt ein Arbeiter ein leeres Fass unter den erhöht angeordneten Spirit Receiver, der sich oft direkt im Abfüllraum (filling store) befindet. Anschließend wird das Fass mit einer Zapfpistole, ähnlich wie an Tankstellen, befüllt. Die Messung der abgefüllten Menge erfolgt heute elektronisch, früher war bei der Abfüllung meist ein Steuerbeamter anwesend, der die abgefüllte Menge maß und notierte. Die abgefüllte Menge wurde dabei über das Wiegen der Fässer vor und nach der Befüllung errechnet.

Nach dem Abfüllen wird das Spundloch mit einem Stopfen (bung) verschlossen. Dieses befindet sich in der Mitte des Fasses, an dessen dickster Stelle, damit man es nach der Lagerung einfach entleeren kann. Mehr dazu bei der Flaschenabfüllung. Das Fass wird mit dem Brennjahr, dem Namen der Brennerei und einer fortlaufenden Nummer beschriftet. Früher geschah dies noch von Hand mit Schablonen, heute werden die Fässer eher mit einem maschinenlesbaren Barcode-Etikett versehen. Das ist zwar für automatisierte Abläufe von Vorteil, sieht aber im Lager natürlich nicht so schön aus.

Nach der Etikettierung werden die Fässer ins Lager (warehouse) transportiert. Das zuletzt befüllte Fass wird in der Regel nicht vollständig gefüllt, da es unwahrscheinlich ist, dass sich die gebrannte Whiskymenge ohne Rest auf die befüllten Fässer aufteilt. Dieses teilgefüllte Fass (stock cask) wird nicht ins Lager gebracht, sondern beim nächsten Brenn- und Füllvorgang weiter befüllt. Früher gab es für dieses Stock Cask einen eigenen kleinen, abschließbaren Raum.

Das Lagerhaus wird auch als Zolllager (bonded warehouse) bezeichnet, da der Whisky hier noch nicht versteuert wurde, d. h. noch nicht mit der Alkoholsteuer belegt ist. Diese Steuer wird fällig, wenn der Whisky seinen Reifeprozess abgeschlossen hat und in Flaschen abgefüllt wird. Da sie sich am Alkoholgehalt orientiert, wäre eine Besteuerung zu diesem Zeitpunkt auch schwierig, da sowohl der Alkoholgehalt als auch die Flüssigkeitsmenge im Fass während der gesamten Reifezeit weiter abnehmen werden. Der Vorteil der nachgelagerten Besteuerung liegt für die Brennerei darin, dass sie bei der Lagerung nicht in steuerliche Vorleistung gehen muss. Im Zolllager verbleiben die Fässer mindestens drei Jahre, während derer der Rohwhisky mit dem Holz eine Reihe von Wechselwirkungen eingeht. Dieser als Fassreifung bezeichnete Vorgang ist Gegenstand des folgenden Kapitels. Drei Jahre sind bei den hier behandelten Whiskys eher die Ausnahme als die Regel. Gute Malt Whiskys, die als Single Malts verkauft werden oder zur Herstellung hochwertiger Blended Scotch Whiskys oder Blended Malts verwendet werden, haben längere Reifezeiten von acht, zehn, zwölf und mehr Jahren hinter sich, bevor sie verkauft und genossen werden.

Fässer und Fassreifung

Man schätzt, dass etwa drei Viertel des Geschmacks eines Whiskys auf seine Lagerung in Eichenfässern zurückzuführen sind. Kein Wunder, denn der größte Teil der Zeit, die ein Whisky von der Aussaat der Gerste bis zur Abfüllung benötigt, entfällt auf die Lagerung.

Während der Reifung im Fass laufen viele chemische und biochemische Prozesse ab, bevor aus dem Rohbrand der begehrte Whisky wird. Technisch unterscheidet man zwischen subtraktiver und additiver Reifung. Bei der subtraktiven Reifung entweichen leicht flüchtige, oft scharf und metallisch schmeckende Bestandteile aus dem Destillat durch die Poren des Holzes oder werden durch den vorhandenen Luftsauerstoff oxidiert. Sie werden somit aus dem Destillat „subtrahiert", d. h. entfernt. Bei der additiven Reifung hingegen werden Aromen aus dem Holz „addiert", also dem Whisky hinzugefügt. Das können bei neuen Fässern zum Beispiel Eichenaromen sein, wobei es auch hier Unterschiede gibt. So schmeckt amerikanische Weißeiche milder als europäische Eiche. Additive Reifung hat aber noch viel mehr zu bieten als nur Eichenaromen.

Die Lagerhäuser für Whisky sind meist kühl und hier und da etwas feucht. Sie haben einen gestampften Lehmboden, auf dem dicke Holzbalken liegen. Auf diesen liegen in mehreren Schichten die Holzfässer mit dem Whisky. Das Holz der Fässer „atmet" während der Lagerung, d.h. die Fässer sind nicht völlig dicht. Der Motor für diese Atmung ist der Temperaturunterschied zwischen den Jahreszeiten, denn die Lagerhäuser sind natürlich weder beheizt noch klimatisiert und auch nicht isoliert. Bei hohen Lagerhäusern ist der Temperaturunterschied und damit die Atmung größer als bei niedrigen, so dass auch die Höhe der Lagerhäuser einen Einfluss auf den Whisky hat.

Im Sommer erwärmt sich der Whisky im Fass und dehnt sich etwas aus. Dadurch entsteht im Fass ein Überdruck. Ein kleiner Teil der Flüssigkeit wird dann durch natürliche, winzige Poren im Holz oder durch schmale Fugen, die durch die Verformung der Dauben entstanden sind, durch das Fass gedrückt und verdunstet. Dieser Anteil wird von den Brennern sehr romantisch Engelsanteil (angel's share) genannt, also der Anteil, den die Engel bei der Reifung abbekommen. Wenn die Sommer wärmer und die Winter kälter werden, ist der verdunstete Anteil entsprechend größer, oder man könnte auch sagen, die Engel waren dann einfach durstiger. Bei der Abkühlung im Herbst und Winter zieht sich der Fassinhalt zusammen und es entsteht ein leichter Unterdruck im Fass, der durch Luft von außen ausgeglichen wird. Auch das kann den Geschmack beeinflussen. Steht das Lagerhaus in Küstennähe, vielleicht noch an einem Ort, an dem der Wind oft die Wellen gegen die Küste drückt und die Luft dadurch sehr salzhaltig ist, dringt auch ein Teil des Salzes und der Seeluft in die Fässer ein. Dieser Whisky wird anders schmecken als ein Whisky, der in der Mitte des Landes gelagert wird.

Der Engelsanteil beträgt pro Jahr immerhin zwischen einem und drei Prozent des Fassinhalts. Bei der derzeit in Schottland gelagerten Menge an Whisky, so hat einmal jemand ausgerechnet, beträgt der Anteil für die Engel in ganz Schottland pro Jahr etwa 100 Millionen Liter Whisky. Es ist nicht überliefert, ob die Engel in Schottland durstiger sind als anderswo auf der Welt, aber das Gesetz zur Lagerungspflicht von schottischem Whisky kommt ihnen eindeutig zugute. Anzumerken ist noch, dass bei dieser Verdunstung mehr Alkohol als Wasser entweicht, weil Alkohol flüchtiger ist als Wasser, oder physikalisch gesprochen: Alkohol hat einen höheren Dampfdruck als Wasser. Dadurch sinkt automatisch der Alkoholgehalt des Whiskys und er wird am Ende der Reifezeit stets weniger als die 63,5 Vol. % Alkohol haben, mit denen er abgefüllt wurde. Man rechnet mit etwa 0,3 Prozentpunkten Rückgang pro Jahr Lagerung. Das wohlgemerkt nur beim Alkoholgehalt – der Rückgang der Flüssigkeitsmenge macht hier deutlich mehr aus. Bei einer zehnjährigen Lagerung kann der angel's share schon mal ein Viertel des ganzen Fasses ausmachen. Ein 250-Liter-Fass enthält dann nur noch 190 Liter Whisky. Dadurch konzentrieren sich aber auch die bis dahin im Whisky gesammelten Aromen, denn verdunsten werden immer nur der Alkohol und das Wasser. Der Whisky wird dadurch also geschmacksintensiver. Man kann sich das so vorstellen wie das Reduzieren eines Bratenfonds: Durch Kochen ohne Deckel verdampft hier Wasser und der Fond wird eingedickt und geschmacklich intensiver.

Deutlich geringer, aber dennoch vorhanden, ist ein weiterer Anteil, der während der Reifung verloren geht. Es ist der Anteil, der in der Wand des Holzfasses gefangen bleibt und beim Entleeren des Fasses einfach nicht herauskommt. Diesen Anteil nennt man „Devil's Cut", wobei der Ausdruck eher in den USA gebräuchlich ist, was schon das Wort „cut" für Schnitt oder Anteil zeigt - in Schottland hätte man hier wohl eher zum Wort „share" gegriffen. Bei Jim Beam hat man einen Weg gefunden, den Devil's Cut trotzdem zu verwerten. Dazu füllen die Brenner Wasser in die leeren Fässer und drehen sie mit hoher Geschwindigkeit. Dabei drückt das Wasser auf die Dauben und löst eine gewisse Menge des enthaltenen Whiskeys (mit „ey", weil amerikanisch!) heraus. Das Ergebnis ist eine eher wässrige Lösung oder ein stark verdünnter Whisky, den man so natürlich nicht verkaufen kann. Stattdessen wird mit diesem Wasser echter Whiskey in Fassstärke auf Trinkstärke verdünnt. Dementsprechend heißt das Produkt auch „Jim Beam Devil's Cut" und wird mit 45 Vol. % abgefüllt.

Grundlage für die Fassreifung von Scotch Whisky ist ein Gesetz aus dem Jahr 1915, das vorschreibt, dass alles, was sich Scotch Whisky nennt, nicht nur mindestens drei Jahre gereift sein muss, sondern dass dies auch in Eichenfässern geschehen muss. Gut für die Genießer, dass das Gesetz dafür keine neuen Fässer vorsieht. Dies ist beispielsweise beim Kentucky Straight Bourbon Whiskey aus den USA der Fall. Lagert man Scotch Whisky in neuen Fässern, entstehen Aromen, die man im Endprodukt nicht haben möchte. Deshalb wird Scotch fast ausschließlich in gebrauchten Fässern gelagert, also in Fässern, in denen vorher schon andere alkoholische Getränke gelagert wurden. Vor allem ehemalige Bourbonfässer aus amerikanischer Weißeiche und Fässer, in denen schwere Dessertweine wie Sherry oder Portwein gelagert wurden, kommen zum Einsatz. So ist Schottland ein ständiges Ziel für ausgediente und meist zerlegte Fässer aus den USA, Spanien, Portugal und anderen Ländern. Schätzungsweise drei Viertel aller Fässer stammen aus den USA, sind aus amerikanischer Weißeiche und enthielten zuvor Bourbon

Whiskey. Das letzte Viertel besteht aus Lieferungen aus Europa, hauptsächlich aus Ländern, die Wein produzieren. Diese Fässer sind also aus europäischer Eiche.

Allein die Herkunft des Holzes, ob amerikanische Weißeiche (milder und zurückhaltender im Aroma) oder europäische Eiche (tanninreich, kräftig), macht einen Geschmacksunterschied im späteren Whisky aus. Dann kommt es darauf an, welches Getränk (Bourbon, Rotwein, Dessertwein usw.) vorher in den Fässern war, welche Spuren es im Holz hinterlassen hat und welche Bestandteile des Holzes es nicht beeinflusst hat. So beeinflusst ein Sherry das Holz anders als ein Bourbon, was man sich aufgrund der großen Unterschiede sowohl im Alkoholgehalt als auch im Geschmack dieser beiden Getränke leicht vorstellen kann. Darüber hinaus wird der Whisky, der darin gelagert wird, teilweise den Charakter des ursprünglichen Getränks annehmen, was ihm zusätzliche Komplexität und Geschmacksvielfalt verleiht. So war der in Sherryfässern gereifte Whisky in der Anfangszeit der Whiskyreifung auf dem englischen Markt sehr beliebt, da es dort Liebhaber guter Brandys und Sherrys gab.

Die geschmacksgebenden Komponenten im Whisky sind Ester, Gerbstoffe aus dem Holz, höhere Alkohole, organische Säuren, Torfrauch durch das Befeuern der Darre mit Torf und vieles mehr. Mit physikalischen Mitteln (z. B. Gaschromatografen) lassen sich die meisten Einzelkomponenten dieses Substanzcocktails heute recht gut bestimmen. Unser Geruchs- und Geschmackssinn ist so gut entwickelt, dass wir Stoffe teilweise in Konzentrationen von weniger als einem ppm (parts per million = ein Millionstel Teil) wahrnehmen können. Ein Größenvergleich: Bei einem Hogshead-Fass, das gerne zur Lagerung verwendet wird und ein Fassungsvermögen von knapp 240 Litern hat, entspricht ein ppm genau einem viertel Milliliter. Das ist ein Würfel mit einer Kantenlänge von sechs Millimetern, was etwa fünf Tropfen aus einer Medizinflasche entspricht. Mit diesem Vergleich kann man sich gut vorstellen, dass über die gesamte Holzoberfläche des Fasses auch nur in geringen Mengen vorhandene Aromastoffe im Endprodukt zu schmecken oder zu riechen sind.

Ein fertiges Holzfass kann man vielleicht für die Lagerung von Wein oder auch von Salzheringen verwenden, aber für die Reifung von Whisky ist noch eine weitere Behandlung notwendig. Doch zuvor müssen wir uns anschauen, was Holz eigentlich ist. Wie schon beim Mälzen ist auch hier ein kleiner Ausflug in die Biochemie nötig. Das Holz des Fasses besteht hauptsächlich aus den phenolischen Makromolekülen Lignin und Zellulose. Letztere macht etwa 50 % der Masse aus und ist biochemisch mit der Stärke verwandt. Die Zellulosemoleküle lagern sich zu höheren Strukturen zusammen und bilden die Fasern einer Pflanze. Sie sind für die Reißfestigkeit verantwortlich, während das Lignin in die Zellwände eingelagert wird, dort für die Verholzung der Zelle sorgt und der Pflanze Druckfestigkeit verleiht. Je mehr Lignin vorhanden ist, desto fester (härter) ist die Pflanze. So hat Eichenholz einen höheren Ligninanteil als beispielsweise das weichere Fichtenholz.

Beim Zusammenbau des Fasses werden die einzelnen Dauben vorher erhitzt, damit sie sich besser biegen lassen. Durch das Erhitzen wird das Restwasser, das sich nach der Lagerung noch im Holz befindet, zum Kochen gebracht. Dabei steigt der Druck, was die Holzstruktur teilweise zerstört, die Stabilität aber nicht beeinträchtigt. Diese Erhitzung ist notwendig, um das Holz geschmacklich zu aktivieren. Andernfalls kann das Holz seine eigenen Aromen nicht an den Whisky abgeben.

Der zweite wichtige Teil der Vorbereitung der Fässer ist das Toasten. Hier kommt die Zellulose ins Spiel, die chemisch eng mit der Stärke verwandt ist, die schon beim Mälzen eine so wichtige Rolle gespielt hat. Beim Toasten wird das fertige Fass von innen mit einer Gasflamme einige Minuten lang so behandelt, dass das Holz tatsächlich zu glühen beginnt und sich Holzkohle bildet, bevor es mit Wasser wieder gelöscht wird. Das Ausbrennen hat zwei wichtige Auswirkungen. Zum einen entsteht im Fass durch die vorhandene Kohleschicht praktisch ein eingebauter Aktivkohlefilter, der den Whisky milder und weicher macht. Zum anderen werden durch die Hitze die Zellulosemoleküle des Holzes zu einem kleinen Teil aufgespalten, wodurch Zuckermoleküle (Holzzucker) entstehen, die dann durch die Flamme karamellisieren. Dadurch erhält der Whisky seine charakteristische Bernsteinfarbe und süßliche Aromen. Bei der anschließenden Lagerung löst sich der Zucker zunächst im Whisky. Außerdem bilden sich beim Erhitzen des Lignins teilweise Vanillinmoleküle. Es ist daher nicht ungewöhnlich, dass Whiskys einen mehr oder weniger ausgeprägten Vanillegeschmack aufweisen. Der rauchige Geschmack, den manche Whiskys aufweisen, hat dagegen nichts mit dem Ausbrennen der Fässer und der dabei entstehenden Kohle zu tun. Das Raucharoma im Whisky ist ausschließlich auf die Trocknung der Gerste zurückzuführen.

Die bereits erwähnten Tannine im Holz spielen bei der Reifung ebenfalls eine Rolle, lösen sich aber nur sehr langsam aus dem Holz. So machen die Tannine die typischen Aromen sehr alter Whiskys aus, die nach Bitterschokolade, Kaffee oder Leder riechen und manchmal auch schmecken. Da sich die Alterungseffekte hauptsächlich an der Grenzfläche zwischen Holzfass und Whisky abspielen, liegt es auf der Hand, dass auch die Fassgröße eine entscheidende Rolle bei der Alterung spielt. Bei kleinen Fässern ist das Verhältnis von Flüssigkeitsmenge zu Fassfläche für die Wechselwirkung günstiger als bei großen Fässern, da bei kleinen Fässern pro Liter Whisky mehr Holzoberfläche zur Verfügung steht.

Welche Fassgrößen sind hier üblich? Es gibt Unterschiede zwischen britischen und amerikanischen Größen. In Großbritannien wurde vor einigen Jahrhunderten die „tun" definiert. Sie hatte eine Größe von 256 Gallonen (wine gallons). Irgendwann wurde die Größe auf 252 Gallonen reduziert, weil sich 252 ohne Rest durch die Zahlen 2, 3, 4, 6 und sogar 7 teilen lässt. Auf diese Weise konnte man kleinere Fässer auf der Grundlage der Tun definieren. Im Jahr 1706 wurde auch die „Old English (Queen Anne) Wine Gallon", kurz „wine gallon", definiert. Diese umfasste 231 Kubikzoll (1 Zoll oder Inch = 2,54 cm; ein Kubikzoll entspricht also etwa 16,387 cm³ oder Millilitern). Eine Weingallone entspricht demnach 3.785,4 Millilitern oder 3,7854 Litern, was exakt der heutigen US-Gallone (US gal) entspricht.

Die „Tun" hat also ein Volumen von 252 x 3,7854 Liter = 953,92 Liter. Dies entspricht ziemlich genau dem Inhalt eines Zylinders, der sowohl 42 Zoll hoch als auch 42 Zoll im Durchmesser ist: $42 \cdot 42^2 \cdot \pi/4 = 58188{,}579$ in³ = 953.539,970 cm³ = 953,54 Liter. Also nur eine Abweichung von 0,38 Litern, was bei einer Größe von fast 1.000 Litern eine sehr gute Näherung ist und sicher deutlich unter den damals üblichen Messfehlern lag.

Mit der Einführung des imperialen Maßsystems wurde die Tun im Vereinigten Königreich auf ein Volumen von 210 imperialen Gallonen umdefiniert, wobei eine imperiale Gallone (imp gal) genau 4,54609 Liter umfasst. Ein Tun entspricht heute also 954,68 Litern. Von dieser Größe leiten sich die anderen gebräuchlichen Fassgrößen ab (siehe auch im Anhang):

1 Butt = 1/2 Tun = 477,3 Liter (105 Gallonen)

1 Hogshead = 1/2 Butt = 1/4 Tun = 238,7 Liter (52,5 Gallonen)

1 Barrel = 1/2 Hogshead = 1/8 Tun = 119,3 Liter (26,3 Gallonen)

Eine weitere wichtige Größe ist das amerikanische Standardfass (American Standard Barrel, ASB). Es fasst 53 US gal, also 200,6262 Liter. Vernachlässigt man die Nachkommastellen, so erhält man für das ASB 200 Liter. Es hat sich als Standardgröße für die Whiskyreifung durchgesetzt, da es aufgrund der US-Vorschrift, dass für Kentucky Straight Bourbon nur neue Fässer verwendet werden dürfen, billig ist. Beliebt sind auch die ebenfalls häufig verwendeten Hogshead-Fässer mit einem Fassungsvermögen von knapp 250 Litern, die meist aus den Dauben zerlegter Standardfässer zusammengesetzt werden.

Ein weiterer, eher kleiner Fasstyp ist das Quarter Cask. Es hat ein Viertel, eben ein Quarter, eines Butts an Volumen, also etwa 120 Liter und entspricht damit ziemlich genau dem Barrel. Quarter Casks bieten die größte Oberfläche im Verhältnis zum Volumen und sind daher besonders beliebt für die schnelle Nachreifung älterer Whiskys. Solche Whiskys, die bereits zehn, zwölf oder mehr Jahre gereift sind, bekommen oft noch ein Finish von einem halben bis einem Jahr in kleinen Quarter Casks, um noch mehr Charakter zu entwickeln. Auch für junge Whiskys, die nicht so lange gelagert werden sollen, ist das Quarter Cask sehr beliebt, da hier die Reifung aufgrund der relativ großen Oberfläche schneller abläuft.

Die Lagerung der Fässer erfolgt in den Lagerhäusern (warehouses, bonded warehouses), wobei auch hier nach der Art der Lagerung unterschieden wird. Grundsätzlich gibt es zwei Arten der Lagerung, die durch die Bauart der Lager bedingt sind. Bei der traditionellen Lagerung, die man tatsächlich „traditional" nennt, werden die Fässer einfach übereinander gestapelt. Dies ist natürlich nicht beliebig hoch möglich, da die unten liegenden Fässer das Gewicht aller darüber liegenden Fässer tragen müssen. Deshalb beschränkt man sich hier auf zwei, maximal drei Lagen. Die Lagerhäuser für diese Art der Lagerung heißen „dunnage warehouses", von dunnage = Staumaterial, Stauholz. Die Dunnage Warehouses sind einfach gebaut: dicke Steinmauern, gestampfte Lehmböden, keine Fenster, flaches Erscheinungsbild.

Will man größere Mengen Whisky lagern, was beispielsweise bei billigen Whiskys für die Blending-Industrie oft der Fall ist, baut man die Lagerhäuser höher und stattet sie mit Regalen aus. Die Fässer werden dann mit Gabelstaplern oder speziellen Kränen auf diese Regale gestellt, weswegen diese Art der Lagerung auch „racked" genannt wird (von rack = Regal). In diesen modernen Lagern sind 20 Reihen Fässer übereinander keine Seltenheit. Die Wände sind dünner als bei den Dunnage Warehouses, die Dächer meist aus Blech. Werden die Fässer nicht direkt in den Regalen gelagert, sondern der Einfachheit halber vorher auf Paletten gestellt, spricht man vom „Palletised Warehouse". Auch hier werden die Fässer in Regalen gelagert, jedoch auf für Gabelstapler geeigneten Euro-Paletten. Der Aufbau des Lagers unterscheidet sich aber nicht vom Racked Warehouse, da die Paletten lediglich die Logistik vereinfachen.

Abbildung 4: Nachgestelltes Dunnage-Warehouse auf der Brennereiführung von Talisker

Während in den modernen Lagerhäusern aufgrund der dünneren Wände eine schnellere Anpassung der Innen- an die Außentemperatur erfolgt, passen sich die traditionellen Dunnage Warehouses langsamer an die äußeren Bedingungen an. Durch den Lehmboden und die dicken Wände ist das Klima feuchter, was sich wiederum auf die Reifungsgeschwindigkeit auswirkt.

Finishing

Das Finishing ist eine relativ junge Methode, bereits fertige Whiskys noch etwas zu veredeln. Einer der Ersten, der damit experimentierte, war David Stewart von der Brennerei Balvenie. Er fragte sich, was wohl passieren würde, wenn man einen Whisky, der zuvor in amerikanischen Bourbonfässern reifte, anschließend noch einige Zeit in Sherryfässern lagern würde. So entstand 1983 der „Balvenie Classic", der später in „Balvenie Double Wood" umbenannt wurde und noch heute hergestellt wird.

Andere Brennereien folgten bald seinem Beispiel und in weniger als zwei Jahrzehnten hatte sich das Verfahren in ganz Schottland verbreitet. Als Fässer für die Nachreifung wurden nicht nur Sherry- und Portweinfässer verwendet, sondern auch Fässer normaler Rotweine verschiedenster Sorten, andere Spirituosen wie Cognac und teilweise sogar Bierfässer. Hier wurde und wird viel experimentiert und nicht jedes Fass eignet sich für die Nachreifung jedes Whiskys. So kann ein kräftiges Portweinaroma einen leichten Whisky schnell überladen und den eigentlichen Whiskygeschmack in den Hintergrund drängen. Und ein stark getorfter Whisky wird sich in einem gebrauchten Bierfass geschmacklich kaum verändern. Die Finish-Fässer müssen also den Whisky ergänzen und dürfen ihm geschmacklich nicht entgegenstehen.

Ein Finish-Fass muss nicht notwendigerweise vorher einen anderen Inhalt gehabt haben. Man kann Whisky auch in frischen europäischen Eichenfässern nachreifen lassen. Da die europäische Eiche wesentlich geschmacksintensiver ist als die amerikanische, ist eine Nachreifung in solchen Fässern sinnvoller, als den Whisky während der gesamten Reifezeit in einem solchen Fass zu belassen. Das starke und schwere Aroma der europäischen Eiche würde den Whisky zu sehr überladen.

Noch kennt man nicht alle Vorgänge, die bei der Nachreifung eine Rolle spielen. Klar ist, dass ein Teil der ursprünglichen Flüssigkeit, mit der das Fass getränkt ist, direkt mit dem eingefüllten Whisky interagiert und sich mit ihm vermischt. Denn anders als bei der Erstbefüllung werden diese Finish-Fässer nicht ausgebrannt. Für diese „Fremdflüssigkeit" gibt es auch einen Fachbegriff, sie heißt „indrink". Das Vermischen des Whiskys mit dem Indrink allein macht aber noch keine Nachreifung aus, sonst könnte man den Prozess schon nach einem Tag abbrechen. Es macht aber einen großen Unterschied im Geschmack, wenn man das Fass noch ein halbes Jahr länger ruhen lässt.

Ursprung der Fässer

Das Fass, in dem der Whisky gelagert wird, macht einen nicht unerheblichen Teil des Herstellungspreises aus, insbesondere alte Sherryfässer sind nicht billig. Aus diesem Grund werden teure Fässer mehrfach verwendet. Oft liest man in Whiskybeschreibungen Angaben wie „first fill" oder „second fill". First fill bedeutet, dass das Fass zum ersten Mal mit Scotch Whisky befüllt wurde. Was vorher im Fass war, wird nicht mitgezählt. In first fill-Fässern sind die meisten Aromen noch vorhanden. Nach etwa dreimaligem Gebrauch ist das Fass verbraucht, da dem Holz dann fast alle Aromastoffe entzogen wurden. Solche Fässer gehen dann typischerweise in die Reifung der Whiskys für die „Supermarkt-Blends", denn auch diese Whiskys müssen drei Jahre lagern. Da es hier um jeden Cent geht, greift man gerne auf diese billigsten Fässer zurück, die man bekommen kann.

Ein Whiskyfass kann bis zu 60 Jahre alt werden, bevor es ausgemustert wird. Aber auch dann wird es nicht weggeworfen. Einzelne Dauben finden Verwendung bei Künstlern, die daraus die verschiedensten Kunstgegenstände und manchmal sogar ganze Gartenmöbel herstellen. Die Reste werden zu handlichen Spänen zerkleinert und als „Smoking Chips" an passionierte Hobby-Griller verkauft. Auf die glühende Kohle des Holzkohlegrills gelegt oder in eine speziell dafür entwickelte Vorrichtung in den Gasgrill gehängt, verleihen sie dem Grillgut das richtige Raucharoma.

Eine weitere Technik, die in den letzten Jahren angewandt wurde, um wieder mehr Aroma in die Fässer zu bekommen, die schon einmal für die Reifung von Scotch verwendet wurden, ist die Technik der „Verjüngung" (rejuvenation). Dabei wird die Innenseite der gebrauchten Fässer mit speziellen Maschinen abgeschabt, bis das blanke Holz wieder zum Vorschein kommt. Danach wird das Fass erneut ausgebrannt (toasted) und man hat praktisch ein neues

Fass. Das geht natürlich nur, wenn das Fass nicht zu alt ist und noch genügend Material vorhanden ist, die Dauben also nicht schon zu dünn sind.

Warum gerade gebrauchte Fässer benötigt werden, habe ich bereits bei der Fassreifung und beim Finishing beschrieben. Doch woher kommen die Fässer? Die wohl größte Menge an Fässern kommt aus den Vereinigten Staaten. Diese Fässer sind günstiger zu haben, da in den USA aufgrund der dortigen Gesetzgebung immer nur neue Fässer für die Reifung von Bourbon-Whiskey verwendet werden dürfen. Daher sind viele gebrauchte Bourbonfässer auf dem Markt, was sich in günstigen Preisen niederschlägt.

In Sherry-Butts mit einem Fassungsvermögen von 500 Litern wurde früher Sherry über den Ärmelkanal nach England transportiert. Die Engländer trinken bekanntlich gerne Sherry. Die sparsamen Schotten nahmen dann die leeren Sherryfässer, um direkt Whisky darin zu lagern. Vielleicht entdeckte man so den interessanten Effekt, den ehemalige Süßweinfässer auf die Reifung von Whisky haben.

Heutzutage kommen die Fässer meist direkt vom Hersteller des ehemaligen Inhalts, d. h. von den Abfüllanlagen der Sherry-, Portwein-, Madeira- oder Rotweinwinzer. Spanische Fässer aus europäischer Eiche (Quercus robur) werden typischerweise drei Jahre lang für die Reifung von Sherry verwendet, bevor sie nach Schottland exportiert werden. Amerikanische Fässer werden aus amerikanischer Weißeiche (Quercus alba) hergestellt und in der Regel vier bis acht Jahre für die Reifung von Bourbon verwendet, bevor sie nach Europa verschifft werden.

Abbildung 5: Küfer bei der Arbeit in der Speyside Cooperage

Aber wie kommen die Fässer aus anderen Ländern oder sogar aus Übersee nach Schottland? Schließlich müssen die sperrigen Fässer viel Platz auf den Schiffen einnehmen. Die Antwort

48

ist einfach: Sie kommen zerlegt an. Im Zielland, also in Schottland, werden die einzelnen Dauben dann in einer Küferei (cooperage) wieder zu Fässern zusammengesetzt. Üblich ist es auch, aus den Dauben amerikanischer Fässer, die 42 US-Gallonen (knapp 160 Liter) fassen, den in Schottland gebräuchlicheren Fasstyp „Hogshead" mit knapp 240 Litern zu bauen. Für die Herstellung von vier britischen Hogsheads werden etwa fünf amerikanische Fässer benötigt.

In der Speyside Cooperage in der Nähe von Craigellachie kann man die Arbeit der Küfer oder Böttcher (cooper) sehr gut beobachten. Die Speyside Cooperage ist kein Museum, sondern eine funktionierende Küferei. Hinter einer Glasscheibe kann man den Böttchern bei der Arbeit zusehen und bekommt einen unmittelbaren Eindruck von der Knochenarbeit, die sie verrichten. Zwar gibt es heute Maschinen, die die Arbeit unterstützen, aber der größte Teil der Arbeit ist immer noch reine Handarbeit. In diesem Handwerk wird hier tatsächlich noch ausgebildet. Und wer eine Lehre in der Speyside Cooperage erfolgreich abgeschlossen hat, bekommt überall auf der Welt einen Job als Küfer, so gut ist der Ruf des Unternehmens.

Kühlfilterung

Whisky ist eine Flüssigkeit, die hauptsächlich aus Alkohol und Wasser besteht. Darüber hinaus enthält das Getränk aber noch verschiedenste Verbindungen, die für seinen vielfältigen Geschmack verantwortlich sind. Bei der Beschreibung der alkoholischen Gärung bin ich bereits kurz darauf eingegangen. Chemisch gesehen sind dies Proteine, Fettsäuren, Ester, Aldehyde, Tannine und einige mehr. Über hundert dieser Stoffe sind in einem Whisky für Geruch, Geschmack, Viskosität, Farbe, Länge des Abgangs, Mundgefühl usw. verantwortlich. Diese Stoffe entstehen sowohl während der alkoholischen Gärung als auch während der Destillation und der anschließenden Lagerung im Fass. Die bei der Gärung entstehenden Nebenprodukte werden als „congeners" bezeichnet, zu Deutsch etwa „Artverwandte".

Insbesondere Fette und Fettsäuren (Lipide) sowie Proteine neigen dazu, dem Whisky bei Verdünnung mit Wasser auf etwa 40 Volumenprozent und zusätzlicher Kühlung eine trübe Färbung zu verleihen. Dieser Effekt ist umso stärker, je kälter der Whisky ist. Daher ist der Effekt besonders stark, wenn man dem Whisky Eis beifügt - was man bei einem guten Single Malt natürlich nie tun sollte. Das Eis kühlt einerseits den Whisky, andererseits schmilzt es und verdünnt die Alkoholkonzentration. Beides fördert die Trübung, die zwar geschmacklich nicht wirksam ist, aber im Glas unschön aussieht.

Die Trübung entsteht durch Zusammenballung dieser Moleküle. Das liegt daran, dass sich die Moleküle in Alkohol leichter lösen als in Wasser. Trübungen können daher auch auftreten, wenn normal temperierter Whisky mit Wasser gemischt wird, z.B. um die Trinkstärke zu reduzieren. Die Zugabe von etwas Wasser ist bei Malt Whiskys häufiger gebräuchlich als das Kühlen oder gar das Hinzufügen von Eiswürfeln.

Einige Whiskys, vor allem preiswertere Sorten, durchlaufen deshalb vor der Abfüllung eine Kühlfiltration (chill filtration). Dabei wird der Whisky auf Temperaturen um den Gefrierpunkt, manchmal auch darunter, abgekühlt. Dadurch verklumpen die Eiweiß- und Fettsäuremoleküle. Sie können dann durch mechanische Filter (Papier oder Kieselgur) entfernt werden.

Trübungen sind kein Zeichen schlechter Qualität, sie sehen nur im Glas nicht so schön aus. Wie viel Geschmack mit den Trübstoffen auch aus dem Whisky entfernt wird, darüber gehen die Meinungen auseinander. Es gab Untersuchungen, bei denen die Teilnehmer geschmacklich nicht unterscheiden konnten, ob ein bestimmter Whisky kühlgefiltert oder unfiltriert war. Auf der anderen Seite gibt es aber auch viele Whisky-Genießer, die die Kühlfiltration strikt ablehnen. Da dem Whisky gerade dadurch ein Teil der geschmacksbildenden Substanzen entzogen wird, ist das Argument, dass hier auch Geschmack herausgefiltert wird, nicht von der Hand zu weisen.

Whiskys, die nicht gefiltert wurden, erkennt man an der Aufschrift „non chill-filtered" auf dem Flaschenetikett. Der Trend weg von der Kühlfiltration hat sich in den letzten 20 Jahren wieder verstärkt. Die Zahl der ungefilterten Whiskys nimmt stetig zu und die Bezeichnung „non chill-filtered" hat sich mittlerweile zu einer Art Prädikat entwickelt.

Die Flaschenabfüllung

Obwohl ein Single Malt Whisky nur aus einer einzigen Brennerei stammen darf, kann (und wird) er aus mehreren Fässern zusammengestellt werden. Das heißt, die Inhalte verschiedener Fässer einer Brennerei werden miteinander vermischt, in der Fachsprache nennt man es poetisch „vermählt". Das macht man, weil jedes Fass etwas anders reift. Würde man wahllos Fässer aus dem Lager nehmen und abfüllen, so würde eine Flasche Single Malt aus einem Fass anders schmecken als eine Flasche aus einem anderen Fass. Das gilt es zu vermeiden, denn wenn ein Kunde einen Whisky genossen hat, der ihm besonders gut geschmeckt hat, dann will er beim nächsten Kauf der gleichen Flasche möglichst auch den gleichen Geschmack wieder haben.

Die Kunst besteht also darin, die Fässer für einen Batch, so nennt man einen Abfüllvorgang, so auszuwählen, dass Geschmack und Farbe im Vergleich zu früheren Batches möglichst konstant bleiben. Dabei werden durchaus auch Fässer mit unterschiedlicher Lagerdauer miteinander vermählt, da dies vor allem die geschmacklichen Nuancen liefert. Aber wie wird das Alter berechnet, wenn es auf dem Etikett angegeben ist? Nimmt man den Mittelwert aller verwendeten Fässer? Die klare Antwort lautet: Nein! Die Rechtslage bei Scotch Whisky verbietet dies. Wird ein Whisky mit einer Altersangabe verkauft, so muss sich diese immer auf den jüngsten im Batch verwendeten Whisky beziehen.

Nachdem die Fässer für die Charge ausgewählt wurden, wird ihr Inhalt entleert und gemischt. Dazu werden die Fässer auf einen Mischbehälter (blending vat) gerollt, der in etwa einer sehr langen Viehtränke ähnelt. Die Fässer rollen an den beiden Längsseiten des Behälters wie auf Schienen. Um ein Fass zu entleeren, wird der Spund in der Mitte entfernt und das Fass noch ein Stück weiter gerollt, so dass das Spundloch unten liegt und den tiefsten Punkt des Fasses darstellt. In dieser Stellung wird das Fass mit Holzkeilen fixiert. Nun wird sich der gesamte Inhalt nach und nach in den Mischbehälter entleeren. In der Zwischenzeit kann bereits das nächste Fass daneben gerollt werden.

Wenn alle Fässer der Charge geleert sind, wird nach gründlichem Mischen mit Wasser verdünnt, um die gewünschte Alkoholstärke einzustellen. Diese liegt bei vielen Whiskys bei genau

40 Vol. %, der gesetzlich vorgeschriebenen Mindeststärke. Einige werden aber auch mit 43 oder 46 Volumenprozent oder noch stärker abgefüllt. Ausnahme: Whiskys mit der Bezeichnung „Cask Strength" werden in Fassstärke abgefüllt und nicht weiter verdünnt. Sie haben in der Regel gebrochene Angaben der Stärke, z.B. 53,6 Vol. % - eben die Stärke, die sich im Fass nach Lagerung und Abzug des Angel's Share eingestellt hat.

Eine Sonderform der Abfüllung sind Whiskys mit der Bezeichnung „Single Cask". Sie stammen, wie der Name schon sagt, aus einem einzigen Fass und bestehen dementsprechend nur aus so vielen Flaschen, wie nach der Verdünnung aus diesem einen Fass gewonnen werden konnten. Oft werden Single Cask Abfüllungen in Fassstärke abgefüllt. Single Cask-Abfüllungen können durchaus von Abfüllung zu Abfüllung geschmacklich variieren, da hier nicht die Möglichkeit besteht, durch geschickte Auswahl der Fässer den gewünschten Geschmack zu komponieren. Bei Single Cask-Abfüllungen wird daher fast immer die Fassnummer auf dem Etikett angegeben, oft auch die Anzahl der abgefüllten Flaschen, die Flaschennummer, das Datum der Destillation, das Datum der Abfüllung, der Fasstyp, die Anzahl der Abfüllungen oder eine beliebige Auswahl dieser Angaben. Bei unverdünnten Whiskys (cask strength) kann man, wenn man die Anzahl der Flaschen und den Fasstyp auf dem Etikett findet, sogar errechnen, wie groß der Angel's Share war.

Manchmal findet man auf dem Etikett auch die Angabe „Small Batch". Dieser Begriff ist jedoch nicht genormt. Sie bedeutet wörtlich übersetzt „kleine Charge" und sagt aus, dass nur wenige Fässer für die Abfüllung verwendet wurden. Wann ein Batch noch „small" ist und wann nicht, liegt jedoch im Ermessen der jeweiligen Brennerei.

Die eigentliche Abfüllung des Whiskys in Flaschen, das anschließende Etikettieren und Verpacken in Kartons wird nur noch von wenigen Brennereien selbst durchgeführt. Eine solche Abfüllanlage lohnt sich nur für sehr große Brennereien mit entsprechend hohem Ausstoß. Glenfiddich zum Beispiel füllt seine Flaschen selbst ab - kein Wunder bei einer Jahresproduktion von zehn Millionen Litern. Eine weitere Destillerie, die nicht nur selbst abfüllt, sondern auch eine eigene Mälzerei betreibt, ist die Springbank Distillery in Campbeltown. Die überwiegende Mehrheit der Brennereien füllt den fertig gemischten Whisky jedoch in große Tankwagen, die dann zu Abfüllanlagen von darauf spezialisierten Firmen fahren. Die Verdünnung auf Trinkstärke kann dann auch durch die Abfüllfirma nach den Vorgaben der Brennerei erfolgen.

Whisky-Arten

Whisky hat zwei Schreibweisen: mit „y" und mit „ey" am Ende. Whisky aus Schottland, Wales und England endet nur mit „y", während Whiskey aus Irland mit „ey" geschrieben wird. Eine ähnliche Regelung gilt in Amerika: Whiskey bezeichnet hier das Produkt aus den USA, Whisky hingegen kommt aus Kanada.

Dies ist jedoch nur eine grobe Faustformel. Whisky oder Whiskey wird in vielen Ländern der Welt hergestellt und die Hersteller verwenden je nach Belieben die eine oder andere Schreibweise. Selbst innerhalb eines Landes kann die Schreibweise variieren. So wird Maker's

Mark, ein Kentucky (und damit aus den USA stammender) Straight Bourbon, auf dem Etikett als „Whisky" ohne e bezeichnet, ebenso der irische „Paddy".

Neben dem bereits erwähnten Single Malt (= Mischung von Malt Whiskys aus verschiedenen Whiskyfässern derselben Brennerei) und der Sonderform Single Cask (= Abfüllung aus einem einzigen Fass, meist unverdünnt, also in Fassstärke) gibt es noch weitere Arten.

Der zentrale Begriff bei den Whisky-Arten ist das Blending. Der Begriff kommt aus dem Englischen von to blend = mischen, vermengen, vermischen. Beim Blending werden also verschiedene Substanzen miteinander vermischt. Dies gilt sowohl für flüssige Stoffe wie Whisky als auch für feste Stoffe wie Tee oder Tabak, wo der Begriff „Blend" ebenfalls für eine Mischung verwendet wird. Bezogen auf Whisky bedeutet Blending also, dass mehrere (mindestens zwei) Whiskys miteinander vermischt werden, um ein bestimmtes geschmackliches Ergebnis zu erzielen. Die Ausgangsprodukte können nur Malt Whiskys, nur Grain Whiskys oder beide Sorten zusammen sein. Die Person, die die Mischung vornimmt, wird als Blender bezeichnet. Auch in Brennereien, die ausschließlich Single Malt abfüllen, gibt es einen Blender - er wählt bei der Abfüllung die Fässer aus, deren Inhalt dann gemischt und in einer Charge abgefüllt wird.

Blended Scotch Whisky

Die einfachste Variante des Scotch Whisky ist der Blended Scotch Whisky, auch Blended Scotch oder kurz Scotch genannt. Blended Scotch hat aufgrund der enormen Produktionsmengen einen Marktanteil von etwa 90 bis 95 %. Er ist eine Mischung verschiedener Malt- und Grain-Whiskys aus unterschiedlichen Brennereien. Hauptbestandteil der preisgünstigen Blended Whiskys ist immer der Grain Whisky, da dieser in großen Mengen kostengünstig hergestellt und das Gesamtprodukt entsprechend preisgünstig angeboten werden kann. Dem Grain-Whisky oder den verschiedenen Grain-Whiskys in einem Blended Scotch wird dann noch ein gewisser Anteil eines oder mehrerer Malt Whiskys zugesetzt, sozusagen als geschmacksprägende Komponente, da der Grain-Whisky selbst wenig Eigengeschmack hat.

Ein bekannter deutscher Whiskyhändler und Youtuber hat es in einem Interview einmal so ausgedrückt: Blended Whisky ist eine Mischung aus Industriewhisky, der auf großen Destillationskolonnen wie in der Petrochemie destilliert wird, und einem Gewürz, dem Malt Whisky, der einen viel intensiveren Geschmack hat als der Industriewhisky. Das klingt etwas abwertend, trifft aber auf die meisten billigen Whiskys aus dem Supermarkt zu. Wenn man für einen Blended Whisky tiefer in die Tasche greift, trifft diese Definition aber nicht mehr zu.

Die Kunst des „Blendings", also des Mischens der verschiedenen Whiskys, besteht darin, ein einheitliches Geschmacksprofil zu erzielen, das die jeweilige Scotch-Marke ausmacht. Und das über Jahre und Jahrzehnte hinweg, obwohl sich die Aromen der einzelnen Komponenten durchaus verändern können. Als Faustregel gilt: Je teurer ein Blended Scotch ist, desto mehr Malt Whisky enthält er. Die billigsten Whiskys, die man in den großen Discountern findet, sind ausnahmslos Blended Scotch Whiskys. Damit meine ich Flaschen, deren Preise deutlich unter 20 Euro, manchmal sogar unter zehn Euro liegen. Sie haben in der Regel keine Altersangabe auf der Flasche, was faktisch bedeutet, dass sie nicht länger als drei Jahre, dem vorgeschriebenen Mindestalter, gelagert wurden. Die Lagerung selbst erfolgt bei solchen Discounter-Whiskys dann in Fässern, die zuvor jahrzehntelang für die Lagerung teurerer Whiskys verwendet wurden und entsprechend ausgelaugt sind. Von der Bezeichnung her tragen diese Whiskys entsprechende Kunstnamen, die sich die jeweiligen Discounter ausgedacht haben.

Geht man auf der Preisskala ein wenig nach oben, in den Bereich zwischen ca. 15 und 25 Euro, findet man schon bekanntere Namen: Ballantine's, Black & White, Chivas Regal, Dimple, Famous Grouse, J&B, Johnnie Walker, Teacher's und Whyte & Mackay - um nur einige bekannte Vertreter zu nennen. Die meisten Whiskys in dieser Preisklasse werden ohne Altersangabe verkauft, aber auch hier gibt es hin und wieder Ausnahmen. Zum Beispiel der „Isle of Skye" (der allerdings nichts mit der gleichnamigen Insel zu tun hat) in den Altersangaben „8 years" und „12 years" oder der „Chivas Regal 12 years". Hier ist die Verfügbarkeit in den großen Supermärkten aber schon etwas dünner.

Ab etwa 25 Euro aufwärts findet man bei den Blended Whiskys schon mehr Altersangaben, z.B. „Dimple 12 years", „Dewar's 12 years", „Ballantine's 12 years". Auch die Nachreifung in speziellen Fässern oder die Verwendung von entsprechend nachgereiften Komponenten ist hier häufiger anzutreffen. So gibt es einen „Chivas Regal 13 years extra Sherry Cask" und auch einen 13-jährigen Chivas Regal mit Nachreifung in ehemaligen Rye-Whisky-Fässern. Oder der „Johnnie Walker 10 years select casks - rye cask finish", der zehn Jahre in amerikanischen Eichenfässern lagerte, bevor er zum Finish in spezielle Rye-Whisky-Fässer umgefüllt wurde. Whiskys dieser Preisklasse findet man zwar noch in normalen Supermärkten, aber man sollte sich schon in ein Geschäft begeben, das sich ein wenig auf edlere Spirituosen spezialisiert hat.

Teurere Blended Scotch Whiskys sind im normalen Supermarkt kaum noch zu finden. Hier ist man auf den Fachhandel oder den Versandhandel angewiesen. In den höheren Preisregionen wird die Auswahl an Blended Scotch Whiskys ebenfalls etwas dünner. Der Grund ist einfach: Wer 50 Euro und mehr für eine Flasche Whisky ausgibt, greift in der Regel eher zu einem reinen Malt Whisky. Dennoch gibt es auch in dieser Preisklasse spezielle Blended Scotch Whiskys. Ein solcher Vertreter ist der „Chivas Regal 18 years Gold Signature", ein komplexer Blended Whisky, der verschiedene, gut gereifte Malt- und Grain-Whiskys vereint. Auch Johnnie Walker hat mit „The Ultimate 18 years" einen alten Blend im Programm. Der „Dewar's 15 years" ist ein Blended Scotch, der in Bourbon- und Sherryfässern reifen durfte. Und von „Famous Grouse", eigentlich eher für preiswerte Blends bekannt, gibt es in dieser Preisklasse einen 16-jährigen Blend, der aus acht verschiedenen Whiskys besteht und in spanischen Sherry- und Bourbonfässern reifen durfte.

Es geht auch noch teurer bei den Blended Whiskys. In der Preiskategorie um 100 Euro finden sich Whiskys mit respektablen Altersangaben von 20 Jahren und mehr. So produziert die Springbank Distillery den „Campbeltown Loch 21 years", einen Blended Scotch mit 60 % Malt- und 40 % Grain-Anteil. Auch Chivas Regal hat mit dem „Royal Salute 21 years" einen alten Blend wieder aufgelegt und Ballantine's nennt seinen 21-jährigen Whisky schlicht „Ballantine's 21 years".

Noch mehr Geld übrig für einen Blend? Rund 350 Euro zahlt man derzeit für einen „Ballantine's 30 years" und erwirbt damit eines der Highlights dieser Firma. Der Blend enthält unter anderem eine Reihe seltener Whiskys aus bereits geschlossenen Brennereien. Zum 200-jährigen Firmenjubiläum im Jahr 2020 hat Johnnie Walker den „Johnnie Walker Blue Label 200th Anniversary" aufgelegt, einen Blended Scotch Whisky mit 80 Prozent Malt-Anteil, der ohne Altersangabe und mit nur 40 Volumenprozent Stärke verkauft wird. Der Preis: um die 200 Euro.

Man sieht also, die Welt der Blended Scotch Whiskys ist durchaus vielfältig und keineswegs auf billige Massenware beschränkt.

Grain Whisky

So wie es Single Malt Whiskys gibt, so gibt es auch reine Grain Whiskys zu kaufen, wenn auch in deutlich geringerer Anzahl als Malt Whiskys. Die Bezeichnungen entsprechen denen der Malt Whiskys: Single Grain Whisky bezeichnet einen Grain Whisky, der aus einer einzigen Brennerei stammt, dort aber aus verschiedenen Fässern gemischt wurde. Blended Grain Whisky hingegen ist eine Mischung verschiedener Grain Whiskys aus verschiedenen Brennereien, aber eben nur Grain Whiskys - sonst wäre es ja Blended Scotch Whisky. Auf dem Whiskymarkt sind Grain Whiskys jedoch eher eine Randerscheinung. Der produzierte Grain Whisky geht fast ausschließlich in die Weiterverarbeitung zu Blended Scotch.

Zu beachten ist auch, dass die Bezeichnung Grain Whisky für alle Getreidesorten steht, die als Rohstoff verwendet werden, mit Ausnahme von gemälzter Gerste. Also alles außer Malt Whisky. In Schottland wird auch ein Rye Whisky (Roggen) unter dem Oberbegriff Grain Whisky geführt, ebenso wie ein Whisky aus Weizen. Für schottische und irische Grain Whiskys gilt außerdem, dass bei der Herstellung ein bestimmter Anteil gemälzter Gerste verwendet wird, da nur diese die für die Umwandlung von Stärke in Zucker notwendigen Enzyme mitbringt. Für Irland gilt als Definition eines Grain Whisky, dass die Maische höchstens 30 % gemälzte Gerste enthalten darf und dass der Whisky auf einer Column-Still-Brennanlage destilliert werden muss.

Single Grain Whiskys werden in der Regel länger gelagert, bis sie genügend Geschmack entwickelt haben, um als eigenständiges Getränk abgefüllt zu werden. Vermutlich sind sie deshalb eher selten anzutreffen. Schottische Vertreter der Single Grain Whiskys sind z. B. der Loch Lomond Single Grain 22 Jahre, der Greign Single Grain 20 Jahre aus der Brennerei Macduff oder der Dumbarton Dimensions mit 30 Jahren.

Pot Still Whiskey

Nur in Irland gibt es die Bezeichnung „Pot Still Whiskey" (man beachte die Schreibweise mit „ey"). Dieser wird aus einer speziellen Maische hergestellt, die mindestens 30 % gemälzte Gerste, mindestens 30 % ungemälzte Gerste und wahlweise andere ungemälzte Getreidearten (Mais, Roggen, Weizen) enthalten muss. Optional deshalb, weil es auch Pot Still Whiskeys gibt, die zu 50% aus gemälzter und zu 50% aus ungemälzter Gerste bestehen. Pot Still Whiskey muss auf einer Pot Still-Brennanlage destilliert werden.

Single Pot Still Whiskey ist dementsprechend eine Mischung aus verschiedenen Fässern Pot Still Whiskeys einer einzigen Brennerei. Bekannte Beispiele für Single Pot Still Whiskeys sind „Redbreast" von der Midleton Distillery, „Kilbeggan Single Pot Still Whiskey" oder „Teeling Single Pot Still". Die meisten Pot Still Whiskeys sind dreifach destilliert, was auf ihr Ursprungsland Irland zurückzuführen ist, wo die dreifache Destillation üblich ist.

Single Grain Malt?

Abbildung 6: Etikett des „Loch Lomond Single Blend"

Das Wort „Single" ist uns schon an einigen Stellen begegnet. Im Zusammenhang mit Whisky bedeutet es einzeln oder einzigartig. Single Malt wurde bereits als Mischung verschiedener Malt Whiskys einer einzigen Brennerei beschrieben - das Single bezieht sich hier auf die Brennerei. Genau wie bei Single Grain. Was aber, wenn eine Brennerei sowohl Malt- als auch Grain Whisky selbst herstellt und die beiden Produkte miteinander vermischt? Das wäre weder ein Single Malt noch ein Single Grain. Aber doch irgendwie „single", also nicht einfach nur ein Blended Scotch, oder?

Um für diese eher theoretische Frage einen praktischen Anwendungsfall zu haben, muss man zunächst eine Brennerei finden, die sowohl Malt- als auch Grain Whisky herstellt. Da Malt Whisky nur auf Pot Still Brennblasen und Grain Whisky nur auf Destillationskolonnen hergestellt wird, ist dies gar nicht so einfach. Dennoch gibt es zumindest eine Brennerei, die diese Anforderung erfüllt, nämlich die Loch Lomond Distillery am gleichnamigen See. Sie verfügt sowohl über Pot Stills als auch über Column Stills. Und tatsächlich gab es eine Zeit, in der die Brennerei Grain und Malt Whisky aus eigener Produktion vermischte. Das Ergebnis war der „Loch Lomond Organic Single Blend 12 Years". Per Definition also ein Blended Scotch Whisky (Mischung aus Grain- und Malt Whisky), der aus einer einzigen Brennerei stammt - ein Single Blended Scotch Whisky oder kurz: Single Blend.

Die Produktion dieses Whiskys wurde jedoch zwischenzeitlich eingestellt, da bei einem Besitzerwechsel der Brennerei der neue Besitzer den Single Blend nicht weiterführen wollte. In der Abbildung sehen Sie das Etikett dieser seltenen Art. Das „organic" bedeutet, dass das Getreide aus biologischem Anbau stammt.

Blended Malt Whisky

Ein Blended Malt, früher auch Vatted Malt genannt, ist eine Mischung verschiedener Malt Whiskys, aber nicht wie beim Single Malt aus einer Brennerei, sondern aus verschiedenen. Es ist also so etwas wie ein Blended Scotch Whisky, nur dass hier ausschließlich Malts und keine Grain Whiskys verwendet werden. „Vat" ist das englische Wort für Bottich. Von diesem hat der Blended Malt seine frühere Bezeichnung „Vatted Malt", die heute aber nicht mehr gebräuchlich ist. Hier und da findet man noch die Bezeichnung „Pure Malt", die ebenfalls darauf hinweist, dass der Blend ausschließlich Malt Whiskys enthält.

Blended Malts gibt es sehr viele auf dem Markt. Bekannt sind die Epicurean-Serie des Abfüllers Douglas Laing, der nur Malt Whiskys aus den Lowlands verwendet, Johnnie Walker Black Label und Green Label sowie der aus drei verschiedenen Malts bestehende Monkey Shoulder aus dem Hause William Grant.

Bastard Malt / Mystery Malt

Der heute eher als Schimpfwort verwendete Begriff „Bastard" bezeichnete früher ein uneheliches Kind, das in der Regel von einem Adligen außerehelich gezeugt und später von ihm anerkannt wurde. Es handelte sich also um ein Kind, bei dem ein Elternteil entweder unbekannt war oder verschwiegen wurde. In der Whiskywelt ist ein Bastard Malt keine eigenständige Whiskyart, sondern ein Single Malt Whisky, dessen Herkunft (Brennerei) unbekannt ist oder vom Abfüller nicht angegeben wird. Eine etwas schönere und vielleicht auch treffendere Bezeichnung ist „Mystery Malt".

Natürlich weiß der Abfüller, aus welcher Brennerei der Malt stammt. Bei den Mystery Malts ist es aber so, dass mit der Brennerei vereinbart wurde, dass ihr Name nicht genannt werden darf. Man hat also einen Single Malt vor sich, von dem man in der Regel nicht weiß, woher er stammt. Ein Beispiel für Mystery Malts sind die Abfüllungen unter dem Namen Finlaggan. Das Etikett verrät nur, dass es sich um einen Single Malt von der Insel Islay handelt, nicht aber, von welcher der momentan zehn Brennereien er stammt. Dafür sind die Finlaggan-Flaschen in der Regel preiswerter als die Single Malts der bekannten Islay-Brennereien.

Keine Regel ohne Ausnahme. Neulich sah ich eine Flasche mit der Aufschrift „Murray McDavid - Mystery Malt". Weiter unten auf dem Etikett stand „Mull's Finest". Es handelte sich also um einen Single Malt von der Insel Mull. Nun gibt es auf dieser Insel genau eine Brennerei, nämlich Tobermory. In diesem Fall weiß man also mit Sicherheit, aus welcher Brennerei dieser Single Malt stammt.

Wenn in den großen Discountern, meist zur Weihnachtszeit, ein (für diese Läden recht teurer) Single Malt angeboten wird, wollen die Hersteller meist auch nicht, dass ihr Name auf dem Etikett einer billigen Abfüllung steht. Diese Flaschen werden dann unter einem Phantasienamen angeboten. Auf dem Etikett steht aber „Single Malt", oft auch noch die Lagerdauer. So weiß man als Kunde, dass man einen Single Malt kauft.

The Singleton

Wie der Mystery Malt ist auch „The Singleton" keine eigenständige Whiskysorte. Wegen seiner weiten Verbreitung möchte ich „The Singleton" hier aber kurz erwähnen. „Singleton" ist ein Markenname der Firma Diageo, unter dem sie Single Malts von drei verschiedenen, Diageo-eigenen Brennereien anbietet: Dufftown, Glen Ord und Glendullan. Die Whiskys dieser Serie werden jeweils unter dem Namen „The Singleton of ..." abgefüllt, oft mit einer Altersangabe. Der wohl bekannteste Vertreter ist „The Singleton of Dufftown". Die speziell geformten Flaschen sind breiter und flacher als andere Whiskyflaschen und es gibt sie in 0,7- und 1,0-Liter-Ausführung, letztere findet man häufig in Duty-Free-Shops.

Die Geschichte des Scotch Whiskys

Die frühen Jahre

Dass man durch Destillation von Wein einen Brandy herstellen kann, war in Frankreich bereits im 13. Jahrhundert bekannt, und im 14. Jahrhundert entwickelte sich dort bereits eine Art kleinindustrielle Produktion. Und dass man aus gemälzter Gerste unter Zugabe von Hefe Bier herstellen kann, war schon in der Antike bekannt. Allgemein wird angenommen, dass die Destillation von Alkohol zunächst in Klöstern und zu medizinischen Zwecken erfolgte.

Doch woher kommt Whisky und wann wurde er zum ersten Mal hergestellt? Darüber gehen die Meinungen auseinander. So wird der Nationalheilige der Iren, der Heilige Patrick von Irland (geboren Ende des 4. Jahrhunderts), nach dem auch der irische Feiertag St. Patrick's Day benannt ist, als Entdecker des Whiskys benannt. Er soll die Kunst des Destillierens in Frankreich erlernt und dieses Wissen nach Irland gebracht haben. Als rund 100 Jahre später eine Gruppe irischer Mönche Schottland besuchte, sollen sie den Schotten das Wissen um die Herstellung des „aqua vitae", des „Wassers des Lebens" (daher der Name des bekannten Getränks Aquavit), wie das Getränk damals genannt wurde, vermittelt haben. Vor allem die Iren sind natürlich Verfechter dieser Legende. Eine andere Geschichte sieht einen Waliser um das Jahr 350 als Urvater des Whiskys. Und natürlich gibt es auch in Schottland entsprechende Legenden, nach denen der Whisky natürlich nur schottischen Ursprungs sein kann. Einig sind sich die verschiedenen Bevölkerungsgruppen eigentlich nur darin, dass der Whisky auf jeden Fall aus Großbritannien stammt.

Das bisher älteste bekannte Dokument, das die Existenz von Whisky belegt, befindet sich jedenfalls in schottischem Besitz. Es handelt sich um die so genannten „Exchequer Rolls" aus dem Jahr 1494. Diese „Rolls" bestehen jeweils aus langen Pergamentstreifen, die zur leichteren Aufbewahrung zusammengerollt wurden. In einer dieser Urkunden einer Finanzbehörde, in der alle finanziellen Transaktionen eines bestimmten Gebietes und Zeitraumes vermerkt wurden, wird der Klosterbruder Friar John Cor von der Lindores Abbey in der Grafschaft Fife erwähnt, der acht Ballen Gerstenmalz erhalten haben soll, um daraus aqua vitae herzustellen. Im Original - natürlich in der Kirchensprache Latein - lautet der Text: *„Et per liberacionem factam fratri Johanni Cor per preceptum compotorum rotulatoris, ut asserit, de mandato domini regis ad faciendum aquavite infra hoc compotum, viii bolle brasii."*

Lindores Abbey, also die Abtei von Lindore, wurde im 17. Jahrhundert am Ende der Reformation abgerissen und der Sandstein für den Bau anderer Häuser in der Nachbarschaft verwendet, was früher weit verbreitet war. Recycling war auch damals schon ein Thema, denn so kam man günstig an Baumaterial. So wurde zum Beispiel die Kirchenuhr von Lindores Abbey von der Stadt Edinburgh gekauft.

Interessant für heutige Whisky-Liebhaber ist sicherlich die weitere Nutzung des Geländes, auf dem die alte Abtei stand. Denn mehr als 500 Jahre nach der ersten Erwähnung von Whisky entstand an dieser Stelle die Lindores Abbey Distillery, die 2017 zum ersten Mal destilliert hat. Mehr dazu am Ende dieses Geschichtskapitels.

Die Herstellung von Alkohol war früher oft mit der Kirche verbunden. So wurde John Cor am 24. August 1494 von König Jakob IV. von Schottland (1473-1513, König von 1488 bis zu seinem Tod), der als der beliebteste und erfolgreichste König des Hauses Steward galt, damit beauftragt. Dem König wurde eine Vorliebe für das „Wasser des Lebens" nachgesagt. So wird drei Jahre später erwähnt, dass König James große Mengen Whisky kaufte, teils für seinen persönlichen Genuss, teils für alchemistische Zwecke (der König war ein Förderer von Medizin und Alchemie), teils um Schießpulver körniger zu machen. Aus dem Gerstenmalz stellte der Klosterbruder Friar John Cor mehrere hundert Flaschen „Uisge Beatha" her, die dann an den König gingen. „Uisge Beatha" ist nichts anderes als die gälische Bezeichnung für aqua vitae. Man spricht die beiden Worte etwa „uischge ba" aus, woraus in den 1730er Jahren zunächst die Kurzform „usky" und schließlich das Wort „Whisky" wurde.

Da das erwähnte Dokument von 1494 das älteste bekannte seiner Art ist, wird der Ursprung des Whiskys in Schottland vermutet. Dies gilt, wie in der Geschichtswissenschaft üblich, genau so lang, wie kein älteres Dokument auftaucht, welches das Gegenteil beweist. Der Begriff „Scotch" für Whisky aus Schottland wurde übrigens erst Mitte des 19. Jahrhunderts geprägt. Damit sind die Schotten gleichzeitig das einzige Volk der Welt, das ein weltweit bekanntes Getränk hat, das den gleichen Namen trägt wie sie selbst.

Die Kunst der Herstellung von Getreidemaische und der anschließenden Destillation wurde in Schottland also bereits Ende des 15. Jahrhunderts beherrscht und praktiziert, auch wenn die damaligen Produkte noch nichts mit dem Whisky zu tun hatten, wie wir ihn heute kennen. Damals wurden dem Destillat noch Gewürze, Kräuter, Ingwer, Zucker und Früchte zugesetzt. Das Ganze hatte dann eher den Geschmack eines Kräuter- oder Fruchtlikörs als den eines reinen Brands. Das Gebräu diente zunächst als Medizin, wurde aber auch als Allzweckalkohol verwendet: zur Herstellung von Rum durch Zugabe von Wasser und Zucker, oder als Basis für Punsch und andere Mischgetränke. Etwas von der Verwendung als Medizin hat sich bis in unsere Zeit erhalten, denn auch heute noch wird mit gesundheitsbezogenen Sprüchen angestoßen: „Auf dein Wohl" in Deutschland, „Auf deine Gesundheit" (to your health / à votre santé) im englischen und französischen Sprachraum oder einfach „Gesundheit!" (salute!) in Italien.

Erst mit der Verbesserung der Destillationstechnik wurde Whisky zu einer vollwertigen und eigenständigen Spirituose, die man genießen konnte. Im Laufe der Jahrhunderte haben die Schotten die Kunst des Destillierens perfektioniert, indem sie die Elemente nutzten, die ihnen die Natur im Überfluss zur Verfügung stellte: Gerste und das Wasser, das von den Hügeln und Bergen herabfließt. Kein Wunder also, dass Whisky im Laufe der Jahrhunderte zu einem festen Bestandteil der schottischen Geschichte, Tradition und Kultur geworden ist.

Im Jahr 1505 erhielt die Gilde der Barbiere (Guild of Surgeon Barbers) von Edinburgh das Monopol für die Herstellung von „aqua vitae". Dies ist auch der älteste bekannte Beleg für die Regulierung des Whiskyhandels. Nach dem Besuch König Jakobs IV. in Inverness im

September 1506 finden sich in den Büchern des königlichen Schatzmeisters Einträge vom 15. und 17. des Monats, die auf den Kauf von Aqua Vitae für den König hindeuten.

Die ersten Verbesserungen stammen aus der Zeit zwischen 1540 und 1550, als der erste wassergekühlte Kondensator erfunden wurde. Dieser bestand zunächst aus einem Rohr, das schräg durch einen mit Wasser gefüllten Eimer geführt wurde. Vor dieser Erfindung blieb vom Destillat nur das übrig, was durch „Luftkühlung" an den Wänden des aus der Brennblase austretenden Rohres kondensierte und dann aus dem anderen Ende des Rohres tropfte. Der größte Teil des Alkohols aus der kochenden Maische dürfte damals einfach ungenutzt verdampft sein. Der erste Kondensator wurde verbessert, indem das Rohr zu einer Spule aufgewickelt wurde, ähnlich einem Korkenzieher. Die gesamte Spule tauchte man nun in den Wasserbehälter ein, wodurch eine viel größere Oberfläche gekühlt werden konnte und entsprechend mehr Destillat zur Verfügung stand, da weniger verdampfte. Dieses Prinzip hat sich bis heute nicht wesentlich geändert. In dieser Zeit wurde auch der verlängerte obere Teil (Kopf) der Brennblase erfunden, der bis heute bei den in den Highlands verwendeten Pot Stills erhalten geblieben ist. Durch diese längere Bauweise schlägt sich ein Teil des Dampfes bereits vor dem Kondensator an der Wand der Brennblase nieder und strömt zum Boden zurück. Durch diesen als Reflux bezeichneten Anteil gelingt die Trennung von Alkohol und Wasser besser, so dass eine höhere Alkoholausbeute erzielt werden kann.

Bis ins 18. Jahrhundert wurden in Schottland, insbesondere in den Highlands, hauptsächlich Hafer und „bere", auch „bigg" genannt, angebaut. Dahinter verbirgt sich eine einfache, vierreihige Gerstensorte, die auf den kargen Böden und im rauen schottischen Klima besser gedieh als die gewöhnliche Gerste (barley). Noch heute wird diese alte Gerstensorte auf kleinen Flächen auf den Orkney- und Shetland-Inseln, außerdem ganz im Norden der Hauptinsel (bei Thurso) sowie von einigen Kleinbauern auf den Hebriden angebaut.

Vor allem Hafer war damals ein wichtiges Grundnahrungsmittel für die Bevölkerung und wurde in allen Gesellschaftsschichten gegessen. Die bekannteste Verwendung ist sicherlich der „Porridge", der auch heute noch in ganz Großbritannien beliebt ist. Dieser Getreidebrei wird aus ganzen oder gemahlenen Haferflocken und aufgekochtem Wasser oder Milch zubereitet. Er wurde aber auch für Bannocks (kleine Fladenbrote), bestimmte Haferkuchen oder Suppen verwendet. Zusammen mit Hülsenfrüchten wie Bohnen und Erbsen war Hafer das bevorzugte Grundnahrungsmittel vor allem der ärmeren Bevölkerungsschichten. Die Gerste „bere" war schon damals wertvoller als der Hafer. Sie wurde hauptsächlich zum Brotbacken verwendet.

Das damalige Schottland war eine überwiegend autarke Gesellschaft. Die Landwirtschaft war kommunal organisiert und das Land wurde von den Eigentümern (Lords und Lairds) zur landwirtschaftlichen Nutzung zur Verfügung gestellt - natürlich gegen eine entsprechende Pacht. Etwa ein Viertel dieses Pachtlandes war fruchtbares Ackerland, der Rest waren Felder und Wiesen, auf denen das Vieh weiden konnte. Letztere waren für den Ackerbau nicht geeignet, da die Böden zu mager waren. Trotz oder gerade wegen des geringen Anteils fruchtbarer Böden war die schottische Landwirtschaft erfolgreich und effizient organisiert.

Etwa ein Drittel des Ackerlandes wurde mit Gerste bestellt. Nun gilt Schottland nicht gerade als sonnenverwöhntes Fleckchen Erde, entsprechend spät wird hier traditionell die Ernte eingebracht. Um sie „über den Winter" zu bringen, muss vor allem das Getreide möglichst gut getrocknet werden - auch hier war das Wetter nicht auf der Seite der Bauern. Eine mögliche Lösung für die große Herausforderung, das Getreide vor Schimmel zu schützen, war die Verarbeitung zu Bier. Da Hopfen damals in Schottland noch unbekannt war und im schottischen Klima nicht oder nur schwer angebaut werden konnte, setzte man dem Bier andere Kräuter zu, um es zu aromatisieren. Und der beim Brauen übrigbleibende Trester, also der feste Teil der Maische, eignete sich hervorragend als nahrhaftes Viehfutter, da er viel mehr Nährstoffe enthielt als Heu.

Damit war zwar das Schimmelproblem gelöst, aber die Haltbarkeit des Bieres war dennoch begrenzt, da der konservierende Hopfen fehlte. Auch die hygienischen Bedingungen bei der Herstellung sind natürlich nicht mit denen heutiger Brauereien zu vergleichen, was sich ebenfalls negativ auf die Haltbarkeit auswirkte. Auch die heute sowohl in der Bier- als auch in der Weinherstellung verwendeten Reinzuchthefestämme standen noch nicht zur Verfügung, so dass die alkoholische Gärung auf natürlich vorkommende Hefen angewiesen war. Der Verlauf der Gärung war daher immer ein Glücksspiel. Je nachdem, welcher der vielen, natürlich vorkommenden Hefestämme in der Maische die Oberhand gewann, war das Ergebnis mehr oder weniger schmackhaft.

Eine Möglichkeit, die Haltbarkeit zu erhöhen, bestand darin, Bier durch Destillation in Branntwein umzuwandeln. Ein solches Destillat war wegen seines hohen Alkoholgehalts praktisch unbegrenzt haltbar. Es lag also nahe, einen Teil des angebauten Getreides auf diese Weise zu „trinkbaren Lebensmitteln" zu verarbeiten. Ein weiterer Vorteil war, dass Branntwein wegen seines geringeren Volumens viel leichter zu lagern und auch zu transportieren war als Bier.

Wenn es dann noch gelang, den Trester nach dem Brennen zu trocknen, hatte man genügend Winterfutter für das Vieh. Vor dieser Zeit wurden viele Tiere vor dem Winter entweder verkauft oder geschlachtet, da man nicht den gesamten Viehbestand durch den Winter gebracht hätte. Man behielt nur einzelne Tiere und versuchte, sie mit allen Mitteln durch die kalte Jahreszeit zu bringen. Aus dieser Zeit stammt auch der „Brauch", dass praktisch auf jedem Bauernhof auch Schnaps gebrannt wurde. Dies entwickelte sich im Laufe der Zeit zu einer Art Selbstverständnis der schottischen Landbevölkerung.

Sowohl in den schottischen Highlands als auch auf den Inseln war die Herstellung von Kornbrand durch Destillation bereits Ende des 16. Jahrhunderts schon recht weit verbreitet. Allerdings war das Land stellenweise so karg, dass Getreide von außerhalb importiert werden musste. Die Bevölkerung war ländlich geprägt und bestand fast ausschließlich aus Bauern, andere nennenswerte Wirtschaftszweige gab es in den Highlands damals kaum. Hier und da gelang es, so viel Vieh zu halten, dass es in den größeren Städten am Rande der Highlands gegen Getreide eingetauscht werden konnte. Im Gegensatz zu den westlichen Highlands war das Land in der Mitte und im Osten fruchtbarer, so dass ein Überschuss an Getreide in den Westen und auf die Inseln exportiert werden konnte.

Zweifellos wurde neben Vieh auch Alkohol als Zahlungsmittel verwendet. Damit konnte Getreide „gekauft", aber auch Pacht und Miete bezahlt werden, denn Geld war bei den Selbstversorgern immer knapp. Die einzige Geldquelle war der Handel auf den Märkten der Städte. Im Schottland des 16. Jahrhunderts gab es jedoch nur sehr wenige Straßen, auf denen man mit Viehwagen Waren zu einem Markt transportieren konnte.

Die Bauern erkannten bald, dass der Alkohol im Tauschhandel mehr einbrachte, als die Getreidemenge wert war, die zu seiner Herstellung verbraucht wurde. Und so wurde immer mehr gebrannt. Ende des 16. Jahrhunderts wurde in Schottland bereits so viel gebrannt, dass zu wenig Gerste für die Ernährung übrig blieb.

Deshalb wurde am 11. November 1579 das erste Destillationsgesetz „Concerning the making of aquavitae" erlassen, das vom 1. Dezember 1579 bis zum 1. Oktober 1580 in Kraft war. Es verbot das Brennen von Alkohol unter Androhung der Beschlagnahme des gebrannten Alkohols und der Vernichtung der verwendeten Geräte. Gleichzeitig erlaubte es die Herstellung für „noble Persönlichkeiten", d.h. Barone, Herzöge (dukes), Grafen (earls) und andere Adelige, für den persönlichen Gebrauch und für deren Freunde, sofern die Herstellung in deren eigenen Häusern und aus deren eigenem Getreide erfolgte. Natürlich hielten sich nur wenige an das Gesetz, zu groß war der Wunsch nach einem Ersatz-Zahlungsmittel, als dass man das Brennen einfach aufgegeben hätte. In den folgenden zwei Jahrhunderten gab es mehrere Gesetze mit ähnlichen Bestimmungen, und während all dieser Verbotsperioden wurde immer wieder illegal gebrannt.

Im Jahr 1609 versuchte das Parlament, den Alkoholkonsum auf den westlichen Inseln Schottlands einzudämmen, wo Armut und ständige Fehden zwischen den Bewohnern vorherrschten und der Alkohol dabei ein zusätzliches Problem darstellte. Die „Fifth Statue of Icolmkill" (frühere Bezeichnung der Insel Iona) gab beispielsweise jedermann das Recht, Wein oder Aqua Vitae eines ansässigen Händlers zu beschlagnahmen, wenn er von außerhalb der Inseln eingeführt wurde, um ihn auf der Insel zu verkaufen. Auch der Kauf von Alkohol von Händlern außerhalb der Hebriden, d. h. von der schottischen Hauptinsel, war streng verboten und wurde mit einer Geldstrafe von £40 für das erste und £100 für das zweite Vergehen dieser Art geahndet. Beim dritten Vergehen drohte die Konfiszierung des gesamten Besitzes. Das Gesetz galt allerdings nur für das einfache Volk. Bessergestellte und Adelige durften weiterhin Alkohol auf dem Festland kaufen und importieren. Für den Eigenbedarf war es aber weiterhin erlaubt, so viel Alkohol zu brennen, wie man wollte. Wahrscheinlich sah man hier in den natürlichen Rohstoffen der Inseln eine biologische Grenze des Machbaren.

Der Staat entdeckt die Geldquelle Alkohol

Die Whiskyproduktion zog schon bald die Aufmerksamkeit der steuerhungrigen Regierung auf sich. Genau 150 Jahre nach der ersten Erwähnung von Whisky in den Exchequer Rolls wurde im Januar 1644 die erste Alkoholsteuer eingeführt. Damit erhob Schottland vergleichsweise spät die ersten Steuern. Die eigentliche Verbrauchssteuer (excise duty) wurde zuerst in den Niederlanden eingeführt, das niederländische Wort „excijs" bezeichnete eine Steuer auf

Produkte, die im eigenen Land angebaut wurden. Das Schwarzbrennen, das zuvor nur in Zeiten der Prohibition ein Thema war, wurde durch die Steuer endgültig zum Dauerproblem. Gleichzeitig nahm der Schmuggel alkoholischer Getränke, aber auch anderer Waren von außerhalb des Landes auf die Hauptinsel stark zu. Gin, Brandy und Wein waren die wichtigsten Schmuggelgüter.

In Schottland wurde die Steuer eingeführt, um Geld für die schottische Armee aufzubringen, die im Bürgerkrieg gegen England kämpfte und dabei half, König Charles I. zu besiegen. Kriege und andere militärische Ausgaben waren schon immer ein Grund für die Einführung neuer und die Erhöhung bestehender Steuern. Dies wird uns in diesem Buch noch öfter begegnen. Nach dem Krieg blieb die Steuer jedoch bestehen. Das Phänomen, dass Steuern und Abgaben nach Wegfall des eigentlichen Grundes gerne bestehen bleiben, kennen wir auch aus anderen Ländern - zum Beispiel auch in Deutschland vom „Soli", der 30 Jahre nach seiner Einführung immer noch nicht ganz abgeschafft ist, oder von der Schaumweinsteuer, die 1902 zur Finanzierung der kaiserlichen Kriegsflotte eingeführt wurde. Die Kriegsflotte war 1918 Geschichte - was blieb, war die Steuer zu ihrer Finanzierung.

Doch zunächst zurück zur ersten Steuer von 1644, die anfangs 2s 8d pro Scottish Pint betrug (siehe Anhang: Alte Maßeinheiten). In den Jahren 1651 und 1660 wurde sie jeweils auf 1 Penny pro Gallone gesenkt. Gleichzeitig wurde eine neue Malzsteuer eingeführt, die 2 Merk (=£1 6s 8d) pro Boll betrug. Mit dem neuen Gesetz entstanden 1660 auch die ersten Steuerfahnder. Im Volksmund wurden sie bald „Gaugers" (von: to gauge = messen) genannt, weil sie Messungen am Brand und den Brennanlagen vornahmen. Sie waren von Anfang an mit hoheitlichen Rechten ausgestattet und konnten z. B. jederzeit ohne Voranmeldung eine Brennerei betreten ([...] enter the distillery house at all times, as well by night as by day [...]) und Messungen durchführen. Die Gaugers arbeiteten im Rang von Offizieren, die von den Großgrundbesitzern und der Regierung beauftragt wurden. Sie durften nicht nur die Höhe der Steuern berechnen, sondern sie auch gleich bei den Brennern eintreiben.

Die 1644 eingeführte Steuer sah einen festen Betrag pro Pint verkauften Whiskys vor, unabhängig von dessen Alkoholgehalt. Später, im Jahr 1688, wurde die erste Steuer eingeführt, die sich am Alkoholgehalt orientierte. Sie galt zunächst nur für (legal) importierte alkoholische Getränke, wurde aber 1699 auf im Inland gebrannten Alkohol ausgedehnt.

Während des 17. Jahrhunderts war das Brennen von Alkohol in der Regel in kleinen Anlagen mit einem Fassungsvermögen von weniger als 50 Gallonen üblich. Diese Anlagen befanden sich in Privathäusern, meist auf Bauernhöfen. In den allermeisten Fällen wurde das Brennen hier nur als Nebenerwerb zur Landwirtschaft oder nur für den Eigenbedarf betrieben. Eine der ersten bekannten, legal betriebenen kommerziellen Whiskybrennereien befand sich in Dingwall, in der Nähe der Black Isle: die Ferintosh Distillery. Ihr Besitzer war seit 1667, als er die Brennerei kaufte, Duncan Forbes (1644-1704) aus Culloden. Einer seiner Vorfahren hatte 1625 vom Laird of Mackintosh das Culloden House gekauft, ein stattliches Herrenhaus, das heute noch steht und als Hotel genutzt wird. Gut 40 Jahre später erweiterte die Familie Forbes ihren Besitz auf der Black Isle also durch den Kauf von Ferintosh, wo Duncan Forbes bald darauf auch mit dem Brennen von Whisky begann. Duncan Forbes war außerdem von 1678 bis zu seinem Tod 1704 Mitglied des schottischen Parlaments. Die Familie Forbes war jedoch beim etablierten Adel der Region nicht sonderlich beliebt, da sie ihre Besitztümer nach und nach durch Kauf und nicht, wie damals üblich, durch Erbschaft erwarb. Im November 1685 wurde der Sohn der Forbes, der auch Duncan hieß, geboren, der später noch eine Rolle spielen sollte.

Im Dezember 1688 floh der amtierende König Jakob II. von England und gleichzeitig Jakob VII. von Schottland als Opfer der „Glorious Revolution" ins Exil nach Frankreich. In den Wirren des schottischen Aufstandes im folgenden Jahr 1689 wurde Ferintosh und damit auch die Brennerei von mehr als 700 Anhängern der Jakobiten geplündert und niedergebrannt. Diese handelten aus Wut auf die Forbes-Familie, die die Stuart-Monarchie unterstützte. Duncan Forbes forderte daraufhin vom Parlament Reparationszahlungen. Der Schaden, den die Jakobiten angerichtet hatten, war immens, und Forbes verlangte für seinen Verlust eine Summe von etwa £50.000 (verschiedene Quellen nennen Beträge zwischen £45.000 und £54.000), was verständlicherweise abgelehnt wurde, denn dies entspräche einem heutigen Wert von etwa sechs Millionen Pfund. Schließlich einigte man sich auf einen Kompromiss. Dieser sah vor, dass Duncan Forbes künftig Whisky aus eigenem Getreide brennen und verkaufen durfte, ohne dafür Abgaben oder Steuern zahlen zu müssen. Das Zugeständnis der Steuerfreiheit war zudem vererbbar und dauerhaft. Lediglich eine lächerlich geringe jährliche Gebühr wurde erhoben.

Die Forbes-Familie begann sofort mit dem Wiederaufbau der zerstörten Brennerei Ferintosh, der bereits 1690 abgeschlossen war. Ferintosh wurde zur ersten legalen Brennerei Schottlands. Die Ländereien der Familie wurden in den folgenden Jahren zunehmend für den Anbau von Getreide für die Brennerei genutzt. Die Region erlebte einen Zustrom von Arbeitskräften für die Bewirtschaftung der Felder, was wiederum zum Bau mehrerer kleiner Dörfer führte, in denen sie lebten. Gleichzeitig erweiterte die Familie ihren Grundbesitz in der Region durch weitere Zukäufe, denn das besondere Privileg schrieb zwar vor, dass das Getreide, das steuerfrei zu Whisky verarbeitet werden durfte, von den eigenen Feldern stammen musste. Es regelte aber nicht, wie groß die dazugehörigen Felder und Ländereien sein durften. So wurde der Grundbesitz der Familie immer größer.

Die Familie Forbes blieb stets loyal und kämpfte 1715 und 1745 in zwei Aufständen gegen die Jakobiten. Duncan Forbes junior (1685-1747), Sohn des ursprünglichen Käufers der Ferintosh-Brennerei, studierte Jura in Edinburgh und an der Universität Leiden in den Niederlanden. Im Jahr 1709 wurde er in die schottische Anwaltskammer aufgenommen und 1725 zum Lord Advocate of Scotland ernannt. Der Lord Advocate ist für die gesamte Rechtsberatung der schottischen Regierung zuständig und außerdem der oberste Staatsanwalt des Landes. Bis 1737 war Duncan Forbes junior auch selbst politisch aktiv und Abgeordneter im schottischen Parlament. Dann wurde er Lord President of the Court of Session und damit der ranghöchste Justizbeamte Schottlands. Die Forbes waren also keine ganz unbedeutenden Persönlichkeiten im Schottland des 18. Jahrhunderts. Duncan baute unter anderem eine Art Miliz auf, um Bonnie Prince Charlie zu bekämpfen. Es gelang ihm, viele Clanchefs in den Highlands zu überzeugen, sich in diesem Konflikt zumindest neutral zu verhalten.

Forbes und seine Nachkommen behielten das besondere Brennrecht fast ein Jahrhundert lang und verdienten damit viel Geld. In den 1760er Jahren baute die Familie drei weitere Brennereien, um die Nachfrage nach ihrem inzwischen in ganz Schottland berühmten Whisky zu befriedigen. Außerdem erwarben sie immer mehr Land auf der fruchtbaren Black Isle, wo sie nun fleißig Gerste anbauten, ernteten und zu Whisky destillierten. Den verkauften sie dann ganz legal und steuerfrei. Am Ende produzierte der Familienbetrieb rund zwei Drittel des gesamten legal gebrannten Whiskys in ganz Schottland. Das entsprach fast 90.000 Gallonen pro Jahr und bescherte ihnen einen Jahresgewinn von rund 18.000 Pfund, was inflationsbereinigt heute einem Jahreseinkommen von rund 2 Millionen Pfund entspricht. Der ständig steigende Bedarf an Arbeitskräften für die Brennereien ließ die Bevölkerung in der Region auf über 3.000 Menschen anwachsen, von denen mehr als 1.000 in den Brennereien arbeiteten. Im Jahr 1780 lieferten alle Brennereien im Forbes-Gebiet, von denen es damals vier gab, schon eine Menge von 120.000 Gallonen.

1782 erweiterte Arthur Forbes, der siebte Laird und Sohn von Duncan Forbes junior, Ferintosh erneut. Die Unzufriedenheit der anderen Brenner war zu diesem Zeitpunkt bereits so groß, dass die erneute Erweiterung das Fass zum Überlaufen brachte. Die anderen Brenner setzten sich im Parlament für die Abschaffung des Privilegs der Familie Ferintosh ein. Tatsächlich hatten sie Erfolg, denn 1784 wurde der Familie mit der Einführung des „Wash Act of 1784" das Privileg der steuerfreien Whiskyproduktion wieder entzogen. Dazu später mehr.

1695 wurde die Steuer erneut erhöht. Sie betrug nun 2s 3p pro Pint. Im Gegenzug wurde die Malzsteuer abgeschafft - um sie ein Jahr später wieder einzuführen.

Das 18. Jahrhundert

Zur Geschichte Schottlands gehört leider auch, dass es zu Beginn des 18. Jahrhunderts eines der ärmsten und am wenigsten entwickelten Länder Europas war, ganz im Gegensatz zum hochentwickelten England. Selbst der Adel lebte ärmer als anderswo. Die Landwirtschaft befand sich auf dem technischen Stand des Mittelalters, produzierendes Gewerbe gab es kaum. Die untere Bevölkerungsschicht ernährte sich hauptsächlich von Kohl, Hafer (Haferbrot, Porridge) und etwas Gemüse. Wer das Glück hatte, in Küstennähe zu wohnen, konnte den kargen Speiseplan mit Fisch bereichern. In den Highlands sorgten hier und da Pilze und Früchte aus den üppigen Wäldern für Abwechslung. Bauern mit Vieh (Schafe, Ziegen oder Kühe) hatten auch Milch zur Verfügung. Whisky und Ale waren die Getränke, die aus den vorhandenen Rohstoffen hergestellt werden konnten. Sie waren daher neben Wasser die wichtigsten Getränke der Highlander.

Das Brennen von Alkohol aus Getreidemaische und gemälzter Gerste war ein wichtiger Bestandteil der Kultur der Highlander und wurde seit vielen Jahrzehnten praktiziert. Um das Verhalten der Highlander gegenüber bestimmten Gesetzen und Vorschriften der Engländer zu verstehen, ist es wichtig, sich diese Tatsache vor Augen zu führen. Natürlich wollten die Highlander ihr Verhalten nicht ändern, nur weil ihnen eine englische Regierung aufgezwungen wurde, die sie auch noch ihren Steuergesetzen unterwerfen wollte. Der Whisky-Schmuggel war lukrativ und hatte den angenehmen Nebeneffekt, dass man den ungeliebten Engländern und ihrer Regierung auch noch eins auswischen konnte. Steuern und Abgaben an England zu zahlen, empfanden die Highlander als unrechtmäßigen Eingriff in ihre Freiheit. Wo immer es möglich war, entzogen sie sich der Staatsgewalt.

1705 wurde die Malzsteuer wieder abgeschafft, dafür die Alkoholsteuer auf 2s 6p pro Pint erhöht. Whisky war in Schottland zu einem Volksgetränk geworden. Arbeiter akzeptierten ihn teilweise sogar als Teil ihres Lohnes. Whisky war nun auch so leicht verfügbar, dass sein exzessiver Genuss bis zur Volltrunkenheit immer häufiger wurde.

1707 wurden die Königreiche England und Schottland durch den „Act of Union" zum Königreich Großbritannien vereinigt. Mit dem Unionsvertrag (Treaty of Union) wurden auch die Parlamente der beiden Länder zusammengelegt. Aus dem englischen und dem schottischen Parlament entstand das gemeinsame britische Parlament. Auch die Flaggen der ehemaligen Königreiche wurden vereinigt, indem sie übereinandergelegt wurden: Das weiße Andreaskreuz auf blauem Grund, die schottische Flagge, und das rote Georgskreuz auf weißem Grund, die englische Flagge, ergaben den Vorläufer des heutigen „Union Jack". Dieser wurde 1801 durch das rote Andreaskreuz auf weißem Grund, die Flagge Irlands, ergänzt.

Aus Sicht der Regierung war der Staatenbund notwendig, um die schottischen Schulden in Höhe von £400.000 zu tilgen, die durch das gescheiterte Darién-Projekt in Schottland entstanden waren. Mit diesem Projekt sollte Ende der 1690er Jahre eine schottische Kolonie in Panama gegründet werden. Schlechte Planung, wechselndes Management, mangelnde Nachfrage nach Handelsgütern, Epidemien und zwei Handelsblockaden durch England und Spanien führten zu einem Desaster. Staatlich gelenkte Großprojekte scheiterten also schon in früheren Epochen, nicht erst im 21. Jahrhundert.

Im März 1700 wurde das Darién-Projekt aufgegeben und Schottland war praktisch bankrott. Ohne die Union mit England wäre Schottland wirtschaftlich Jahrzehnte oder noch länger zurückgefallen. Viele schottische Abgeordnete hatten durch das gescheiterte Darién-Projekt persönlich viel Geld verloren und stimmten schon deshalb für den Unionsvertrag, weil dieser eine finanzielle Entschädigung vorsah. Andersdenkende Abgeordnete wurden bestochen. Insgesamt sollen etwa £20.000 an Bestechungsgeldern geflossen sein.

Mit dem Vertrag schaffte sich das schottische Parlament quasi selbst ab. Im neuen, vereinigten Parlament erhielten die Schotten nur noch 45 Abgeordnetensitze und nur 16 Vertreter (Peers) zogen ins Oberhaus (House of Lords) ein.

Dieser Staatenbund wurde von den wenigsten Schotten gewünscht. Vor allem in den einfacheren Bevölkerungsschichten gab es massive Vorbehalte. In Edinburgh, dem bisherigen Sitz des schottischen Parlaments, befürchtete man wirtschaftliche Einbußen durch dessen Auflösung. Andernorts sorgte man sich um die Unabhängigkeit der Kirche. Wieder andere fürchteten Steuererhöhungen. Bevor der Vertrag in Kraft trat, befasste sich das schottische Parlament mit zahlreichen Petitionen gegen den Vertrag. Letztlich blieben sie jedoch alle erfolglos. In Edinburgh wurde zwar eine schottische Verbrauchssteuerkommission eingerichtet, die jedoch nur aus englischen Beamten bestand. Die Steuer auf verbrauchssteuerpflichtige Getränke wurde in beiden Ländern auf die gleiche Höhe festgesetzt: 1 Penny pro Gallone Spirituosen.

Mit der Gründung der Union wurden die meisten Steuern vereinheitlicht. Eine Ausnahme bildete lediglich die in England bereits bestehende Malzsteuer. In Schottland wurde diese Steuer während des Krieges mit Frankreich nicht erhoben. Der „Friede von Utrecht" beendete mit der Unterzeichnung der Schlussakte am 11. April 1713 diesen langjährigen Krieg zwischen Großbritannien und Frankreich. Kurz darauf schlug das Parlament in Westminster vor, die in England eingeführte Malzsteuer auch auf Schottland auszudehnen. Dies stieß auf den heftigen Widerstand der 45 schottischen Parlamentarier und verhinderte die Einführung in Schottland für die nächsten Jahre.

Vom Alkohol als Ersatzwährung habe ich eingangs geschrieben. Schon 150 Jahre zuvor hatten die Schotten, vor allem die Highlander, ihren Ruf als Whiskybrenner und Schmuggler. Deshalb hatten die meisten Schotten auch nach der Union keine Skrupel, die Gesetze der ihnen fremden Regierung zu missachten und ihre Steuern nicht zu zahlen.

Schottland in der Union

Obwohl Schottland und England nun auf dem Papier vereint waren, gab es aufgrund der getrennten Vergangenheit in beiden Landesteilen unterschiedliche Gesetze und Steuersysteme. Anfang der 1720er Jahre versuchten die Engländer, das schottische Steuersystem zu reformieren, was erneut zu politischen Unruhen führte. Die ständige Unzufriedenheit der schottischen Bevölkerung mit den Engländern, die aufgrund der faktischen Auflösung des schottischen Parlaments als Besatzer angesehen wurden, führte immer wieder zu kleineren Aufständen. Um 1720 nahm die Menge des illegal hergestellten Whiskys stark zu, ebenso der Schmuggel. Die Regierung versuchte, mit Steuerbeamten dagegen vorzugehen. Diese waren jedoch unterbesetzt und konnten den Schmugglern, die oft in größeren Gruppen auftraten, kaum etwas entgegensetzen. Zudem hatten die Beamten kaum Rückhalt in der Bevölkerung, da die schottischen Bürger und sogar der Adel stets auf der Seite der Schmuggler standen. Die Schmuggler wurden als Freiheitskämpfer gegen England angesehen, während die Steuerbeamten lediglich als ausführende Organe der englischen Regierung wahrgenommen wurden.

Diese Umstände und vor allem die immer wieder aufflammenden Unruhen nach dem ersten Jakobitenaufstand von 1715 veranlassten König Georg I., im Jahr 1724 einen Inspektor nach Schottland zu entsenden. Die Wahl fiel auf den erfahrenen General George Wade (1673-1748). Seine Hauptaufgabe bestand darin, die Unruhen unter Kontrolle zu halten.

Der damals 51-jährige General, der den größten Teil seines Lebens in Kriegen verbracht hatte, erkannte sofort die Probleme Schottlands im Allgemeinen und der Highlands im Besonderen. Es fehlten Straßen, Brücken und Kasernen, deren Bau er sofort empfahl, um das Land unter Kontrolle zu bringen. Am 10. Mai 1725 wurde General Wade zum Oberbefehlshaber der Armee, Schlösser, Festungen und Kasernen seiner Majestät in Nordbritannien ernannt. Damit konnte er seine Empfehlungen direkt umsetzen.

Etwa zur gleichen Zeit wurde in England beschlossen, dass Schottland künftig von einer Art Treuhändern verwaltet werden sollte. Diese waren schottische Adlige, arbeiteten aber im Auftrag der englischen Regierung. Den Anfang machte John Campbell (1680-1743), Duke von Argyll, der dieses Amt bis zu seinem Tod 1743 ausübte. Er war zugleich Oberhaupt des einflussreichen schottischen Clans Campbell. Ihm folgte sein Bruder Archibald Campbell (1682-1761), 3. Duke of Argyll. Hintergrund dieses Vorgehens war, dass man in England keine Rücksicht mehr auf die Befindlichkeiten der Schotten nahm und für sie keine Sonderregelungen, etwa im Steuerrecht, mehr einführte. Die Gouverneure hatten die Aufgabe, für Ruhe zu sorgen und Aufstände so schnell wie möglich zu unterdrücken. Schottland war gewissermaßen zu einer Kolonie oder Provinz Englands ohne Autonomie geworden, zum ungeliebten Anhängsel Londons im hohen Norden. In dieser Zeit wurde viel von der alten Kultur der Highlander zerstört. Das Tragen von Waffen und Kilts sowie das Spielen des Dudelsacks wurden verboten. Später, nach dem zweiten Jakobitenaufstand, wurde sogar der Grundbesitz der Clans, die gegen die Krone gekämpft hatten, konfisziert. In diese Zeit fällt auch der Beginn der Highland Clearances, einer der größten Vertreibungen in der Geschichte Großbritanniens, die über ein Jahrhundert andauerte.

1725 führte das Unterhaus schließlich eine für ganz Großbritannien geltende Malzsteuer ein, die die schottischen Parlamentarier kurz nach Gründung der Union noch erfolgreich abwehren konnten. Die Steuer betrug 6d pro bushel (ca. 36 Liter) Malz. Allerdings war sie in Schottland zunächst nur halb so hoch wie in England, da das Getreide wegen des kühleren Wetters hier schlechter wuchs als im Süden. Trotz des „Rabatts" verteuerte diese Steuer vor allem das Bier. Dies führte zu einer Reihe von Aufständen, die als „Malzsteuer-Aufstände" (malt tax riots) in die Geschichte eingingen. Die Unruhen begannen am 23. Juni 1725 in Hamilton, einem Vorort etwa 10 km südöstlich von Glasgow, und breiteten sich rasch über weite Teile Schottlands aus. In Edinburgh kam es zu einem illegalen Streik der Bierbrauer, und in Glasgow wurde das Haus des Parlamentsabgeordneten Daniel Campbell of Shawfield von aufgebrachten Bürgern zerstört, die wussten, dass er für die Steuer gestimmt hatte. Der Aufstand von Shawfield (Shawfield riots), der als der schlimmste Aufstand der Malzsteuer-Aufstände bekannt wurde, forderte elf Todesopfer und viele Verletzte. Campbell erhielt von der Stadt Glasgow £9.000 als Entschädigung für sein zerstörtes Haus und kaufte sich von dem Geld die Insel Islay. Selbst nach heutigen Maßstäben war dieser Preis ein Schnäppchen.

Eine weitere Auswirkung der Malzsteuer war ein Rückgang des Bierkonsums aufgrund der damit verbundenen Preissteigerung. Stattdessen stieg der Konsum von Whisky, insbesondere von Lowland Whisky, da die Brenner dort eine Mischung aus Gerste und anderen Getreidearten verwendeten, daher weniger Malz aus Gerste benötigten und daher weniger von der Preiserhöhung betroffen waren. Durch die Steuer wurde der legale Highland-Whisky teurer, so dass der Absatz zurückging. In der Folge wurde mehr illegaler Whisky konsumiert. Der Schmuggel von Whisky aus den Highlands in die Lowlands nahm zu, wobei die Schmuggler gerne die von General Wade neu gebauten Straßen nutzten. Der Whisky wurde hier als „Beiprodukt" transportiert, während offiziell Rinder und Schafe auf die Märkte der Lowlands gebracht wurden. Je mehr Highland-Whisky in die Lowlands transportiert wurde, desto bekannter wurde er dort und desto besser wurde sein Ruf. Denn der aus reinem Gerstenmalz hergestellte Malt Whisky hatte einen viel intensiveren Geschmack als der entsprechende Grain Whisky aus den Lowlands.

Infrastruktur durch das Militär

Die erste Brücke in den Highlands wurde 1733 auf Befehl von General George Wade über den Fluss Tay in der Nähe der Stadt Aberfeldy gebaut. Obwohl die Brücke von der Bevölkerung sehr positiv aufgenommen wurde, war ihr Bau natürlich nicht in erster Linie als Wohltat für die Bevölkerung gedacht, sondern um die fehlende Infrastruktur zu verbessern und den militärischen Auftrag zu erfüllen. Die gebauten Straßen und Brücken verbanden vor allem die einzelnen Garnisonsstützpunkte miteinander: Ruthven bei Kingussie, Fort George am Moray Firth, Fort Augustus am Südufer des Loch Ness und Fort William am Fuße des Ben Nevis.

Viele Straßen in den Highlands tragen noch heute neben der offiziellen Nummer den Beinamen „General Wade Military Road". Allerdings handelt es sich dabei nicht mehr um die ursprünglichen Straßen, die damals meist aus losen Steinen und Felsen bestanden. Der Zahn der Zeit und vor allem der viele Regen haben ihnen stark zugesetzt, so dass von einigen Straßen schon nach wenigen Jahren nur noch Fragmente übrig waren. Später wurde entlang der ursprünglichen Trasse ein moderner Straßenbelag aufgebracht. Heute kann man an vielen dieser Straßen den historischen Verlauf der alten Militärwege erkennen. Die wichtigsten unter General Wade gebauten Straßen verlaufen zwischen Dunkeld und Inverness (heute A9), zwischen Inverness und Fort William (heute A82) und zwischen Fort Augustus und Kingussie. Die letztgenannte, ca. 57 km lange Strecke existiert heute nicht mehr als Autostraße. Sie führte über den 775 m hohen Corrieyairack-Pass und war damit einst die höchstgelegene Straße Schottlands. Heute kann sie nur noch mit dem Mountainbike befahren werden.

In seinen ersten zwölf Jahren in Schottland ließ General Wade immerhin 390 Kilometer Straßen und rund 30 Brücken bauen. Außerdem gelang es ihm, relativ bald nach seiner Ernennung zum Oberbefehlshaber im Jahr 1725 die Malzsteuer-Aufstände niederzuschlagen, und er gründete im selben Jahr die „Highland Watches", eine Art Milizarmee. Im April 1727 wurde er aufgrund seiner militärischen Leistungen zum Generalleutnant befördert. Ab 1732 wurde ihm der britische Armeeoffizier Major William Caulfield zur Seite gestellt. Wade ernannte ihn zum „Inspector of the Roads in Scotland" und bildete ihn zu seinem Nachfolger aus. Als Wade Schottland 1740 wegen anderer Aufgaben verließ, wurde Caulfield für den Bau aller neuen Straßen und Brücken in Schottland verantwortlich. Und er erfüllte diese Aufgabe mit Bravour: Während unter Wade insgesamt rund 400 Kilometer Straßen, 40 Brücken und zwei militärische Festungen gebaut wurden, entstanden unter Caulfield weitere 1.400 Kilometer Straßen und mehr als 600 Brücken.

Obwohl Caulfield insgesamt wesentlich mehr zur Infrastruktur beigetragen hatte als Wade, erlangte Wade eine gewisse Berühmtheit, als ihm um 1745, zur Zeit des zweiten Jakobitenaufstandes, ein Vers gewidmet wurde, während Caulfield unerwähnt blieb. Der Vers wurde als Teil der Nationalhymne „God Save The King" gesungen:

Original	Übersetzung
Lord, grant that Marshal Wade	Herr, gewähre dass Marshall Wade
May, by thy mighty aid,	durch deine mächtige Hilfe
Victory bring	den Sieg bringen möge.
May he sedition hush	Möge er Aufruhre verstummen lassen
And, like a torrent, rush	Und eilen, wie ein reißender Strom
Rebellious Scots to crush.	Um rebellische Schotten zu zermalmen
God save the King	Gott schütze den König

Dies zeigt zum einen, dass militärische Erfolge wichtiger waren als zivile Errungenschaften - zumindest zu dieser Zeit, da Caulfield keinen eigenen Vers erhielt. Andererseits zeigt der Wunsch, die aufständischen Schotten zu vernichten, der sogar in die Nationalhymne aufgenommen wurde, welchen Stellenwert Schottland damals im Königreich hatte. So ist es nicht verwunderlich, dass die Schotten auch heute noch zum Teil alles misstrauisch beäugen, was im fernen London im Parlament beschlossen wird.

Auf dem Zeitstrahl der Geschichte befinden wir uns nun in der Mitte der 1730er Jahre. In England wurde zu dieser Zeit vor allem Gin konsumiert, und das wohl nicht zu knapp. Um den verheerenden Folgen des Alkoholismus entgegenzuwirken, beschloss England, die Steuern massiv zu erhöhen. Die Erhöhung betraf sowohl den im eigenen Land hergestellten Gin als auch den in Holland produzierten und importierten „Genever". Die Steuererhöhung wurde mit dem „Gin Act" von 1736 beschlossen. Dieses Gesetz berücksichtigte jedoch nicht, dass in Schottland das „Wasser des Lebens" hergestellt wurde. Dies wurde in dem Gesetz einfach nicht erwähnt und führte zu einem enormen Anstieg der Produktion von „Uisge Beatha" in Schottland, um den englischen Markt zu beliefern. Aus Aufzeichnungen dieser Zeit geht jedoch hervor, dass ein großer Teil der Überproduktion nicht nach England geliefert, sondern vom lokalen Markt aufgenommen und verbraucht wurde. Dies ist eine Kuriosität der Geschichte. Die Brennereien steigerten ihre Produktion in der Hoffnung, ihr Produkt nach England exportieren zu können. Tatsächlich trugen sie aber vor allem zu einem besorgniserregenden Anstieg des Alkoholismus im eigenen Land bei.

Zwischen 1735 und 1737 verdreifachte sich die Zahl der Kleinbrennereien für den Hausgebrauch, die keine eigene Lizenz benötigten. Gleichzeitig entstanden immer mehr kleine Dörfer mit eigenen Märkten für landwirtschaftliche Produkte. Es ist anzunehmen, dass auch hier, abseits der großen Städte, reichlich Whisky aus den Kleinbrennereien gehandelt wurde. Das Verkaufsverbot dürfte niemanden gestört haben, da sich die Schotten im Allgemeinen nicht an solche Vorschriften und Gesetze hielten. Es entstanden aber auch größere, legale Brennereien, wie die Cambusbarron Distillery, die 1741 von John Wilson & Co in der Nähe von Stirling gegründet wurde. Sie wurde nach dem Vorort von Stirling benannt, in dem sie sich befand. Diese Brennerei ist eine der ältesten, über die heute noch Aufzeichnungen existieren. Sie hatte Kunden in Schottland, England und sogar in Übersee. Der Handel wurde über den Hafen von Alloa, östlich von Stirling, und den Hafen der Stadt Leith, die seit dem 1. November 1920 ein

Stadtteil von Edinburgh ist, abgewickelt. In Cambusbarron wurde 13 Jahre hintereinander Whisky gebrannt. Dies ist bemerkenswert, da legale Brennereien damals selten länger als ein oder zwei Jahre existierten. Zehn Jahre nach der Gründung zahlten die Besitzer bereits fast £200 pro Jahr an Verbrauchssteuern.

Das Lieblingsgetränk der einfachen Leute in Schottland war jedoch bis weit ins 18. Jahrhundert hinein Bier bzw. Ale. Die Lords, Reichen und Adeligen bevorzugten dagegen geschmuggelten Brandy und Wein aus Frankreich. Um 1750 gibt es erste Hinweise auf die Reifung von Wein in Holzfässern. Beim Whisky wurde die Reifung jedoch erst rund 70 Jahre später eingeführt. Bis dahin wurde Whisky von der einfachen Bevölkerung so getrunken, wie er aus der Destille kam: frisch, farblos, pur und unverdünnt. In Adelskreisen hingegen war es üblich, den Whisky vor dem Genuss mit Wasser zu verdünnen oder mit Zusätzen wie Fruchtsaft, Honig, Milch und Zucker eine Art Punsch herzustellen. Vermutlich wollte man damit auch die oft schwankende Qualität des Brands ausgleichen.

Ab 1726 wurde trotz, oder vielleicht gerade wegen der Malzsteuer, mehr Whisky gebrannt. Ein Grund dafür war, dass man zu dieser Zeit entdeckte, dass eine Getreidemaische auch dann vergären konnte, wenn man ihr nur einen kleinen Teil gemälzter Gerste zusetzte. Dadurch konnte der überwiegende Teil aus ungemälztem Getreide bestehen, was die (legale) Herstellung erheblich verbilligte, da nur der Malzanteil der Malzsteuer unterlag. Der Konsum des in der Bevölkerung so beliebten Ales ging langsam zurück. Ein Grund für diesen Rückgang nach Einführung der Malzsteuer war vermutlich, dass viele Konsumenten auf schwarz gebrannten Whisky umstiegen. Dieser wurde illegal aus unversteuertem Malz hergestellt, war somit billiger und wurde jetzt, zur Zeit des schottischen Nationaldichters Robert Burns (1759-1796), in der Bevölkerung dadurch immer beliebter. Jetzt setzte sich Whisky auch allmählich in der gehobenen Gesellschaft als Modegetränk durch. Dies geschah zum Teil auch, um den importierten Alkohol zu bekämpfen: man zeigte Patriotismus, indem man anstatt des importierten Brandys den heimischen Whisky trank.

Von 1757 bis 1760 war die kommerzielle Herstellung von Whisky aufgrund von Missernten in Teilen des Landes verboten. In dieser Zeit gingen viele der neu gegründeten Brennereien in Konkurs. Die Nachfrage nach Whisky ließ jedoch nicht nach, so dass der Schwarzhandel mit Whisky aus privaten Brennereien sprunghaft anstieg. Diese waren vom Brennverbot natürlich nicht betroffen. Und obwohl sie nicht mit Whisky handeln durften, füllten sie die entstandene Versorgungslücke bereitwillig aus. Nach Schätzungen der Zollbehörden wurden jährlich etwa eine halbe Million Gallonen Whisky illegal hergestellt. Der Trend zum illegalen Verkauf von Whisky hielt an, da die Gewinne zu verlockend waren. Verstärkt wurde dies durch die Erhöhung der Steuern auf den legal verkauften Alkohol, Malz und dem Zwischenprodukt Low Wines.

Die Nachfrage nach Whisky war groß. Das Leben in Schottland im 18. Jahrhundert ist nicht mit der heutigen Zeit vergleichbar. Damals war das Leben arm und elend. Schmutz, Ruß und schlechte hygienische Verhältnisse bestimmten das Leben in den Städten. Auf dem Land mag es sauberer gewesen sein, aber es gab kaum Möglichkeiten, außerhalb der Landwirtschaft

Arbeit zu finden. Exzessives Trinken war der Versuch, dem Leben in dieser Zeit zumindest teilweise zu entfliehen. Es wird berichtet, dass um 1760 auch in der Mittel- und Oberschicht Whisky bereits zum Frühstück getrunken wurde.

Die ersten Berichte über die Entdeckung größerer illegaler Brennereien stammen aus den 1760er Jahren. Diese befanden sich in einem damals schwer zugänglichen Teil Schottlands, westlich von Inverness. Die zunehmende Expansion der Ferintosh-Brennerei zwang viele der noch existierenden legalen Brennereien in die Illegalität. Um mit Ferintosh konkurrieren zu können, brannten sie teilweise oder ganz unversteuert. Entsprechend sanken die Einnahmen der Steuereintreiber. Sie konnten nur die Überwachung der verbliebenen, legalen Brennereien verstärken, denen sie selten trauten. 1772 wurde angeordnet, dass der Kopf der Brennblasen verschlossen sein musste und nur die Steuerbeamten die Schlüssel dazu haben durften. Die Brenner waren somit gezwungen, ihr Brennvorhaben vor dem Brennen anzumelden.

Dieser bürokratische Aufwand lohnte sich erst ab einer bestimmten Menge gebrannten Alkohols, denn die Steuerbeamten mussten ja auch bezahlt werden. Deshalb wurden einige Jahre später alle Brennblasen unterhalb einer bestimmten Größe verboten. Die Grenze wurde bei Wash Stills mit weniger als 400 Gallonen und Spirit Stills mit weniger als 100 Gallonen Brennraumgröße gezogen. Dies führte jedoch nicht zu höheren Steuereinnahmen, sondern förderte nur wieder das Schwarzbrennen und den Schmuggel. Der Schmuggel fand vor allem in den schnell wachsenden Städten statt, da dort der größte und zahlungskräftigste Kundenkreis zu finden war. So wurde Whisky neben Wein und Bier auch in der breiten Bevölkerung immer beliebter. Die übliche Stärke, mit der Whisky ausgeschenkt wurde, betrug 60 Vol. %.

Ab 1777 nahm die Zahl der legalen Brennereien in Schottland wieder zu. In Edinburgh gab es nun insgesamt acht legale Brennereien. Wurden 1777 noch rund 70.000 Gallonen Whisky gebrannt, waren es zwei Jahre später bereits 190.000 Gallonen, also fast die dreifache Menge. Dieser Anstieg lässt sich auf Fortschritte und Veränderungen in der Landwirtschaft zurückführen, die Anfang der 1770er Jahre einsetzten und die verfügbare Getreidemenge erhöhten. In dieser Zeit wurden die Felder der kleinen Gemeinden, in denen nur wenige Menschen lebten, zunehmend von größeren Höfen bewirtschaftet, auf denen die Menschen arbeiteten. Die Dauer der Pachtverträge wurde verlängert, was sowohl für den Grundbesitzer als auch für den Pächter Vorteile und Planungssicherheit brachte. Die Einführung der Kalkdüngung führte zu einer enormen Ertragssteigerung auf den Ackerflächen. Einzelne Höfe spezialisierten sich bereits auf bestimmte Produkte. Zur Verarbeitung der höheren Getreideerträge entstanden die ersten wassergetriebenen Mühlen.

Zwei wichtige Erfindungen stammen aus dieser Zeit. Der schottische Erfinder James Small (1740-1793) entwickelte 1779 den eisernen Schwingpflug, der von Pferden gezogen werden konnte. Einige Jahre später erfand der ebenfalls schottische Ingenieur Andrew Meikle eine mechanische Dreschmaschine für Getreide, die entweder von einem Wasserrad oder von im Kreis laufenden Pferden angetrieben wurde. Beide Erfindungen erleichterten die Arbeit der Bauern erheblich und führten zu massiven Produktivitätssteigerungen.

Aus dem Ausland, vor allem aus Frankreich, wurden immer größere Mengen an Wein und Brandy importiert. Dies erregte den Unmut der schottischen Brenner und Bauern, die natürlich ihre eigenen Produkte verkaufen wollten. Sie drängten die Regierung zum Handeln, die daraufhin die Zölle auf importierte alkoholische Getränke erhöhte. Diese Maßnahme trug dazu bei, die Popularität des einheimischen Whiskys weiter zu steigern.

Die kleinen Anlagen, die speziell für den (erlaubten) Hausbrand der Bauern verwendet wurden, durften eine maximale Brennraumgröße von zehn Gallonen haben. 1779 wurde ein neues Gesetz erlassen, das die maximale Größe der Kleinbrennereien auf zwei Gallonen reduzierte. Man vermutete nämlich, dass eine beträchtliche Menge des geschmuggelten Alkohols aus solchen Kleinbrennereien stammte. Außerdem erhielten die Steuerbeamten das Recht, größere Anlagen zu beschlagnahmen, wenn sie diese entdeckten. Zwei Jahre später wurde das private Brennen ganz verboten. Die Steuerbeamten hatten nun die Aufgabe, die Anlagen und den fertigen Whisky zu beschlagnahmen und zugunsten des Staates zu verkaufen. Gefundene Maischen und Brennerei-Utensilien mussten vernichtet werden, bei Widerstand durften die Beamten sogar das Militär zu Hilfe rufen.

Allerdings war es nicht einfach, illegale Brennereien zu finden. Sie befanden sich selten in Wohnhäusern, sondern oft im Freien, in provisorischen Schutzhütten in den Bergen. Um die Erfolgsquote zu erhöhen, wurde das Denunziantentum eingeführt: Wer Hinweise gab, die zur Beschlagnahmung einer Brennerei führten, erhielt eine Belohnung von 1 Schilling und 6 Pence. Auf diese Weise konnten allein im Jahr 1782 fast 2.000 illegale Brennereien entdeckt werden. Bemerkenswert ist, dass viele der Hinweise zu sehr alten und nicht mehr funktionstüchtigen Brennereien führten. Die Schwarzbrenner transportierten die ausgedienten Anlagen an Orte, die nicht mit ihnen in Verbindung gebracht werden konnten, und riefen dann die Steuerbeamten. Die Belohnung wurde ausgezahlt und in vielen Fällen von den Schwarzbrennern als eine Art Abwrackprämie für die alten und ausgedienten Anlagen verwendet. Die Belohnung war ein willkommener Zuschuss beim Kauf einer neuen Anlage.

Die Beschlagnahme der Anlagen wurde von staatlicher Seite als Bestätigung des eigenen Vorgehens gewertet. Die vermeintlichen Erfolge führten sogar dazu, dass der Gesetzgeber nur ein Jahr später die Rechte der Steuerfahnder erneut erweiterte. Nun durften die Beamten neben den eigentlichen Brennanlagen auch Karren, Wagen und Pferde beschlagnahmen, wenn diese im Zusammenhang mit illegalen Brenn- oder Schmuggelaktivitäten verwendet wurden. Gerade ein Pferd war damals ein wertvoller Besitz, den man sich nicht einfach wegnehmen lassen wollte. Deshalb kam es bei vielen Zusammenstößen zwischen Schmugglern und Steuerfahndern zu gewalttätigen Auseinandersetzungen mit zahlreichen Verletzten und gelegentlich auch Toten.

Weiterentwicklung der Landwirtschaft

Die Landwirtschaft entwickelte sich in den letzten Jahrzehnten des 18 Jahrhunderts rasch weiter. Die Bauern waren bestrebt, auf den vorhandenen Anbauflächen höhere Erträge zu erzielen. Um dieses Ziel zu erreichen, mussten die Böden durch Düngung und Kalkung fruchtbarer gemacht werden. Außerdem mussten Zäune und Mauern errichtet werden, um das Vieh fernzuhalten, wofür Holz und Steine benötigt wurden. All diese Materialien mussten von weither herangeschafft werden. Es entstanden zahlreiche Straßen und Kanäle, auf denen Pferdefuhrwerke und Lastkähne Baumaterial und Kohle transportieren konnten. Auch die Bauern nutzten die Straßen, um ihre Produkte auf die Märkte in den größeren Städten zu bringen. Die Landwirtschaft der kleinen Einzelhöfe wich größeren Komplexen, in denen mehrere Familien zusammenarbeiteten. Aus diesem Grund wurden mehr als hundert Plan- oder Modelldörfer gebaut. Hier entstanden die ersten Synergien in der Landwirtschaft.

Ein Beispiel für so ein Modelldorf ist Bowmore auf der Insel Islay. Das Dorf wurde aus den Überresten des früheren Dorfes Kilarrow errichtet und verfügt über breite Straßen, die in einem Gittermuster angelegt sind. So ähnlich wie in vielen großen Städten in den USA, aber in viel kleinerem Maßstab. Die Kirche „Kilarrow Parish Church" ist das einzige Überbleibsel von Kilarrow. Sie wurde kreisrund gebaut und deshalb im Volksmund auch einfach nur die „Round Church" genannt. Es gibt eine Legende, die besagt, dass die runde Bauform gewählt wurde, damit sich der Teufel nicht in einer Ecke verstecken kann. Nachdem die Kirche 1769 fertiggestellt war, wurde mit dem Bau des neuen Dorfes Bowmore begonnen. Der Erbauer war Daniel Campbell of Shawfield, der Enkel und Erbe desjenigen Shawfield, der die Insel 1725 durch eine Entschädigungszahlung erworben hatte. Die gleichnamige Bowmore-Brennerei wurde offiziell erst 1816 gegründet, obwohl sie bereits 1779 von einem lokalen Händler namens John P. Simson ins Leben gerufen wurde. Laut der Homepage der Brennerei hat Bowmore sogar schon zehn Jahre früher angefangen.

Man kann das Entstehen eines geplanten Dorfes noch besser in der Speyside-Kleinstadt Keith beobachten als im doch recht kleinen Bowmore. Hier verlaufen vier breitere, parallele Straßen von Norden nach Süden. In relativ gleichmäßigen Abständen kreuzen schmälere Querstraßen. Eine der Straßen ist heute übrigens die Durchgangsstraße A96. Die vier Straßen heißen hier, wie in den USA üblich, „Street" oder „Road". Die kleineren Straßen, die sie kreuzen, heißen „Lane" (in den USA heißen diese meist „Avenues").

Dieses Modelldorf wurde in den 1750er Jahren vom 2. Earl of Seafield unter dem Namen „New Keith" geplant, da es an das bisherige Keith angrenzen sollte. Im Jahr 1786 wurde hier die Brennerei Milton gegründet. Anfangs wurde mit einer relativ kleinen Brennblase mit nur 40 Gallonen Größe gearbeitet, um maximal 28 Tonnen gemälzte Gerste pro Jahr zu verarbeiten. Hier wurde vorher schon Bier gebraut, weil sich nämlich vor dem Bau der Brennerei hier die Bierbrauerei des Klosters befand. Der Whisky der Milton-Brennerei wurde unter dem Namen „Strathisla" verkauft. Erst 1951 wurde die Brennerei ebenfalls in Strathisla umbenannt.

In dieser Zeit sind auch jede Menge neuer Berufe entstanden, die sich alle an den Veränderungen in der Landwirtschaft orientierten. Zum Beispiel haben Fuhrleute den Transport von Rohstoffen und Fertigprodukten zu und von den Höfen übernommen. Stellmacher bauten Räder und Wagen, und auch Sattler und Hufschmiede ließen sich dort nieder. Mit dem Aufkommen der ersten Sägewerke für den riesigen Bedarf an Bauholz wurde praktisch schon die Vorstufe der Industrialisierung eingeleitet. In dieser Zeit sind auch viele weitere Handwerksberufe entstanden, zum Beispiel Schreiner, Zimmermänner, Kupferschmiede und Schneider. Außerdem wurde 1788 die erste mechanische Dreschmühle entwickelt, die den Bauern viel Arbeit ersparte. Die Dreschmühle wurde entweder mit Wasserkraft oder mit im Kreis laufenden Pferden angetrieben, falls kein Fluss in der Nähe war. Eine zeitgenössische Schilderung besagt, dass sich der Ertrag an Getreide, Gemüse und anderen Ackerprodukten im Jahr 1800 im Vergleich zu 1750 verdoppelt hat. Der Viehbestand hatte sich sogar versechsfacht.

Lowlands, Highlands und Whiskyregionen

Ab etwa 1780 kann man die Geschichte des schottischen Whiskys nicht mehr als rein gesamtschottisches Thema betrachten. Man muss Schottland vielmehr in einen bevölkerungsarmen Norden und einen dichter besiedelten Süden unterteilen. Die Grenze zwischen den beiden Landesteilen ist nicht klar definiert, sondern verläuft etwa auf einer Linie, die nördlich von Glasgow in den Ausläufern des Clyde beginnt und sich dann in Richtung Nordosten ausdehnt. Die Linie verläuft dann grob entlang der Städte Stirling, Perth und Dundee, dann weiter auf dem Längengrad von Dundee nach Norden und dann nach Nordwesten, entlang des Rands der Cairngorm Mountains, und endet schließlich nördlich von Inverness im Moray Firth. Die Landesteile südlich und östlich dieser Linie heißen Lowlands, diejenigen nördlich und westlich davon Highlands. Manchmal werden dafür auch die eingedeutschten Begriffe Hochland und Tiefland verwendet. Diese Begriffe können aber auch verwirren, weil sie eher auf die Lage über dem Meeresspiegel hinweisen. Ich werde in diesem Buch die Originalbegriffe Highlands und Lowlands verwenden, obwohl die Highlands von der Landschaftsform her tatsächlich gebirgiger sind als die Lowlands.

Die Einteilung in Highlands und Lowlands spielt in der Geschichte noch öfter eine Rolle. Für diese beiden schottischen Regionen galten in einer bestimmten Epoche sogar unterschiedliche Regeln und Gesetze. Auch wenn das heute natürlich nicht mehr der Fall ist, sind die Highlands immer noch wesentlich dünner besiedelt als die Lowlands. Die einzige größere Stadt in den Highlands ist Inverness am Nordende des Loch Ness mit knapp 50.000 Einwohnern. Im nordwestlichsten Teil Großbritanniens, in Sutherland, teilen sich weniger als 13.000 Einwohner eine Fläche von 5.250 Quadratkilometern, diese Fläche entspricht der doppelten Fläche des Saarlands. Diese Gegend ist eine der am dünnsten besiedelten Regionen Europas. Insgesamt leben in den Highlands gerade einmal 600.000 Menschen, also etwa ein Drittel der Einwohnerzahl von Hamburg. In Schottland insgesamt wohnen etwa 5,4 Millionen Menschen. Ziemlich genau nur jeder neunte Schotte wohnt somit in den Highlands.

Die Highlands waren weniger vom englischen Einfluss betroffen als die Lowlands, weil es dort weniger Straßen und Wege gab. Das half zwar, die eigene Kultur besser zu bewahren, war aber bei der wirtschaftlichen Entwicklung eher hinderlich. Auch in der Landwirtschaft haben es die Bewohner der Lowlands heute noch leichter. Die Böden sind fruchtbarer und das Wetter ist mit weniger Regen und höheren Temperaturen besser. Das größte Problem für die Highlands waren aber die fehlenden Straßen. Die einzigen Straßen, die es damals gab, waren die Hauptverkehrswege zwischen den Garnisonsstützpunkten, die von General Wade und William Caulfield gebaut wurden. Diese verfielen aber schon nach ein paar Jahren, weil sie aufgegeben wurden und niemand mehr Geld in die Instandhaltung steckte. Die Whiskys aus den Highlands konnten sich deshalb nur auf den Märkten in der direkten Umgebung verbreiten. Weil es dort so dünn besiedelt war, gab es natürlich auch nur wenig Absatz.

Aber selbst auf den wenigen Straßen, die verfügbar waren, war das Reisen alles andere als angenehm. Im Reiseführer „Guide to the Highlands and Islands of Scotland", der Mitte des 19. Jahrhunderts erschien, heißt es beispielsweise (übersetzt): *„Obwohl seit der Mitte des vorigen Jahrhunderts an mehreren Stellen Verbindungen zwischen den Highlands und den Lowlands bestehen, nutzten die Einwohner die Vorteile der leichten und zügigen Reise nur äußerst langsam. Nach der Niederschlagung der Rebellion von 1745 wurde die große Highlandstraße bei Badenoch noch lange Zeit von Banden verzweifelter Räuber heimgesucht, und der Weg über die Grampians war so unsicher, dass viele Menschen ihr Testament machten, bevor sie eine Reise über ihre eigene Umgebung hinaus unternahmen. Garrons oder kleine Highland-Ponys wurden damals sowohl von Gentlemen als auch von der Bauernschaft verwendet; Gasthäuser waren rar und ungemütlich; und selbst als Postkutschen eingeführt wurden, überlegte man sich wochen-, vielleicht monatelang die Ausgaben für die Miete einer solchen, und man versuchte, die Kosten auf so viele Personen aufzuteilen, wie die Kutsche Plätze enthielt. Wenn das Geschirr und die Federn des Fahrzeugs zusammenhielten, wurden die Reisenden am Abend des achten Tages, nach dem Tag, an dem sie Inverness verlassen hatten, erschöpft und müde in der High Street oder dem Grassmarket von Edinburgh abgeliefert. "*

(Anmerkung: Die im Text erwähnte „große Highlandstraße" ist die Straße, die Inverness und Perth verbindet und heute als „A9" bezeichnet wird.")

Die Einteilung in Lowlands und Highlands hat noch einen weiteren Hintergrund: Es handelt sich bei diesen Gebieten auch um zwei der fünf Whisky-Regionen, in die die Herkunft schottischen Whiskys eingeteilt wird. Die anderen drei Regionen sind Campbeltown, Islands und Speyside. Die Speyside ist eine Region innerhalb der Highlands, die die Brennereien entlang des Flusses Spey umfasst. Campbeltown steht für Whiskys aus der gleichnamigen Stadt und der Halbinsel Kintyre, auf der sie liegt. Zur Whiskyregion Islands gehören alle Whiskys, die nicht von der Hauptinsel kommen, also auf kleineren Inseln liegen. Das sind die Inseln Arran, Jura, die Isle of Mull und die Isle of Skye im Westen, die Inselketten der äußeren Hebriden (hauptsächlich Uist, Lewis und Harris) und im Norden die Orkney-Inseln, sowie noch weiter im Norden die Shetland-Inseln. Islay, die Insel südwestlich von Jura, hat mittlerweile einen eigenen Status. Fast alle Whiskys von dort sind extrem rauchig. Islay ist quasi die Whisky-Insel schlechthin. Fast zehn Brennereien sind auf der Insel vertreten und nahezu alle Arbeitsplätze dort hängen direkt oder indirekt mit der Whiskyproduktion zusammen.

Die Geburt der schottischen Whisky-Industrie

Natürlich gab es neben den illegalen Brennereien auch legale, die in dieser Zeit richtig gut liefen. Die größten und wichtigsten Brennereien waren aus den oben genannten Gründen in den Lowlands, wo viel Getreide angebaut wurde. Überschüsse von Getreide wurden entweder nach England verkauft oder für die Herstellung von Bier und Whisky verwendet. Um 1780 herum sind in den Lowlands jede Menge neuer Brennereien entstanden. Gleichzeitig haben etablierte Brennereien ihre Kapazitäten erweitert. Die Lowlands gelten deshalb als die Wiege der schottischen Whisky-Industrie. In den 1770er- und 1780er-Jahren wurden hier auch viele Brennereien gebaut, und das in einem vorher nie gesehenen Tempo. Die Brennereien, die in dieser Zeit entstanden, waren damals die größten und modernsten in ganz Schottland. Sie waren sehr anspruchsvoll, was die Technik anging, und wurden mit den neuesten Geräten ausgestattet. Ihre Errichtung war extrem kapitalintensiv und zum Betrieb einer solchen Großbrennerei brauchte man in der Regel mehrere hundert Arbeiter.

Zwei bedeutende Namen in diesem Zusammenhang sind die der Familien Haig und Stein. Diese beiden Familien haben große Brennereien in den Lowlands aufgebaut oder gekauft. Die von diesen beiden Familien betriebenen Brennereien waren zweifellos die größten Industrieunternehmen, die es in Schottland zu Beginn der industriellen Revolution gab. Um zu verstehen, wie alles begann, müssen wir allerdings kurz noch ein paar Jahrzehnte zurückblicken.

Unter den Akteuren der schottischen Whiskyindustrie ist Haig der älteste Name. Der Name ist nordischen Ursprungs. Die Haigs waren schon Mitte des 13. Jahrhunderts in den Lowlands ansässig. Sie haben sogar bei Berwickshire in den Scottish Borders ein Schloss gebaut. Ein früher Angehöriger der Haig-Familie hat 1297 bei der Schlacht von Stirling Bridge an der Seite von William Wallace gekämpft. Ein anderer Haig ist 1513 zusammen mit König James IV. in der Schlacht von Flodden Field gefallen. Anfang des 17. Jahrhunderts, im Jahr 1623, verließ ein Mann namens Robert Haig die Borders, weil er sich mit jemandem in der Familie überworfen hatte. Er wanderte Richtung Nordwesten, ließ sich in Throsk in Stirlingshire nieder, das am Südufer des Flusses Forth liegt, und pachtete eine Farm. Und wie viele schottische Bauern zu dieser Zeit brannte er auch auf seiner Farm Alkohol. Damit war er wohl der erste Haig, der für die Whiskygeschichte von Bedeutung war. Seine erste Erwähnung geht übrigens auf das Jahr 1655 zurück, als er sich den Kirchenältesten erklären musste, weil er am Sonntag Whisky gebrannt hatte. Es hieß außerdem, dass Robert Haig vor seinem Umzug nach Throsk die Kunst des Destillierens in Holland erlernt hätte.

Als Nächstes werfen wir einen Blick auf den Stammbaum der Familie Haig. Die Namenszusätze „of" bedeuten übrigens nicht, dass die Leute adelig waren, wie man vielleicht denken könnte. Früher wurden die Zusätze oft an die Namen angehängt, um zu zeigen, woher der Namensträger kam. Als Robert Haig sich dort niederließ, bekam er den Zusatz „of Throsk", weil er dort wohnte und seine Farm hatte. John, sein Sohn, wuchs auf der Orchard Farm auf oder wurde dort geboren.

Die Familie Haig ist in Schottland vor allem bekannt für die Firma „John Haig & Co Ltd.", die sie in den 1750er Jahren gegründet hat. Das Highlight in der Geschichte der Haigs war aber ganz klar die Gründung der Brennerei Kennetpans um 1720. Sie stand am Nordufer des Flusses Forth und war für die Region und auch die Whisky-Geschichte von so großer Bedeutung, dass neben der immer noch vorhandenen Ruine der Brennerei inzwischen sogar ein Denkmal errichtet wurde.

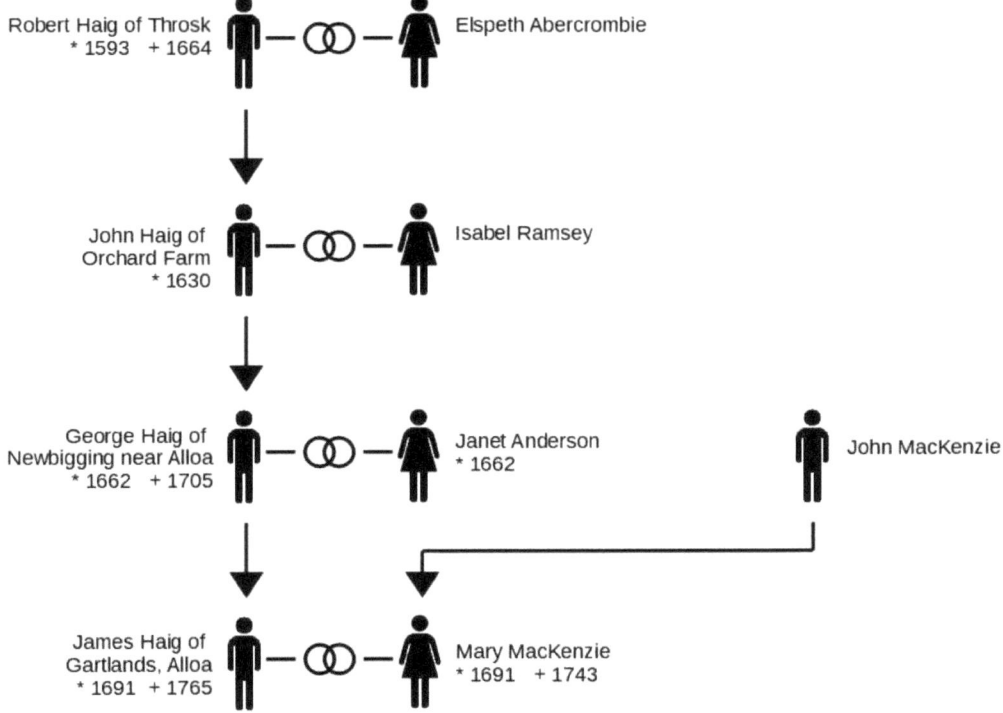

Früher Stammbaum der Familie Haig

Man weiß nicht genau, wann und von wem Kennetpans gegründet wurde. Einige Quellen sagen, dass James Haig of Gartlands Alloa (1691-1765), also der Urenkel von Robert Haig, der Gründer war. Andere Quellen wiederum erwähnen den Namen MacKenzie. Es ist also auch möglich, dass James Haigs Ehefrau Mary MacKenzie die Brennerei in die Ehe eingebracht hat. Es ist somit wahrscheinlich, dass die Brennerei auf einen der beiden Ehepartner zurückgeht.

Viele sagen, Kennetpans sei der Ort gewesen, von dem aus die schottische Whisky-Industrie ihren Siegeszug angetreten hat. Die Brennerei lag ungefähr 15 km östlich der Stadt Stirling am Nordufer des Flusses Forth und war die erste Brennerei weltweit, die kommerziell destillierte. Bisher wurde nur auf Farmen gebrannt und das Produkt in der eigenen Familie oder höchstens in der gleichen Gemeinde verbraucht. Leider sind von Kennetpans heute nur noch ein paar Mauern übrig. Der Kennetpans Trust ist aber gerade dabei, die Gebäude wieder so herzurichten, wie sie früher einmal ausgesehen haben. In den 1730er Jahren war sie die größte Brennerei Schottlands.

Die manchmal zu lesende Behauptung, dass Kennetpans im Jahr 1773 von John Stein gegründet wurde, ist also falsch. John Stein hat die Brennerei vielmehr von seinem Vater John Stein sen. (1697-1773) geerbt und weiterbetrieben. Damit war John Stein jun. der neue

Eigentümer, nicht der Gründer. Dort wurde aber schon seit einigen Jahrzehnten gebrannt, anfangs wie schon erwähnt durch die Familie Haig.

Eine weitere wichtige Großbrennerei war Kilbagie, die ab 1773 in der Nähe von Kennetpans gebaut wurde. James Stein (1740-1804) war der Gründer. Er war der Bruder von John Stein (1745-1825), der inzwischen Kennetpans von seinem Vater übernommen hatte. Die beiden Brennereien produzierten so viel, dass sie zusammen mehr Steuern zahlten als in ganz Schottland an Grundsteuer anfiel. Kilbagie war auch die erste Brennerei, die im größeren Stil Whisky exportiert hat. Es ist daher nicht überraschend, dass die erste Eisenbahn in Schottland die Brennerei Kilbagie mit dem Hafen in Kennetpans verband. Kilbagie verarbeitete allein pro Jahr etwa 6,5 Tonnen Malz zu Whisky. Das Getreide, das dafür gebraucht wurde, lagerte man in riesigen Scheunen, die mehrere Stockwerke hoch waren und eine Fläche von über 15.000 Quadratmetern hatten. Der Trester wurde verwendet, um insgesamt etwa 9.000 Schweine und Rinder zu ernähren. Die Kosten für den Bau der Brennerei beliefen sich auf £40.000 für Gebäude und Ausrüstung, was damals ein immens hoher Betrag war. Im Jahr 1780 grub man eigens für diese Brennerei einen Kanal, der sie mit dem Fluss Forth verband.

James Haig of Gartlands Alloa war, wie man am oberen Stammbaum sieht, der Urenkel von Robert Haig of Throsk (1593-1664). Der Sohn des Gründerehepaars von Kennetpans hieß John Haig of Gartlands (1720-1773). Im Jahr 1751 heiratete er Margaret Stein, die Tochter von John Stein, wodurch die beiden berühmten Brenner-Familien Haig und Stein praktisch zu einer verschmolzen.

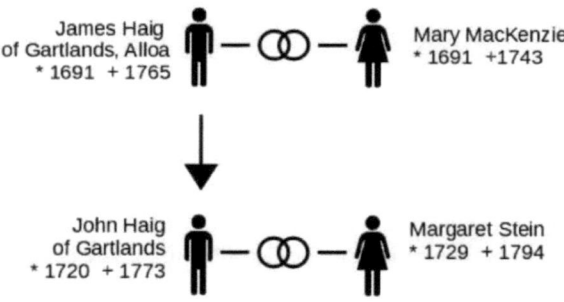

James Haig
of Gartlands, Alloa
* 1691 + 1765

Mary MacKenzie
* 1691 +1743

John Haig
of Gartlands
* 1720 + 1773

Margaret Stein
* 1729 + 1794

Die Verbindung der Familien Haig und Stein

Margaret Stein hatte zwölf Geschwister, von denen einige auch für die Whiskygeschichte interessant sind. John Stein jun. (1745-1825) wurde weiter oben schon als Erbe von Kennetpans erwähnt. Ihr vier Jahre jüngerer Bruder Robert Stein (1733-1817) hat im Jahr 1780 die Brennerei Kincaple gegründet. James Stein of Kilbagie (1740-1804) war der dritte Bruder, der für die Whiskygeschichte wichtig war.

Er selbst hat zwar nichts mit Whisky zu tun gehabt, aber er und seine Frau Catherine Buchanan hatten neben sieben weiteren Kindern eine Tochter namens Anne (1788-1859). Anne war mit Sir General Alexander Duff (1777-1851) verheiratet. Dessen Bruder James Duff (1776-1857), 4th Earl of Fife, hat 1817 die Stadt Dufftown gegründet. Er wollte damit Soldaten, die aus den napoleonischen Kriegen zurückkamen, eine Unterkunft und Arbeitsstätte bieten. Die Stadt hat er nach sich selbst benannt. Ihr vierter Bruder Andrew (1741-1828) hat 1795 die Brennerei Hattonburn gekauft, die 15 km südlich von Perth liegt und sie weitergeführt.

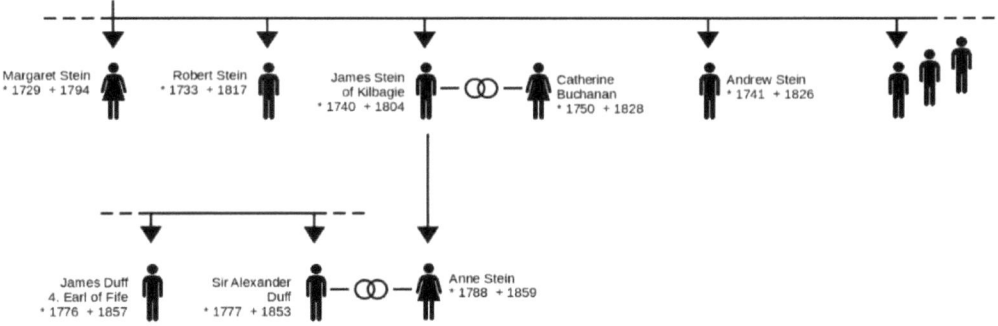

Geschwister von Margaret Stein und die Verbindung zu Sir Alexander Duff

Dufftown ist eine Kleinstadt im Herzen der Speyside. Sie ist vor allem für ihren „Clock Tower" bekannt, der ihr einen ganz eigenen Charme verleiht. Lange Zeit war sie das Zentrum der Whiskyregion Speyside und nennt sich noch heute „Malt Whisky Hauptstadt". Mehr zu dieser Stadt folgt an einer späteren Stelle des Buches.

Jetzt aber wieder zurück zu den Familien Haig und Stein, insbesondere John Haig of Gartlands und Margaret Stein. An dieser Stelle möchte ich noch erwähnen, dass etliche der elf Kinder des Paares ebenfalls in der Whisky-Industrie tätig waren. Der folgende Stammbaum-Ausschnitt zeigt lediglich diese für die Whiskygeschichte interessanten Nachkommen.

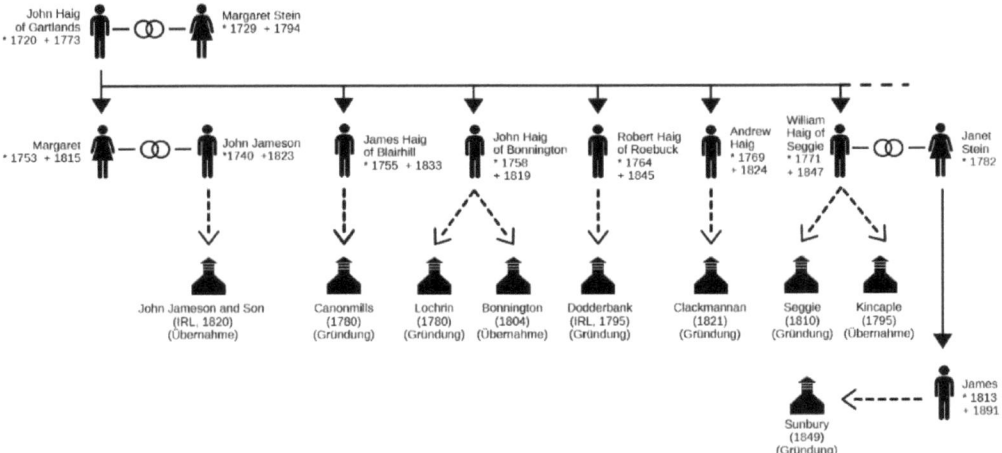

Brennereigründungen und -übernahmen durch die Kinder von John Haig und Margaret Stein

Im Jahr 1753 wurde das erste Kind von John und Margaret geboren. Deren erste Kind war ein Mädchen, das ebenfalls Margaret getauft wurde. Früher war es üblich, dem ersten Kind den gleichen Vornamen wie der Mutter oder dem Vater zu geben. 1768 hat Margaret dann einen Anwalt namens John Jameson geheiratet und ist noch im selben Jahr mit ihm nach Irland ausgewandert. Dort arbeitete John Jameson zunächst als Manager in der „Dublin Bow Street Distillery", einer Brennerei, die 1780 von John Stein jun. gegründet wurde. Im Jahr 1805 hat John Jameson die Brennerei übernommen und sie fünf Jahre später in „John Jameson and Son" umbenannt. So entstand die Marke „Jameson", deren Flaschen heute noch den Schriftzug „John Jameson & Son" tragen. Jameson-Whiskey wird zwar seit 1971, als Bow Street schloss, in der Midleton-Brennerei im Süden von Irland produziert. Aber er hat seinen Ursprung im schottischen Familienbetrieb von Haig und Stein. Jameson ist aktuell der meistverkaufte Irish Whiskey weltweit.

John Haig of Gartlands verstarb 1773 im Alter von nur 53 Jahren. Neben Margaret Jameson gab es noch fünf Söhne von John Haig und Margaret Stein, die alle eins gemeinsam hatten: Sie alle haben das Brenner-Handwerk in Kennetpans und Kilbagie gelernt. Da beide Brennereien dem Großvater von Margaret Stein gehörten, war es für die Halbwaisen eine Ehrensache, dass sie in diesen Brennereien ihre Lehre abschließen durften. Danach haben alle Söhne neue Brennereien gegründet oder bestehende gekauft, und zwar in Schottland und Irland.

Der jüngste Sohn William (1771-1847), ebenfalls verheiratet mit einer Frau aus der Stein-Familie, arbeitete zunächst als Angestellter in der Brennerei Kincaple. 1795 übernahm er die Brennerei und führte sie weiter, nachdem der Gründer Robert Stein 1788 bankrott gegangen war. William gründete dann 1810 auch die Brennerei Seggie. Sie entwickelte sich sehr gut. Sein Sohn James (1813-1891) wiederum gründet 1849 die Brennerei Sunbury, auch bekannt als „Edinburgh".

John Haig of Bonnington (1758-1819) war Lehrling bei der Brennerei Seggie und gründete 1780 die Brennerei Lochrin, die sich mitten in Edinburgh befand. Im selben Jahr gründete James (1755-1833) die Brennerei Canonmills. James wurde später auch noch führender Sprecher der „Vereinigung der (legalen) Lowland Brenner". Diese Vereinigung war teilweise so etwas wie eine frühe Lobby-Organisation, denn James hatte auch gute Kontakte zum Parlament. Dies hatte auch zur Folge, dass ein später eingeführtes Gesetz, der „1823 Excise Act" etliche seiner Ideen und Vorschläge enthielt. John hat außerdem im Jahr 1804 die Brennerei Bonnington gekauft, die auch als Leith bekannt ist. Diese Brennerei war ein voller Erfolg und nach Johns Tod im Jahr 1819 führten seine Söhne William, George und Thomas sie als "William Haig and Company" weiter.

Andrew Haig (1769-1824) blieb in Clackmannanshire, arbeitete mit bei der Kincardine Brennerei und gründete dort schließlich die Brennerei Clackmannan, nur drei Jahre vor seinem Tod.

Der fünfte Bruder, Robert Haig of Roebuck (1764-1845), hat ebenfalls das Whisky-Handwerk erlernt. Er ist nach Irland ausgewandert, um seiner Schwester Margaret zu folgen, die mit John Jameson verheiratet war und in Dublin lebte. Im Jahr 1795 hat er dort die kleine Brennerei Dodderbank gekauft und nach und nach vergrößert. Schon sieben Jahre später war Dodderbank eine der größten Brennereien Irlands. Später hat er dort auch eine der ersten Coffey-Brennanlagen installiert. Mit dieser Anlage konnte er eine für damalige Verhältnisse unvorstellbare Menge von 330.000 Gallonen (1,5 Millionen Liter) pro Jahr produzieren. Um 1850 wurde die

Brennerei geschlossen und heute befindet sich an der Stelle das Aviva-Stadion. Der Name ist aber bis heute erhalten geblieben und der Whisky wird jetzt in der „Great Northern Distillery" in Dundalk hergestellt.

Die Marke „Haig" war früher ein echter Verkaufsschlager. Bis etwa 1970 war ihr Whisky der meistverkaufte in Schottland. Die Firma „John Haig & Co. Ltd." gründete 1824 die Brennerei Cameronbridge, die stets sehr erfolgreich war und immer wieder eine besondere Rolle in der Geschichte der großen Lowland-Brennereien spielte. Die Brennerei existiert immer noch und gehört heute zum Diageo-Konzern. Sie ist der größte Brennereikomplex in ganz Europa. Das wurde sie durch umfangreiche Renovierungen, Umbauten und Erweiterungen in den Jahren 1989–1991. Die Brennerei befindet sich im Council Fife am Fluss Leven. Jährlich werden dort 30 Millionen Liter Spirituosen produziert. Neben Grain Whisky, der den größten Anteil ausmacht, werden auch verschiedene Gin-Sorten sowie der ursprünglich aus Russland stammende Smirnoff Wodka in Lizenz hergestellt.

Die Familien Haig und Stein waren zu Beginn der industriellen Revolution die größten Unternehmerclans Schottlands. Gemeinsam mit John Philip haben sie den als „GMD" bekannt gewordenen Zusammenschluss verschiedener Brenner gegründet. Die Abkürzung stand für „The Great and Middle-Class Distilleries". John Philip war ebenfalls Brenner und hatte 1746 die Brennerei Dolls gegründet, die 100 Jahre später in Glenochil umbenannt wurde und im Örtchen Menstrie, gleich östlich von Stirling lag. Er war mit Janet Haig verheiratet und hatte damit sozusagen in den „Clan" eingeheiratet. Mitte des 18. Jahrhunderts war die GMD der größte Abnehmer von Kohle, die zur Beheizung der Brennanlagen benötigt wurde. In den großen Brennereien der GMD wurden jetzt auch immer mehr dampfbetriebene Pumpen und Dampfmaschinen eingesetzt. Auch dafür war Kohle als Brennstoff ein Muss.

Die Brennereien waren wichtige Abnehmer neuer Technologien und haben maßgeblich zum Wohlstand beigetragen. Die Landwirtschaft hatte feste Abnehmer für Getreide, so zum Beispiel Kilbagie, die wie oben schon erwähnt allein 6.500 Tonnen verbrauchte und daraus fast 3 Millionen Liter Brand produzierte. Die Nachfrage nach Whisky stieg und stieg, wodurch diese massiven Produktionssteigerungen erst möglich und wirtschaftlich sinnvoll wurden. Die Brennereien haben dadurch Arbeitsplätze geschaffen und somit auch Steuereinnahmen generiert, die teilweise in die Infrastruktur investiert wurden. So wurden zum Beispiel neue Straßen und Schifffahrtswege gebaut, wie der Forth and Clyde Canal, der zwischen 1768 und 1790 entstand.

In der zweiten Hälfte des 18. Jahrhunderts gab es in den Lowlands nicht nur immer mehr Brennereien, die immer mehr Whisky herstellten, sondern auch immer mehr illegalen Whisky, der verkauft wurde. Das war natürlich ein Problem für die lizenzierten Brenner. Im Jahr 1777 gab es in der schottischen Hauptstadt Edinburgh nur acht lizenzierte Brennereien, aber man schätzt, dass es auch über 400 Schwarzbrennereien gab. Im gleichen Jahr gab es immerhin etwa 200 Verurteilungen wegen Schwarzbrennerei. Das Geschäft war in den großen Städten beliebt, weil die illegalen Brenner hier weitgehend anonym agieren konnten. Sie hatten es leicht, an Werkzeug und Material für ihre illegalen Brennereien sowie die nötigen Rohstoffe zu kommen. Und natürlich gab es hier auch einen idealen Absatzmarkt.

Jede verkaufte Flasche Schwarzbrand war eine Flasche weniger für die GMD. Darum hat sie beim Parlament lobbyiert und einige Änderungen der Gesetze durchgesetzt. Nach der Einführung des „Wash Still Act" (siehe oben), der das Benutzen von Wash Stills mit weniger als 400 Gallonen und Spirit Stills mit weniger als 100 Gallonen verbot, kam 1781 das nächste Gesetz, welches das private Brennen komplett verbot. Das Gesetz hob ein jahrhundertealtes Recht in Schottland faktisch auf. Kleinbauern durften jetzt nicht mehr ihre Überschüsse aus der Landwirtschaft haltbar machen, indem sie Whisky und Trester herstellten. Trotzdem hat kaum jemand öffentlich gegen das Gesetz protestiert. Gegen die illegalen Aktivitäten konnte das Gesetz sowieso nichts ausrichten. Das Schwarzbrennen war ja bereits illegal, weshalb sich die Schwarzbrenner auch nicht an neuen Gesetzen störten.

Lowland-Brennereien des späteren 18. Jahrhunderts

Die Familien Stein und Haig spielen später in der Geschichte noch eine Rolle. Die beiden Familien waren damals zwar die Größten in der Whiskyproduktion in den Lowlands, aber es gab noch ein paar andere Brennereien, die in der zweiten Hälfte des 18. Jahrhunderts entstanden und die ebenfalls ziemlich wichtig wurden. Die anderen Lowland-Brennereien, die nicht so bekannt sind wie die Grain Whisky-Brennereien, haben fast alle Malt Whisky auf Pot Stills hergestellt. Einige von ihnen haben sogar bis weit ins 20. Jahrhundert hinein produziert. Auf den nächsten Seiten stelle ich ein paar dieser Brennereien vor.

St Magdalene

Die Brennerei „St Magdalene" in Linlithgow, einer Kleinstadt zwischen Edinburgh und Glasgow, wurde schon in den 1750ern gegründet. Man kannte sie auch unter dem Namen „Linlithgow" nach dem Namen der Stadt. Der Gründer Sebastian Henderson hat die Brennerei auf einem Stück Land gebaut, das er von der Countess of Dalhousie gepachtet hatte. Wann genau die Brennerei gegründet wurde, weiß man nicht. Man geht aber davon aus, dass es 1753 war. Für damalige Verhältnisse war die Brennerei ziemlich groß. 1798 hat Adam Dawson die Brennerei St Magdalene übernommen. Dawson betrieb schon eine Brennerei in der Nachbarschaft, nämlich Bonnytown. Diese wurde 1775 von seinem Bruder James Dawson gegründet. Bis zum frühen 20. Jahrhundert blieb St Magdalene in Familienbesitz. In dieser Zeit wurde eine eigene Bootsanlegestelle am 1842 eröffneten Union Canal für die Brennerei gebaut. Es gab sogar ein eigenes Nebengleis der später gebauten Eisenbahnlinie, das bis zur Brennerei führte. So konnte man die Rohstoffe und die gefüllten Fässer gut transportieren.

Im Jahr 1912 ging die damalige Betreiberfirma A&J Dawson bankrott und wurde von der DCL (Distillers Company Limited) übernommen. Die DCL betrieb die Brennerei praktisch das ganze 20. Jahrhundert lang. Damals hatte die Brennerei 19 Lagerhäuser und fünf Brennblasen. Damit konnte sie jedes Jahr über eine Million Liter produzieren. Die Brennerei wurde erst 1983 geschlossen und in den 1990ern zu Wohnungen umgebaut. Die Mälzerei mit ihren charakteristischen Pagodendächern blieb erhalten und steht heute unter Denkmalschutz. Auch die Straße, die von der B9080 in das Wohngebiet abzweigt, heißt immer noch „St Magdalenes" und erinnert so an den Standort der ehemaligen Brennerei. St Magdalene wurde hauptsächlich für die

Herstellung von Blended Whiskys verwendet, aber es gab auch ein paar unabhängige Abfüllungen. Diese sind aber mittlerweile sehr selten und nur zu sehr hohen Sammlerpreisen zu haben. Für die Flaschen werden inzwischen Preise von 1.000 US-Dollar und mehr aufgerufen.

Littlemill

Littlemill ist auch heute noch ein bekannter Name in Whiskykreisen. Gegründet wurde sie 1772 vom Glasgower Kaufmann George Buchanan und zählte damit zu den ältesten Brennereien Schottlands. Sie lag etwa 20 Kilometer nordwestlich von Glasgow am Nordufer des Flusses Clyde. 1817 wurde sie von Matthew Clark & Co. übernommen und blieb 40 Jahre im Besitz dieser Firma. 1857 übernahm William Hay die Brennerei und führte ein paar Umbauten und Erweiterungen durch. Bis kurz vor dem Ersten Weltkrieg wurde hier noch gebrannt. Dann wechselte Littlemill mehrmals den Besitzer, diesmal zu Yoker Distillery & Co., die Grain-Whisky herstellten. Danach folgten Charles MacKinlay und J&G Thompson, bevor die Brennerei 1931 an Duncan Thomas verkauft wurde, den ersten in einer Reihe von amerikanischen Besitzern. Duncan Thomas hat dann noch zahlreiche Umbauten vorgenommen und die Dreifachdestillation, die bis dahin bei Littlemill angewendet wurde, durch die weiter verbreitete Zweifachdestillation ersetzt. Danach hat er die Brennerei weiterbetrieben. 1959 hat sich die Firma Barton Brands aus Chicago finanziell an dem Unternehmen beteiligt und sich so einen Teil der Brennerei gesichert. Mit dem Geld beteiligte sich Duncan Thomas an einem weiteren Projekt von Barton Brands: Einige Kilometer nördlich, am Südende des gleichnamigen Sees, entstand die Brennerei Loch Lomond, die 1966 eröffnet wurde. Aber schon 1971 hat Barton Brands die Anteile von Duncan Thomas übernommen, sowohl an Loch Lomond als auch an Littlemill. Neben der Marke Littlemill experimentierte man auch mit rauchigen Whiskys. „Dunglass" war ein leicht rauchiger und „Dumbuck" ein stark rauchiger Whisky, der in der Littlemill-Brennerei produziert wurde.

Die Produktion bei Littlemill wurde 1984 eingestellt und drei Jahre später hat Barton Brands die Brennerei an Gibson International verkauft, ebenfalls eine amerikanische Firma. Die Produktion wurde zwar 1989 wieder aufgenommen, aber schon 1992 wieder eingestellt. 1994 ging Gibson International bankrott und die Brennerei wurde von Glen Catrine Bonded Warehouse Ltd. aufgekauft. Diese Firma hatte schon 1986 die Loch Lomond Brennerei gekauft. Zwei Jahre lang hat der neue Besitzer dann noch bei Littlemill produziert, bevor die Brennerei dann 1996 für immer geschlossen wurde. Die Brennblasen wurden abgebaut und in die Loch Lomond Brennerei gebracht. Danach wollte man die Brennerei eigentlich als Museum betreiben, aber dann machte ein Brand diese Pläne zunichte. Im Jahr 2005 wurden die Überreste dann abgerissen.

Littlemill war eine der kleineren Brennereien und hatte nur eine Wash Still und eine Spirit Still. Die Menge, die dort produziert wurde, lag wohl deutlich unter einer Million Liter pro Jahr. Wie bei den meisten stillgelegten Brennereien liegen die Preise für die noch verfügbaren Abfüllungen inzwischen deutlich über 100 Euro pro Flasche.

Weitere Brennereien dieser Epoche

In der zweiten Hälfte des 18. Jahrhunderts sind in den Lowlands noch mehr Brennereien entstanden. Hier sind sie in der Reihenfolge ihres Gründungsjahrs: Dundashill (1770-1902, auch bekannt als Glasgow), Bonnietown (1775-1826), Blackhall (1780-1788), Airdrie (1780-1852, auch bekannt als Tobermore – nicht zu verwechseln mit Tobermory auf der Insel Mull), Underwood (1780-1826), Hattonburn (1780-1826), Glenmavis (1783-1910), Linton (1785-1852), St Clement's Well (1786-1833), Gorbals (1786-1850), Grange (1786-1925, auch genannt Burntisland), Anderston (1788-1860), Garthland (1790-1796), Saucel (1793-1915), Grange (1795-1880, auch genannt Alloa), Inverkeithing (1795-1837), Kirkliston (1795-1930), Duntiblae (1795-1860, auch genannt Waterside), Greenrock (1795-1915), Loanwells (1795-1852), Craigend (1795-1825), Cowie (1795-1860), Kirkintilloch (1795-1839), Eastbridge (1795-1848, auch genannt Kircaldy), Mains (1795-1828), Dumfries (1795-1825) und Leith (1798-1853). Es gab noch weitere Brennereien, die jedoch nur sehr kurz (ein Jahr oder weniger) existierten. Diese wurden hier nicht betrachtet.

Die neuen Brennereien haben sich in der Regel ziemlich schnell in den großen Lowland-Markt integriert. Die großen Brennereien haben ganz neue Märkte und Formen der wirtschaftlichen Zusammenarbeit entstehen lassen. Neben dem Einkauf von Getreide produzierten die Brennereien auch Trester, der dann zu Viehfutter verarbeitet wurde. Einige der Brennereien haben sich zusammengetan und größere Bauernhöfe mit Rinderbeständen gepachtet oder sogar selbst betrieben. Die Tiere wurden mit Trester aus eigener Produktion aufgezogen und später verkauft. Auch der Dung, der bei der Aufzucht der Tiere anfiel, war eine Einnahmequelle. Brennereien waren bei Grundbesitzern ziemlich angesehen, weil sie die Agrarindustrie und somit den Wohlstand in der Region förderten. Auch die aufkommende Kohleindustrie schätzte die Brennereien als dankbare Abnehmer.

Die produzierten Mengen aller Brennereien waren schnell zu groß für den lokalen schottischen Markt. Deshalb hat man sich auf die Suche nach neuen Abnehmern gemacht und ist schnell bei den Gin-Produzenten im Süden der Insel fündig geworden. Die Steins waren die ersten, die hier tätig wurden. Schon 1777 haben sie 2.000 Gallonen Alkohol nach London geschickt, aus dem dann Gin hergestellt wurde. Der hochprozentige Alkohol aus den großen Grain-Brennereien der Lowlands schmeckte eher neutral und eignete sich dafür besonders gut. So entstand ein neuer Markt. Die 2.000 Gallonen waren dabei erst einmal nur ein Testballon. Nur fünf Jahre später lieferten die Schotten schon 185.000 Gallonen. Zur Herstellung reichte das eigene Getreide aus Schottland nun nicht mehr aus, also wurden größere Mengen aus England und vom europäischen Festland importiert.

Die Auswirkungen einer Naturkatastrophe

Im Jahr 1782 gab es wegen des schlechten Wetters im Sommer eine Missernte. So etwas ist in Schottland, das ja nicht gerade mit Sonnenschein verwöhnt wird, nichts Ungewöhnliches. Normalerweise wird die Lage im Jahr nach einer Missernte besser, aber das Jahr 1783 hat gezeigt, dass es noch schlimmere Ereignisse als verregnete Sommer gibt. Denn in diesem Jahr gab es mehrere langanhaltende Ausbrüche von gleich zwei Vulkanen: dem Laki auf Island und dem Asama auf der japanischen Insel Honshu. Das Ganze passierte zwischen Mai und August desselben Jahres. Diese Ausbrüche schleuderten jede Menge Staub und schwefelreiche Asche in die Atmosphäre. Der Ausbruch auf Island hatte auch Auswirkungen auf den Rest Europas und sogar auf die gesamte nördliche Hemisphäre. Rund ein Viertel der isländischen Bevölkerung kam ums Leben.

Die vulkanischen Aktivitäten führten zu einem der extremsten Winter überhaupt, der nicht nur in Europa, sondern auch in Nordamerika und Asien spürbar war. Dieser Winter ging als „vulkanischer Winter 1783/84" in die Geschichte ein. Die giftige Wolke zog über ganz Europa hinweg und machte vor allem Britannien zu schaffen. In Schottland, wo das Getreide aufgrund des Wetters sowieso später reift als in südlicheren Teilen Europas, führte dieses Naturereignis zu einer katastrophalen Missernte. In den Highlands fiel die Ernte 1783 fast komplett aus, in den fruchtbareren Lowlands war sie äußerst mäßig.

Die Missernte führte zu einer großen Hungersnot in den Highlands und zwang lokale Regierungen in Argyllshire und anderen Gegenden, ein Brennverbot auszusprechen. Im Rest des Landes wurde die Alkoholsteuer fast verdoppelt, um die Nachfrage zu drosseln und damit auch den Verbrauch von Getreide für die Herstellung zu reduzieren. Dadurch ging die legale Whisky-Produktion in Schottland stark zurück. Im Jahr 1782 wurden noch 376.000 Gallonen gebrannt, 1783 waren es nur noch 250.000 Gallonen, also ein Drittel weniger. Die illegalen Brenner in den Highlands hatten besonders zu kämpfen. Zwar zahlten sie keine Steuern auf ihre Produkte, doch konnten sie ja wie üblich nur das lokal angebaute Getreide verwenden, das aber in diesem Jahr nicht verfügbar war. Auch für die legalen Brenner in den Highlands lief es nicht besser, weil ihnen in einigen Regionen die Arbeit komplett verboten wurde.

Die großen Brennereien in den Lowlands konnten den Ernteausfall schon im folgenden Jahr durch mehr Importgetreide ausgleichen und die Produktion wieder hochfahren. Schon 1784 haben die vier größten Brennereien der Steins und Haigs zusammen fast 700.000 Gallonen Whisky produziert. 60 % davon wurden nach England verkauft. Das war zu einer Zeit, als die Leute immer noch hungern mussten und die Auswirkungen des Island-Ereignisses noch zu spüren waren. Im Juni 1784 gab es deswegen einen Aufstand gegen die Brennereien. Eine größere Gruppe wütender und hungriger Menschen überfiel die Canonmills-Brennerei in Edinburgh, die der Familie Haig gehörte. Sie versuchten, Getreide zu stehlen, das dort zur Herstellung von Whisky gelagert wurde. Die Situation konnte aber schnell unter Kontrolle gebracht werden, weil die Wachen bewaffnet waren und Soldaten zur Hilfe gerufen wurden. Die zwei Haupttäter wurden schnell ausfindig gemacht und bekamen hohe Strafen. Die Konsequenz für die beiden war, dass sie für 14 Jahre in die britischen Kolonien geschickt wurden. Die großen Brennereien waren zu dieser Zeit schon ziemlich einflussreich, denn sie zahlten die höchsten Steuern und beschäftigten die meisten Arbeiter. Die Regierung hat alles in ihrer Macht Stehende getan, um sicherzustellen, dass diese Brennereien auch in Krisenzeiten weiterarbeiten konnten.

Maische-Gesetz und eine inländische Grenze

Die Zeit des Whisky-Booms war leider auch immer von Kriegen zwischen verschiedenen Staaten geprägt. Die Briten sahen sich selbst als Weltmacht und waren deshalb an fast jedem Krieg direkt oder indirekt beteiligt. Einer dieser Konflikte war der amerikanische Unabhängigkeitskrieg zwischen den 13 britischen Kolonien und der britischen Kolonialmacht. Nachdem im Jahr 1783 der Krieg offiziell beendet war, benötigte die Regierung weniger Geld und vereinfachte die Regeln für die Besteuerung von Alkohol.

Dazu wurde im Jahr 1784 für eine Testphase von zunächst zwei Jahren der "Wash Act" eingeführt, was übersetzt so viel heißt wie das „Würze-Gesetz“. Das Gesetz führte praktisch zu einer Steuersenkung in England und den schottischen Lowlands. Damit begann eine ganze Reihe von Modernisierungen im Verbrauchssteuerrecht. Das neue Gesetz sah vor, dass in den Lowlands einfach pauschal 5 Pence pro Gallone auf die zur Vergärung anstehende Würze erhoben wurden. Man ging davon aus, dass das Verhältnis von Würze zu fertigem Produkt bei 5:1 lag. Das heißt, aus fünf Gallonen Würze entsteht eine Gallone Brand mit 55 bis 65 Volumenprozent Alkohol. Vor der Einführung des Wash Act wurden Low Wines und fertiges Produkt getrennt besteuert. Der Wash Act war also eine echte Erleichterung, auch für die Steuerprüfer, die gleichzeitig mehr Rechte bekamen. Sie durften die Brennereien jetzt jederzeit betreten, auch nachts. Außerdem mussten die Brenner ihnen jetzt jeden Monat die Brennbücher vorlegen. Vor dem Export von Alkohol nach England zur Umwandlung in Gin mussten die Brenner sich eine Genehmigung der Behörden holen. Die Regelung, dass die Wash Stills mindestens 400 Gallonen und die Spirit Stills mindestens 100 Gallonen groß sein müssen, blieb jedoch erhalten.

Außerdem hatten sich die anderen Brennereibesitzer endlich durchgesetzt: Das 1689 zugestandene Steuerprivileg für die Forbes-Familie wurde nach fast hundert Jahren aberkannt. Dieses Gesetz war für die anderen Brenner schon immer ein Ärgernis, weil es den Wettbewerb verzerrte. Für den Staat war die Streichung des Steuerprivilegs natürlich ebenfalls ein Gewinn. Whisky war inzwischen sehr populär und die durch das Privileg nicht gezahlten Steuern rissen ein großes Loch in die Staatskasse. Die Gefahr durch die Jakobiter war inzwischen auch gebannt, und so wurde die Forbes-Familie auch politisch immer unbedeutender.

Arthur Forbes sah das natürlich anders und forderte eine Entschädigung, weil er die Brennerei Ferintosh erst vor zwei Jahren erweitert hatte. Er sagte, dass sein Großvater für die Regierung gearbeitet hat und führte dies als Begründung an: „Während der Revolution 1745 gab der Lord Präsident über 20.000 Pfund für die Regierung aus, ganz abgesehen vom Verlust, den er durch die Zerstörung seiner Haushaltsmöbel, Pferde, Rinder und Schafe erlitt, so dass das Recht auf Befreiung (von der Steuerzahlung) alles ist, was der Familie für mehr als 30.000 Pfund Sterling, die sie für die Regierung ausgegeben hat, geblieben ist.“ Er berechnete eine Entschädigungssumme von £32.683 inklusive Zinsen und fordert diese von der Regierung, falls sie ihm das Steuerprivileg tatsächlich entziehen sollte. Am 29. November 1785 hat der Scottish Court of Exchequer, also das Finanzgericht in Edinburgh, der Forbes-Familie tatsächlich eine einmalige Entschädigung von £21.580 zugesprochen. In heutigen Wert umgerechnet, sind das etwa 3,3 Millionen Pfund. Die Ferintosh-Brennerei der Forbes-Familie, die nur dank dieses Steuerprivilegs existieren konnte, musste bald nach der Gesetzesänderung für immer schließen.

Man kann erahnen, welchen hohen Bekanntheitsgrad und Stellenwert das Ferintosh-Imperium in der damaligen Kultur hatte, denn sogar der schottische Nationaldichter Robert Burns widmete einen seiner zahlreichen Reime auf den Whisky dieser Brennerei, nachdem ihre Ära zu Ende war. In einer Strophe seines Gedichts „Scotch Drink" von 1785 schreibt er:

Original	Übersetzung
Thee Ferintosh! O sadly lost!	Du Ferintosh! Oh, traurig verloren!
Scotland, lament frae coast to coast!	Schottland jammert (darüber) von Küste
Now colic grips, an' barkin' hoast	zu Küste!
May kill us a';	Koliken und bellender Husten
For loyal Forbes' charter'd boast	Könnten uns jetzt alle töten;
Is ta'en awa!	Denn die Prahlerei der getreuen Forbes
	Wird (nun wieder) weggenommen!

Für die Highlands galten andere Regeln und Gesetze. Das Ziel war aber, für alle Highland-Brennereien die gleichen Gesetze zu schaffen. In einigen Gebieten war das Brennen aufgrund der Hungersnot, die durch den Vulkanausbruch ausgelöst wurde, ja noch komplett verboten. Außerdem wollte man mit dem neuen Gesetz ein paar illegale Brenner legalisieren. So wurde in den Highlands eine Steuer von £1 pro Jahr und Gallone Brennraum festgelegt. Das galt für Brennanlagen mit maximal 20 Gallonen. Die Mindestgröße von 400 bzw. 100 Gallonen galt also hier nicht mehr.

Jede Brennerei durfte außerdem nur eine Brennblase besitzen und das verwendete Getreide musste aus der gleichen Gemeinde stammen, in der die Brennerei ansässig war. Außerdem durfte der Whisky nur lokal verkauft werden. Wer sich nicht daran hielt, musste mit hohen Geldstrafen rechnen. Weil in der Vergangenheit zwar Strafen verhängt wurden, die aber oft von den armen Bauern nicht bezahlt werden konnten, wurde jetzt eine Sonderregelung eingeführt: Wenn ein verurteilter Brenner die Strafe nicht bezahlen konnte, wurde automatisch der Landbesitzer zur Kasse gebeten, auf dessen Land die Straftat begangen wurde. Wie man sich denken kann, waren die Großgrundbesitzer über diese neue Regelung alles andere als begeistert. Sie haben versucht, die Eigentümerhaftung durch Petitionen an das Parlament zu kippen, aber ohne Erfolg.

Die Idee hinter den neuen gesetzlichen Regelungen war, dass die Kontrollen einfach und ohne großen Personaleinsatz durchgeführt werden können. In den Highlands sollte die lokale Produktion von Whisky im kleinen Rahmen wieder möglich gemacht werden. Deshalb durfte die Brennblase nicht größer als 20 Gallonen sein. Mit solch kleinen Anlagen konnte man natürlich keine große Whiskymenge produzieren. Die Anlagen waren aber groß genug, um den möglichen Überschuss an Erntegut einer Gemeinde zu verwerten, und darum ging es hauptsächlich. Zusammenfassend kann man sagen, dass die Vorschriften in den Highlands durch den Wash Act insgesamt liberaler wurden. Der Wash Act legte auch fest, welche Gebiete in

Schottland zu den Lowlands und welche zu den Highlands gehörten. Für Steuern und Brennblasen gab es ja nun unterschiedliche Regeln in den beiden Gebieten, also mussten diese Gebiete erst einmal definiert werden. Die Grenze verlief ursprünglich entlang des Firth of Tay und weiter nördlich entlang des Flusses Tay sowie westlich und nördlich des Firth of Clyde und des Flusses Clyde. Alles, was südlich davon lag, wurde den Lowlands zugeordnet.

Die großen Lowland-Brenner protestierten gegen das neue Gesetz, weil sie einen steuerlichen Vorteil für die Highland-Brenner darin sahen und entsprechend verärgert waren. Die Regierung hat dann nachgebessert und das Ganze nach der zweijährigen Probezeit des ursprünglichen Wash Acts geändert. Das Gesetz, das 1786 eingeführt wurde und „1786 Amended Wash Act" hieß, verbot den Export von Highland-Whisky in andere Regionen. Damit sollte verhindert werden, dass der Steuervorteil den Wettbewerb verzerrt. Außerdem wurde festgelegt, dass jede Brennerei maximal 250 Bolls Malz pro Jahr verarbeiten darf, was etwa 36 Tonnen entspricht. Die Brennanlagen durften jetzt eine Größe von maximal 30 Gallonen haben, in größeren Gemeinden bis zu 40 Gallonen. In jeder Gemeinde durften nur zwei Brennereien betrieben werden. Die Betreiber mussten „ehrenwerte Männer" sein und darüber entsprechende Bürgschaften bei den Steuerbehörden vorlegen. Die Grenze zwischen den Lowlands und Highlands wurde wieder etwas verschoben, wodurch die Highlands ein kleines Stückchen kleiner wurden. Lanarkshire, Teile von Dumbarton, Perth und Stirling wurden jetzt den Lowlands zugeordnet. Die Steuern in den Highlands wurden um 50 % auf £1 10s erhöht und die Eigentümerhaftung gestrichen. Das kam bei den Landbesitzern natürlich sehr gut an. Tatsächlich sind nach Einführung des Gesetzes ein paar legale Brennereien entstanden. Das neue Gesetz hat aber nicht geholfen, den Schmuggel zu stoppen. Das Geschäft florierte also weiter.

In den Lowlands wurde mit dem „1786 Amended Wash Act" die Maische-Steuer abgeschafft. Dafür wurde jetzt, wie in den Highlands, eine Steuer für die Brennblasen eingeführt, die sich nach der Größe der Brennblase richtete. Die Steuer betrug £2 10s pro Gallone Brennraum und Jahr. Wenn in der Brennerei ausländisches Getreide verwendet wurde, dann erhöhte sie sich um weitere 10 Shilling. Dabei galt natürlich auch englisches Getreide als ausländisch. Diese Art der Besteuerung wurde auch als „Licensing System" bezeichnet, weil die Steuer quasi eine Lizenz war, die an die Größe der Brennanlage geknüpft war.

Die großen Lowland-Brenner hatten sich tatsächlich im Vorfeld für diese Veränderungen, die der „Amended Wash Act" mit sich brachte, stark gemacht. Besonders die Tatsache, dass seit des „Wash Act" vor zwei Jahren Steuerbeamte direkt in ihren Brennereien saßen, war ihnen ein Dorn im Auge. Prinzipiell war es ja so, dass durch dieses Gesetz rund um die Uhr Steuerbeamte in den Brennereien stationiert waren und bei Nichtbefolgen ihrer Anordnung Strafen drohten. Sie fühlten sich von den Beamten, die ja gar nichts mit ihrem Betrieb zu tun hatten, ständig beobachtet und kontrolliert. Mit dem neuen Lizenzsystem war Schluss mit den lästigen Steuerbeamten in den Brennereien. Jeder Brenner musste eine Gebühr entsprechend seiner Anlagengröße entrichten. Damit waren die Beamten überflüssig. Auch mussten die Brenner sich keine Sorgen mehr darum machen, gegenüber den Steuerbehörden alle notwendigen Angaben gemacht zu haben, um einer eventuellen Strafverfolgung zu entgehen. Jeder Brenner konnte nach Leistung der Lizenzzahlung agieren, wie er es für richtig hielt.

Der Amended Wash Act hatte auch tatsächlich eine bemerkenswerte Wirkung auf die großen Brennereien in den Lowlands. In den folgenden zwei Jahren hat sich die gebrannte Alkoholmenge jährlich fast verdoppelt. Im Jahr 1787 wurde mit 825.000 Gallonen ein neuer Rekord erreicht. Der Grund dafür war, dass die Steuer jetzt nur noch von der Größe der Anlagen abhängig war, egal wie viel Alkohol darauf produziert wurde. Das heißt, die Brenner konnten durch mehr Produktion die Abgabe pro Gallone senken, da die Lizenzabgabe der Brennanlage ja so etwas wie eine „flat rate" darstellte. Obwohl das Gesetz darauf ausgelegt war, dass die Brennanlagen wie vorher einmal am Tag befüllt wurden, schrieb es dies nicht vor. Möglicherweise hatte man hier einfach vergessen, dies im Gesetz zu definieren. Es hat also dafür gesorgt, dass diejenigen belohnt wurden, die schnell gebrannt haben. So wurden die Destillationsanlagen wieder kleiner, weil kleinere Anlagen weniger Abgaben kosteten und auch schneller aufgeheizt werden konnten.

Die fünf größten Brennereien der Lowlands waren jetzt Kilbagie (James Stein, die größte Brennerei von allen), Kennetpans (John Stein), Kincaple (Robert Stein), Canonmills (James Haig) und die von William Young im Jahr 1780 gegründete Hattonburn. Aber auch andere große Destillerien entstanden damals, zum Beispiel Grange, St Clement's Well und Gorbals. Die Grange Distillery lag in Burntisland am Nordufer des Firth of Forth (praktisch genau gegenüber von Edinburgh) und wurde von Andrew Philip gegründet, einem Cousin von James Stein.

Grange war ebenfalls ein beeindruckender Industriekomplex, von dem heute leider nicht mehr viel übrig ist. Die Lagerhäuser waren bis 1987 in Betrieb, wurden aber bis auf eines um 1990 abgerissen. Das Haus des Brennereidirektors wurde inzwischen zu einem modernen Wohnhaus umgebaut. Die Geschichte der Brennerei begann 1767 als Brauerei. 1786 wurde sie dann in eine Brennerei umgewandelt. George Milne und William Menzies waren die Gründer von St Clement's Well. Diesmal waren es also nicht die Steins oder Haigs, die dahintersteckten.

Auch bei den bestehenden großen und mittelgroßen Lowland-Brennereien gab es Umbauten und Kapazitätserweiterungen. Kilbagie hatte 5.000 Gallonen mehr an Brennkapazität bekommen. Die Anlage hat ausschließlich Alkohol für die Gin-Herstellung für den Londoner Markt produziert. Die von dem Engländer Thomas Newcomen 1712 erfundene und zunächst nur im Kohlebergbau eingesetzte Dampfmaschine wurde 1769 durch den Schotten James Watt entscheidend weiterentwickelt und nun erstmals in zwei Brennereien installiert. James Stein war der erste Brenner, der 1787 die erste dieser neuen Maschinen in der Kilbagie-Brennerei installieren ließ. Schon bald wurden auch St Clement's Well und Kennetpans auf dieselbe Weise modernisiert. Außerdem hatte Kilbagie eine der ersten dampfbetriebenen Dreschmaschinen im Einsatz.

Die großen Mengen an Alkohol, die in diesen Anlagen für den englischen Markt produziert wurden, haben die Brenner in London natürlich auf den Plan gerufen. Bisher hatten sie quasi ein Monopol auf die Herstellung von Alkohol, aber nun mussten sie mit Schottland konkurrieren. Sie haben wirklich alles versucht, um die Schotten aus dem Markt zu drängen. Sogar ihre Produkte haben sie unterhalb des Produktionspreises verkauft. Als das nicht half, haben sie

Politiker bestochen, um Importzölle für schottischen Alkohol einzuführen. Die Schotten hatten berechtigte Angst, dass die Politiker in London sich den Wünschen der englischen Brenner beugen würden. Schließlich bestand das Parlament hauptsächlich aus englischen Landbesitzern.

Wie sich herausstellte, war die Sorge berechtigt. Noch im selben Jahr erreichten die Londoner Gin-Hersteller mit viel Lobbyarbeit, dass der Amended Wash Act wieder abgeschafft und durch den „1786 Scottish Distillery Act" ersetzt wurde. Die Lizenzgebühr von £2 10s pro Gallone Brennraum blieb weiterhin bestehen. Außerdem wurde aber für Alkohol, der nach England verkauft wurde, eine Steuer von zwei Shilling pro Gallone eingeführt. Außerdem durften schottische Brennereien keinen Alkohol mehr veredeln, zum Beispiel selber Gin herstellen, wenn sie gleichzeitig noch unveredelten Alkohol verkauften. Das war für Kilbagie besonders schmerzhaft, weil die Brennerei gerade erst für die Gin-Produktion erweitert worden war. Die Highlands waren die Gewinner der Gesetzesänderung. Die Steuer auf den Brennraum wurde auf £1 4s pro Gallone gesenkt. Damit sollte das Schwarzbrennen unattraktiver gemacht und mehr illegale Brenner in die Legalität überführt werden.

Im September 1786 hatte James Stein ein Frühstück mit John Bonar, dem Verfahrensbevollmächtigtem der schottischen Verbrauchssteuer (solicitor for excise in Scotland). Dabei beschwerte er sich bei ihm über die Ungerechtigkeit, die die momentane Gesetzgebung ihm gegenüber darstellte, und über die Schikanen, die er und seine Kollegen seitens der Steuerbeamten zu ertragen hatten. Er versuchte, Bonar zu bestechen, indem er ihm einen Brief zusteckte, bevor er sich eilig von ihm entfernte. Darin fand Bonar £500 und eine Mitteilung, in der stand, dass er jetzt jedes Jahr diese Summe von ihm erwarten könne. Für die damalige Zeit waren 500 Pfund eine Menge Geld. Aber Bonar war nicht bestechlich und zeigte Stein stattdessen an. Ende 1786 wurde der Fall vor dem High Court verhandelt. James Stein hatte einen hervorragenden Anwalt, der seine Arbeit so gut machte, dass die Geschworenen am Ende die Anmerkungen des Richters ignorierten und keine Bestechung in Steins Handeln sahen. Zwar wurde die Übergabe des Geldes an Bonar als erwiesen angesehen, was auch von Stein nie bestritten wurde. Trotzdem verließ James Stein das Gericht als freier Mann. Bestechungsgelder waren damals an der Tagesordnung. Die schottischen Steuerkommissare (Commissioners of Excise) berichteten, dass viele, wenn nicht sogar alle der großen Lowland-Brenner, korrupte Praktiken an den Tag legten. Aber nur, wenn solche Fälle durch Anzeige aktenkundig wurden, konnte man später auch nachvollziehen, wer wann wen bestochen hat. In diesem Fall war das so, aber wie viele weitere Briefe mit wertvollem Inhalt damals auf die gleiche Weise noch den Besitzer wechselten, wird wohl ewig eines der großen Geheimnisse der Whiskygeschichte bleiben.

Wie schon der Wash Act hatte auch dieses Gesetz zunächst nur eine Gültigkeit von zwei Jahren. Für die großen Lowland-Industrieanlagen war es natürlich ein schwerer Rückschlag. Die neuen Regeln führten dazu, dass die Produkte auf dem englischen Markt kaum noch zu verkaufen waren. Die Steuern waren einfach zu hoch, sodass die Preise nicht mehr mit denen der englischen Brenner mithalten konnten. Damit hatte die Regierung eines ihrer Ziele erreicht: Sie wollte die Vormachtstellung der großen Lowland-Brennereien brechen. Daraufhin brach der Export massiv ein und lag bei nur noch etwa 32.000 Gallonen pro Jahr, zuvor waren es um die 400.000 Gallonen. James Stein musste seine neue Gin-Anlage in Kilbagie stilllegen. In den Folgejahren schlossen viele Lowland-Brennereien, weil sie unter der neuen Steuerlast nicht mehr profitabel arbeiten konnten. Mit dem sinkenden Export gingen natürlich auch die Steuereinnahmen aus der Alkoholindustrie zurück. Im Jahr 1786 wurden unter dem Wash Act noch mehr als £100.000 an Steuern eingenommen, während es 1788 nur noch £56.000 waren – etwas mehr als die Hälfte!

Die verbliebenen großen Lowland-Brenner erhöhten nun die Brenngeschwindigkeit, indem sie die Form der Brennblasen veränderten. Sie bauten die Brennblasen niedriger, aber im unteren Bereich breiter. So konnte die Flüssigkeit im Inneren schneller erwärmt werden, da die Bodenfläche der Brennblasen größer wurde. Dadurch verdampfte der Alkohol schneller. Die schottischen Brenner dachten sich, dass sie auf dem englischen Markt mitmischen könnten, weil sie durch die neue Bauform ihrer Anlagen die Brenngeschwindigkeit erhöhten, während das Volumen der Brennblasen und damit die Steuerlast unverändert blieben. Die Erfindung der sogenannten „flachen Brennanlagen" (shallow stills) geht auf John und William Sligo zurück, die in Leith eine Alkohol-Veredelung betrieben.

Diese bauliche Veränderung hatte aber auch drei entscheidende Nachteile. Dadurch, dass die Bauform niedriger war, konnten Fuselöle und andere Bestandteile, die sich geschmacklich negativ auswirkten, bei der Destillation nicht mehr so gut abgetrennt werden. Zweitens fand aufgrund der hohen Brenngeschwindigkeit kaum noch eine katalytische Reduktion an den Kupferwänden der Brennanlage statt. Drittens brannte die Würze oft an, weil die Hitzezufuhr schneller war. Das führte zu einem unangenehmen Geschmack und das Destillat war nichts für den puren Genuss. Die schlechten Geschmackskomponenten wurden zwar durch die Weiterverarbeitung zu Gin teilweise überdeckt, aber ein Getränk wie Whisky konnte daraus nicht hergestellt werden. Die Konsumenten in Schottland haben das natürlich schnell gemerkt und Lowland-Whisky hatte von da an einen ziemlich schlechten Ruf. Das geschmuggelte Produkt aus den Highlands war deutlich besser und beliebter. Dadurch stiegen die Preise für Highland Malt. Für Schwarzbrenner und Schmuggler wurde das Geschäft wieder lukrativer und der illegale Zweig der schottischen Whisky-Industrie blühte wieder auf.

Die Whiskyproduktion hatte sich in zwei Bereiche aufgeteilt. In den Highlands wurde ausschließlich Malt Whisky aus gemälzter Gerste und mit herkömmlichen Pot Stills hergestellt. In den Lowlands hatten sich zumindest die großen Brennereien auf die Grain Whisky-Produktion spezialisiert. Die beiden Produkte waren von sehr unterschiedlicher Qualität und schmeckten auch völlig unterschiedlich. Entsprechend waren sie auch zu ganz unterschiedlichen Preisen zu haben. Malt Whisky wurde pur genossen, weil er von Natur aus die Geschmacksnoten mitbrachte, die ihn zu einem Genuss machten. Der Massen-Whisky aus den Lowlands war hingegen kein Getränk, das man pur genießen wollte. Allein schon der deutlich höhere Alkoholgehalt sprach dagegen. Um ihn trinkbar zu machen, mischte man ihn mit anderen Zutaten. Dazu wurden, wie schon zu Beginn der Whisky-Geschichte im 15. Jahrhundert, verschiedene Kräuter und Gewürze verwendet. Man konnte ihn aber auch, wie bei der Herstellung von Gin, als Basis für andere Produkte verwenden. Erst gegen Mitte des 19. Jahrhunderts kam man auf die Idee, Grain- und Malt Whisky miteinander zu mischen. So entstand der Blended Scotch Whisky, den wir heute kennen. In diesem Buch gehe ich später noch ausführlicher auf diesen Vorgang ein, der als Blending bezeichnet wird.

Im Jahr 1788 gab es für die großen Lowland-Brenner noch einen weiteren Rückschlag durch den „1788 Lowland License Act". Die englische Konkurrenz hatte das Ganze ins Rollen gebracht. Vorher hatte das britische Unterhaus auch noch eine Untersuchung der schottischen Brennmethoden durchführen lassen. Die Untersuchung ergab, dass die Lowland-Brenner in der Vergangenheit die Anzahl der Befüllungen und Entleerungen ihrer Brennanlagen falsch angegeben hatten. Damit hatten sie sich gegenüber den englischen Brennern einen Vorteil verschafft. Als Folge des neuen Gesetzes wurden die Steuern auf nach England exportierten Alkohol um weitere sechs Pence pro Gallone erhöht. Außerdem mussten die Brenner geplante Alkohol-Exporte jetzt schon ein Jahr im Voraus anmelden. Weil es dafür keine Übergangsregelung gab, war das Gesetz praktisch ein einjähriges Exportverbot. Die Lowland-Brenner waren von der neuen Mindestgröße für Brennanlagen, die ebenfalls in dem Gesetz festgelegt wurde (200 Gallonen für Wash Stills und 50 Gallonen für Spirit Stills), wenig betroffen, da ihre Anlagen bereits ausreichend groß dimensioniert waren. Aber den Brennern in den Lowlands war klar, dass sie den Preiskampf gegen die englische Konkurrenz nun nicht mehr gewinnen konnten. Die Politiker rechtfertigten das Gesetz mit der Aussage, es wäre ein Gesetz, das die schottischen Brenner dazu ermutigen sollte, für den heimischen Markt zu produzieren. Das nützte den großen Brennern, die ihre Anlagen extra für den Export nach England ausgerichtet hatten, natürlich wenig.

Als erstes waren Sandeman & Graham, die Handelsvertreter von James Stein in London, von dem neuen Gesetz betroffen. Kurz darauf meldeten die sechs größten Brennereien, die für mehr als die Hälfte der Lowland-Produktion verantwortlich waren, Insolvenz an. Kilbagie, Kennetpans, Hattonburn und Kincaple gehörten der Familie Stein, Canonmills und Lochrin der Haig-Familie. Die Gesamtschulden beliefen sich auf £700.000, was heute in etwa 150 Millionen Pfund entspricht. Das hatte auch Konsequenzen für die kreditgebenden Banken, nämlich Sir William Forbes & Co und die Royal Bank of Scotland. Der größte Gläubiger war der Staat, dem die Brennereien entsprechende Lizenz- und Steuerabgaben schuldeten. Die Rezession betraf nicht nur die Brennereien und Banken, sondern auch die Landwirtschaft und andere abhängige Wirtschaftsbereiche wie Mälzer und Händler. Die Landwirte hatten sich erst kurz vorher umorientiert, weil sie plötzlich viel mehr Getreide und Viehfutter brauchten. Dadurch gab es auf der einen Seite zu viel Getreide und auf der anderen Seite zu wenig hochwertiges Futter für die Viehzucht.

Auch einige der kleineren Brennereien mussten schließen, zum Beispiel die Brennereien Underwood in Falkirk, Milnamuir in Fife und Anderston in Glasgow. Viele der Brennereien haben später aber wieder unter anderem Besitzer weiterproduziert. Insgesamt ist etwa die Hälfte der schottischen Whiskyproduktion weggebrochen. Als ob das nicht schon genug wäre, wurde im Juli desselben Jahres auch noch die Lizenzgebühr für Brennanlagen erhöht. Die Gebühr stieg von £1 10s auf £3 pro Gallone Brennraum, was einer Verdoppelung entspricht. Das war das endgültige Aus für den Alkohol-Export von Schottland nach England. Von 1790 bis 1794 gab es praktisch keinen legalen Alkoholexport mehr in den Süden der Insel.

Aber auch diese schwierigen Zeiten haben die Familien Stein und Haig nicht aus dem Whisky-Geschäft verdrängt. Die Gläubiger wussten, dass die Probleme durch die Gesetzeslage entstanden waren und nicht, weil die Brennereien schlecht geführt wurden. Deshalb waren sie bereit, den beiden Familien beim Wiederaufbau zu helfen. Als dann der Export nach England nicht mehr möglich war, wurde der schottische Markt mit billigem und minderwertigem Whisky überschwemmt, der den Namen Whisky eigentlich nicht verdient hatte. Im Gegenzug wurde Whisky aus den Highlands zu einem teuren und begehrten Gut, obwohl es offiziell gar keinen Handel dafür gab. Der Schwarzmarkt lief gut.

Im Jahr 1790 wechselte Canonmills den Besitzer. John Stein hat die Brennerei übernommen, nachdem die Haigs sie aufgegeben hatten. Auch die Brennerei Dundashill in Glasgow wurde von den Haigs aufgegeben. Stattdessen gründeten sie nun die Firma „John Haig & Co".

Die größte und modernste Brennerei des Landes, Kilbagie, wurde geschlossen und blieb dann stillgelegt. Die Gebäude verfielen langsam und die Maschinen und Geräte waren in einem ziemlich schlechten Zustand. Die Steins haben die Brennerei dann über John Taylor, einen verwandten Mittelsmann, von den Gläubigern zurückgekauft, für einen lächerlichen Preis von nur £7.000, was nur ein Bruchteil ihres tatsächlichen Wertes darstellte. Die Steins, denen John Taylor die Brennerei danach offiziell vermietete, haben die Brennerei dann noch von 1794 bis etwa zum Jahr 1800 weiterbetrieben. Danach wurde sie von George Dunlop & Co. gekauft.

1793 wurde die Lizenz dann erneut erhöht, diesmal sogar verdreifacht – von £3 auf £9 pro Gallone Brennraum in den Lowlands. Für die Highlands galt vorerst noch die alte Regelung. Am 31. Januar kam die Kriegserklärung Frankreichs an Großbritannien. Die Erhöhung der Lizenz war aus Sicht der Regierung notwendig, um die horrenden Ausgaben für den nun geführten Krieg zu finanzieren. In den kommenden Jahren waren Abgaben, Zoll und Steuern die wichtigsten Einnahmequellen der Regierung. Aber nicht nur auf Alkohol, sondern auf alle möglichen Handelswaren wurden Steuern erhoben. Dazu kamen dann noch Papier, Seife, Salz, Zucker und Tierprodukte wie Felle und Leder. Ab 1799 wurde dann erstmals auch das Einkommen besteuert.

Die Erhöhung der Lizenzgebühr führte wieder dazu, dass mehrere Brennereien schließen mussten. Garthland, südwestlich von Glasgow, hat nur drei Jahre durchgehalten. Auch Sauchenford, zwischen Stirling und Falkirk gelegen, lief nur ein Jahr länger. Die 1780 gegründete Airdrie in North Lanarkshire wurde geschlossen und zwei Jahre später unter einem neuen Besitzer weiterbetrieben. Doch auch unter diesem neuen Besitzer hatte die Brennerei kein Glück und musste bereits nach einer Saison wieder schließen. Airdrie blieb daraufhin ganze 20 Jahre geschlossen. Im Jahr 1816 haben dann Baillie Burns & Co die Brennerei übernommen und weiterbetrieben.

Die Schwarzbrenner in den Highlands waren erneut die Gewinner der Gebührenerhöhung. Daraufhin wurde beschlossen, den wenigen legal produzierenden Highland-Brennereien ihre Tätigkeit ganz zu untersagen, wenn ihre Brennerei sich innerhalb einer Zwei-Meilen-Zone von der Highland-Linie befand. Dadurch wurde der Schmuggel natürlich nur noch stärker.

Die verbliebenen Brenner in den Lowlands hatten sich durch weitere Modernisierungen und Rationalisierungen ihrer Betriebe fit für die Zukunft gemacht. Eine Maßnahme war zum Beispiel, den Wash vor dem Einfüllen in die Brennanlage vorzuheizen. So hatte man einen parallelen Prozess vor dem eigentlichen Brennen. Der Vorteil ist klar: Während eine Charge extern erhitzt wurde, konnte die vorherige noch gebrannt werden. Dadurch konnte die Zeit für einen Brenndurchgang erheblich verkürzt werden, wodurch die Kapazität der wegen der Lizenzgebühr „teuren" Brennblase wesentlich besser ausgenutzt wurde. Die „schnellste" Brennerei war dabei John Steins Canonmills. Bis zum Jahr 1798 hatte er sie so optimiert, dass der Brennkessel mit dieser Technik ganze viermal pro Stunde befüllt werden konnte, bei einem 24-Stunden-Betrieb also ganze 96 mal pro Arbeitstag.

Das Vorheizen war aber nicht so einfach, wie man sich das vorgestellt hatte. Die Anlagen mit heißer Flüssigkeit zu befüllen war ziemlich gefährlich und führte oft zu Unfällen und Verletzungen. Durch die höhere Geschwindigkeit und die direkte Beheizung der Brennkessel durch Kohlefeuer konnte es passieren, dass der Wash, der ja teilweise auch noch feste Bestandteile enthielt, anbrannte. So wurde das ohnehin schon minderwertige Destillat noch geschmacklich beeinträchtigt. Um das zu verhindern, wurde der „Rummager" erfunden, der den erhitzten Wash während des Brennens umrührt.

Durch all diese Optimierungen konnte die Produktionsmenge zwischen 1795 und 1797 um fast 500% gesteigert werden. Im Jahr 1797 gab es in den Highlands etwa 60 registrierte Brennereien, während es in den Lowlands nur halb so viele waren. Aber nur 20 % der gesamten Produktion kam aus den Highlands, der Rest aus den Lowlands. Um die Lizenzgebühren für die Brennblasen so niedrig wie möglich zu halten, wurde dort einfach mehr Alkohol produziert. Das hat man durch die genannten Prozessverbesserungen und Modernisierungen erreicht. Es führte aber auch dazu, dass der Preis sank und dadurch mehr Alkohol getrunken wurde. Mehr Fälle von Trunkenheit waren die Folge. Auch damals gab es schon Alkoholmissbrauch, vor allem bei den ärmeren Leuten.

1794 und 1795 gab es in Schottland zwei Jahre in Folge schlechte Ernten. Daraufhin wurden erneut Brennverbote ausgesprochen. Die Lizenzgebühr für die wenigen Brennereien, die noch arbeiten durften, wurde in den Lowlands verdoppelt und lag nun bei £18 pro Gallone Brennraum. Trotzdem reichte das nicht aus, um den Krieg zu finanzieren. Schließlich fielen durch die Brennverbote auch die Steuerabgaben der meisten Brennereien weg. Also wurden die Steuern und Gebühren für die noch verbliebenen Brennereien weiter erhöht, damit der Krieg finanziert werden konnte. Nach einer erfolgreichen Ernte im Jahr 1796 wurden die Brennverbote wieder aufgehoben. Im Herbst 1796 wollten die Brennereien, die die letzten zwei Jahre nicht produziert hatten, wieder anfangen zu brennen, aber die Lizenzgebühr wurde nun nochmals verdreifacht, auf inzwischen £54 pro Gallone Brennraum. Außerdem wurde eine neue Steuer eingeführt, die sich am produzierten Alkoholvolumen orientierte. Für jede produzierte Gallone mussten jetzt zusätzlich noch 2s 1d gezahlt werden. Die meisten Brenner beantragten dann einfach keine neue Lizenz mehr und ließen ihre Anlagen ruhen. Sie hofften darauf, dass sich die Lage bessern würde, sobald der Krieg vorbei wäre.

Ziel der Steuererhöhungen war es, erneut mehr Geld in die Staatskassen zu spülen. Doch das wurde nicht in dem Maß erreicht wie gewünscht. Obwohl die Steuererhöhungen erheblich waren und die Erhöhung von £9 auf £54 einer Versechsfachung entsprach, führte dies lediglich zu einer Verdoppelung der Steuereinnahmen. Der Grund dafür war, dass die Brenner auf jede neue Regelung und Vorschrift entsprechend schnell reagierten. So schnell, dass die Politik mit ihren Gesetzen kaum noch hinterherkam. Die Brenner konnten ihre Prozesse immer schneller an die jeweilige Gesetzeslage anpassen, um diese bestmöglich für ihre Belange auszunutzen. Das heißt andererseits aber auch, dass jeder Eingriff der Politik auch mehr oder weniger tiefgreifende Auswirkungen auf die industrielle Entwicklung hatte. Vermutlich war dies den Politikern gar nicht bewusst. Die Verbrauchsteuerbehörde hatte da schon eher den Durchblick, denn durch ihre Steuerbeamten in den Brennereien war sie ja sozusagen mittendrin im Geschehen. Die Behörde versuchte, die Politik in Richtung einer umfassenden Reform zu bewegen, das heißt zu einer einheitlichen Gesetzgebung mit möglichst keinen oder wenigen Sonderregelungen. Außerdem sollten Ausnahmen und Befreiungen von bestimmten Regelungen für bestimmte Brenner abgeschafft werden. Aber es dauerte noch etliche Jahre, bis die Politik bereit war, ernsthafte Reformen anzugehen.

Wir verlassen jetzt erst einmal die Lowlands und schauen uns an, wie es den Whisky-Brennereien in den Highlands ab 1788 ergangen ist. Trotz der deutlich geringeren Lizenzgebühr führten die immer schärferen Gesetze und Regulierungen dazu, dass viele kleine Brennereien, die bisher legal gearbeitet hatten, aus dem Geschäft gedrängt wurden. Diese Brennereien schlossen dann entweder komplett oder gingen den Weg in die Illegalität. Im Jahr 1788 gab es in den Highlands gerade einmal 58 lizenzierte Brennereien. Diese waren im Vergleich zu den großen Lowland-Brennereien zwar klein, aber viele von ihnen befanden sich immer noch auf Farmen und wurden als Nebenerwerb betrieben. Üblich war auch, dass sich mehrere Bauern zusammenschlossen und gemeinsam eine Brennerei betrieben.

Einige Brennereien in den Highlands arbeiteten auch schon kommerziell und waren etwas größer. Damals wurde auf die alte, traditionelle Art und Weise gebrannt. Das heißt, man hatte eher schwache Maischen in Destillationsanlagen verwendet, die mit Torffeuer beheizt wurden. Aber das Wichtigste war, dass langsam destilliert wurde. So kam es, dass die gesamte Jahresproduktion der Highlands zu dieser Zeit bei gerade einmal 60.000 Gallonen lag. Das war weniger als ein Zwölftel der gesamten schottischen Produktion. Das Ergebnis des traditionellen Handwerks war trotzdem um Längen besser als der Massen-Sprit aus den Lowlands. Damals waren Preisunterschiede von 100 % zu den Lowlands üblich. Das Ergebnis war aber ein deutlich besseres Produkt, das sich pur genießen ließ. Der meiste Whisky aus den Highlands wurde direkt vor Ort getrunken, da wo er hergestellt wurde. Nur ein kleiner Teil erreichte damals auch weiter entfernte Märkte.

Die Lizenzgebühren für Brennereien in den Highlands waren zwar niedriger als in den Lowlands, trotzdem gab es auch dort Erhöhungen. Im Jahr 1793 lag die Lizenzgebühr noch bei £1 10s pro Gallone Brennraum, was noch recht moderat war. In den Folgejahren wurde die Gebühr dann aber immer weiter erhöht: £2 10s im Jahr 1795, £4 10s im Jahr 1796 und schließlich £6 10s im Jahr 1797. Viele lizenzierte Highland-Brenner konnten da nicht mehr mithalten und wurden aus dem Geschäft gedrängt. Die Qualität der Lowland-Whiskys wurde immer schlechter, weshalb immer mehr Leute Malt Whisky aus den kleinen Highland-Brennereien wollten. Durch diese erhöhte Nachfrage nahmen auch die Schwarzbrennerei und der Schmuggel wieder deutlich zu. Um 1795 herum war in fast jeder Familie im Glenlivet-Tal mindestens eine Person mit Whiskyschmuggel oder Schwarzbrennerei beschäftigt. Die illegalen Brennereien hatten Kesselgrößen von selten mehr als 30 Gallonen, waren also ziemlich klein und leicht zu transportieren, falls die Steuerfahndung doch tatsächlich einmal in der Gegend auftauchte. Nach der Steuererhöhung von 1797 blühte das Geschäft mit Schwarzbrand überall auf, besonders konzentriert in der Speyside, im Nordwesten der Highlands und auf den Inseln. Der illegale Whisky wurde sowohl vor Ort konsumiert als auch über Schmuggler-Pfade Richtung Süden transportiert.

Illegales Brennen war eine ständige Bedrohung für alle, die in den Highlands und Lowlands legal Alkohol herstellten. Der Feind war überall in den Highlands und auf den Inseln aktiv. Es gab aber auch Leute in den wirtschaftlich sehr armen Highlands, die hatten nichts anderes, als ihr Getreide zu Whisky zu brennen, um damit etwas Geld zu verdienen. Wie viele illegale Brennereien es gab, hing direkt davon ab, wie stark die Regulierungen und Abgaben für die legalen Brennereien waren. Je mehr unsinnige Regeln und Steuern die Regierung den legalen Brennereien auferlegt hat, desto schwieriger war es für sie, zu überleben, und desto mehr Leute haben sich dem illegalen Brennen zugewandt.

Die Lowland-Brenner haben 1797 schließlich erreicht, dass eine neue, dritte Zone zwischen Highlands und Lowlands definiert wurde. Diese Zone hieß „intermediate district", also Zwischenbereich. Mit der Einführung der neuen Zone wurde das Brennverbot in der 1793 definierten Zwei-Meilen-Zone aufgehoben. Der Verlauf der beiden Grenzen, die den neuen Zwischenbereich definierten, ist im nachfolgenden Kartenausschnitt durch die zwei grauen Linien dargestellt.

Die Nordgrenze der Zwischenzone verlief von Crinan über Lochgilphead und Inveraray nach Achnaba und von dort aus an der Küste entlang Richtung Norden bis zum Ende von Loch Fyne. Danach ging es in einigen Kurven weiter Richtung Stirling, Perth und Aberdeen bis nach Elgin im Norden. Die Südgrenze war so definiert, dass die Insel Arran und die gesamte Kintyre-Halbinsel mit der Whiskyregion Campbeltown innerhalb der neuen Zwischenzone lagen. Die Grenze verlief von dort aus weiter Richtung Nordosten, nördlich vorbei an Glasgow und Stirling, passierte Perth südlich und endete südlich von Dundee im Firth of Tay.

In der Zwischenzone mussten pro Gallone Brennraum £9 Lizenzgebühr bezahlt werden. Diese neue Regelung und die damit verbundenen, horrend hohen Lizenzgebühren haben praktisch allen Brennereien in dieser Zone das Genick gebrochen. So haben sich die Lowland-Brenner also einiges an (legaler) Konkurrenz vom Hals geschafft. Die jetzt mehr schwarzbrennenden Highlander waren nach wie vor eine ernstzunehmende Konkurrenz für die Lowland-Brenner, denn sie konnten praktisch steuerfrei produzieren. Im Jahr 1798 sagte John Stein, dass das Geschäft mit Whisky in Schottland, vor allem in den Highlands, von sehr vielen Leuten gemacht wird. Außerdem sagte er einmal recht verärgert über die Highland-Brenner: *„Es gibt*

Brenner, die damit prahlen, den bestmöglichen Whisky zu machen, die aber selbst nicht einmal lesen und schreiben können. Und die dieses Handwerk in Landesteilen ausüben, wo der Gebrauch des Pflugs noch unbekannt ist und wo man noch nie einen Steuerbeamten sah."

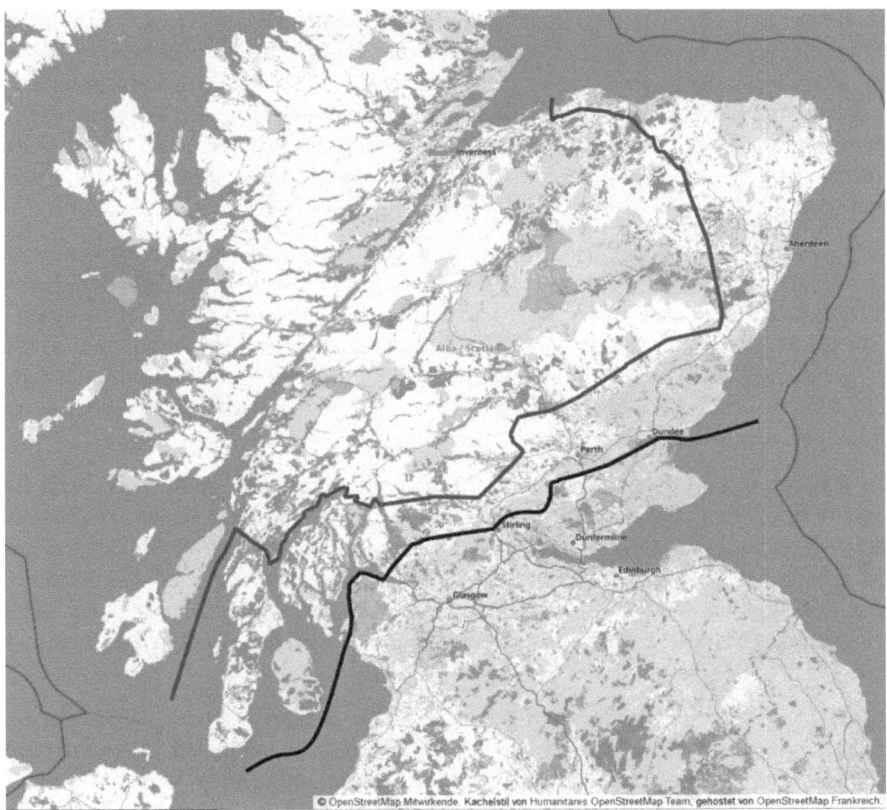

Abbildung 7: Aufteilung Schottlands in Highlands, Intermediate-District und Lowlands

Es war tatsächlich so, dass viele Landbesitzer in den Highlands das illegale Geschäft zumindest toleriert haben. Einige von ihnen waren sogar selbst Kunden und fanden das handwerklich hergestellte Getränk richtig gut. Andere wussten, dass ihre Pachteinnahmen gesichert waren, wenn sich die Pächter auf diese Weise zusätzliches Geld durch den illegalen Verkauf von Whisky beschafften. Für manche Schwarzbrenner waren die Einnahmen aus dem illegalen Geschäft sogar die einzige Einnahmequelle. Eigentlich gab es kaum jemanden in den Highlands, der das illegale Geschäft verurteilte. Sogar die Friedensrichter waren Kunden der Schwarzbrenner. Wenn sie aber doch einmal einen Schwarzbrenner oder Schmuggler verurteilen mussten, der bei seiner Tätigkeit erwischt wurde, dann war diesem ein sehr mildes Urteil gewiss. Manchmal ließen sie die Anklage auch ganz fallen. Außerdem sollte man wissen, dass die Friedensrichter selbst meistens Landbesitzer waren. Und eingesperrte Pächter konnten das Geld für die

99

Pacht nicht verdienen. In diesem Zusammenhang kann man das Verschonen der Angeklagten fast schon als Selbsterhaltungstrieb betrachten.

Auch wenn jemand, was selten vorkam, als Schwarzbrenner oder Schmuggler zu einer Haftstrafe verurteilt wurde, war das nicht sonderlich schlimm. Diese Verurteilten wurden in der Regel im Gefängnis besser behandelt als andere Gefangene. Es gab wohl auch Gefängniswärter, die den einen oder anderen Gefangenen über das Wochenende freigelassen haben. Im Gegenzug haben sie dann einen Krug Schwarzbrand von den Gefangenen bekommen. Ein kurzer Gefängnisaufenthalt schadete der Reputation nicht, weil das Schwarzbrennen in der Öffentlichkeit nicht als Verbrechen angesehen wurde. Schmuggler, die erfolgreich waren, wurden oft sogar als Helden angesehen.

Die Lowland-Brenner waren natürlich nicht begeistert, dass die Gerichtsbarkeit in den Highlands so nachlässig war. In den großen Lowland-Brennereien gab es regelmäßig Kontrollen. Die Lowland-Brenner hatten aber den Eindruck, dass es in den Highlands niemanden gab, der sich für Recht und Gesetz interessierte. Deshalb schrieben sie regelmäßig Briefe an die Regierung. Sie wollten auch, dass beschlagnahmte Schmuggelware vernichtet wird. Damals war es üblich, dass die Steuerbehörde den illegal gebrannten und sichergestellten Whisky weiterverkauft hat, um damit den Staatshaushalt aufzubessern.

Die Regierung und die Steuerbehörden konnten das Problem nicht lösen, weil ihnen das Personal fehlte. Die Leute in den Lowlands lebten in größeren Gemeinden und Städten, in denen es auch ein paar große Brennereien gab. Diese waren über befestigte Straßen gut erreichbar, sodass weniger Beamte gebraucht wurden, um die wenigen Brennereien zu kontrollieren. Die Lage in den Highlands war völlig anders. Obwohl General Wade zu Beginn des Jahrhunderts mehrere hundert Meilen Straße gebaut hatte, verbanden diese hauptsächlich die Garnisonsstützpunkte.

Die kleinen, illegalen Brennereien waren selten in den größeren Ansiedlungen zu finden, sondern eher auf einzelnen Höfen mitten auf dem Land, in abgelegenen Tälern oder auf Inseln. Diese Orte waren nicht an das Straßennetz angeschlossen und konnten nur zu Fuß oder mit dem Pferd erreicht werden. Wenn man heute mit dem Auto durch die nordwestlichen Highlands fährt, sieht man schnell, dass es dort nur wenige bewohnte Orte gibt, im Vergleich zu der weitläufigen und urwüchsigen Landschaft. Auch heute noch kann es in den Cairngorms im Winter passieren, dass Siedlungen für ein paar Tage von der Außenwelt abgeschnitten sind, wenn das Wetter schlecht ist. Man kann sich gut vorstellen, wie beschwerlich das Reisen in den Highlands damals gewesen sein muss, in einer Zeit ohne Autos und Straßen.

Ein weiteres Problem, das die Effizienz der Steuerfahndung beeinträchtigte, war, dass die Steuerbeamten damals keine Beamten im heutigen Sinn waren und kein festes Gehalt bezogen. Auch wenn sie schon ein Grundgehalt bekamen, mussten sie davon auch ihre laufenden Kosten bestreiten. Wenn zum Beispiel eine illegale Brennerei beschlagnahmt werden musste und es zu Gegenwehr kam, was fast immer der Fall war, und deshalb die Armee um Hilfe gebeten werden musste, mussten die Kosten für diesen Einsatz von ihnen selbst getragen werden. Wenn sie erfolgreich waren und jemanden festgenommen haben und dieser danach verurteilt wurde, haben sie zusätzlich eine Art „incentive" bekommen, also eine Erfolgsprämie in Form einer Beteiligung an den zu zahlenden Geldstrafen oder dem Erlös aus dem Verkauf von beschlagnahmtem Whisky. Wenn die Friedensrichter aber zugunsten der Schmuggler entschieden, waren die Strafen mild und die Beteiligung ebenfalls entsprechend gering. Bei Freisprüchen gingen die Steuerfahnder vollkommen leer aus.

Steuerfahnder waren aus diesen Gründen auch teilweise bestechlich, obwohl sie nicht immun gegen Strafverfolgung waren. Ein Beispiel dafür ist Malcolm Gillespie. Der Steuerfahnder wurde letztendlich zum Tode verurteilt und hingerichtet. Aber das war eher die Ausnahme. Bei den Bestechungsgeldern haben Beamte und Schwarzbrenner nämlich oft zusammengearbeitet. Das Schmiergeld kam oft von einer Gruppe von Schmugglern und Schwarzbrennern, die sich zusammengetan hatten, um das Geld zusammenzutragen. Im Endeffekt war es oft deutlich mehr, als bei einer Verurteilung der Beteiligten herausgekommen wäre. Und die Mühen, die man sich dadurch ersparte und die Gefahr, von den Schmugglern ernsthaft verletzt zu werden, waren auch nicht zu unterschätzen.

Die Brennereien in den Highlands konnten mit vergleichsweise geringem finanziellem Aufwand von etwa £5 pro Anlage von lokalen Kupferschmieden hergestellt werden. Fast jeder Farmer in den Highlands hatte also seine eigene kleine Brennerei. Wenn sich mal ein Steuerfahnder in die Highlands verirrte, gab es schon damals eine Vernetzung zwischen den Höfen. Sobald ein Beamter auftauchte, hissten die Leute Flaggen aus Bettlaken auf den Hausdächern und Torfhaufen, damit man sie schon von Weitem sehen konnte. Bauernkinder waren oft unterwegs, um Nachrichten von einem Hof zum anderen zu überbringen. So hatten die anderen Farmer genug Zeit, ihre kleinen, transportablen Brennanlagen zu leeren, in den angrenzenden Wäldern zu verstecken und Beweismaterial wie Maische oder Malz verschwinden zu lassen.

Früher hat kaum eine Brennerei in den Highlands mehr als 1.000 Gallonen Whisky pro Jahr hergestellt. Die meisten Brennereien wurden nämlich nur im Herbst und Winter betrieben, direkt nach der Ernte. Trotz der vielen Brennereien, die überall in Schottland verteilt waren, gab es Ende des 18. Jahrhunderts schon zwei Zentren der Whisky-Herstellung. Eines davon war Campbeltown und dessen Umgebung, also grob gesagt die gesamte Halbinsel Kintyre. Im Jahr 1794 gab es hier 32 lizenzierte Brennereien. Außerdem gab es in dieser Gegend wohl etwa 60 Schwarzbrennereien. Das zweite große Zentrum für die Herstellung von Highland Whisky war die Gegend um Glenlivet. Vor dem Jahr 1824 gab es dort überhaupt keine legale Brennerei, dafür aber etwa 200 illegale.

Um 1790 herum hat sich zum ersten Mal eine richtig große und gut organisierte Schmuggler-Szene entwickelt. Das Thema ist ein eigenes Kapitel in der Kultur der Highlander und hat ganze Volkslieder, Gedichte und zahlreiche Folklore hervorgebracht. Sogar der schottische Nationaldichter Robert Burns, der einige Jahre seines Lebens selbst als Steuerfahnder gearbeitet hat, hat sich thematisch in einigen seiner Werke dem Schmuggel gewidmet. Das jahrzehntelange Katz-und-Maus-Spiel zwischen Steuerbeamten und Schmugglern hat jede Menge Geschichten hervorgebracht, die den Rahmen dieses Buches sprengen würden.

Ein Untersuchungsausschuss für Brennereien

Die Unfähigkeit der Steuerfahndung, die geltenden Gesetze durchzusetzen, bedeutete für die Schwarzbrenner und Schmuggler der Highlands beinahe schon sicher die Straffreiheit. Der Whisky, der nicht vor Ort getrunken wurde, wurde in die Lowlands geschmuggelt und dort zu hohen Preisen verkauft. Der Whisky war einfach besser als der schnell gebrannte Lowland-Alkohol aus den auf Geschwindigkeit optimierten Destillationsanlagen.

Da die Schmuggler nicht unter Kontrolle gebracht werden konnte, richteten die Lowland-Brenner nun, nach Einführung der Intermediate Zone, ihre Aufmerksamkeit auf die legalen Highland-Brenner. Die Steuererhöhung auf £54 pro Gallone Brennraum empfanden sie als Bestrafung für ihren Standort und forderten deshalb die Abschaffung der unterschiedlichen Besteuerung. Die Bauern in den Lowlands unterstützten sie, weil auch sie wegen der immer weniger werdenden Brennereien in den Lowlands und der geringeren Verkäufe von Lowland-Whisky um ihre Existenz bangen mussten. Die Brennereien waren für sie der wichtigste Abnehmer für Getreide. Auch die Bauern, die nur Viehzucht betrieben, waren wegen der Trester-Lieferungen auf die Brennereien angewiesen.

Die Highland-Brenner hielten dagegen. Sie beanstandeten die Art und Weise der Herstellung auf den hochmodernen Destillationsanlagen. Sie meinten, dass handwerkliches Brennergeschick dabei überflüssig sei und dass die Lowland-Brenner mit ihrem billigen und qualitativ minderwertigen Whisky die Highland-Märkte überschwemmten. Auch fanden sie den Steuernachlass gerechtfertigt, um wettbewerbsfähig zu bleiben. Denn die Gerstenarten Bere und Bigg, die in den Highlands wuchsen, brachten weniger Ertrag als die aus den Lowlands. Außerdem mussten die Brennereien höhere Logistikkosten zahlen, weil es kaum Straßen gab, im Gegensatz zu den Lowlands, wo das Straßennetz besser ausgebaut war.

Die Regierung hätte eigentlich vermitteln müssen, war aber vor allem mit dem Konflikt mit Frankreich beschäftigt. Dabei ging es vor allem um die Finanzierung. Trotzdem hat die Regierung einen Untersuchungsausschuss eingesetzt, der sich mit den aktuellen Gesetzen zum Brennen von Spirituosen und den dazugehörigen Abgaben befassen sollte. Der Ausschuss sollte auch gleich Änderungsvorschläge machen und dem Parlament regelmäßig Bericht erstatten. Seine Arbeit sollte sich lediglich auf Schottland beschränken. Ende 1797 fing der Ausschuss an zu arbeiten. Durch ihn wurden viele Leute aus der Brennerei-Branche interviewt, also Brennereibesitzer, Mitarbeiter, Händler und Steuerbeamte. Ihre Aussagen wurden schriftlich festgehalten.

Während der Ausschuss noch aktiv war, hat die Regierung noch ein paar weitere Einnahmequellen ausgetüftelt. Zusätzlich zu den bisherigen Lizenzabgaben, die sich nach der Größe der Brennräume richteten, wurde eine Steuer für fertigen Alkohol (1 Shilling pro Gallone) und bereits gelagerten Alkohol (ebenfalls 1 Shilling pro Gallone) eingeführt. So wollte die Regierung die Steuer rückwirkend einführen. Die Steuer auf den Rohbrand mussten die Brennereien abführen. Aber auch die Händler, Veredler und Blender waren von der Steuer auf gelagerten Alkohol betroffen. Und dann wurde noch eine dritte Steuer auf noch nicht verarbeitetes, ungemälztes Getreide eingeführt, das für Brennereien vorgesehen war. Es ist erstaunlich, wie kreativ Regierungen schon vor 200 Jahren waren, wenn es darum ging, neue Einnahmequellen zu schaffen und den Bürgern das Geld aus der Tasche zu ziehen.

Am 12. Juli 1799 hat der Ausschuss, knapp zwei Jahre nach seiner Einberufung, dem Parlament seinen Bericht vorgelegt. Dieser begann mit der Feststellung, dass viele der Stellungnahmen und Äußerungen, die ihm gegenüber vorgebracht wurden, nicht den Vorstellungen des Komitees für Verbrauchssteuern und dessen Mitarbeitern entsprachen. Weiter wurde vorgeschlagen, dass alle Gesetze und Verordnungen zur Erhebung von Abgaben so gestaltet werden sollten, dass alle daran beteiligten Personen gleichermaßen zahlen müssten, je nach Umfang ihres Geschäfts. Außerdem sollten die Gesetze, Abgaben und Steuern so gestaltet werden, dass sie einem übermäßigen Alkoholkonsum vorbeugen. Bezüglich der Abgaben und Steuern stand im Abschlussbericht (übersetzt):

„Die verschiedenen Methoden zur Bewertung, Berechnung und Erhöhung der Abgaben der schottischen Brennereien, die zu unterschiedlichen Zeitpunkten vom Gesetzgeber verabschiedet wurden, können alle in die drei folgenden Kategorien eingeteilt werden: Erstens: Vermessung (Mengenabhängigkeit); zweitens: Lizenz; und drittens: eine Kombination aus Lizenz und Vermessung.

Die Vermessung war die erste angewandte Methode. In beiden Teilen der Insel war sie bis zum Jahr 1784 die vorherrschende Methode. Sie wird in England immer noch eingesetzt.

In den Jahren 1784 und 1785 wurde das Lizenzsystem gesetzlich in den Highlands eingeführt. Im Jahr 1786 wurde es in ganz Schottland nach dem gleichen Prinzip und fast mit den gleichen Änderungen (mit Ausnahme der Höhe der Gebühr) eingeführt, und es blieb bis zur Mitte letzten Sommers Gesetz. In der Zeit zwischen 1784 und 1786, während sich das Gesetz weiterhin nur auf die Highlands beschränkte, wurde eine Mischung von Vermessung und Berechnung angewandt. Diese Kombination ist in diesem Teil Schottlands bis heute ohne Unterbrechung geblieben. Durch das Gesetz wurde eine Art Steuer eingeführt, die auf der Vermessung beruhte.

Die fairste Art und Weise für die Erhebung von Steuern und Abgaben auf Basis der hergestellten Menge wäre es, wenn es möglich wäre, tatsächlich jede hergestellte Gallone auch zu erfassen. Dies wäre die Perfektion des Erhebungssystems, aber vermutlich wird dieser Idealzustand leider nur eine Illusion bleiben. Wenn es möglich wäre, die größtmögliche Menge an Brand zu finden, die der erfahrenste und geschickteste Brenner in einer bestimmten Zeit produzieren kann, hätte er die Wahl der bestmöglichen Getreidequalität, volle Kontrolle über Brennstoff, Wasser usw., die am besten angepasste Brennblase hinsichtlich Größe, Form usw. und die optimalen sonstigen Apparate – dann müsste sich die Gesamtmenge an eingenommener Steuer leicht berechnen lassen, die ein solcher Brenner zahlen könnte. Auch wäre es für die Einnahmen des Staates vorteilhaft, wenn er verpflichtet wäre, den Gesamtbetrag oder wenigstens einen Teilbetrag davon als Vorauszahlung zu leisten. Dies könnte als Perfektion des sogenannten Lizenzsystems angesehen werden."

Bei dem Gedanken an Vorauszahlungen kam dem Ausschuss vermutlich der Lowland License Act von 1788 in den Sinn. Dieses Gesetz hatte damals ja zu einem Exportverbot und dadurch zur Pleite etlicher Großbrennereien geführt, was wiederum in der Folge große Steuerausfälle mit sich brachte. Der eigentliche Abschlussbericht war nur 16 Seiten lang, aber es gab noch einen Anhang mit fast 300 Seiten. Der Anhang war voll mit langen Tabellen von namentlich erwähnten Personen, die sich eines Vergehens gegen die Verbrauchssteuergesetze schuldig gemacht hatten. Dazu kamen die jeweiligen Strafen, aufgeteilt auf die Jahre 1795 bis 1798. Die Vergehen waren hauptsächlich das, was wir heute unter „Schwarzbrennen" (distilling privately) verstehen, aber auch die Herstellung von Brennanlagen hierfür, das Mälzen oder der Verkauf von Malz an Schwarzbrenner sowie die Behinderung der Beamten bei ihrer Arbeit. Die Strafen lagen zwischen einem und zehn Pfund. Es gab aber nur selten Strafen von fünf Pfund oder mehr.

Natürlich waren auch die maximalen Strafen geregelt. Für den Bau oder Betrieb einer Destille ohne Lizenz wurden £200 fällig, selbst wenn diese noch im Aufbau war. Während der Prohibition, als das Brennen verboten war, weil es an Lebensmitteln mangelte, betrug die maximale Strafe £500. Beim ersten Verstoß gab es für Beihilfe zum illegalen Brennen £30, beim zweiten Mal £60 oder Gefängnis. Wer Steuerbeamte bei ihrer Arbeit behinderte, musste mit einer Strafe von £200 rechnen. Die gleiche Summe war maximal fällig, wenn ein legaler Brenner seine Abgaben nicht oder nicht rechtzeitig bezahlte, eine Destille mit einer anderen Größe als laut Lizenz vorgesehen betrieb oder den Steuerbehörden nicht monatlich mitteilte, wie viel Malz und Getreide er verwendete und wie viel Brand er daraus herstellte. Die höchste vorgesehene Maximalstrafe betrug £500 und wurde verhängt, wenn man am Sonntag destillierte. Das war genauso viel, als wenn man während der Zeiten der Prohibition gebrannt hat. Damals war es wichtig, sich mit der Kirche gut zu stellen.

Viele derjenigen, die verurteilt wurden, waren einfache Bauern, die nebenbei heimlich brannten und die verhängten Strafen einfach nicht bezahlen konnten. Von den eingenommenen Strafen wurde etwa ein Zehntel einbehalten, um die Kosten für die Verfolgung der Täter und die Prozesskosten zu decken. Der Rest der Summe wurde dann zwischen dem König (heute würde man sagen: Staatskasse) und demjenigen aufgeteilt, der die Information geliefert hatte. Dabei konnte der Informant auch ein Steuerbeamter gewesen sein.

In den weiteren Tabellen im Anhang des Berichts standen Informationen zu den beschlagnahmten Gütern, zu ihren ehemaligen Besitzern und zu den Verkaufserlösen, die der Staat damit erzielt hatte. Natürlich waren darunter auch jede Menge Brennanlagen, wobei viele davon aus billigem Blech gemacht und somit nicht besonders wertvoll waren. Nachdem die Anlagen zerstört worden waren, waren sie für die weitere Alkoholherstellung unbrauchbar. Die Materialien wurden dann verkauft. Fast alle, von denen die Brennanlagen beschlagnahmt wurden, bekamen auch noch eine Geldstrafe.

Auch ein paar bekannte Namen aus dem Whisky-Geschäft tauchten in den Listen auf, zum Beispiel James und John Haig oder Robert Stein (der während der Prohibition destilliert hat). John Stein und William Haig mussten jeweils £100 Strafe zahlen, weil sie Abgaben nicht entrichtet hatten. William Menzies (Gorbals-Brennerei) wurde ebenfalls bestraft, weil er für einen Teil der Zeit, in der seine Lizenz gültig war, keine Brennraum-Lizenzgebühr entrichtet hatte.

Im Jahr 1799 haben die Brennereibesitzer in Schottland insgesamt etwa eine viertel Million Pfund an Verbrauchssteuern gezahlt. Der Großteil dieser Summe kam von den großen Brennereien in den Lowlands. Die legalen Brennereien in den Highlands und im Intermediate Distrikt haben nur knapp £20.000 dazu beigetragen, also etwa acht Prozent.

Im Anhang B.2 des Berichts wird auf die drei neuen Steuern auf Rohbrand, gelagerten Alkohol und ungemälztes Getreide eingegangen. Dort ist der „Report of Commissioners of Excise" (zu Deutsch etwa: Bericht der Kommissare der Verbrauchssteuer) abgedruckt. Die Kommissare berichteten jeweils direkt ans Parlament. Laut Bericht wurde am 5. Juli 1798 die Anzahl der Steuerbeamten erhöht. Bis dahin gab es für ganz Schottland nur 18 Beamte. Ab Mitte 1798 waren es dann 21 Beamte für die Highlands und 24 für die Lowlands. Dem Bericht kann man auch entnehmen, dass ein Steuerbeamter damals £50 im Jahr verdiente. Die Beamten wurden losgeschickt, um in den Brennereien und bei den Händlern zu zählen, zu addieren und den Kommissaren zu berichten. In den Lowlands kamen so rechnerisch insgesamt £53.586 für die Steuer auf lagernden Alkohol, £23.790 für die Rohbrand-Steuer und £861 für die Steuer auf Rohgetreide zusammen. Die Brenner haben aber nur einen Bruchteil davon gezahlt, nämlich £12.114, £8.633 und £0 (da die Getreidesteuer erst später fällig war). Die Kommissare schrieben dazu:

„[...] Damit betrug der tatsächliche Eingang in diesen drei Sparten nur £20.747, so dass vom 10. Dezember 1798 an Rückstände in Höhe von nicht weniger als £57.492 zu verzeichnen waren. Die große Ungleichheit zwischen dem errechneten und dem tatsächlichen Eingang dieser Steuern wurde hauptsächlich verursacht von den großen Brennern in den Lowlands, die sich geweigert haben, Steuern auf Lagerbestände zu zahlen. Gemäß der Steuer, die ihnen für die erste tatsächliche Erhebung nach dem 13. Juni letzten Jahres auferlegt wurde, hatten sie die Begründung, dass Brennereien, die unter Lizenz arbeiten, nicht zur Vermessung verpflichtet sind. Solch eine Pflicht könnte erst nach der Verabschiedung des Gesetzes am 29. Juni mit ihren Beständen verbunden werden.

Um diese Frage schnell zu klären, haben wir die Herren Haig und Stein, Brenner, vor dem Finanzgericht auf Begleichung ihres Zahlungsrückstands der Steuer angeklagt. Aber nach einem Prozess, der vierzehn Stunden dauerte, hielt es die Jury für angebracht, ein Urteil im Sinne der Angeklagten zu sprechen [...] aufgrund dessen der Chef-Justiziar einen Ausnahme-Gesetzentwurf eingereicht hat, um die Sache so schnell wie möglich durch Berufung an das House of Lords zu bringen. Von dieser Berufung erhoffen wir, dass sie der Zustimmung Ihrer Lordschaft entspricht. In der Zwischenzeit wird die Zahlung solcher Steuerrückstände nicht nur von vielen Brennereien, sondern auch von Groß- und Einzelhändlern zurückgehalten. Ein unerwarteter Umstand, den wir sehr bedauern, aber nicht verhindern können, bis eine günstigere Beurteilung dieser Steuer erfolgt. Wir hoffen, dass dies in letzter Instanz der Fall sein wird."

Der 16-seitige Bericht enthielt einige wirklich interessante Anhänge, aber im Wesentlichen sagte er aus, dass der Ausschuss empfiehlt, die Lizenzgebühr, die sich nach der Größe des Brennraums einer Destille richtet, beizubehalten, ebenso wie die Besteuerung der gebrannten Alkoholmenge. Damit die Besteuerung gerechter wird, sollten Steuerbeamte den gesamten Herstellungsprozess überwachen – vom Maischen über das Vergären bis zum Brennen. Diese Überwachung sollte bei jeder Brennerei stattfinden. Außerdem sollte man die Stärken von Maische, Zwischenprodukt (Low Wines) und Endprodukt (Brand) immer gemeinsam prüfen. Die bestehenden Gesetze müssten teilweise ziemlich überarbeitet werden. Der Ausschuss hat sich für eine Alkoholsteuer von 2s 6d pro Gallone ausgesprochen.

Weiter empfahl der Ausschuss, die Highland-Linie und die Zwischenzone vollständig abzuschaffen, da diese Grenzen dazu neigen, alle Brenner abstrakt zu verurteilen und unabhängig von der Lage ihres Gewerbes Unzufriedenheit bei ehrlichen Brennern hervorrufen. Nach der Abschaffung der verschiedenen Zonen sollten Brennereien, die aufgrund ihrer geographischen Lage Schwierigkeiten haben, Zugang zu den großen Märkten zu erlangen, auf Antrag und nach Prüfung durch die Steuerbeamten entsprechende Steuererleichterungen erhalten. Brennereien mit zugestandenen Steuererleichterungen sollten jedoch in der Größe ihrer Brennblasen beschränkt werden und es sollte auch in einem bestimmten Abstand keine weitere Brennerei geben dürfen.

Ein weiterer Punkt im Bericht kritisierte, dass Friedensrichter in bestimmten Fällen keine oder nur sehr geringe Strafen gegen Angeklagte aussprachen. Außerdem wurde beanstandet, dass es an Justiz mangelt, weil Friedensrichter, die so handeln, praktisch nicht zur Rechenschaft gezogen werden können. Auch damals gab es wohl schon Verzögerungen bei Verfahren gegen Angeklagte. Um zu verhindern, dass es zu Vetternwirtschaft zwischen Richtern und Angeklagten kommt, wurde vorgeschlagen, eine neue Gerichtsbarkeit zu gründen. Die neue Gerichtsbarkeit sollte sich in angemessener Entfernung vom Wohnort des Angeklagten befinden.

Der Vorschlag des Ausschusses, alle Brennereien künftig einheitlich zu besteuern, war durchaus vernünftig. Denn so hätte endlich Schluss sein können mit dem Durcheinander von sich gegenseitig widersprechenden Gesetzen, Ausnahmeregelungen, Handelsbeschränkungen und Ungerechtigkeiten. Leider kam der Vorschlag zur falschen Zeit, denn der Krieg mit Frankreich dauerte schon seit sechs Jahren an und ein Ende war nicht abzusehen. Außerdem hatte das Land seit etwa zwei Jahren auch noch eine Finanzkrise, die sich unter anderem durch gestiegene Zinssätze äußerte. William Pitt, der damalige Premierminister, verfolgte deshalb eine Politik der hohen Steuern, da er parallel zu den Kriegsausgaben auch noch Kredite zurückzahlen wollte, um Zinszahlungen zu vermindern. Die einzigen Vorschläge im Bericht der Kommission, die in die neue Gesetzgebung Einzug fanden, waren die, die die Einnahmen des Staates erhöhten. So wurde die Lizenzgebühr in den Lowlands von £54 auf £108 pro Gallone Brennraum verdoppelt. Um die Qualität des Lowland-Whiskys zu verbessern, wurden dort jetzt schwächere Maischen vorgeschrieben. In den Highlands blieb die Lizenzgebühr bei £6 10s pro Gallone Brennraum. Whisky aus den ertragsärmeren Getreidesorten Bere und Bigg wurde in den Highlands niedriger besteuert, denn steuerlich war hier sowieso kaum etwas zu holen. Das hieß im Endeffekt: Die unterschiedliche Behandlung von Lowlands und Highlands bezüglich

Steuern und Abgaben blieb bestehen und musste auf die Niederlage Napoleons warten. Die Schwarzbrenner hingegen konnten sich weiterhin auf gute Geschäfte freuen.

Das 19. Jahrhundert

Situation in den Lowlands

Zum Wechsel des Jahrhunderts lief es für die Brenner in den Lowlands eher mittelmäßig. Dabei waren nicht einmal in erster Linie die verschärften Steuergesetze und die verstärkte Überwachung derselben ein Problem für die Brenner, sondern vor allem die schlechten Ernten in vielen Teilen Schottlands in den Jahren 1799 und 1800. Auch 1801 war die Ernte nicht viel besser. Deshalb erließ die Regierung mal wieder ein Brennverbot für Alkohol aus Getreide aller Art. Auch 1802 gab es wegen der schlechten Ernte ein Brennverbot. Während des immer noch andauernden Krieges mit Frankreich waren die französischen Häfen für die Briten geschlossen. Dadurch gab es genug Zucker und Melasse, die sonst über diese Häfen verkauft worden wären. Statt Getreide wurden jetzt diese Rohstoffe zum Alkoholbrennen verwendet. Für die großen Brennereien der Familien Haig und Stein wurde so in England wieder ein stabiler Markt geschaffen, wie er vor 1788 existierte. Hier saßen nämlich zahlungskräftige Großkunden. John Stein hatte die Brennerei Canonmills 1790 von der Haig-Familie gekauft und war damit zu dieser Zeit der größte Brennerei-Besitzer in Schottland. Zunächst hatte nur John Stein genug finanzielle Mittel, um den Whisky von Canonmills nach England zu verkaufen. Kurz darauf folgten aber auch Robert Stein (Kilbagie) und John Haig, der Neffe von James Stein, dem Gründer und damaligen Besitzer der Brennerei Lochrin.

Diese beiden Whisky-Familien waren also auch weiterhin stark im Whisky-Geschäft vertreten und bewiesen ab 1806 echten Unternehmergeist. Sie haben nicht einfach nur abgewartet, sondern erkannt, welche Chancen die Zukunft für die Whiskyindustrie bereithält. Um dafür gewappnet zu sein, haben sie je eine der von James Watt entwickelten Dampfmaschinen in den Brennereien Kincaple und Kennetpans einbauen lassen. Kilbagie hatte ja bereits 1787 den Vorreiter für diese Technik gemacht. Die Whiskyindustrie war damit einer der ersten Industriezweige, die von der Industrialisierung im frühen 19. Jahrhundert erfasst wurden.

Im Jahr 1809 gab es erneut ein Brennverbot. Das war die Folge von schweren Herbststürmen in den Jahren 1807 bis 1809, die die Ernte teilweise stark beschädigt und teilweise sogar komplett vernichtet hatten. Die Lage wurde zusätzlich dadurch verschärft, dass aufgrund des Krieges kaum noch Getreide aus Europa importiert werden konnte. In den dichter besiedelten Lowlands wurde schon keine Gerste mehr angebaut, weil die wenigen Flächen für den Weizenanbau genutzt wurden, um Brot für die hungernde Bevölkerung backen zu können. 1813 folgte das nächste Brennverbot, weil in vielen Gegenden Schottlands eine Hungersnot ausgebrochen war. Die Regierung nutzte die Phasen ohne Brennverbot, um die Steuern zu erhöhen und damit den Krieg zu finanzieren. In den Jahren 1804, 1811 und 1814 wurde die Steuer dreimal erhöht.

Die ganzen Verbote und die hohen Abgaben haben dazu geführt, dass es sich für kleinere Brennereien oft nicht mehr lohnte, den Betrieb weiterzuführen. In der ersten Dekade des 19.

Jahrhunderts gab es etliche Konkurse, Stilllegungen und Besitzerwechsel. Die Leith-Distillery in Edinburgh, auch bekannt als Bonnington, machte 1804 den Anfang und wechselte zum neuen Besitzer John Haig. Die 1786 von Andrew Philip gegründete Brennerei Grange in Burntisland, ziemlich genau gegenüber von Edinburgh am Nordufer des Firth of Forth gelegen, wurde 1806 von der Firma Young & Co. übernommen und umfassend renoviert. Aber es gab auch ein paar Neubauten. Eine Neugründung, die nicht den Namen Stein oder Haig trug, war beispielsweise die Cambus-Distillery in Clackmannanshire, die 1806 von John Moubray gebaut wurde.

Als 1809 das Brennverbot eingeführt wurde, schloss William Haig die Brennerei Kincaple. Die 1780 von Robert Stein gegründete Brennerei hatte er 1795 übernommen. Die Craigend-Brennerei südlich von Stirling stellte 1811 wegen einer Steuererhöhung den Betrieb zunächst ein, später wurde dort aber wieder gebrannt. Auch 1811 schloss Dunfermline dauerhaft.

Nach dem Ende des Brennverbots im Jahr 1814 gab es insgesamt fünf Brennereien, die zusammen eine jährliche Menge von 1,5 Millionen Gallonen Whisky nach England lieferten. Neben den drei bereits erwähnten Brennereien hatten sich auch Andrew & Charles Stein (Hattonburn, gegründet 1780) sowie William Haig (Seggie, gegründet 1810) dem Geschäft angeschlossen. Die Familien Haig und Stein hatten somit den alleinigen Export nach England unter sich aufgeteilt. Trotz fehlender Konkurrenz lief das Geschäft aber nicht reibungslos. Die Brenner in England forderten ständig von der Regierung, noch mehr Gesetze und Regeln einzuführen. Diese sollten selbstverständlich vor allem die schottischen Brenner treffen. Eines dieser Gesetze schrieb zum Beispiel vor, dass nur Brand aus Anlagen mit mindestens 3.000 Gallonen Brennraum nach England geliefert werden durfte. Als die Holländer 1810 auch noch ihr Exportverbot nach England aufhoben, kam noch mehr Alkohol auf den englischen Markt und die Preise gingen in den Keller. Trotzdem haben die beiden Brenner-Dynastien Stein und Haig das Geschäft mit England am Laufen gehalten und sogar die Menge exportierten Alkohols kontinuierlich gesteigert. Nur die Jahre, in denen das Brennen nicht erlaubt war, sind hier ausgenommen.

Im Jahr 1814 war Napoleon besiegt, aber das hatte keinen echten Vorteil für die schottische Wirtschaft. Während des Krieges sind Industrie und Landwirtschaft richtig gewachsen, um die fehlenden Güter aus dem Ausland zu kompensieren. Doch dann gab es plötzlich Konkurrenz aus Europa. Das führte zu einem massiven Preisdruck, sogar bei Alkohol. Als Folge davon gingen in Schottland viele Betriebe in Konkurs, vor allem die kleineren Brennereien. Die englischen Brenner haben das natürlich wieder ausgenutzt und neue Gesetze durchgedrückt, die den Schotten geschadet haben. Ab Oktober 1814 mussten die Brenner sowohl in den Lowlands als auch in den Highlands stärkere Maischen verwenden. Diese enthielten mehr Alkohol, aber auch weniger Geschmack. Wenn man wie die Engländer möglichst reinen Alkohol herstellen will, ist das eine gute Sache. Der englische Alkohol wurde hauptsächlich für die Gin-Herstellung verwendet, bei der man den Eigengeschmack des Ausgangsprodukts nicht haben möchte. Gin bekommt seinen Geschmack durch Wacholder und andere Kräuter, die man zusetzt. Im Gegensatz dazu wird bei Whisky nichts hinzugefügt, deshalb ist der Eigengeschmack besonders wichtig. Dieser ist besser, wenn schwache Maischen verwendet werden.

Bezüglich der Steuergesetze wurden mit Ende des Krieges auch wieder Reformen aufgenommen. Denn in Schottland gab es zu diesem Zeitpunkt nur noch 36 legale Brennereien. Das Lizenzsystem, das 1786 eingeführt wurde und sich nach der Größe der Brennblasen richtete, wurde durch den „1814 Excise Act" abgeschafft und durch eine feste Gebühr von £10 pro Jahr ersetzt. Als variable Anteile kamen dann noch Steuern von 1s pro Gallone Würze und 2s 11d pro Gallone Brand dazu. Außerdem mussten die Brenner aus 100 Gallonen Würze mindestens 18 Gallonen Brand gewinnen. Wenn die Würze weniger ergiebig war, mussten trotzdem 18 Gallonen Brand versteuert werden. Das hieß praktisch, dass die Maischen stärker gemacht werden mussten, um auf die 18 Gallonen zu kommen, auch wenn das die Qualität des Endprodukts beeinträchtigte. Außerdem wurde festgelegt, dass die Brennblasen eine bestimmte Mindestgröße haben müssen. In den Lowlands mussten die Brennblasen mindestens 2.000 Gallonen und in den Highlands mindestens 500 Gallonen Brennraum haben, damit der Brenner eine Betriebserlaubnis bekam. Die Destillen der großen Brennereien der Haigs und Steins waren groß genug, allerdings wurden durch diese Mindestgröße viele kleinere Lowland-Brennereien vom Markt verdrängt. Das machte die beiden großen Brenner-Familien wieder ein Stück mächtiger.

Situation in den Highlands

Die Missernten wegen des schlechten Wetters hatten in den Highlands noch gravierendere Auswirkungen. Den legalen Brennern dort erging es Anfang des 19. Jahrhunderts entsprechend noch schlechter als ihren Kollegen aus den fruchtbareren Lowlands. Sie hatten noch öfter schlechte Ernten und der Schmuggel machte ihnen mehr zu schaffen, weil sie kleinere Mengen produzierten. Die Steuerfahndung hatte deswegen jetzt vor allem die bekannten Schmuggler-Hochburgen und die häufig verwendeten Schmuggler-Routen im Visier. Trotzdem war Schwarzbrennen immer noch ein gutes Geschäft. An manchen Orten bekamen die Landbesitzer immer noch einen Teil ihrer Pacht in Form von Alkohol.

Im Jahr 1810 wagten die verbliebenen Highland-Brenner einen Vorstoß und boten dem Steuerrat an, gleich hohe Abgaben wie die Brenner in den Lowlands zu zahlen. Im Gegenzug wollten sie das Recht, Getreide aus den Lowlands zu kaufen und Whisky in die Lowlands zu liefern. Die Idee war, die illegalen Brenner aus dem Geschäft zu drängen, weil sie diese Möglichkeiten dann nicht gehabt hätten. Der schottische Steuerrat fand die Idee gut und stellte sie dann auch der Regierung und dem Schatzamt vor. Die Lowland-Brenner waren von der Idee aber überhaupt nicht begeistert, weil sie die hohe Qualität des schottischen Whiskys aus den Highlands kannten. Sie lobbyierten dagegen und prompt wurde die eigentlich gute Idee fallen gelassen.

Einige Jahre später kam dann der „1814 Excise Act" und die Mindestgröße für Brennblasen in den Highlands wurde tatsächlich auf 500 Gallonen festgelegt. Das war für viele legale Highland-Brenner das Aus. Es gab einfach nicht genug Getreide, um eine Brennblase dieser Größe wirtschaftlich zu betreiben. Und auch der Brennstoff für das Beheizen einer solchen Anlage war nicht verfügbar. Die Brenner wurden in den Ruin getrieben, wobei etliche von ihnen wieder in die Illegalität abrutschten und sich als illegale Brenner dem Schwarzmarkt anschlossen. Nur etwas mehr als ein Jahr nach Einführung dieser unsinnigen Regelung gab es nur noch zwölf legale Brenner in den Highlands – und umso mehr illegale. Und auch die Bauern in den

Highlands waren nun auf die Schwarzbrenner angewiesen, denn die wenigen legalen Brenner nahmen ihnen nicht genügend Gerste ab. Die verbliebenen legalen Highland-Brenner wandten sich erneut an die Behörden und beschwerten sich über die wachsende Konkurrenz durch Schmuggel und Schwarzbrenner.

Die Steuerfahndung reagierte auf die Beschwerden der Brenner. Sie stellte mehr Leute ein und führte mehr Kontrollen durch. Aber auch die Schmuggler hatten sich etwas einfallen lassen. Wenn eine größere Menge Ware über die Grenze in die Lowlands gebracht werden sollte, wurde zunächst ein Beobachter auf einem Hügel westlich von Stirling Castle platziert. Von hier aus starteten die Beamten ihre Streifen. Der Mann hatte die Aufgabe, die Beamten zu beobachten und herauszufinden, welche Straße sie nehmen würden. Sobald er das wusste, benachrichtigte er den nächsten Mann, der sich auf einem Hügel weiter weg befand, über eine vorher vereinbarte Reihe von Pfeiftönen. Dieser gab dann auf dieselbe Weise Bescheid an den nächsten Mann und so weiter. Die Anzahl und Standorte der Männer waren so gewählt, dass die Information innerhalb weniger Minuten von Stirling bis Callander verbreitet wurde, obwohl es sich um eine Strecke von etwa 20 Kilometern Luftlinie handelte. Callander war damals ein wichtiger Umschlagplatz für Schmuggelware. Nachdem sie die Information bekommen hatten, haben die Schmuggler ein paar kleinere Fässer Whisky auf ein oder zwei ihrer ältesten und klapprigsten Pferde geladen und sind damit direkt in die Arme der Beamten gelaufen. Bei der Begegnung wurde versucht, die Beamten möglichst lange zu beschäftigen und hinzuhalten. Die Beamten haben aber immer gewonnen und den Köder mit großem Triumph nach Hause gebracht. Zur gleichen Zeit erreichte der echte Schmuggler-Treck mit der fünfzigfachen Menge an Whisky sicher und ohne Probleme sein Ziel in den Lowlands.

Das Tal des Flusses Livet (Glen Livet) war damals eine wichtige Quelle für illegalen Whisky. Dort wohnten so viele Schmuggler, dass fast jeder direkt oder indirekt mit der illegalen Herstellung von Whisky oder dessen Vertrieb zu tun hatte. Die Schmuggelkarawanen bestanden aus vielen Pferden, die jeweils etwa 20 Gallonen Whisky transportieren konnten. Die Schmuggler mieden große Städte und trafen sich stattdessen außerhalb mit den Agenten, die den Whisky dann weiterverkauften. Die Männer, auch bekannt als „blethermen" (to blether = quatschen, schwätzen), waren Experten auf ihrem Gebiet und handelten mit den Schmugglern den Preis aus. Ein guter „bletherman" konnte schon am Geruch erkennen, ob der Whisky echt war oder eine Fälschung. Denn auch damals gab es schon Fälschungen. Echter Whisky aus dem Livet-Tal war einfach besser und deshalb auch ein paar Shilling teurer als der andere Highland-Whisky. Die Leute wollten den echten Glen Livet so sehr, dass sie manchmal Monate auf die Flasche warten mussten. Im Dezember gab es besonders wenig davon, weil sich viele Leute für die bevorstehenden Feste Weihnachten und Hogmanay eindeckten.

Eine weitere wichtige Quelle für illegalen Whisky war die Halbinsel Kintyre. Heute gibt es nur noch drei legale Brennereien auf der Halbinsel, die alle in der Stadt Campbeltown ansässig sind. Die Stadt ist auch Namensgeberin für eine eigene Whisky-Region – neben Lowlands, Highlands, Speyside und Isles. Man ging davon aus, dass es auf Kintyre und der östlich davon gelegenen Insel Arran zur besten Zeit über hundert illegale Brennereien gab, in denen jedes Jahr etwa 350.000 Gallonen Alkohol illegal gebrannt wurden.

Kintyre befand sich im Intermediate District und wurde nach Wegfall dieser Zwischenregion den Lowlands zugeordnet. Die Schmuggler belieferten hauptsächlich die Stadt Glasgow und deren Umland, weil das geografisch am nächsten lag und es dort eine Menge potenzieller Kunden gab. Whisky aus Kintyre und von der Insel Arran war wegen seines rauchigen Charakters besonders beliebt. Den konnten die Lowland-Brennereien nicht bieten. In zeitgenössischen Schriften wird Kintyre-Whisky als schmackhaft und heilsam beschrieben, wenn man ihn in Maßen genießt. Der normale Lowland-Whisky war eher etwas für Leute, die sich keinen Whisky aus den Highlands oder von Kintyre leisten konnten oder keinen Zugang dazu hatten. Schon damals hat man teilweise Whisky aus Kintyre oder dem Livet-Tal mit Lowland-Produkten vermischt, um deren Geschmack zu verbessern. Hierin kann man die Vorläufer der später aufkommenden Blended Whiskys sehen.

Das Jahr ohne Sommer

1816 ist das Jahr, das vor allem in Nordamerika und im Westen Europas als das „Jahr ohne Sommer" in die Geschichtsbücher einging. Der Grund dafür war der Ausbruch des Vulkans Tambora auf der Insel Sumbawa (Indonesien) im April 1815. Es gab ja bereits einmal Missernten in Schottland wegen des Ausbruchs zweier Vulkane im Jahr 1782, doch stellte der Ausbruch von 1815 die früheren Ereignisse in den Schatten. Der mehrere Tage andauernde Ausbruch auf der etwa 80 km westlich von Birma gelegenen Insel erreichte auf der von 0 bis 8 reichenden Skala des Vulkanexplosivitätsindex den Wert 7. Es war der stärkste nachgewiesene Vulkanausbruch seit dem Jahr 1257. Dabei wurden geschätzte 175 Kubikkilometer Material in die Atmosphäre geschleudert. Das ist mehr als das Hundertfache von dem, was beim Ausbruch des Mount St. Helens im Mai 1980 freigesetzt wurde. Der Ausbruch führte dazu, dass der obere Teil des Vulkans, der vorher 4.300 Meter hoch war, abgetragen wurde. Außerdem wurden geschätzte 55 Millionen Tonnen Schwefeldioxid ausgestoßen, welche sich in der Atmosphäre teilweise mit Wasser zu schwefeliger Säure verband und neben der Verdunkelung der Atmosphäre auch für sauren Regen verantwortlich war.

Durch den Vulkanausbruch wurden Asche- und Staubteilchen bis in die obere Atmosphäre geschleudert und weltweit über den Jetstream verteilt. Im Herbst 1815 wurden in London gespenstische, farbige Sonnenuntergänge beobachtet, die sich zunächst niemand erklären konnte. Denn zumindest die einfachen Leute wussten nicht, dass der Grund dafür ein Vulkanausbruch war. Wenn man Gemälde aus dieser Zeit betrachtet, zum Beispiel die Bilder „Ansicht eines Hafens" oder „Frau vor der untergehenden Sonne" von Caspar David Friedrich, kann man auch heute noch gut erkennen, wie die Katastrophe damals ausgesehen hat und welche Lichtspiele sie auf den Himmel brachte.

Im Jahr danach, also 1816, sorgte die verschmutzte Atmosphäre in Europa für ungewöhnlich tiefe Temperaturen. In manchen Regionen waren die Temperaturen teilweise mehr als drei Grad niedriger als sonst um diese Jahreszeit. Im Juli des Jahres gab es auf der Schwäbischen Alb sogar Schnee. Der damalige König Wilhelm I. des Königreichs Württemberg und seine Frau Katharina gründeten aufgrund der Missernten, von denen ihr Königreich ebenfalls stark betroffen war, im Jahr 1817 die „Centralstelle des landwirtschaftlichen Vereins" und stifteten aus Dankbarkeit, als wieder etwas zu Essen zur Verfügung stand, der Bevölkerung das 1818 erstmals gefeierte Volksfest „Cannstatter Wasen", welches seitdem jedes Jahr im gleichnamigen Stadtteil von Stuttgart begangen wird.

Der Ausbruch des Vulkans hatte jahrelange Auswirkungen auf das globale Klima und gilt als Auslöser für Revolutionen und Migrationsbewegungen. Er führte außerdem dazu, dass fast die gesamte Getreide- und Kartoffelernte verdarb. Seuchen, eine höhere Sterberate bei Nutztieren und Wirtschaftskrisen waren ebenfalls die Folge der Katastrophe. Man geht davon aus, dass zwischen 60.000 und 70.000 Menschen direkt durch den Ausbruch starben. In der Folgezeit kamen mehrere hunderttausend weitere Menschen durch Krankheiten und Unterernährung ums Leben. Die daraus resultierende Hungersnot gilt als die schlimmste des 19. Jahrhunderts.

Die Missernten führten dazu, dass der Getreidepreis in Europa um bis zu 250 % des Niveaus von 1815 in die Höhe schoss. Das hatte natürlich starke Einschränkungen und einen Rückgang des Geschäfts in der Whiskyproduktion zur Folge. Außerdem trat ein neues Gesetz in Kraft, das den Import von Getreide verbot. Daraufhin schickten die großen Lowland-Brenner eine Petition an den Kanzler des Schatzamts, in der sie die Vorschrift zur Stärke der zu verwendenden Maische kritisierten. Dieses Gesetz aus England führte dazu, dass das Endprodukt geschmacklos war und sich nicht verkaufen ließ, wodurch die illegale Herstellung noch mehr gefördert wurde.

Auch in der Regierung wurde erkannt, dass etwas nicht so lief wie erhofft. Der schottische Steuerrat, eine Unterabteilung des britischen Schatzamts, prüfte gerade, wie sich die Steuerausfälle der letzten Zeit auswirkten und überlegte, wie man die Steuereinnahmen verbessern könnte. Ein Schritt in diese Richtung war, die legale Herstellung von Whisky in den Highlands zu fördern. Damit sollte das Geschäft der illegalen Brenner zumindest erschwert werden. Denn den Steuerfahndern war es bisher nicht möglich, gegen sie vorzugehen. Die wenigen noch verbliebenen legalen Brenner in den Highlands fanden den Vorstoß gut. Sie hatten schon länger gefordert, die Handelshemmnisse mit den Lowlands aufzuheben. Weitere Punkte auf ihrer Wunschliste waren die Abschaffung der vorgeschriebenen Mindestgröße für Brennblasen, die Möglichkeit, auch schwächere Maischen zu verwenden, und natürlich eine Senkung der Steuern.

Die Landbesitzer unterstützten die legalen Brenner und versprachen, den Schmuggel zu bekämpfen, wenn der legale Whiskyhandel durch die Umsetzung der Reformwünsche gefördert würde. Sie hatten Angst, dass die Anarchie in den Highlands immer schlimmer werden könnte, wenn es den illegalen Brenner weiterhin gelänge, ihr Geschäft auszubauen und die legalen Brenner immer mehr zu verdrängen. Inzwischen waren die Verkehrswege in den Highlands etwas besser ausgebaut. In Schottland gab es mittlerweile etliche hundert Meilen an Straßen und viele Brücken. Viele davon hatte der Bauingenieur Thomas Telford gebaut. Anfang des 19. Jahrhunderts hatte Telford ein großes Straßenbauprogramm in Schottland gestartet. Telford war ein echtes Multitalent, wenn es um Baukunst ging. Er entwarf Häfen, Kirchen und andere Bauwerke mit dem gleichen Eifer, mit dem er Straßen, Brücken und Kanäle plante. Außerdem hat er den Caledonian Canal von Fort William nach Inverness gebaut. Im Jahr 1812 wurde das erste kommerziell betriebene Dampfschiff in Betrieb genommen. Schon fünf Jahre später gab es eine regelmäßige Schiffsverbindung über den Kanal nach Oban. So konnten die Brennereien mit Brennstoff versorgt und der fertige Whisky konnte von dort weggebracht werden. So wurden legale Brennereien in den Highlands langsam rentabel. Außerdem wurden Kutschenverbindungen auf den neu gebauten Straßen eingerichtet. Die erste Strecke nach Inverness wurde schon 1811 eröffnet.

Die Verkehrsinfrastruktur hatte sich zwar verbessert, aber die Orte an der Westküste waren immer noch viel schwerer zu erreichen als die zentralen Highlands. Die zerklüftete Struktur dieses Landstrichs machte es ziemlich schwierig, Straßen zu bauen. Außerdem wohnten in diesen Gegenden viel weniger Menschen, weshalb das Geld lieber woanders ausgegeben wurde.

Nachdem sich der Steuerrat lange gesträubt hatte, kam es Ende 1816 tatsächlich zu einer Reform. Der Grund dafür war, dass die schottische Verbrauchsteuerbehörde einen neuen Vorsitzenden bekam, und neue Besen kehren bekanntlich gut. Die bisherigen Versuche der Regierung, einen Interessenausgleich zwischen den einzelnen Parteien in der Whiskyindustrie (Lowland-Brenner, Highland-Brenner, Kleinbrennereien, Großbrennereien) zu schaffen, um die Gleichheit künstlich zu fördern, war eindeutig gescheitert. Dies hatte lediglich zu weiteren Verflechtungen der verschiedenen Interessen und zu protektionistischen Gesetzen geführt. Wie auch heute noch war es damals schon so, dass ein zu intensiver Eingriff der Politik in das Wirtschaftsgeschehen die Sache meistens viel schlimmer macht, als wenn die Politik einfach gar nichts getan hätte.

Der neue Vorsitzende erkannte diese Zusammenhänge. Er meinte auch, dass das illegale Brennen das größte Problem in Schottland sei und dass man dies am besten eindämmen könne, indem man fairen Wettbewerb zwischen den einzelnen Brennereien herstellen würde, was bedeutet: gleiche Bedingungen für alle. Mit dem „1816 Small Still Act" (Verordnung für kleine Brennblasen) durften dann auch leicht schwächere Maischen verwendet werden. Die wichtigste Neuerung war aber, dass die Highland-Linie endlich komplett gestrichen wurde. Auch durften jetzt in ganz Schottland Brennblasen ab einer Größe von 40 Gallonen Brennraum verwendet werden. Die Steuer wurde außerdem gesenkt, erst auf 8s 4d pro Gallone Brand und im Folgejahr noch einmal auf 5s 6d pro Gallone. Die Strafen für illegales Brennen wurden hingegen angehoben.

Die Reformen zeigten sofort Wirkung. Im Jahr 1816 gab es gerade einmal zwölf legale Brennereien in den Highlands. Im Folgejahr waren es schon mehr als dreimal so viele. Im Jahr 1819 waren es dann schon 57 Brennereien in den Highlands und 68 in den Lowlands. Als die Verordnung verabschiedet wurde, gab es hier erst 24. Ein bekannter Vertreter aus dieser Zeit ist die Brennerei Lagavulin. Diese wurde 1816 auf Islay gegründet und stellt heute noch sehr erfolgreich den charakteristischen Insel-Whisky her. Die Brennerei Octomore wurde ebenfalls 1816 auf Islay gebaut, musste aber schon 1852 wieder schließen. Wenn Sie heute eine Flasche Octomore sehen, kommt diese aus der Brennerei Bruichladdich, die Octomore als Handelsname für stark rauchigen Whisky verwendet. Ebenfalls im Jahr 1816 nahm die Brennerei

Bowmore auf Islay offiziell ihre Produktion auf. Bowmore wurde jedoch bereits 1779 gegründet, man kann davon ausgehen, dass ab diesem Zeitpunkt auch schon illegal produziert wurde.

Weitere Brennereien, die in dieser Zeit entstanden und die länger als ein oder zwei Jahre durchhielten, sind unter anderem in den Highlands Lochgilphead (1816-1853), Glenburn in Aberdeen (1816-1852, auch bekannt unter den Namen Rubislaw, Spademill und Glenburnie), West Tarbart (1816-1837, auch bekannt als West Loch Tarbert), Currylea (1817-1841), Drumdowie (1817-1829), Fintree (1817-1845), Fortrose (1817-1830), Pollo (1817-1903), Dingwall (1818-1826), Pitcastle (1818-1837) und West Mill (1818-1826). Beispiele für Vertreter in den Lowlands, die in dieser Zeit entstanden, sind Stirling (1816-1852), Dumbarton Bridge (1816-1837, davon allerdings zehn Jahre stillgelegt), Dudhope in Dundee (1817-1826), Duntocher (1817-1826), Gillybanks (1817-1834) und Chartershall (1818-1860). Des Weiteren wurde 1817 auf den Orkney-Inseln die Brennerei Man O'Hoy gegründet, die über 100 Jahre existierte und erst 1927 schloss. Corry auf der Isle of Skye existierte von 1816 bis 1826 und Newton auf Islay von 1818 bis 1837.

Einige der damaligen Gründungen existierten noch länger. So wurde 1819 von Marquis of Stufford, dem Duke of Sutherland, die Brennerei Clynelish in den Highlands gegründet. 1967 wurde sie in Brora umbenannt, als nur wenige Meter südlich davon eine neue Brennerei namens Clynelish entstand. Brora wurde 1983 stillgelegt und nur noch ihre Lagerhäuser blieben in Betrieb. Der Betrieb der Clynelish-Brennerei dauert bis heute an, während Brora inzwischen wieder aufgebaut wurde. Teaninich bei Dingwall (gegründet 1817) existiert ebenfalls heute noch. 1818 war der offizielle Start für Glenturret. Diese 25 km westlich von Perth liegende Brennerei existiert bereits seit 1775 als illegale Brennerei unter dem Namen „Hosh". Unter dem Small Still Act ging ihr Besitzer den Weg in die Legalität und benannte sie gleichzeitig in Glenturret um. Auch diese Brennerei gibt es noch. Für die Lowlands ist hier noch Auchentoshan zu nennen, eine Brennerei, die 1817 nordwestlich von Glasgow als Bulloch gegründet und 1834 umbenannt wurde. Der Name ist bis heute geblieben.

1817 gründete Captain William Fraser die Brackla Distillery, um den vielen kleinen, illegalen Brennereien in der Nähe Einhalt zu gebieten, die ihren Lebensunterhalt durch Schwarzbrennen bestritten. Sein Whisky war der erste, der das königliche Siegel erhielt und seitdem das Recht hat, sich „Royal Brackla" zu nennen. Die Brennerei existiert bis heute unter diesem Namen, den sie König William IV. verdankt.

Und noch eine Gründung fällt auf das Jahr 1817, aber nicht die Gründung einer Brennerei, sondern der Stadt Dufftown, die weiter oben bereits kurz erwähnt wurde. James Duff hat die Stadt eigentlich gegründet, um die Arbeitslosigkeit der Soldaten zu lindern, die aus den napoleonischen Kriegen zurückkehrten. Als Standort wählte er den Zusammenfluss der Flüsse Dullan und Fiddich. In den Jahrzehnten und Jahrhunderten danach siedelten sich insgesamt neun Brennereien an. Den Anfang machte Mortlach im Jahr 1823. Danach kam erstaunlicherweise lange Zeit keine weitere Brennerei hinzu. Erst gegen Ende des 19. Jahrhunderts wurde die Kleinstadt vom Brennerei-Bauboom erfasst. In chronologischer Reihenfolge kamen dann Glenfiddich (1886), Balvenie (1892), Convalmore (1894-1985), Parkmore (1894-1931),

Dufftown (1895) und Glendullan (1897) dazu. Damit hatte Dufftown schon sieben Brennereien. Nach dieser Zeit entstand der alte Reim: „Rome was built on seven hills, Dufftown stands on seven stills". Nach 1897 wurde erst einmal lange Zeit keine weitere Brennerei mehr gebaut. Bis 1975 hat es dann noch fast 80 Jahre gedauert, bis mit Pittyvaich eine weitere Brennerei entstand, die allerdings nur bis 1993 existierte. 1990 kam mit Kininvie, die sich auf dem Gelände der Balvenie befindet, die letzte Brennerei in Dufftown dazu.

Aber zurück zu den lizenzierten Highland-Brennern. Für sie war die vorgeschriebene Mindeststärke der Maische, auch wenn sie nun geringer war, immer noch zu hoch. Das Produkt konnte qualitativ einfach nicht mit dem schwarz gebrannten Whisky mithalten, weil die Schwarzbrenner noch deutlich schwächere Maischen nutzten. Es gab regelmäßig Anzeigen gegen die legalen Highland-Brenner, weil sie sich nur wenig an die Vorgaben hielten. Für sie zählte nur die Qualität.

Durch den Wegfall der Highland-Linie und die Vereinheitlichungen von Gesetzen und Steuern hatten die Highland-Brennereien außerdem ein neues Problem. Bisher wurden Gerstensorten wie Bere und Bigg günstiger besteuert als normale Gerste. Weil in den Highlands hauptsächlich diese Sorten angebaut wurden, stellte dies faktisch eine Steuererhöhung dar. Die Steuer wurde 1819 sogar noch erhöht, wodurch wieder viele legale Brennereien vom Markt verdrängt wurden, die erst unter dem Small Still Act entstanden waren. Bis 1823 sank die Zahl der Highland-Brennereien von 57 auf nur noch 42. Dadurch stieg der Anteil an illegal hergestelltem Whisky wieder an. Ein wichtiges Produktionszentrum für illegale Whiskys entstand nun auf den Inseln im Loch Lomond.

Auch die kleineren Lowland-Brenner hatten mit illegaler Konkurrenz zu kämpfen. Oftmals war es die bessere Qualität, die sie aus dem Geschäft drängte. Viele dieser Brennereien wurden von den Familien Haig und Stein aufgekauft und dann stillgelegt. Ein Weiterverkauf an neue Interessenten erfolgte nur unter der Bedingung, dass der englische Markt nicht beliefert werden durfte. So hatten die Haigs und Steins bald ein Quasi-Monopol auf diesem Markt. Die beiden Familien haben zwar die Whiskyindustrie ein ordentliches Stück vorangebracht. Sie waren sogar die Initiatoren dieses Industriezweigs, denn vorher wurde ja nur im kleinen Stil gebrannt. Die Regionen, in denen ihre Brennereien standen, profitierten auf jeden Fall von den Arbeitsplätzen in den Brennereien und den Unternehmen im Brennerei-Nebengewerbe, und natürlich auch von den Steuern, die sie zahlten. Man darf aber auch nicht vergessen, dass solche Erfolge nicht von selbst entstehen. Die Steins und Haigs waren knallharte Geschäftsleute, mit allen dazugehörigen Eigenschaften.

Auch Brennereien außerhalb Schottlands waren vor ihnen nicht sicher. Zum Beispiel kauften sie die alteingesessene Liverpool Distillery und legten sie dann still. Andere schottische Brennereien kontrollierten sie oft als Geldgeber unter komplizierten Verträgen. Wer sich den Familien Haig und Stein als Brenner in den Weg stellte, hatte keine Chance mehr. Besonders die Steins haben oft versucht, den Markt zu kontrollieren, indem sie ihre eigenen Interessen knallhart durchsetzten. Ein dokumentiertes Beispiel hierfür ist die Brennerei Inverkeithing, die im gleichnamigen Ort am Nordufer des Firth of Forth lag. Sie wurde 1795 von Duncan

Montgomery gebaut und bezog ihr Wasser aus dem Keithing Burn, der durch die Ortschaft fließt. Aus irgendeinem Grund, der heute nicht mehr nachvollziehbar ist, gerieten Montgomery und die Steins aneinander. Kurzerhand kauften die Steins eine flussaufwärts gelegene Mühle und schnitten die Ortschaft und damit auch die Brennerei von der Wasserversorgung ab. Montgomery hatte keine Einnahmen mehr, um seine Schulden zu bedienen. Deshalb wurde die Brennerei unter Zwangsverwaltung gestellt und kurz darauf geschlossen. Damit war ein weiterer Konkurrent ausgeschaltet. Die beiden Familien Stein und Haig hatten inzwischen sehr viel Macht. Aber je mehr Macht sie bekamen, desto unbeliebter wurden sie auch.

Illegale Whisky-Produktion und Schmuggel waren nach wie vor ein Riesengeschäft. Die Steuerfahnder hatten nur wenig Motivation, die Übeltäter zu verfolgen, weil sie wussten, dass diese oft nur milde oder gar nicht bestraft wurden. Außerdem bestand die Gefahr, bei Auseinandersetzungen mit den Schmugglern selbst verletzt zu werden. Deshalb war es einfacher, nicht so genau hinzuschauen und öfter mal ein Auge zuzudrücken. Die Schmuggler bedankten sich bei den Beamten mit kleinen Schmiergeldzahlungen, die Beamten wiederum konnten damit ihr Grundgehalt aufbessern. So konnten die eigentlich verfeindeten Parteien eine Weile lang ganz gut miteinander auskommen. Aber Bestechungen waren nicht immer nur finanzielle Zuwendungen. Die Frau eines Steuerbeamten hat auch schon mal Milch, Fleisch, Hühner oder Eier von der Frau des Schwarzbrenners bekommen. Die Schwarzbrenner hatte ja oft Zugang zu diesen Produkten, wenn sich die Brennereien auf Farmen befanden. Auch der eine oder andere Whisky, der illegal gebrannt wurde, landete schon mal auf dem Tisch der Steuerbeamten. In Inverness hieß es, dass der dort zuständige Steuerbeamte über Jahre hinweg selbst mit illegalem Whisky gehandelt hat.

Der Small Still Act von 1816 hatte großen Einfluss auf die Situation. Er führte beispielsweise dazu, dass einige Landbesitzer jetzt selbst legale Brennereien in den Highlands betrieben. Das war ziemlich unkompliziert, weil die jetzt erlaubten, kleineren Brennereien mit vergleichsweise wenig Startkapital zu haben waren. Das führte dazu, dass die Landbesitzer und ihre Pächter an manchen Orten nun in direkter Konkurrenz zueinander standen. Die Landbesitzer hatten dabei natürlich das Gesetz auf ihrer Seite. Sie waren sogar bereit, mit der Steuerfahndung zusammenzuarbeiten. Im Jahr 1820 hielt der Duke of Gordon sogar eine Rede im britischen Oberhaus, in der er versprach, dass er das Schwarzbrennen in den Highlands künftig aktiv unterbinden wolle, indem er überführte Straftäter des Landes verweisen werde.

Im Jahr 1821 hat die Regierung erneut einen Untersuchungsausschuss eingesetzt, um herauszufinden, wie viel Geld der Staat eigentlich mit den Brennereien in Schottland und Irland verdient. Die Untersuchungen führten noch vor der Veröffentlichung des Abschlussberichts zur Verabschiedung des „Illicit Distillation (Scotland) Act", also eines Gesetzes gegen illegales Brennen in Schottland. Das Gesetz führte hauptsächlich zu höheren Strafen. Wenn Landbesitzer vom Schwarzbrennen auf ihrem Grund erfuhren und das nicht zur Anzeige brachten, mussten sie mit einer Strafe zwischen £20 und £100 rechnen. Wer eine Brennanlage benutzte, ohne die nötige Lizenz zu haben, musste £100 Strafe zahlen. Für Schmuggel wurden sogar £200 fällig. Und um das oft bemängelte Problem zu beseitigen, dass von den Friedensrichtern zu geringe Strafen verhängt wurden, wurde der Ermessensspielraum der Richter diesbezüglich gestrichen.

Auch die Steuerfahndung hatte nun mehr Befugnisse. Die Beamten durften jetzt auch ohne richterliche Anordnung illegale Brennanlagen und dazugehörige Materialien beschlagnahmen oder zerstören. Allerdings wurde der Begriff „zugehöriges Material" ziemlich weit ausgelegt. Auch Fässer, die man eventuell zum Lagern nutzen konnte, Karren für den Schmuggel und Pferde, die die Karren ziehen konnten, fielen darunter. Für den Schwarzbrenner konnte eine Überführung durch die Beamten jetzt richtig teuer werden und sogar existenzbedrohend sein.

Etwa ab dem Jahr 1820 entwickelte sich eine Bewegung, deren Anhänger den Alkoholgenuss verteufelten. Anfangs waren sie noch gemäßigt und verlangten keine totale Abstinenz. Im Laufe der Zeit wurden sie aber immer extremer, vor allem dank Joseph Livesey, einem Sozialreformer, Lokalpolitiker und Zeitungsherausgeber. Livesey war in der Lokalpolitik und in der Abstinenzbewegung sehr aktiv. Als Politiker hat er viele öffentliche Ämter mit Leuten besetzt, die genauso dachten wie er. Ab 1834 brachte er als Verleger sogar eine eigene Abstinenzzeitung heraus, den „Preston Temperance Advocate". Nach vier Jahren hat er diese Aufgabe dann an die „British Temperance Association" übertragen. Die Leute, die sich dieser Bewegung anschlossen, gelobten, komplett auf Alkohol zu verzichten. Anfangs waren die Anhänger vor allem unter gut ausgebildeten Handwerkern und Akademikern zu finden. Später breitete sich die Bewegung auch in Teilen der Arbeiterklasse aus. In den 1840er Jahren verlangten sogar zwei Kirchen von ihren Mitgliedern, dass sie abstinent leben: die Presbyterian Church und die Free Church of Scotland.

Nachdem sich die moderateren Anhänger von den Abstinenzlern getrennt hatten, wurden diese immer fanatischer und intoleranter gegenüber Andersdenkenden. Einige der Hardliner haben sogar verboten, Alkohol an Gäste auszuschenken. In den 1850er Jahren gab es erneut eine Spaltung der Gruppe. So entstand die „Scottish Temperance League". Diese war der Überzeugung, dass nur eine massenhafte Lossagung vom Alkohol die Gesellschaft zusammenhalten und überleben lassen könne. Und es gab auch noch eine radikalere Gruppierung namens „United Kingdom Alliance". Die Anhänger dieser Gruppe waren der Meinung, dass nur eine komplette Schließung aller Verkaufsstellen für Alkohol noch helfen könnte. Letztlich hatte die Abstinenzbewegung in Schottland allerdings nur wenig Einfluss auf den Verkauf und Konsum von Alkohol gehabt. Die Gesetze und vor allem die Besteuerung von Alkohol hatten hier einen viel größeren Einfluss. Trotzdem darf man die Abstinenzbewegung nicht vergessen, denn sie ist ein wichtiger Teil der Geschichte des Whiskys.

Das Verbrauchssteuergesetz von 1823

Der Untersuchungsausschuss von 1821 hatte seine Arbeit abgeschlossen und dem Parlament seinen Bericht vorgelegt. Basierend auf dem Bericht wurde am 18. Juli 1823 ein wegweisendes Gesetz erlassen, das für die Zukunft der Brennereien in Schottland von sehr großer Bedeutung war. Vermutlich war es sogar das wichtigste Gesetz für Schottland und den Whisky, denn mit diesem Gesetz wurde praktisch der Grundstein für die schottische Whiskyindustrie gelegt, wie wir sie heute kennen.

Das Gesetz wurde mit folgender Passage eingeleitet: *„An Act to grant certain Duties of Excise upon Spirits distilled from Corn and Grain in Scotland and Ireland, and upon Licences for Stills for making such Spirits; and to provide for the better collecting and securing such Duties, and for the warehousing of such Spirits without Payment of Duty"*. Übersetzt etwa: *„Ein Gesetz zur Gewährung bestimmter Verbrauchsteuern auf Spirituosen, die in Schottland und Irland aus Mais und Getreide destilliert werden, sowie auf Lizenzen für die Herstellung solcher Spirituosen; und für das erleichterte Eintreiben und Sicherstellen solcher Abgaben, und für die Lagerung solcher Spirituosen ohne die Verpflichtung, dafür Abgaben zu zahlen."* Allgemein wird das Gesetz kurz als „1823 Excise Act" bezeichnet, also „Verbrauchssteuergesetz von 1823".

Was war nun so besonders an diesem Gesetz? Was machte es so besonders, dass es von anderen Gesetzen, die teilweise in Zeitabschnitten von weniger als einem Jahr erschienen sind und sich gegenseitig beeinflussten, abwich? Der wichtigste Punkt war, dass alle Gesetze zur Erhebung von Steuern auf Spirituosen und zur Regelung des Handels in Schottland und Irland, die bis dahin galten, ab dem Gültigkeitsbeginn dieses neuen Gesetzes aufgehoben wurden. Die Schulden und Zahlungen, die auf den alten Gesetzen basierten, wurden durch das neue Gesetz aber nicht annulliert. Auch die Pflicht, eine Genehmigung zum Betrieb einer Brennerei zu haben, blieb bestehen. Ebenfalls die Regeln für die sogenannten „Rectifier" (das sind Brenner, die hochprozentigen Alkohol aus Getreide herstellen) und für die „Compounder" (Personen, die aus neutral schmeckendem Alkohol andere Getränke, zum Beispiel Gin, herstellen) blieben bestehen.

Die alten Regelungen waren oft ein undurchsichtiger Wirrwarr von Gesetzen, die sich ständig änderten und sich teilweise sogar gegenseitig widersprachen. Mit der Abschaffung wurde endlich Klarheit und Rechtssicherheit geschaffen. Das neue Gesetz sollte am 10. Oktober 1823 in Kraft treten. Bis dahin wurde noch nach den alten Gesetzen gerechnet und gehandelt. Die Brenner mussten deshalb zum Stichtag eine Art Zwischenabrechnung machen. Bestehende Lizenzen für Brennereien wurden ungültig und mussten neu beantragt werden. Der Lizenznehmer musste dafür nur eine jährliche Gebühr von £10 bezahlen. Im Vergleich zu den teilweise hohen Kosten, die in der Vergangenheit abhängig von der Größe der Brennapparate angefallen sind, war das eine sehr geringe Gebühr.

Das neue Gesetz sollte auch dafür sorgen, dass illegale Kleinbrenner wieder in die Legalität zurückfinden konnten. Außerdem konnten sich bereits legale Brenner darauf verlassen, auch in Zukunft nicht mehr in Konflikt mit dem Gesetz zu geraten. Die traditionell dünnen Maischen in den Highlands, die lange Zeit verboten waren, wurden nun aktiv gefördert. Bisherige Exportverbote nach England oder in andere Länder wurden aufgehoben. Um die Brenner dazu zu bringen, statt ungemälzter wieder gemälzte Gerste zu verwenden, was den Whisky geschmacklich verbessert, gab es einen Rabatt. Für jede Gallone Malt Whisky gab es eine Steuerrückzahlung von 1s 5d. So konnten die Brenner zumindest teilweise die höheren Malzpreise, im Vergleich zu den Preisen für normales Getreide, wieder ausgleichen.

Auch die Strafen für illegales Brennen wurden festgeschrieben. Wer ohne Lizenz eine Destille betrieb oder auch nur Würze oder Maische ansetzte, musste £200 Strafe zahlen. Außerdem stand nun wieder in den Regeln, dass die Steuerbeamten in so einem Fall die Rohstoffe vernichten und die Destille beschlagnahmen durften. Die Mindestgröße von 40 Gallonen für Brennanlagen blieb bestehen. Für Anlagen mit einem Brennraum von weniger als 500 Gallonen musste der Lizenznehmer außerdem vor Erteilung der Lizenz den Verbrauchssteuerkommissaren ein Schreiben vorlegen, das von drei Friedensrichtern unterzeichnet war. Das Schreiben sollte belegen, dass der Lizenznehmer „einen guten Charakter und einen ordentlichen Lebenswandel" hatte. Die Begrenzung des Brennraums auf 500 Gallonen war keine zufällige Entscheidung. Sie hat alle Highland-Brennereien mit ihren kleineren Anlagen erfasst und die Lowland-Brennereien ausgeschlossen, von denen die meisten größere Anlagen betreiben. Man kann davon ausgehen, dass mit dieser Regelung noch ein weiterer Sicherheitsaspekt bei den Highland-Brennern eingeführt werden sollte. Wenn jemand eine Bürgschaft von drei Richtern vorweisen konnte, ging man davon aus, dass er nicht zu Steuerhinterziehung neigte. Der Grund dafür war, dass die Highlands durch die Straßen immer noch weniger gut erschlossen waren und die Beamten sie deshalb auch weniger gut kontrollieren konnten als die Brennereien in den dichter besiedelten Lowlands. Die größeren Highland-Brennereien wurden sowieso immer kontrolliert.

Ein weiterer wichtiger Punkt im Verbrauchssteuergesetz war, dass Brennereien ihr fertiges Produkt in den Lagerhäusern einlagern durften, ohne dafür Steuern zahlen zu müssen. Diese Regelung, die man auch unter dem Namen Zollverschluss-Lager (bonded warehousing) kennt, gilt bis heute. Die Verbrauchssteuer wird erst fällig, wenn der Whisky abgefüllt wird. Zur Einführung lag die Steuer bei zwei Shilling pro Gallone. Das Gesetz schrieb vor, dass der Rohwhisky nur in zwei möglichen Stärken eingelagert werden durfte: entweder elf oder 25 Prozent „over proof", was 63,43 Volumenprozent oder 71,43 Volumenprozent entspricht. Diese Vorschrift gibt es heute zwar nicht mehr, aber Whisky wird nach dem Brennen und vor der Lagerung trotzdem meistens auf eine Stärke von 63,5 Volumenprozent verdünnt. Wenn Sie einmal diese doch recht krumme Zahl hören – die Ursache ist in diesem Gesetz von 1823 zu finden.

Für die Einlagerung von Whisky in Lagerhäusern wurde eine Lagerhausmiete (warehouse rent) festgelegt, die an die Verbrauchssteuerbehörde gezahlt werden musste. Hier wird der Begriff „Miete" ein bisschen missverständlich verwendet, denn die Lagerhäuser gehörten ja nicht dem Staat, sondern den Brennereien. Der Begriff Lagersteuer wäre wohl passender. Pro 40 Gallonen Whisky, die eingelagert wurden, waren pro Woche 1 Penny fällig. Ein Fass mit 100 Gallonen Inhalt kostete die Brennerei also pro Woche schon 2,5 Pence. Auf das Jahr gerechnet waren das dann knapp elf Shilling pro 100 Gallonen.

Die Kontrolle durch die Beamten der Verbrauchssteuerbehörde sollte gestärkt werden. Deshalb wurde festgelegt, dass Brennereien, die mehr als eine Meile von der nächsten Stadt mit Markt entfernt waren, den Steuerbeamten eine Unterkunft zur Verfügung stellen mussten. Wenn die Regeln nicht beachtet oder die Beamten bei ihrer Arbeit behindert wurden, konnte das Konsequenzen haben – bis hin zum Entzug der Brennlizenz. Die Beamten durften jederzeit in jedes Gebäude der Brennerei, um Messungen durchzuführen und zu überprüfen, ob das

Gesetz eingehalten wurde. Der Lizenznehmer musste den Beamten sogar helfen und ihnen auf Wunsch entsprechende Leitern zur Verfügung stellen. Wenn bei einer geplanten Kontrolle der Brennerei kein verantwortlicher Mitarbeiter vor Ort war, was natürlich vor allem nachts der Fall war, dann durften die Beamten sich sogar gewaltsam Zugang zu den Brennereigebäuden verschaffen. In diesem Fall musste nur ein Polizist hinzugezogen werden.

Das Gesetz beschrieb auch detailliert, wie eine Brennerei aufgebaut sein muss. Dazu gehören zum Beispiel der Spirit Receiver, die Ablasshähne an den Brennblasen, die Kontrollöffnungen für die Beamten und der Gärbehälter. Alle verwendeten Materialien mussten mit einer laufenden Nummer versehen und in einem Verzeichnis festgehalten werden. Auch für die Farbe der Rohrleitungen gab es genaue Vorgaben. Je nachdem, wofür sie verwendet werden, mussten sie rot, blau, schwarz oder weiß lackiert sein. Das wird teilweise heute noch so gehandhabt, wie im Kapitel über den Whisky-Herstellungsprozess beschrieben ist.

Es gab noch ein paar andere Passagen, die vorschrieben, dass das Brauen, Einmaischen, Gären und das eigentliche Destillieren nicht alle zur gleichen Zeit durchgeführt werden durften. Immer abwechselnd war eine Brau- und eine Brennperiode vorgeschrieben. Außerdem mussten die Brauperioden sechs Tage im Voraus angemeldet werden, zusammen mit Angabe der Konzentration der Würze. Die Konzentration der Würze musste zwischen 30 und 80 Grad liegen, was man heute als Mostgewicht zwischen 30 und 80 Grad Oechsle bezeichnet. Zur Messung wurde ein Saccarometer verwendet, das vom schottischen Chemiker Thomas Thompson (1773-1852) erfunden wurde. Es gab noch etliche weitere Punkte, die sich damit befassten, wie viel Malz und wie viel ungemälztes Getreide von wem für welchen Zweck verwendet werden durfte. Insgesamt hatte das Gesetz ganze 139 Punkte.

Die Auswirkungen des Gesetzes

Mit dem Gesetz wurden zwei wichtige Ziele erreicht. Als erstes wurde das Monopol der Familien Stein und Haig aufgehoben, die bisher allein Alkohol nach England exportieren durften. Ab sofort durfte das jeder. Und zweitens hat es dafür gesorgt, dass legale Brennereien jetzt auch Whisky in hoher Qualität herstellen durften. Vorher hatten das nur die Schwarzbrenner gemacht, die sich dabei keine Gedanken über Maischestärken oder Steuern machen mussten. Jetzt konnte jeder Brenner sein Herstellungsverfahren in Bezug auf Maischestärke, Größe und Form der Brennblasen, Geschmack und Qualität in weiten Grenzen anpassen. Das einzige begrenzende Gesetz für die Brenner war nun das Gesetz der Marktwirtschaft.

Das Gesetz war ein voller Erfolg im Kampf gegen die illegalen Brennereien. Innerhalb von nur zwei Jahren hatte sich die Zahl der legalen Brennereien in Schottland mehr als verdoppelt. Von 111 (davon 42 in den Highlands) im Jahr 1823 auf über 260 (davon 107 in den Highlands) im Jahr 1825. Während die 111 legalen Brennereien im Jahr 1823 etwa drei Millionen Gallonen pro Jahr destillierten, stieg die Produktion innerhalb von fünf Jahren auf über zehn Millionen Gallonen. Viele der neu entstandenen legalen Brennereien hatten vorher eine illegale Vergangenheit. Die Landbesitzer waren sehr kooperativ, was den Weg in die Legalität anging. Seit der Einführung von Steuergesetzen, die die Alkoholproduktion betrafen, war der „1823 Excise

Act" das erste Steuergesetz, das die illegale Produktion und den Schmuggel von Whisky eindämmen konnte.

George Smith war einer der ersten Brenner, wenn nicht sogar überhaupt der erste, der seine Brennerei auf der Grundlage des neuen Gesetzes offiziell anmeldete. Ursprünglich war er einer der Bauern, die ständig gegen die sich laufend ändernden Gesetze ankämpften. Das Land, auf dem seine Brennerei stand, gehörte dem Duke of Gordon, welcher drei Jahre zuvor im Oberhaus versprochen hatte, aktiv gegen das Schwarzbrennen vorzugehen. Und er war auch derjenige, der das neue Gesetz mit auf den Weg brachte. Er hat George Smith auch in seinem Vorhaben bestärkt und ihn sogar finanziell unterstützt.

George Smith war ursprünglich Architekt. Nach dem Tod seines Vaters übernahm er dann aber die Farm und war nur noch als Farmer tätig. Sein Vater hatte die Upper Drumin Farm in der Nähe des gleichnamigen Dorfes Drumin gepachtet, die George nun bewirtschaftete. Die Farm lag ungefähr eine Meile südöstlich des Zusammenflusses von Livet und Avon. Wie viele andere Farmer damals war auch er als Schwarzbrenner bekannt, ein Gewerbe, das er auf der Farm ausübte. Um den Schritt in die Legalität zu wagen, hat er sich dann etwa eine halbe Meile entfernt in Upper Drumin ein weiteres Stück Land gepachtet, auf dem er die Brennerei errichten wollte. Smith bekam Unterstützung vom Duke of Gordon, der Wert darauf legte, dass auf seinem Land nur noch legal gebrannt wurde.

Im Gegensatz zu den anderen Regionen in Schottland konnten die Schmuggler und Schwarzbrenner im Livet-Tal dem neuen Gesetz nichts abgewinnen. Sie waren auch nicht davon überzeugt, dass jemand den Mut haben würde, in ihrem Gebiet tatsächlich eine legale, angemeldete Brennerei zu errichten. Deshalb war das Projekt von Smith ziemlich schwierig umzusetzen. Hier, wo das Geschäft der Schwarzbrenner und Schmuggler seit fast 40 Jahren blühte, machte er sich mit seinem Plan keine Freunde. Die Schmuggler hatten Angst, dass Smith mit seinem Vorhaben die Steuerfahndung auf den Plan rufen würde. Und Steuerbeamte waren in der Region nicht gern gesehen. Die Regierung fand es natürlich großartig, plötzlich im Herzen der schottischen Schwarzbrenner-Industrie eine legale Brennerei zu haben und wertete dies als Erfolg für sich.

Die Schmugglerbanden waren untereinander gut vernetzt und hatten über die Jahre hinweg auch einiges an Geld verdient. Viele Brennereien, die den Weg in die Legalität suchten, wurden von ihnen schon im Entstehen zerstört. Drohungen und Einschüchterungen waren genauso an der Tagesordnung wie Sabotage und Brandstiftung. Für die Schwarzbrenner und Schmuggler durfte es einfach keine legalen Brennereien im Tal des Livet geben, denn in den Highlands war es damals einfach nicht üblich, mit dem Staat zusammenzuarbeiten oder sich an seine Gesetze zu halten. George Smith hatte also keinen leichten Start, weil er den Schmugglern in den Rücken gefallen war. Seine Chancen standen nicht gut, denn seine Nachbarn drohten ihm, die Destille bis auf die Grundmauern niederzubrennen, egal ob Smith sich gerade darin aufhielt oder nicht. Natürlich erfuhr auch der Besitzer des Landes, auf dem Smith die Brennerei errichten wollte, von den Drohungen. Daraufhin schenkte er George zwei Pistolen zum Selbstschutz, welche dieser fortan immer mit sich herumgetragen hat. Und er machte auch keinen Hehl daraus, dass er im Zweifelsfall von den Waffen Gebrauch machen würde, sollte ihn jemand angreifen wollen. Trotz vieler Anfeindungen überlebte Smith und ließ sich nicht unterkriegen.

Smith brachte seinen legal produzierten Whisky teilweise selbst den beschwerlichen Weg von Glenlivet nach Edinburgh und Perth. Dabei war immer auch weiteres, bewaffnetes Sicherheitspersonal. Smith hat seine beiden Pistolen nur ein einziges Mal benutzt, und zwar für einen Warnschuss in einem Pub bei Corgarff. Dort hatten es ein paar zwielichtige Typen auf seinen Geldbeutel abgesehen. Smith gab einen Schuss auf einen glimmenden Torfblock im Ofen des Pubs ab, der daraufhin wie wild Funken in die Luft schlug. Das muss einen solchen Eindruck gemacht haben, dass alle Männer sofort die Flucht ergriffen. Nicholas Bence-Trower, ein Nachkomme und Erbe von George Smith, hat die Pistolen der heutigen Brennerei zur Verfügung gestellt, wo sie im Besucherzentrum in einem gläsernen Schaukasten besichtigt werden können.

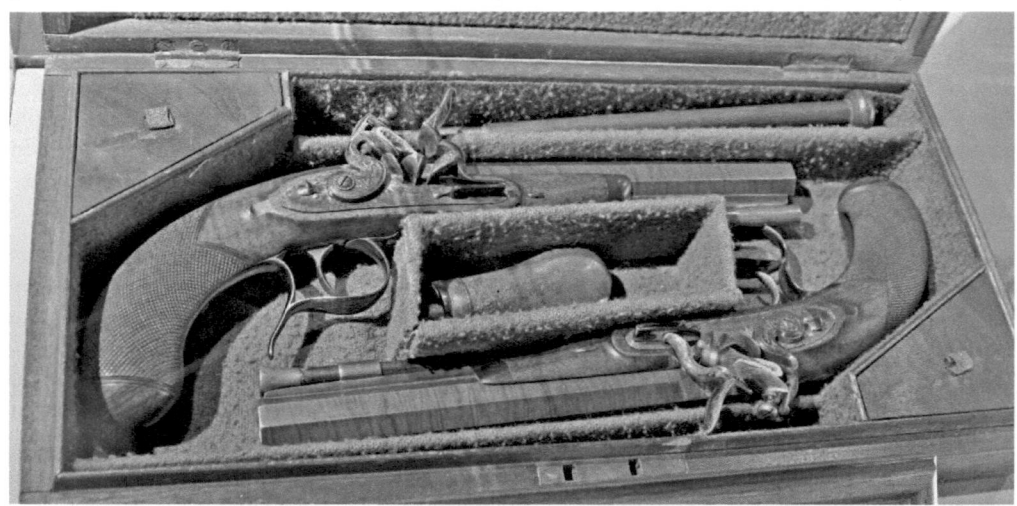

Abbildung 8: Die Pistolen, mit denen George Smith sich verteidigte

Smith hatte sich durchgesetzt und dabei seine Produktion immer weiter gesteigert. Anfangs destillierte er noch 50 Gallonen Whisky pro Woche, 15 Jahre später war es bereits die vierfache Menge. Der weiche, fruchtige Whisky wurde schnell berühmt. Seine erste Brennerei, die „Upper Drumin", warf über die Jahre so viel Geld ab, dass er sich 1850 eine zweite pachtete: Delnabo, ursprünglich unter dem Namen „The Cairngorm" gegründet, später auch bekannt als Glenavon oder Glenhaven. Brennereien wurden früher häufiger umbenannt. Delnabo lag noch ein Stückchen weiter südlich, etwa eine Meile südwestlich des Dorfes Tomintoul. Der Lizenznehmer war nicht George Smith selbst, sondern sein Sohn John Gordon Smith. Als auch die Produktion dieser Brennerei nicht mehr ausreichte, um die Nachfrage zu befriedigen, entwarf Smith einfach eine weitere Brennerei. Dabei konnte er seine eigentliche Ausbildung als Architekt gut nutzen. Diese dritte Brennerei war deutlich größer als die beiden bisherigen. In der Nähe seiner ersten Brennerei kaufte Smith dann ein Grundstück mit dem poetisch klingenden

Namen „the splendid holding of Minmore". Darauf entstand dann ab 1858 die neue Brennerei. Im selben Jahr musste Delnabo schließen, weil es Probleme mit der Wasserversorgung gab. Upper Drumin war schon ein Jahr zuvor abgebrannt. Diese dritte Brennerei aber existiert noch heute sehr erfolgreich unter dem Namen „The Glenlivet". Auch wenn das Gründungsdatum von „The Glenlivet" oft mit 1823 oder 1824 angegeben wird, ist das nicht korrekt. Nur der Vorläufer „Upper Drumin" wurde so früh gebaut, aber diese Brennerei existiert heute nicht mehr.

George Smith hatte nicht nur seine Geschäfte, sondern auch noch eine Familie. Über sein erstes Kind, eine Tochter, ist nicht viel bekannt. Sie wurde Ende der 1820er Jahre geboren, hat einen Herrn Grant geheiratet und hatte mit ihm einen Sohn, George Smith Grant (1845-1911), somit der Enkel von George Smith. Außerdem hatte er noch einen Sohn, den 1840 geborenen und oben schon erwähnten John Gordon Smith.

1863 wurde die Region von der „Speyside Railway" erschlossen, was für Smith eine erhebliche logistische Erleichterung bedeutete. Bis dahin war die Region von der Infrastruktur vernachlässigt, was für die Schwarzbrenner natürlich ein großer Vorteil war, für die legalen Brenner aber ein Nachteil. Der fertige Whisky musste vor dem Bau der Eisenbahn mit Pferdekarren auf schlechten, unbefestigten Straßen etwa 35 Meilen weit transportiert werden.

Smith, der sowohl Bauer als auch Brenner war, wusste, dass er für seine Brennerei gute Gerste brauchte. Deshalb versuchte er, so viel Ackerland wie möglich zu pachten. Darauf baute er die Gerste zum Teil auch selbst an. Später entdeckte er auch noch die Viehzucht als neues Hobby. Seine Hochlandrinder gewannen auf Viehausstellungen sogar mehrere Preise und Auszeichnungen.

Die Familie Smith hatte einen Handelsvertreter in Edinburgh, mit dem sie nicht nur geschäftlich, sondern auch freundschaftlich verbunden war. Sein Name war Andrew Usher. Einer seiner beiden Söhne hatte damals das Produkt „Old Vatted Glenlivet" entwickelt, einen Blended Malt, der vor allem unter dem Kürzel „OVG" bekannt und beliebt war. Später wurde der Blended Malt durch die Zugabe von Grain Whisky zu einem der ersten Blended Whiskys. Mehr zu den Produkten und der Firma von Andrew Usher erfahren Sie im Kapitel über die Entstehung der großen Blender. Der Name soll trotzdem hier schon erwähnt werden, weil er auch eine Rolle bei einem Rechtsstreit spielte.

Das Livet-Tal hatte damals die höchste Dichte an Brennereien in den gesamten Highlands. Erst später erlangte die Stadt Dufftown diesen Rang, den sie bis heute innehat. In Dufftown ist das Erbe der alten Whiskymacher noch heute sichtbar, in Form des berühmten Clock Towers. In dem Turm befand sich viele Jahre lang eine geheime Whiskybrennerei. Ein Steuerbeamter, der in der Stadt weilte und sich privat für Uhren interessierte, stieg eines Tages nach Dienstschluss die Stufen des Turms hinauf, um nach der Uhr zu sehen, die aus irgendeinem Grund stehen geblieben war. Dabei entdeckte er zufällig die geheime Brennerei.

Der Name „Glenlivet" war früher eine Art Sammelbegriff für alle Whiskys aus der Region, weil es dort so viele Brennereien gab. Heute ist das die Whiskyregion Speyside. Früher stand der Begriff Glenlivet gleichzeitig aber auch für qualitativ hochwertige Whiskys. Bis weit in den Norden nach Elgin wurde der Begriff als Zusatz zum eigenen Brennereinamen verwendet. Auch Brennereien, die 30 Kilometer und mehr vom eigentlichen Livet-Tal entfernt lagen, nutzten den Namen, um der Qualität ihrer Produkte Ausdruck zu verleihen. Das war natürlich ein großes Ärgernis für die Familie Smith, die darin ein Schmücken mit fremden Federn sahen. Sie waren der Meinung, dass der Name Glenlivet allein ihnen zusteht. Ihr Landherr, der Duke of Gordon, verstand ihren Unmut und stellte ihnen 1865 eine Bescheinigung aus, die dann auf den Etiketten der Whiskyflaschen abgedruckt wurde. Übersetzt stand dort: *Der Glenlivet-Distrikt, ein Teil des Besitzes der Gordons in Schottland, gehört mir. Meine Pächter George und John Gordon Smith, deren Malt Whisky Brennerei „The Glenlivet Distillery" heißt, sind die einzigen Brenner im Glenlivet-Distrikt.*

Zumindest der letzte Teil der Bescheinigung stimmte aus den oben genannten Gründen nicht. Smith war vielleicht der erste, der nach dem 1823 Excise Act eine legale Brennerei gebaut hat. Aber er war längst nicht der Einzige.

Im Jahr 1871 starb George Smith im Alter von 79 Jahren. Seine Brennerei mit allen Rechten ging dann an seinen Sohn John Gordon Smith über. Die Bestätigung des Duke of Gordon hat leider nicht geholfen. John Gordon Smith hat sich deshalb eine andere Strategie überlegt. Er reiste nach London und ließ sich das Wort „Glenlivet" als Markenzeichen eintragen. Doch auch das brachte nicht den gewünschten Erfolg. Andere Brennereien nutzten den einträglichen Begriff weiterhin. John Gordon Smith versuchte dann, zusammen mit Andrew Usher, die exklusiven Rechte am Namen Glenlivet durchzusetzen. Usher und seine Kollegen im Ausland verlangten von den anderen Herstellern, dass sie den Begriff „Glenlivet" nicht mehr verwenden sollten. Nachdem das die anderen Brenner aber genauso wenig interessierte wie die bisherigen Maßnahmen, wandte sich John G. Smith im Jahr 1882 an den High Court of Justice und verlangte, dass andere Markennamen, die das Wort Glenlivet enthielten, gestrichen werden sollten. Er wollte also nichts Geringeres als die Löschung anderer Marken erreichen, was die anderen Markeninhaber natürlich nicht einfach so hinnahmen. Sie gründeten eine Allianz aus Brennern und Blendern, um gegen die Familie Smith vorzugehen. Dafür beantragten sie nun ihrerseits, den Markennamen „Glenlivet" zu streichen. Sie argumentierten, dass der Begriff eine geographische Region bezeichnet, deren Namen man nicht schützen könne. Außerdem würden viele Hersteller den Begriff schon seit vielen Jahren verwenden, um eine Whiskyregion zu bezeichnen. Auch die Ushers wurden angegriffen, weil sie in „Old Vatted Glenlivet" ebenfalls den Namen verwendeten, obwohl der OVG zu dieser Zeit schon nur noch eine relativ geringe Menge von Smiths Whisky enthielt.

Die gerichtliche Auseinandersetzung der Smiths und Ushers mit der Allianz der anderen Hersteller endete 1884 mit einem Fehlschlag und einem finanziellen Fiasko, das sie fast 20.000 Pfund kostete. Nach zwei Jahren Streit vor Gericht haben die Parteien dann vereinbart, sich außergerichtlich zu einigen. Die Allianz der Brenner und Blender ließen die Anfechtungsklage gegen den Markennamen „Glenlivet" fallen. Dafür mussten die Ushers und Smiths sich aber verpflichten, die anderen Firmen der Allianz nicht weiter zu behindern, wenn sie den Begriff Glenlivet nur zusätzlich zum Namen ihrer Brennerei verwendeten. Bei Macallan kann man heute noch alte Flaschen aus dem späten 19. Jahrhundert sehen, die den Namen "The Macallan Glenlivet" tragen. Außerdem mussten die Ushers ihr OVG-Etikett mit den Worten „a blend of Glenlivet and other whiskies" ergänzen. Im Gegenzug durfte die Familie Smith den Produkten ihrer Brennerei den Artikel „The" als Alleinstellungsmerkmal voranstellen. Deshalb heißt dieser Whisky auch heute noch „The Glenlivet".

Bei Glenlivet selber sieht man die Geschichte um den Rechtsstreit heute jedoch ein wenig anders. Im 1978 eröffneten Besucherzentrum der Brennerei findet sich eine Infotafel, auf der die Meilensteine der Geschichte der Brennerei beschrieben sind. Dort ist für das Jahr 1884 zu lesen: „George Smith's son John Gordon Smith won the trademark dispute, from then on there could only be one The Glenlivet". Was im Prinzip stimmt, aber mit „The Glenlivet" hatte schon zuvor nie eine andere Brennerei ihren Whisky bezeichnet.

George Smith selbst war ein echter Vorzeige-Unternehmer seiner Zeit. Eine kleine, illegale Bauernhofbrennerei entwickelte er zu einem bis heute weltbekannten Unternehmen. Nach seinem Tod übernahm sein Sohn John Gordon Smith die Geschäfte. Er war bereits seit vielen Jahren Teilhaber des Unternehmens und unter ihm expandierte es weiter. In den folgenden Jahrzehnten verdreifachte er den Umsatz, modernisierte die Brennerei und baute 1896 sogar ein eigenes Kraftwerk, um die Brennerei mit Strom zu versorgen. Dort sorgten dann insgesamt 180 elektrische Lampen für Licht. Im selben Jahr wurden noch zwei weitere Brennblasen angeschafft, eine Wash Still und eine Spirit Still. Zwei Jahre später kaufte das Unternehmen dann die ersten benzinbetriebenen Kraftfahrzeuge, mit denen die Gerste zur Brennerei und der Whisky aus der Brennerei transportiert wurden. „The Glenlivet" ist auch heute noch eine etablierte Marke im Whisky-Universum.

In den Jahren nach Einführung des neuen Gesetzes, 1825 und 1826, versuchten drei weitere Brennereien in der Speyside, legal zu produzieren. Aber die offenen Anfeindungen und Drohungen der Schmuggler waren so heftig, dass keine der Brennereien oder ihrer Besitzer es auch nur ein Jahr aushielten. Tatsächlich waren es nicht nur leere Drohungen, sondern es gab reale Gefahren, denen sich die Brenner damals aussetzten. Eine 1825 eröffnete Brennerei am River Dee, die in Aberdeen gelegene „Banks o'Dee", brannte kurz nach ihrer Eröffnung mit allen Nebengebäuden, Lagern und Einrichtungen nieder. Der Besitzer überlebte nur knapp.

Wenden wir uns nun wieder der Zeit nach 1823 zu, dem Jahrzehnt, das als das Jahrzehnt der Industrialisierung Schottlands gilt. Die Industrie löste allmählich die Landwirtschaft als Haupterwerbsquelle ab, zumindest in den großen Städten wie Edinburgh, Glasgow, Aberdeen und Dundee. Technologisches Zentrum war Glasgow, wo vor allem die großen Unternehmen des Dampfschiffbaus entstanden. Generell ging der Trend in der Wirtschaft in Richtung Clusterbildung. Es entstanden Zentren der Industrie und damit der Wirtschaft. Auch die Brennereien konnten sich diesem Trend nicht entziehen. Während die großen Brennereien erfolgreicher wurden und ihren Bekanntheitsgrad auch im weiteren Umkreis steigerten, verloren die kleineren Brennereien, die vor allem lokale Märkte belieferten, an Bedeutung. Dies galt auch für die illegalen Brennereien. Sie konnten zwar nicht völlig ausgelöscht werden, aber ihnen fehlte nun der finanzielle Vorteil gegenüber der legal arbeitenden Konkurrenz, der ihr eigentliches

Geschäftsmodell darstellte. Lokal versorgten sie zwar noch einzelne Dörfer, aber der Schmuggel im großen Stil, vor allem in die Lowlands, war nun vorbei.

Der Forth & Clyde Canal war schon seit seiner Eröffnung im Jahr 1790 eine wichtige Wasserstraße zwischen Grangemouth / Falkirk im Osten und Glasgow und dem Firth of Clyde im Westen. Der 56 Kilometer lange Kanal startet im Osten, etwa zwei Kilometer nordöstlich von Falkirk, ungefähr da, wo der River Carron in den Firth of Forth mündet. Dort, wo heute auch die beiden 30 Meter hohen Stahlskulpturen von Pferdeköpfen, genannt „The Kelpies", zu finden sind. Von da aus verläuft er weiter in Richtung Südwesten, durch die Stadt Falkirk. Kurz darauf erreicht er das heutige Schiffshebewerk Falkirk Wheel. Der Kanal verläuft dann weiter in westlicher Richtung bis nach Bonnybridge und von dort wieder in südwestlicher Richtung, über die Ortschaften Kilsyth und Kirkintilloch bis zum Glasgower Stadtteil Maryhill. Hier endete der Kanal im Jahr 1775 im „Stockingfield Basin". In den darauffolgenden vier Jahren wurde der Kanal dann in Richtung Süden und Südosten weitergebaut, bis Port Dundas im nördlichen Zentrum Glasgows. Gleichzeitig wurde die Hauptstrecke des Kanals weitergebaut und das Stockingfield Basin wurde zu einem echten Kanalkreuz, der „Stockingfield Junction". Von dort verläuft der westliche Hauptarm des Kanals durch Glasgow, um bei Bowling in den River Clyde zu münden. Im Jahr 1822 kam dann noch der in fünf Jahren Bauzeit entstandene Union Canal dazu, der ebenfalls eine wichtige Rolle als Verkehrsweg spielte. Der Kanal startet im Zentrum von Edinburgh und verläuft dann in westlicher Richtung bis hinter Falkirk, wo er am Falkirk Wheel auf den Forth & Clyde Canal trifft.

Die Brennereien, die sich an den beiden Kanälen ansiedelten oder bereits dort standen, hatten einen unmittelbaren Transportvorteil. Kohle und Getreide konnten genauso auf dem Wasserweg angeliefert werden wie Trester und fertiger Brand abtransportiert wurden. Brennereien am Forth & Clyde Canal waren, von Nordosten nach Südwesten: Abbotshaugh (1825-1828), Bankside (1825-1830), Camelon (1826-1861), Bonnymuir (1831-1837), Holland Bush (1827-1830), Bankier (1828-1928), die drei in Kirkintilloch gelegenen Brennereien Holm (1828-1848), Luggieside (1821-1833) und Kirkintilloch (1795-1839), sowie die heute noch offene Auchentoshan (gegründet 1817). Natürlich haben auch die Brennereien in Edinburgh vom Union Canal profitiert. Außerhalb der Stadt lagen immerhin noch drei Brennereien am Union Canal: Rathohall (1821-1837), Polmont (1821-1822) und Laurieston (1821-1826). Aufgrund des Verlaufs der Kanäle handelte es sich natürlich durchweg um Lowland-Brennereien.

Im 20. Jahrhundert wurden die Kanäle für den modernen Schiffverkehr zu schmal und die Wartung der Schleusen und Brücken war zu teuer geworden. Gleichzeitig machten die immer weiter ausgebaute Eisenbahn und die ausgebauten Straßen den Kanälen Konkurrenz. In den 1960er Jahren wurden beide Kanäle geschlossen und teilweise sogar zugeschüttet. Verschiedene Interessengruppen haben aber gegen Ende des 20. Jahrhunderts dafür gesorgt, dass beide Kanäle restauriert und für den Freizeit-Bootsverkehr wieder freigegeben wurden. Seit Anfang des Jahrtausends gibt es bei Falkirk sogar ein weltweit einzigartiges Schiffshebewerk, das Falkirk Wheel. Über diese Touristenattraktion sind die beiden Kanäle westlich der Stadt Falkirk miteinander verbunden. Früher, als es dieses Hebewerk noch nicht gab, wurden die Kanäle durch eine Anordnung von Schleusen auf dieselbe Höhe gebracht. Ein Höhenunterschied von immerhin 33 Metern muss hier ausgeglichen werden.

Auch in den Highlands sind in den 1820er Jahren und vor allem nach der Einführung des Excise Act 1823 viele neue Brennereien entstanden. Ein Beispiel dafür ist die Brennerei Macallan, eine der bekanntesten der Welt. Sie wurde 1824 von Alexander Reid gegründet. Easter Elchies heißt das Land westlich des Flusses Spey, auf dem die Brennerei noch heute zu finden ist. Das Land gehörte ursprünglich dem Earl of Seaforth, der Alexander Reid ermutigte, dort eine Brennerei zu errichten. Seitdem ist Macallan nicht nur größer geworden, sondern auch immer bekannter. Ich möchte noch zwei weitere herausragende Brennerei-Gründungen in den Highlands aus dieser Zeit erwähnen, die es verdient haben, hier genannt zu werden: Ben Nevis und Glendronach – beide gibt es ebenfalls noch heute.

Der Farmer John MacDonald, wegen seiner Körpergröße „Long John" genannt, gründete 1825 am Stadtrand von Fort William die nach dem höchsten Berg Großbritanniens benannte Brennerei Ben Nevis. Bald darauf übergab er die Leitung an seinen Sohn Peter, der eine glückliche Hand für die Sache hatte. Unter seiner Leitung ging es mit Ben Nevis steil aufwärts. Als in der zweiten Hälfte des 19. Jahrhunderts Blended Scotch populär wurde, entwickelte Peter die erfolgreiche Marke „Long John's Dew of Ben Nevis", die er nach dem Spitznamen seines Vaters benannte. Der Whisky war so beliebt, dass Peter 1878 eine zweite Brennerei in der Stadt bauen ließ, die einfach nur „Nevis" hieß. Die ursprüngliche Brennerei konnte nämlich nicht genug produzieren, um die Nachfrage zu bedienen. Bis 1908 wurde in der Brennerei Nevis produziert. Und die ursprüngliche Brennerei Ben Nevis wurde in ihrer langen Geschichte zwar immer wieder stillgelegt, trotzdem existiert sie noch heute und produziert sehr erfolgreiche Whiskys.

Im selben Jahr, also 1825, haben sich einige Farmer und Händler zusammengeschlossen, um gemeinsam eine Brennerei zu gründen. Unter der Leitung von James Allardice meldeten sie die „Glendronach Distillery Company" an und im Folgejahr 1826 bauten sie die Brennerei „Glendronach". Aus dieser Zeit gibt es folgende kleine Geschichte, die früher auf jeder Glendronach-Flasche stand. Irgendwann hat man sie dann aber entfernt, vermutlich weil sie irgendjemandem bei Glendronach nicht politisch korrekt genug erschien:

Der Einstieg in den bestehenden Whiskymarkt war für Glendronach zunächst nicht einfach, da es schon recht viele Brennereien gab. Also machte sich James Allardice persönlich auf den Weg in die Hauptstadt Edinburgh und stellte dort an allen Whisky-Verkaufsstellen und Pubs seine Marke vor. Aber überall, wo er seinen Whisky anbot, hieß es nur, dass man die Vorräte bereits ausreichend aufgestockt hätte und kein weiterer Bedarf bestünde. Als James Allardice enttäuscht und geknickt zu seinem Hotel zurückging, kamen ihm zwei leichte Mädchen entgegen, die ihn fragten, ob er ihnen nicht ein Dram spendieren wolle. Natürlich wollten sie ihm lediglich ihre Dienste im ältesten Gewerbe der Welt anbieten, doch James sah darin die perfekte Gelegenheit und antwortete: „Euch ein Dram spendieren? Ich kann euch ein Dram GEBEN!" Daraufhin bot er den beiden Damen eine Probe seines Glendronachs an. Den Mädchen schmeckte wohl, was sie bekamen, denn sie erzählten ihren Freunden in den verschiedenen

Etablissements der Stadt von ihrem Erlebnis und davon, wie gut ihnen Glendronach geschmeckt hatte. Und bald darauf fragte man überall im Rotlichtviertel nach Glendronach-Whisky.

So viel zu der kleinen Geschichte aus der Gründerzeit der Brennerei. Der Glendronach-Whisky wurde nach Überwindung der Startschwierigkeiten schon bald über die Grenzen Schottlands hinaus bekannt und konnte bereits ein paar Jahre nach der Gründung der Brennerei in London gekauft werden. Das hat damals den Bekanntheitsgrad jeglicher Produkte enorm gesteigert. Was in der Hauptstadt erhältlich war, war „in", alles andere nur eine Randerscheinung. 1837 brannte die Brennerei nieder und 1842 ging James Allardice pleite. Was blieb war der gute Ruf des Whiskys. Zehn Jahre später übernahm Walter Scott die Brennerei und baute sie wieder auf. Der aktuelle Zustand entspricht im Großen und Ganzen dem Wiederaufbau von 1852. Als letzte Brennerei Schottlands wurden die Brennblasen von Glendronach bis zum Jahr 2005 noch mit direktem Kohlefeuer beheizt. Der Whisky im alten Stil, bekannt für seine kräftigen Sherrytöne, ist auch heute noch ein Muss in jeder gut sortierten Bar. Fast scheint es, als könne man die Schwere der alten, viktorianischen Gebäude in seinem Geschmack wiederfinden.

Auch in den größeren Städten entstanden nun viele Brennereien, die von Geschäftsleuten, ehemaligen Schwarzbrennern und Händlern gemeinsam gegründet wurden. Allein in Glasgow gab es bis 1828 sieben Neugründungen. Die ehemaligen Schwarzbrenner wurden gern in solche Unternehmensgründungen einbezogen, weil sie wussten, wie man Whisky herstellt. Die Geschäftsleute kümmerten sich um die Finanzen und die Händler um die Absatzwege und die Logistik. Das war oft der Knackpunkt. Die Brenner wussten zwar alles über die Herstellung, aber nur im kleinen Maßstab. Sie haben früher ja in den Highlands illegal in den Wäldern und Bergen gearbeitet, und dort nur das Getreide verarbeitet, das ihnen zur Verfügung stand. Wenn dieses verbraucht war, lief die Produktion nicht mehr weiter. Als Brennmaterial wurde Holz aus den Wäldern verwendet, das Endprodukt wurde anschließend in alten Weinfässern oder Flaschen gelagert. Sie hatten einfach noch keine Erfahrung mit der Produktion größerer Mengen. Und so gab es oft Probleme mit den Rohstoffen, Fässern oder dem Brennstoff. Deshalb ist es nicht verwunderlich, dass viele Neugründungen schnell wieder scheiterten. Meistens waren es einfach mangelnde Planung und zu wenig Vorausschau, was die Versorgung mit Rohstoffen und Betriebsmitteln anging. Die zunehmende Konkurrenz erledigte dann den Rest.

Es gab aber auch eine Reihe von Unternehmern, die ihren Betrieb über einen längeren Zeitraum aufrechterhalten konnten, sowohl in den Highlands als auch in den Lowlands. Neben den oben genannten Brennereien gibt es somit heute noch einige, die zwischen 1823 und 1830 gegründet wurden, darunter Mortlach, Cameronbridge, Cardhu, Fettercairn, Miltonduff, Glencadam, Glenkinchie, Aberlour, Pulteney, Springbank, Annandale und Talisker. Dabei ist natürlich zu berücksichtigen, dass es in den einzelnen Brennereien zahlreiche Besitzerwechsel und auch temporäre Schließungen gab.

Auch in den Lowlands gab es in dieser Zeit natürlich jede Menge Neugründungen, die oft erfolgreicher waren als die neuen Brennereien in den Highlands. Das lag vor allem daran, dass die Infrastruktur dort besser war. Außerdem gab es in den Lowlands mehr Kohle als in den Highlands, weswegen dort oft noch Torf oder Holz als Brennstoff verwendet wurde. Seitdem das neue Gesetz in Kraft getreten war, wurden bis 1830 allein in den großen Städten Glasgow, Edinburgh und in der Umgebung von Stirling insgesamt 34 neue Brennereien gebaut. Einige weitere sind auch in kleineren Städten dazugekommen. Von den Lowland-Brennereien aus dieser Zeit gibt es einige, die bis heute überlebt haben. Dazu gehören zum Beispiel die beiden heute zum Diageo-Konzern gehörenden Brennereien Glenkinchie (östlich von Edinburgh) und die von John Haig gegründete Cameronbridge (östlich von Glenrothes) sowie die etwas weniger bekannte Brennerei Annandale ganz im Süden Schottlands. Viele der damals gegründeten Lowland-Brennereien existieren heute aber leider nicht mehr. Hier haben andere Whiskyregionen mehr zu bieten.

Weiterentwicklung der Whiskyindustrie

Die Haigs und die Steins waren nicht nur richtig gute Geschäftsleute und Unternehmer, sondern brachten auch die Destillationstechnik voran. Robert Stein, der damalige Eigentümer der Kilbagie-Brennerei, erfand im Jahr 1826 die Säulen-Destillationsanlage, die auf Englisch „column still", „continuous still" oder „patent still" genannt wird. 1828 meldete er das Patent an, woher auch der Name „patent still" kommt, und 1829 installierte er dann in der Kirkliston-Brennerei seines Bruders Andrew die erste Anlage dieser Art. Im Gegensatz zur Pot Still, auf der auch heute noch Malt Whisky hergestellt wird, muss die Brennblase nach dem Brennen nicht geleert, gereinigt und wieder befüllt werden. Stattdessen wird kontinuierlich (continuous still) gebrannt. Der Alkohol wird darin schneller extrahiert, ist reiner und höher konzentriert (bis zu 94 Vol. %), als in einer Pot Still. Dafür schmeckt er aber auch deutlich weniger nach dem Ausgangsprodukt. Diese Erfindung revolutionierte die Whiskyherstellung in den Lowlands und der Weg zur billigen Massenproduktion war geebnet.

Einige Jahre später wurde das Verfahren von dem irischen Erfinder Aeneas Coffey weiterentwickelt. Da seine Erfindung auch für die heutige Whiskyindustrie noch Bedeutung hat, soll auch seine Person hier kurz vorgestellt werden. Aeneas Coffey wurde 1780 im französischen Calais geboren. Seine Eltern kamen beide aus Irland. Mit 20 Jahren wurde Aeneas Coffey Inspektor für Verbrauchsteuern bei der irischen Behörde. Coffey arbeitete sich schnell nach oben und wurde 1820 zum Generalinspekteur für Verbrauchsteuern befördert. Er war fleißig, klug und wissbegierig. Sein Job war es hauptsächlich, illegale Brennereien ausfindig zu machen. Dabei lernte er auch viel über Destillation und stellte fest, dass alle irischen Brennanlagen, egal ob legal oder illegal, eigentlich höchst ineffizient arbeiteten. Das größte Problem, das er erkannte, war, dass die Pot Stills nicht kontinuierlich betrieben werden konnten. Stattdessen musste jeweils eine Charge Maische in die Pot Still geladen, erhitzt und destilliert werden. Im Anschluss musste die Anlage entleert werden. 1824 hat Coffey dann aufgehört, für die Steuerbehörde zu arbeiten, um stattdessen an der Verbesserung von Brennanlagen zu forschen.

Das Prinzip der Säulendestillation war damals bereits bekannt, Robert Stein hatte ja bereits eine solche in Betrieb. Coffey schaffte es aber, die bis dahin bekannten Anlagen in der Effizienz zu verbessern und vor allem industriereif zu machen. Seine Weiterentwicklung benannte er nach sich selber „Coffey-Still". 1830 erteilte ihm König Wilhelm IV. ein Patent für seine Anlage. Manche Historiker halten Coffey für eine der wichtigsten Personen für die Entwicklung der modernen Whisky-Industrie, obwohl die grundsätzliche Arbeitsweise bereits von mehreren anderen Erfindern entwickelt und von Coffey lediglich verbessert wurde. Auch Robert Stein war also nicht unbedingt der erste Erfinder, der das kontinuierliche Brennverfahren entwickelt hat.

Die erste Coffey-Brennblase in Schottland wurde 1834 in der bereits 1795 gegründeten Grange-Distillery in Alloa in Betrieb genommen. Coffey-Stills werden heute noch fast genauso gebaut wie vor 200 Jahren. Damals konnte man mit einer solchen Kolonne schon 150.000 Gallonen Alkohol pro Jahr herstellen. Zum Vergleich: Eine Pot Still schaffte damals nur etwa 5.000 Gallonen. Wie eine Säulen-Destillationsanlage funktioniert, wurde im Kapitel über die Herstellung von Whisky bereits erklärt.

Neben den bereits erwähnten Brennereien Kilbagie und Kincaple gibt es noch einige weitere Brennereien, die auf die Familie Stein zurückgehen. Diese entstanden aber erst ab den 1820er Jahren und wurden damit natürlich von nachfolgenden Generationen gegründet. 1825 haben John Findlay und William Stein zusammen die Bank Distillery gegründet. Die Brennerei Islay, auch Ardenistile genannt, wurde 1837 zwar nicht von Mitgliedern der Familie Stein gegründet, aber die Brüder James und Andrew Stein wurden als Angestellte in das Unternehmen aufgenommen.

Die alteingesessenen Brennereien der Familien Haig und Stein liefen weiterhin gut. Deren Besitzer waren aber alles andere als begeistert von den Liberalisierungen, die mit dem 1823 Excise Act in ganz Schottland eingeführt wurden. Ihr einträgliches Monopol für Alkohol-Lieferungen nach England war damit Geschichte. Auch kleinere Brennereien begannen jetzt damit, in andere Länder und sogar nach Übersee zu liefern. Die beiden bekannten Brenner-Familien wollten sich erneut einen Vorsprung verschaffen und investierten deshalb in größere Anlagen. Außerdem führten sie Versuche mit den neuen Destillationsanlagen durch, die kontinuierlich brennen konnten, ohne geleert und wieder befüllt werden zu müssen. Im Jahr 1827 wurden die Exportbeschränkungen für ausländisches Getreide gelockert. Das war für die Steins und Haigs von großem Vorteil, weil sie nun uneingeschränkten Zugriff auf diesen für ihre Anlagen so wichtigen Rohstoff hatten. So lohnte sich der Betrieb der neuen Brennapparate gleich viel mehr. Der Alkohol, der hergestellt wurde, wurde mangels Eigengeschmack hauptsächlich weiterverarbeitet, zum Beispiel zu Gin. Die Brennanlage von Stein konnte pro Stunde ganze 3.000 Gallonen Maische verarbeiten.

Anfang der 1830er Jahre waren die kleineren Brennereien finanziell eher schlecht aufgestellt. Viele Händler und Brenner konnten sich deshalb eine lange Lagerung des Whiskys einfach nicht leisten. Denn obwohl seit 1823 das steuerfreie Lagern möglich war, war jeder gelagerte Whisky erst einmal eine gewisse Kapitalbindung. Whisky war ein Produkt, für dessen Herstellung man erst einmal Geld ausgeben musste – für Pacht, Rohstoffe und Lohn für die Arbeiter. Gewinn konnte man aber erst beim Verkauf des Whiskys machen. Eine gesetzliche

Regelung, die die Lagerung von Whisky vorschreibt, gab es erst viel später. Deshalb wurde Whisky in dieser Zeit fast ausschließlich ungelagert getrunken.

Auch wenn die großen Brennereien prinzipiell über mehr Finanzpolster verfügten, war dort das Geld inzwischen knapp. Die ganzen Erweiterungen und Modernisierungen der letzten Jahre wurden größtenteils mit Krediten finanziert. Diese Schuldenlast drückte nun massiv auf die Gewinne und so mancher Betrieb geriet in Schieflage. Als erstes hat es 1831 Andrew Stein mit seiner Kirkliston-Brennerei erwischt. Er ist insolvent gegangen, die Brennerei wurde zwangsverwaltet und später verkauft. Aber Stein war nicht der einzige Brenner, der in den 1830er Jahren bankrott ging. Weitere bekannte Namen wie Dundashill in Glasgow oder die Brennerei Seggie, die damals von William Haig betrieben wurde und mit fast einer viertel Millionen Gallonen jährlicher Produktionsmenge zu den größten Brennereien überhaupt gehörte, waren betroffen. Während Dundashill die Insolvenz noch abwenden konnte, wurde Seggie im Juli 1835 insolvent, weil die Bank of Scotland ihr kein Geld mehr geben wollte. Zu diesem Zeitpunkt hatte William Haig Schulden in Höhe von £64.000, was heute etwa zwölf Millionen Pfund entspricht. Zwei Drittel davon schuldete er seinem Schwiegervater John Stein, der Rest gehörte einem großen Brenner in London. Danach stand Seggie etliche Jahre still, bis Williams Sohn John Haig die Brennerei kaufte. Er installierte dann eine Coffey-Still und nahm den Betrieb 1845 wieder auf. Bis 1852 lief Seggie unter seiner Leitung, dann wurde sie wieder stillgelegt. Zum letzten Mal brannte Seggie dann ab 1859, aber nur eine Saison lang. 1860 wurde die Brennerei dann endgültig geschlossen. Seit einigen Jahren allerdings wird dort wieder im kleinen Stil Whisky gebrannt. Mehr dazu erfahren Sie bei der Besprechung des 21. Jahrhunderts.

Schwarzbrennen nach 1823

Hauptsächliches Ziel des Gesetzes von 1823 war es, das Schwarzbrennen so gut wie möglich einzudämmen. Wie erwartet, ging die Zahl der Schwarzbrenner nach der Einführung des Gesetzes auch tatsächlich deutlich zurück. Wie viele Schwarzbrenner es tatsächlich gab, weiß man natürlich nicht. Aber man kann sehen, dass es immer weniger wurden, wenn man sich die Zahl der Verurteilungen anschaut. Im Jahr 1822 gab es noch etwa 4.500 Verurteilungen wegen Schmuggels oder Schwarzbrennens, während es 1825 nur noch 900 waren. Anfang der 1830er Jahre ging die Zahl dann nochmal deutlich nach unten, auf nun unter 100.

Der Rückgang hatte mehrere Gründe. Einerseits wurden mehr legale Brennereien gebaut, wodurch einfach mehr Whisky angeboten wurde und der Schwarzbrand nicht mehr so gefragt war. Andererseits hat auch die Steuerfahndung viel dazu beigetragen, die illegalen Brennereien einzudämmen. Außerdem haben viele Landbesitzer eigene Brennereien gegründet und dort teilweise sogar ehemalige Schwarzbrenner und Schmuggler eingestellt. Aber es gab auch Regionen, wo die neuen, legalen Brennereien sich nicht so richtig durchsetzen konnten. Das war vor allem in den Gegenden so, in denen früher am meisten geschmuggelt wurde: Im Tal von Glenlivet, in der Gegend um Aberdeen und in der Gegend um Elgin. Das Extrembeispiel von George Smith wurde ja bereits beschrieben.

Ein Mitglied der Kommission zur Eindämmung des Schwarzbrennens schrieb kurz nach Inkrafttreten des Gesetzes in einem Bericht, dass die illegalen Tätigkeiten in den meisten Teilen des Landes bereits ausgerottet seien. Aber natürlich war das zum großen Teil Wunschdenken. Viele Leute, vor allem in den Highlands, haben praktisch ihren Lebensunterhalt mit Schwarzbrennen und Whisky-Schmuggel verdient. Außerdem war der legale Whisky jetzt zwar für alle verfügbar, aber eben auch teurer (in den Highlands) oder von minderwertiger Qualität (in den Lowlands).

Die Schmuggler und Schwarzbrenner wurden weiterhin von den Friedensrichtern gedeckt, die sich mit dem neuen Gesetz nicht anfreunden konnten. Darum kündigte der Chef-Justiziar an, dass ab 1825 alle Fälle von Schmuggel und Schwarzbrennen in den betroffenen Regionen nur noch vor dem Finanzgerichtshof in Edinburgh verhandelt würden. Die Friedensrichter hatten dort keinen Einfluss mehr auf das Strafmaß und so wurden nun bei Verurteilungen in Edinburgh hohe Strafen verhängt. Da sich das Vorgehen schnell herumsprach, sank in der Folge die Anzahl der illegalen Brennereien massiv. Damit war das Schwarzbrennen praktisch besiegt. Es gab zwar noch ein paar illegale Brennereien, die waren aber keine ernsthafte Konkurrenz mehr für die legalen. Die meisten von ihnen brannten wie seit hundert Jahren für den persönlichen Genuss innerhalb der Familie.

Obwohl die Aktivitäten von Schwarzbrennern und Schmugglern zurückgingen, wurde die Steuerfahndung nicht entsprechend verkleinert. Stattdessen konzentrierte sie sich jetzt auf die Brenner, die legal arbeiteten. Auch unter denen gab es natürlich hier und da schwarze Schafe. Besonders beliebt für Betrügereien war die Steuerrückerstattung für Brenner, die ausschließlich Gerstenmalz verwendeten. Die Betrüger haben dann eben kurz vor dem Mahlen das Gerstenmalz mit Malz aus anderem Getreide vermischt, um eine volle Rückerstattung zu bekommen und weniger Geld für teuren Malz auszugeben. Andere Möglichkeiten, sich unrechtmäßig zu bereichern, gab es zu dieser Zeit kaum noch. Die Stärke der Maischen wurde mit einem Saccharometer gemessen und in den Brennbüchern festgehalten. So konnte man ganz einfach ausrechnen, wie viel Alkohol hergestellt wurde. Damit war es nicht mehr möglich, die Angaben zu manipulieren. Dadurch, dass ein Steuerbeamter praktisch bei fast jeder Brennerei in einem extra für ihn bereitgestellten Appartement oder Haus wohnte, war die Gefahr natürlich noch größer, bei Betrugsversuchen entdeckt zu werden.

Natürlich konnte man auch einfach vom fertigen Endprodukt etwas abzweigen und es an der Steuer vorbei verkaufen, wenn der Beamte gerade nicht in der Nähe war. Diese Möglichkeit wurde aber durch den dann eingeführten Spirit Safe verhindert. Übrigens wurde der „Beta-Test" für den Spirit Safe im Jahr 1824, also ein Jahr nach Einführung des neuen Gesetzes, in der Brennerei Port Ellen durchgeführt. Die Idee war, herauszufinden, wie sich der Spirit Safe auf den Geschmack auswirkt. Außerdem sollte getestet werden, ob der Brenner seine Arbeit noch vernünftig machen kann, auch wenn es den Spirit Safe gibt. Einige Brenner hatten nämlich befürchtet, dass dies damit nicht mehr möglich sei. Die Befürchtungen bestätigten sich aber nicht und deshalb wurde der Spirit Safe im Jahr 1825 für alle Brennereien als verpflichtender Bestandteil der Brennanlage eingeführt. Bis heute hat sich daran nicht viel geändert.

Als die legale Produktion stieg und die Exportsperre wegfiel, hat auch England wieder mehr Alkohol aus Schottland bezogen. Das größte Problem dabei waren die unterschiedlichen Steuersätze auf Alkohol. In Schottland mussten sie 1824 pro Gallone 2s 6d Steuern zahlen, in England hingegen 11s 9d, also fast fünfmal so viel. Die Engländer waren verständlicherweise nicht begeistert, dass die Schotten die hohe englische Steuer nicht zahlten und dadurch einen Wettbewerbsvorteil hatten. Daraufhin hat die Steuerfahndung die Grenze zwischen England und Schottland verstärkt kontrolliert. Die Schotten erhöhten dann die Steuer leicht, auf 2s 10d, während die Engländer sie dafür auf 7s senkten. Die Steuer in England war also nur noch 2,5 mal so hoch wie in Schottland. Das half zwar an einigen Stellen, aber die Engländer waren trotzdem unzufrieden.

Die englischen Brauer forderten die Abschaffung der Biersteuer, was tatsächlich im Jahr 1830 geschah. Die Steuer auf Spirituosen wurde allerdings erhöht, um die Einnahmeausfälle zu kompensieren. In England betrug die Steuer nun 8s und in Schottland 3s ½d. Außerdem wurde den Schotten das Recht entzogen, für nach England importierten Alkohol keine Steuern zu zahlen. Natürlich war das für alle Beteiligten keine erfreuliche Entwicklung. Die Schotten fühlten sich benachteiligt, weil sie ihre Privilegien verloren hatten. Die Engländer wiederum fanden es ungerecht, dass die Steuererhöhung in Schottland viel niedriger ausfiel als in England.

William Haig verkaufte zu dieser Zeit sehr viel Whisky nach England, hauptsächlich aus seiner Brennerei Seggie. Wie schon beschrieben, hatte er hohe Schulden und musste 1835 den Betrieb von Seggie einstellen und alle Angestellten entlassen. Das führte bei den Landbesitzern in den Lowlands zwischen Perth und Edinburgh zu großen Ängsten. Schließlich lieferten sie viel Gerste an Seggie und bekamen im Gegenzug viel Viehfutter von dieser Brennerei. Sie wandten sich an die Regierung, die daraufhin ihre Idee wieder verwarf. So behielten die Schotten ihr Recht, bei den Exporten nach England keine Steuer zahlen zu müssen. Dafür wurde die Steuer in beiden Ländern um einen halben Shilling pro Gallone erhöht. Seggie blieb natürlich trotzdem erst einmal geschlossen.

In Schottland selbst flammte nun die alte Feindschaft zwischen den kleinen Brennereien in den Highlands und den großen in den Lowlands wieder auf. Diesmal ging es um den Steuervorteil für Whisky, der ausschließlich aus gemälzter Gerste hergestellt wurde. Die Brenner der Lowlands wollten den sogenannten „Malt-Drawback", wie der Steuervorteil hieß, abschaffen. Sie meinten, dass viele Brennereien in den Highlands nur dank dieses finanziellen Vorteils überleben konnten und hofften, sich durch die Abschaffung ein wenig Konkurrenz vom Hals schaffen zu können. Die Highland-Brenner ihrerseits befürchteten, dass die Lowland-Brenner ihren Markt übernehmen würden, wenn der finanzielle Vorteil wegfiele.

Die Verbrauchssteuer-Kommission wurde von der Regierung beauftragt, den Konflikt zu lösen. Deren Mitglieder setzten sich mit den Wünschen beider Seiten auseinander und berieten sich anschließend. Im Jahr 1834 präsentierten sie dann das Ergebnis. Es sah die Wiedereinführung der Grenze zwischen den Lowlands und den Highlands vor, die ja erst 1816 abgeschafft worden war. Die Idee hat aber zum Glück keine weiteren Befürworter gefunden und wurde deshalb nicht umgesetzt. Und die Brenner aus den Highlands konnten auch weiterhin von dem Steuervorteil durch den Malt-Drawback profitieren. Die Begründung dafür war, dass auch die Lowland-Brenner die Möglichkeit hätten, Malt Whisky zu brennen und so ebenfalls in den Genuss des Steuervorteils kämen.

Die 1830er und frühen 1840er Jahre waren in Großbritannien von einer Wirtschaftskrise geprägt, was ja auch zur Schließung einiger Brennereien führte. Die Krise führte außerdem sogar zu etlichen Aufständen unter verschiedenen Arbeitergruppen. Die bekanntesten wurden unter dem Begriff „Swing-Aufstände" (swing riots) zusammengefasst. Dabei handelte es sich um eine Bewegung von Landarbeitern in Süd- und Ostengland. Diese setzte sich gegen den Einsatz von Landmaschinen und für höhere Löhne ein. Besonders die neu entwickelte Dreschmaschine war ihnen ein Dorn im Auge. Sie befürchteten, durch diese Maschine im Winter weniger Arbeit zu haben. Aufgrund schlechter Ernten in den Jahren 1829 und 1830 gab es sowieso schon weniger Arbeit für sie.

Von 1830 bis 1841 regierten die Whigs in Britannien. Sie waren die Vorläufer der heutigen Liberal Party. Noch 15 Jahre zuvor waren die Whigs eher eine zerstrittene Truppe als eine Partei mit klarem Programm und vorgegebener Richtung. Was sie alle verband, war ihre Abneigung gegen das Königshaus. Irgendwann haben sie sich dann auf moralische Reformen geeinigt, insbesondere die Abschaffung der Sklaverei in den Kolonien, die Abschaffung der Kinderarbeit und eine Verkürzung der täglichen Arbeitszeit. So kam es dann 1830 zum Machtwechsel. Lord Charles Grey, nach dem übrigens die Teemischung Earl Grey benannt ist, wurde Premierminister und setzte sich für die Reformen ein.

Die Whigs hatten, wie so oft in der Politik, kaum Strategien für die Wirtschaft und haben sich nicht einmal an Reformen des Bankenwesens oder der Währung gewagt. Stattdessen haben sie den „1832 Reform Act" umgesetzt, der erstmals den „Wähler" als ausdrücklich männliche Person definierte. Zu den Reformen gehörte auch, eine Untersuchungskommission einzusetzen, die eine Steuerreform vorantreiben sollte. Das System der Verbrauchsteuern war zu der Zeit ziemlich chaotisch. Viele Gesetze waren noch aus der Zeit der napoleonischen Kriege und besteuerten eine Menge verschiedener Güter. Die Steuerprozeduren waren uneinheitlich und innovationsfeindlich, weil sie teilweise ausländische Investoren bevorzugten. Nach ihrer Abwahl im Jahr 1841 hinterließen die Whigs ein wirtschaftliches Chaos. In den Jahren zwischen 1836 und 1838 sind allein in England über 60 Banken zusammengebrochen. Es gab wenig Geld für Investitionen und die Preise für Lebensmittel waren hoch. Das alles führte zu mehr Arbeitslosigkeit. Wie schon die Bank of Scotland ein Jahr zuvor reagierte nun auch die Bank of England ab 1836 massiv mit der Kürzung von Kreditvergaben. Hauptsächlicher Grund dafür war der starke Rückgang ihrer Gold- und Silberreserven.

Auch die Whiskyindustrie war von der Rezession und diesen Entwicklungen betroffen. Der Konsum von Whisky in Schottland, der 1836 mit 6,6 Millionen Gallonen seinen Höhepunkt erreicht hatte, sank in den Jahren von 1836 bis 1843 um eine Million Gallonen. Vor allem in den Highlands, wo die Auswirkungen schlechter Ernten in den Jahren 1835 und 1836 noch hinzukamen, war die Rezession zu spüren. Die Leute hatten wegen der Ernteausfälle kaum zu essen und mussten hungern. Es hat so viel geregnet, dass die Farmer den gestochenen Torf kaum trocknen konnten, um ihn als Brennstoff zu verwenden. In dieser Zeit haben sich in ganz Schottland viele Anti-Alkohol-Bewegungen gegründet, die vor allem in den Highlands viele Anhänger fanden. Die Bewegungen versprachen Nahrungsmittel im Austausch für den Verzicht auf Alkohol. Das war besonders für die Menschen attraktiv, die in Gebieten mit ausgeprägter Armut und Hunger lebten. Die Anti-Alkohol-Bewegungen hatten schon erreicht, dass weniger Gaststätten Alkohol ausschenken durften. In dieser Zeit gab es sowohl bei den Brennereien als auch bei deren Zulieferern jede Menge Pleiten.

Die Brennereien reagierten auf die fallende Nachfrage, indem sie ihre Produktionszeiten kürzten oder ihren Betrieb ganz einstellten. Zum Beispiel schlossen im Jahr 1837 die Brennereien Cambusbarron und Dumbarton Bridge. 1840 folgte die Haig-Familie geschlossen mit Canonmills. In der Speyside wurde 1837 die Burnside Distillery geschlossen und auf den Orkney-Inseln traf es die Brennerei Stornoway. Auch ein paar kleinere Brennereien gingen in der Wirtschaftskrise unter. Besonders hart traf es die kleinen Highland-Brennereien. Das Ende der Wirtschaftskrise wird etwa auf das Jahr 1845 datiert.

Einige größere Brennereien konnten sich zum Glück mit ihren Kreditgebern einigen. Es gab sogar ein paar Übernahmen und sogar Neugründungen in dieser schwierigen Zeit. Die bekanntesten und heute noch existierenden Brennereien sind Glengoyne (1833), Edradour (1837), Glen Ord (1838, als Kooperation lokaler Firmen gegründet) und Dalmore (1839). Eine eher unbekannte und kleinere Lowland-Brennerei war Glentarras, die James Kennedy im Jahr 1839 gründete. Sie lag ganz im Süden von Schottland, nahe der Grenze zu England, in der Gegend von Langholm. Der Name der Brennerei kam vom Fluss „Tarras Water", der sie mit Kühlwasser versorgte. Glentarras brannte bis zum Beginn des Ersten Weltkriegs.

Glenmorangie entstand 1843 aus dem Umbau einer ehemaligen Bierbrauerei. Der Gründer William Matheson installierte zwei ungewöhnlich hohe Brennblasen, die vorher bei der Gin-Herstellung verwendet wurden und deshalb günstig gebraucht zu haben waren. Die Höhe der Brennblasen sorgt für einen ganz besonderen Geschmack des Whiskys. Durch die hohe Bauform entsteht ein erhöhter Reflux, wodurch die einzelnen Bestandteile der Maische besser getrennt werden. Deswegen wurde später bei Erweiterungen der Brennerei immer an dieser speziellen Bauform festgehalten. Die Brennerei hat heute zwölf Brennblasen, die alle genauso geformt sind wie die ersten aus dem Gründungsjahr. Es sind immer noch die höchsten Brennblasen, die aktuell in ganz Schottland eingesetzt werden. In der Speyside wurden in dieser Zeit Benrinnes (1834), Glenfarclas (1836) und Glen Grant (1840) gegründet. Die Anzahl der Brennereien in Schottland nahm jedoch insgesamt während dieser Zeit ab. Im Jahr 1835 gab es noch 230 Brennereien, von denen im Jahr 1844 nur noch 169 übrig waren – ein Rückgang um mehr als ein Viertel.

1845 gab es eine interessante Neugründung in den Highlands, und zwar in der Gegend um das bekannte Balmoral Castle. Damals gehörte der heutige Sommersitz der königlichen Familie James Duff, 2. Earl of Fife. Seit 1842 vermietete er das Schloss im Sommer an Königin Victoria und ihren Mann, Prinz Albert, weil sie ihren Urlaub gerne in Schottland verbrachten. Wie viele andere Besucher der Highlands war auch das Königspaar seit ihrem ersten Besuch im Jahr 1842 so begeistert von der Region, dass die beiden immer wieder in die Highlands zurückkehrten. Nur einen Kilometer südlich vom Schloss steht die Brennerei Lochnagar, über die berichtet wird, dass sie bereits 1825 von dem alten Schmuggler John Robertson of Crathie erbaut wurde. Im Jahr 1845 hat John Begg die Brennerei gekauft und sie dann offiziell gegründet und unter Lizenz geführt. Er erfuhr schnell, dass die königliche Familie ihren Urlaub auf Balmoral verbrachte. John Begg dachte sich wohl, dass ein wenig königliches Marketing nicht schaden könne. Darum schrieb er am 11. September 1848 eine Nachricht an den Privatsekretär des Königspaars. Darin teilte er mit, dass seine Brennerei Lochnagar jetzt nach der Sommerpause wieder in Betrieb sei. Er wäre glücklich, seiner Königlichen Hoheit Prinz Albert eine geführte Tour durch die Brennerei anbieten zu dürfen. Schon am nächsten Tag und ohne dass es eine offizielle Ankündigung gegeben hätte, konnte John Begg von seinem Haus aus beobachten, wie sich Prinz Albert in Begleitung weiterer Personen seiner Brennerei näherten. John lief hinaus, um den hohen Besuch zu empfangen.

„Wir sind gekommen, um die Arbeit in Ihrer Brennerei zu besichtigen, Mister Begg", sprach ihn der Prinzgemahl Albert an. Mit von der Partie war nicht nur er selbst, sondern auch seine Frau, Königin Victoria. Außerdem deren Kinder: die „Princess Royal", also die älteste und damals achtjährige Tochter Victoria Adelaide, der siebenjährige Kronprinz Albert Eduard, die dreijährige Prinzessin Alice und der erst zweijährige Prinz Alfred. John Begg hatte nicht mit so vielen Besuchern gerechnet, aber natürlich freute er sich darüber. Er öffnete die Türen seiner Brennerei und die beiden älteren Kinder rannten sofort hinein, um zwischen all den Fässern Verstecken zu spielen, bis die Königin sie zurückrief. John zeigte der königlichen Familie, wie Whisky hergestellt wird. Er erklärte ihnen den gesamten Herstellungsprozess, vom Mälzen der Gerste bis zu dem Punkt, an dem der klare Brand den Kondensator hinter der Spirit Still verlässt und in den Spirit Safe fließt.

John Beggs Bericht über den Besuch sprach von Prinzgemahl Albert als einen sehr wortgewandten Gesprächspartner, der ihn sehr beeindruckt habe. Als sie am Spirit Safe ankamen, sagte Albert: „Ich sehe, Ihre Schlösser sind vorhanden." Daraufhin soll Begg blitzschnell erwidert haben: „Das sind nicht meine, das sind die Schlösser der Königin", woraufhin diese herzlich gelacht haben soll. Als krönenden Abschluss der Tour bot John Begg seinem hohen Besuch, wie es heute noch am Ende jeder Brennereibesichtigung üblich ist, eine Probe seines Whiskys zur Verkostung an. Die beiden Erwachsenen probierten den Whisky und bedankten sich anschließend bei John für den freundlichen Empfang.

Nur einige Tage später bekam John Begg den „Royal Warrant", eine königliche Urkunde, die ihn als Hoflieferant des Königshauses und „bestellten Whiskybrenner der Königin" auszeichnete. Von da an gingen viele Kisten der Brennerei ins Balmoral Castle. Man sagt, dass Beggs Whisky auch den einen oder anderen königlichen Diener zu Fall gebracht hat, zum Beispiel John Browne, den jahrelangen persönlichen Diener der Königin. Und Queen Victoria, so ist überliefert, trank ihren Lochnagar auf drei Arten: Im Tee, verdünnt mit Wasser oder pur. Sie soll ihn so sehr geliebt haben, dass er bei keinem Picknick fehlen durfte. Es gibt sogar Berichte, dass sie gern den Wein in ihrem Glas mit einem Schuss Lochnagar aufwertete.

Seit dieser Zeit trägt der Whisky den Namen „Royal Lochnagar" auf einem dunkelblauen Etikett. Auf einem Zusatzetikett darunter steht: „By appointment to their late Majesties Queen Victoria, King Edward VII and King George V". König Edward VII. war das zweite Kind von Victoria, der 1841 geborene Albert Eduard. Nach dem Tod seiner Mutter war er von 1901 bis 1910 König von Großbritannien. Und König Georg V. ist dessen Sohn. Der Whisky „Royal Lochnagar" war übrigens erst ab dem Jahr 1974 für die Allgemeinheit als Single Malt verfügbar. Bis dahin war er nur der königlichen Familie vorbehalten und für andere Personen nur als Blended Whisky verfügbar.

Nach diesem kleinen Ausflug ins Königshaus und zu Royal Lochnagar wenden wir uns nun wieder der Situation der anderen Brennereien in der Mitte des 19. Jahrhunderts zu. Das Verschwinden so vieler Brennereien führte zu weiteren Problemen. So gab es auf einmal keinen sicheren Absatzmarkt mehr für lokal angebautes Getreide. Gleichzeitig fehlten die Lieferungen von Trester als Tierfutter. Dadurch wurden viele Leute arbeitslos, denn die Brennereien waren damals, anders als heute, sehr arbeitsintensiv und boten vielen Arbeitern Lohn und Brot. Durch geringere Produktion und damit geringerer Nachfrage nach Gerste und Brennstoff sanken die Preise dafür. Das hatte natürlich auch Auswirkungen auf die Zulieferer, also Bauern und Torfstecher. Viele Brennereien konnten ihre Pachtverträge mit den Farmen nicht mehr erfüllen. Dies führte in der Folge ebenfalls zu einem Verfall der Preise für Land und Pacht.

Die Brennereien in den Lowlands erholten sich von der Krise schneller als die in den Highlands. Die fortschreitende Industrialisierung und der Ausbau der Infrastruktur wirkten sich hier positiv aus. Die ersten Kohleabbaugebiete entstanden in den Lowlands. Das bedeutete für die Brennereien, dass sie jetzt einen günstigeren und vor allem sicheren Brennstoff hatten. Für den Transport wurden die Wasserwege, Straßen und die Eisenbahn genutzt, die ebenfalls ständig weiter ausgebaut wurden. Die wichtige Eisenbahnverbindung zwischen den beiden Großstädten Glasgow und Edinburgh wurde 1842 eröffnet. Die kleinen Highland-Brennereien hatten von der ganzen Industrialisierung so gut wie keine Vorteile. Sie waren einfach zu abgelegen. Es ist erstaunlich, dass so viele von ihnen trotzdem so lange überleben konnten.

Im Jahr 1846 schaffte die britische Regierung das seit 1815 bestehende „Corn Law" ab. Dieses Gesetz legte fest, dass auf importierte Lebensmittel und Getreide hohe Zölle erhoben werden. Dadurch sollten die Preise hoch gehalten und lokale Produzenten gefördert werden. Selbst in Zeiten von Hungersnöten war Getreide vom europäischen Festland so teuer, dass es sich niemand leisten konnte, es zu importieren. Mit der Abschaffung des Gesetzes wurde jetzt der britische Freihandel eingeführt. Zwei Jahre später wurden auch die Lagerhausgesetze geändert. Bisher konnte unversteuerter Alkohol nur in Lagerhäusern auf schottischem Boden gelagert werden. Jetzt durfte Alkohol, der ins Ausland exportiert werden sollte, auch außerhalb von Schottland gelagert werden.

Das Scheitern etlicher Brennereien in den 1830er Jahren hatte aber auch sein Gutes. Viele der Lowland-Brennereien konnten aus den Fehlern anderer Unternehmen lernen und diese vermeiden. So gab es in den späten 1840er und frühen 1850er Jahren durchaus erfolgreiche Brennereien. Das lag zum einen daran, dass das Management verbessert wurde, aber auch daran, dass die Wirtschaft ab den späten 1840ern wieder besser lief. Ein Beispiel für eine Brennerei, die in dieser Zeit wieder aufblühte, ist Carsebridge bei Alloa, 10 km östlich von Stirling. Das Unternehmen wurde schon 1799 von John Bald als Malt Whisky-Brennerei gegründet. 1846 übernahm sein jüngerer Sohn, ebenfalls John, die Firma und führte sie unter dem Namen „John Bald & Co" weiter. Dabei zeigte er echtes Unternehmertum. Als der Bedarf an Grain Whisky stieg, wandelte er die Malt-Brennerei in eine Grain Whisky-Brennerei um. Dafür installierte er zwei Coffey Stills und musterte die vorhandenen Pot Stills aus. Carsebridge wurde dadurch bald zum zweitgrößten Grain Whisky-Produzenten Schottlands. Nur die 1855 neu gegründete Caledonian-Brennerei in Edinburgh hatte einen noch höheren Ausstoß.

Aber damit nicht genug. John Bald erkannte, wie viele andere erfolgreiche Unternehmer auch, dass man gemeinsam mit anderen großen Brennereien erfolgreicher ist. Im Jahr 1856 sorgte er dafür, dass „John Bald & Co." Teil eines Handelsabkommens wurde, das zunächst für ein Jahr angesetzt war. Die sechs größten Grain-Brennereien der Lowlands waren mit dabei. Der größte Partner war Caledonian mit einem Anteil von 41,5 %. Weitere Partner waren Cambus (10,5 %), Glenochil in Clackmannanshire (11,5 %), Haddington (8 %) und Seggie in Fife (13,5 %). Letztere war zu diesem Zeitpunkt nicht mehr in Betrieb, dieser wurde bereits 1852 eingestellt. Die Lizenz ging 1859 aber an John Haig & Co., blieb also in der Familie. Sechster Partner war natürlich John Balds Carsebridge, mit einem Anteil von 15 %. Die Idee dahinter: Die Unternehmen sollten sich den Markt untereinander aufteilen und so das eigene Überleben sichern. Im Jahr 1877 war John Bald eines der Gründungsmitglieder der DCL, auf die ich später noch eingehe. Obwohl Carsebridge, am Ostrand von Alloa gelegen, 1983 stillgelegt wurde, wird das Carsebridge House, also das ehemalige Wohnhaus des Brennerei-Managers, aufgrund seines Status als denkmalgeschütztes Gebäude voraussichtlich noch lange erhalten bleiben.

In der zweiten Hälfte der 1840er Jahre waren die Ernten in den Highlands und in Teilen der Lowlands erneut schlecht. Wie schon zehn Jahre zuvor regnete es an der Westküste so stark, dass der gestochene Torf nicht trocknen konnte. Als ob das nicht schon genug wäre, kam auch noch eine Kartoffelkrankheit dazu, die Kraut- und Knollenfäule bzw. Kartoffelmehltau, die teilweise die gesamte Kartoffelernte zerstörte. Die Krankheit wurde durch einen Parasiten ausgelöst und trat 1845 und in den Folgejahren in Schottland und Irland auf. In Irland, wo die Kartoffel das Hauptnahrungsmittel der Bevölkerung war, löste die Krankheit eine Hungersnot aus. Diese wurde als „Große Hungersnot" (Irish potato famine oder Great famine) bekannt und kostete allein in Irland etwa eine Million Menschen das Leben. In dieser Zeit sind viele Iren und auch Schotten aus den Highlands nach Amerika, Kanada, Neuseeland und Australien ausgewandert.

Trotz des Mangels an Getreide arbeiteten die meisten Brennereien weiter. Der mangelhaft verfügbare Ausgangsstoff wurde durch importiertes Getreide ausgeglichen. Dadurch konnte Whisky jetzt das ganze Jahr über hergestellt werden, und nicht mehr nur, wenn die Ernte gut war. So ging auch das Geschäft der Schwarzbrenner immer mehr zurück. In den 1840er Jahren wurden jährlich noch gut 240 illegale Brennereien entdeckt. 15 Jahre später waren es weniger als 50 pro Jahr. Das Schwarzbrennen war damit eigentlich besiegt, aber die Schmuggler waren noch lange nicht am Ende. Der Grund dafür waren die unterschiedlichen Steuersätze für

Alkohol in Schottland und England. Deshalb konzentrierten sich die Schmuggler auf diese Grenze. Der in Schottland legal gebrannte und dort auch versteuerte Whisky wurde in speziell geformte Blechgefäße umgefüllt, die die Schmuggler auf ihren Schultern tragen konnten. Sie gingen zu Fuß und in kleineren Gruppen auf selten begangenen und eher unbekannten Wegen in Richtung England. Dabei mussten sie immer auf der Hut vor den Steuerfahndern sein.

Die Whiskyregion Campbeltown

An einigen Stellen dieses Buches ist Campbeltown als fünfte Whiskyregion, nach Highlands, Lowlands, Speyside und Islands, bereits erwähnt worden. Das ist auf den ersten Blick schon erstaunlich, denn in Campbeltown gibt es, Stand 2024, gerade einmal drei Brennereien. Allein auf der westlich von Kintyre gelegenen Insel Islay gibt es schon deutlich mehr arbeitende Brennereien. Die Gründe für eine eigene Whiskyregion beleuchten wir gleich, hier aber zunächst einige Daten zu den drei aktiven Brennereien in der Region.

Die älteste und gleichzeitig größte der drei Brennereien ist Springbank, die 1828 gegründet wurde. Sie stellt drei verschiedene Malt Whiskys her, die sie auch selbst abfüllt: den nicht rauchigen Hazelburn, den leicht getorften Springbank und den stark getorften Longrow. Die zweitälteste Brennerei ist Glen Scotia, gegründet 1832 und damit nur vier Jahre jünger als Springbank. Glen Scotia stellt vor allem süße und fruchtige Whiskys her. Die dritte und jüngste Brennerei ist Glengyle. Sie wurde 1872 als Abspaltung von Springbank gegründet, deshalb befinden sich beide Brennereien fast am selben Ort in der Stadt. 1925 wurde Glengyle für viele Jahrzehnte geschlossen. Auch nach dem Zweiten Weltkrieg hat man vergeblich versucht, die Brennerei wieder in Betrieb zu nehmen. Glengyle wurde tatsächlich erst 2004 wiedereröffnet und stellt heute den Kilkerran-Whisky her.

Warum nun eine eigene Whiskyregion mit nur drei Brennereien? Der Grund dafür ist, dass die Region früher nicht so „arm" an Brennereien war. Zur Blütezeit im Jahr 1835 gab es 29 gleichzeitig arbeitende Brennereien. Insgesamt hat die Region 35 erwähnenswerte Brennereien gesehen. Es gab noch ein paar mehr, die aber nur kurz existierten. Die Stadt Campbeltown, die auf der malerischen Halbinsel Kintyre liegt, erlebte somit vor allem im 19. Jahrhundert eine bemerkenswerte Geschichte. Die Brennereien waren sozusagen der Motor der lokalen Wirtschaft und haben der Region zu Wohlstand verholfen. Die Geschichte der Whiskyregion Campbeltown ist eine Geschichte von Auf- und Abstieg, von Wohlstand und Verlust. Sie ist ein Spiegelbild der Whisky-Industrie Schottlands und ein faszinierendes Studienobjekt für alle, die sich für Geschichte interessieren.

Die Whiskyregion Campbeltown ist nicht gleichzusetzen mit der Stadt Campbeltown. Die meisten der ehemaligen und alle drei momentan existierenden Brennereien waren und sind zwar innerhalb der Stadtgrenzen angesiedelt, die Region umfasst jedoch den gesamten südlichen Teil der Halbinsel Kintyre. Diese liegt etwa 75 km westlich von Glasgow zwischen den Inseln Islay im Westen und Arran im Osten. Die vielen Brennereien in der Stadt Campbeltown haben wohl dazu geführt, dass die Whiskyregion diesen Namen bekommen hat. Sonst hätte man sie wahrscheinlich Kintyre genannt. Die Stadt Campbeltown hieß ursprünglich

Kinlochkilkerran und wurde erst im 17. Jahrhundert nach Archibald Campbell (1629-1685), 9. Earl of Argyll in „Campbell's Town" umbenannt, woraus dann später „Campbeltown" wurde.

Die Lage auf der Halbinsel Kintyre ist auch der Grund, warum die Whiskyregion Campbeltown so erfolgreich war. Hier findet man praktisch alle landschaftlichen Eigenheiten Schottlands noch einmal auf kleinerem Raum vereint. Die Gegend ist geprägt von Bergen und Tälern, in denen Bäche fließen, von fruchtbaren Böden, auf denen man Gerste anbauen kann, von Kohlevorkommen und großen Vorräten an Torf, den man abbauen und zum Heizen nutzen kann. Auch die geografische Lage ist vorteilhaft, denn östlich von Campbeltown ragt eine Meeresbucht, das Campbeltown Loch, etwa drei Kilometer ins Landesinnere hinein. Dies sorgt für einen natürlichen Hafen, der den Schiffen bei schwerer See Schutz bietet. Von hier aus wurde viel Handel mit England, dem nahen Irland, Glasgow und anderen Städten betrieben. Das brachte der Stadt Campbeltown Wohlstand ein und ließ sie schnell wachsen.

Die Herstellung von Whisky war auf der Halbinsel wohl schon immer ein Teil des Lebens. Schon seit Anfang des 17. Jahrhunderts wurde hier gebrannt, meistens illegal. Ein Jahrhundert später hatte auch die Steuerbehörde das Potenzial erkannt und nach dem Act of Union im Jahr 1707 einen steuerlichen Außenposten in Campbeltown eingerichtet. Jetzt gab es einen Beamten vor Ort, der sich sowohl um den Hafen als auch um die Whiskyherstellung kümmerte. Die Kontrollen waren aber eher halbherzig, denn zwischen 1797 (Schließung von Ballegreggan) und 1817 (Gründung der Brennereien Campbeltown und Ballure) gab es in Campbeltown überhaupt keine legale Brennerei. Das lag vor allem daran, dass ab 1797 die neue Zwischenzone (intermediate zone) zwischen den Lowlands und den Highlands definiert wurde. Campbeltown lag komplett in dieser Zone. Die Lizenzgebühren für Brennereien in dieser Zone waren so hoch, dass dort fast keine Brennerei überlebte. Aber nur weil es ab 1797 keine einzige legale Brennerei in Campbeltown gab, heißt das nicht, dass dort kein Whisky mehr gebrannt wurde. Dafür gab es jede Menge illegaler Brennereien. Zwischen 1797 und 1799 hat die Steuerfahndung auf der Halbinsel fast 300 davon gefunden und beschlagnahmt oder zerstört.

Später, aber immer noch in der ersten Hälfte des 18. Jahrhunderts, wurde in Campbeltown eine Mälzerei errichtet. Dann wurden die ersten legalen Brennereien gegründet. Aber nicht nur die Whiskyindustrie hat der Region zu Wohlstand verholfen, auch die Heringsindustrie war gut vertreten. Gleichzeitig lockten die zwei bedeutenden Industriezweige der damaligen Zeit entsprechende Nebenhandwerke wie zum Beispiel Fassmacher an.

Neben fruchtbaren Böden, die sich zum Anbau von normaler Gerste eigneten, wurde in Campbeltown auf sandigeren Böden auch die in diesem Buch schon erwähnte Highland-Gerste „Bere" oder „Bigg" angebaut, im Folgenden nur noch als Bere bezeichnet. Bere wuchs gut auf sandigem Boden und hatte außerdem den Vorteil, dass sie zwei oder drei Wochen schneller reifte. Bere ist auch als 90-Tage-Gerste bekannt, weil von der Aussaat bis zur Ernte nur etwa 90 Tage vergehen. Der einzige Nachteil, den dieses Getreide hatte, war, dass man pro Fläche deutlich weniger ernten konnte. Entsprechend betrug die Steuer auf dieses Getreide bzw. daraus gewonnenes Malz nur etwa ein Fünftel der Steuer für normales Gerstenmalz. Die Steuervergünstigung für Bere war übrigens nicht wegen des Whiskys eingeführt worden, sondern um die dort ansässigen Bauern zu schützen, die hauptsächlich Bere anbauten. Natürlich haben die Steuerbeamten genau darauf geachtet, dass nicht Bere versteuert, tatsächlich aber Malz aus normaler Gerste verwendet wurde. Gerade in den Jahren mit schlechter Ernte auf Kintyre war die Versuchung groß, normale Gerste als Bere auszugeben. Normale Gerste konnte man bequem von außerhalb beziehen, zum Beispiel aus Irland. Die Kosten dafür waren trotz der Transportkosten über die See nicht höher als für lokal gewonnenes Malz aus Bere. Wenn die Beamten einen solchen Betrug aufdeckten, wurde der gesamte Bestand beschlagnahmt. Dazu kam noch eine saftige Strafe.

Das Recht zur geringeren Besteuerung von Bere lag beim Mälzer. Er musste dazu den Steuerbehörden ein entsprechendes Zertifikat des Herstellers, also des Bauern vorlegen. Dieses Zertifikat belegte, dass es sich tatsächlich um Bere handelte. Die Bauern, die Bere anbauten, waren bekannt. Deshalb war es nicht so einfach, ein solches Zertifikat zu fälschen. Außerdem durften die Mälzer nicht gleichzeitig Bere und normale Gerste mälzen. Das hieß auch: Bere-Mälzereien mussten vollständig von normaler Gerste ferngehalten werden. Das war natürlich ein erheblicher Nachteil für das Geschäft. Wenn das lokal angebaute Bere zu Ende war, lagen solche Mälzereien praktisch brach, da die Mälzer sie nicht für normale Gerste nutzen durften.

Vom Rohstoff zurück zur Whiskyproduktion. Anfang des 19. Jahrhunderts wurde die Steuer für Whiskyproduzenten auf relativ hohe £9 pro Gallone Brennraum festgelegt. Das führte dazu, dass etliche legale Brenner ihre Lizenz zurückgaben, weil sich das Geschäft einfach nicht mehr lohnte. Auch die Highland-Linie war ein Hindernis für die legalen Brenner. Die Grenze ordnete die Region Campbeltown nämlich zunächst den zu dieser Zeit steuerlich schlechter gestellten Highlands zu. Die Brenner gaben ihr Geschäft nur offiziell auf und gingen stattdessen in den Untergrund, wo sie für den dann illegal produzierten Whisky eben gar keine Steuern mehr zahlten.

Eine ganz wichtige Persönlichkeit, sowohl für die Schwarzbrenner als auch für die Geschichtsschreiber, finden wir in der Person des Robert Armour, der im Jahr 1811 in Campbeltown ein Gewerbe als Klempner, Kupfer- und Blechschmied anmeldete. Das Geschäft nutzten Robert sowie seine drei Söhne als Deckmantel für die Herstellungen von kleinen Destillierapparaten mit Kesseln zwischen fünf und 40 Gallonen Inhalt. Offiziell arbeiteten Armour und seine Söhne als Klempner, während sie im Geheimen Brennapparate für Schwarzbrenner herstellten. Was Armour aber besonders machte, war, dass er jedes seiner Geschäfte ganz genau in Büchern festhielt. Erst viele Jahre nach seinem Tod wurden sie Ende des 19. Jahrhunderts bei umfangreichen Umbauarbeiten in den ehemaligen Geschäftsräumen entdeckt. Armours Aufzeichnungen reichen von 1811 bis 1817 und wurden von einem seiner Nachfahren sortiert, geordnet und als Buch gebunden. Er nannte die Sammlung an Aufzeichnungen „Still Books". Für Historiker sind die Aufzeichnungen eine Fundgrube von unschätzbarem Wert, wenn sie sich mit Schwarzbrennen und Schmuggel befassen. Auch wenn Armour für die Geschichte der legalen Whiskyproduktion eher unwichtig war, hat er für die Schwarzbrenner der Halbinsel eine viel größere Bedeutung. Deshalb wollte ich ihm in diesem Buch auch einen eigenen Absatz widmen.

Mit der Abschaffung der Highland-Linie im Jahr 1818 änderte sich auch in Campbeltown einiges, denn dadurch entfiel auch die Lizenzgebühr für Brennblasen. Im Gegenzug wurde eine für die damalige Zeit ziemlich hohe Steuer von 9s 4½d pro Gallone Whisky eingeführt. Ein Mälzer namens John MacTaggart baute, zusammen mit John Beith, eine Brennerei und benannte sie nach der Stadt. Die Brennerei lag am Anfang der Straße Longrow. Es gibt ein paar widersprüchliche Angaben dazu, wann genau die Brennerei, die unter dem Namen „Campbeltown Distillery" lief, gegründet wurde. Einige Quellen geben 1815, andere 1817, wieder andere 1818 als Gründungsjahr an. Vermutlich wurde die Brennerei nach dem Wegfall der Highland-Linie gegründet, weil die Bestimmungen für einen legalen Betrieb in den Highlands zuvor ziemlich hinderlich waren. In den vorher erwähnten Still Books von Robert Armour taucht der Name John Beith regelmäßig in der Zeit vor 1817 auf. Deshalb kann man davon ausgehen, dass er vor 1817 schon eine illegale Brennerei betrieb und sich erst 1817 oder 1818 eine Lizenz beschaffte, um dann legal zu produzieren. Weitere Namen von Brennern, die in Robert Armours Still Books auftauchten und die zu einem späteren Zeitpunkt selbst als Gründer legaler Brennereien in Campbeltown erwähnt werden, waren zum Beispiel: Reid (Mitbegründer von Springbank, 1828 und Dalintober, 1832), Galbraith (Glen Scotia, 1832) und Mitchell (Rieclachan, 1825), um nur drei zu nennen.

Der Name Mitchell spielt hier eine ganz besondere Rolle. Um 1660 herum sind die Mitchells als Teil einer großen Migrationsbewegung von Bauern aus den Lowlands auf die Halbinsel Kintyre gezogen. Sie wussten also, wie man Landwirtschaft betreibt und konnten, wie viele Bauern damals, aus Gerste Malz herstellen, aus Malz Maische machen und diese natürlich auch destillieren. Archibald Mitchell hat schon lange vor der Gründung der Springbank-Brennerei am Standort der späteren Brennerei illegal Whisky produziert. Nachdem die rechtlichen Voraussetzungen gegeben waren, holte er sich nach 1823 eine Lizenz und ging in die Legalität. Springbank wurde später, im Jahr 1828, von angeheirateter Verwandtschaft gegründet, nämlich von William Reid. Archibalds Schwester Mary Mitchell baute später, zusammen mit zwei Templeton-Brüdern, John McMillan und weiteren Beteiligten, die unter dem Firmennamen „Templeton, Fulton & Co." auftraten, die Brennerei Drumore.

Springbank wurde 1837 von den Reids verkauft, weil die Familie in finanzielle Schwierigkeiten kam. Käufer waren John und William Mitchell. Zwei weitere Mitchells wurden später Teilhaber bei Rieclachan. Johns Sohn Alexander Mitchell arbeitete später in der Firma „J&W Mitchell & Co" seines Vaters, bei der 1897 das W gegen das A von Alexander ausgetauscht wurde. Und so heißt die Firma noch heute. Neben Springbank und Glengyle gehört seit 1969 auch der unabhängige Abfüller Cadenhead zur „J&A Mitchell & Co."

In Campbeltown erschwerten zunächst etliche Besonderheiten den Betrieb von Brennereien. Das größte Problem war, dass es zu wenig Wasser gab, das man für den Brennprozess hätte nutzen können. John Campbell, der 7. Duke of Argyll und gleichzeitig Nachfahre des Namensgebers der Stadt, ließ deshalb ein Wasserreservoir für die Stadt errichten. Der Duke wollte damit auch dafür sorgen, dass sich mehr Brennereien in der Stadt ansiedeln, und das hat auch gut geklappt, wie man in den nächsten Jahren gesehen hat. Das Speicherreservoir wird mit Quellwasser vom 340 Meter hohen Beinn Ghuilean gefüllt. Das Reservoir wurde 1820 fertiggestellt und befindet sich ganz in der Nähe einer Ansammlung von Brennereien, die vor der Legalität 1823 fertiggestellt waren. Vom Reservoir aus führten zwei dicke Wasserleitungen weg: Die „town main" führte in die Stadt und die „distilleries main" zu den Brennereien. Die Brennereien mussten für den Wasserverbrauch eine Gebühr von 3d pro 1000 Gallonen an den Duke zahlen. Später wurde das als „Crosshill Loch" bekannte Reservoir noch einmal erweitert. Das Reservoir existiert bis heute und versorgt auch heute noch, 200 Jahre nach seiner Fertigstellung, die drei aktiven Brennereien mit Wasser.

Erst nach 1823, als der 1823 Excise Act in Kraft trat, entstanden in Campbeltown weitere Neubauten legaler Brennereien. In den Highlands hatte dieses Gesetz ja schon für einen Bauboom bei Brennereien gesorgt.

Wie schon Mitchell ist auch der Name Colville fest mit der Geschichte der Brennereien in Campbeltown verbunden. Das gilt sowohl für den Namen als Einzelperson als auch für Beteiligungen an Firmen. Ein Beispiel ist die Firma „Colville, Beith & Co.", die im Jahr 1821 die Brennerei Campbeltown von Mactaggart übernahm. 1823 gründete die Firma „Lamb, Colville & Co." die Brennerei Kinloch. Wie man am Firmennamen sieht, waren auch hier die Colvilles mit im Spiel. Im selben Jahr wurde die Brennerei Caledonian gegründet, und zwar von „Peter Stewart & Co.", ohne Beteiligung der Colvilles. Sie lag an der Nordseite der Burnside Street. Nicht zu verwechseln mit der in Edinburgh gelegenen Brennerei mit dem gleichen Namen, denn diese wurde erst 1855, also viel später gegründet.

Während der kommenden fünf Jahre wurde die Stadt mit Neubauten von Brennereien regelrecht zugepflastert: Im Jahr 1824 folgten die Lochhead Distillery, gegründet von A & R McMurchy & Co., die Longrow Distillery von John Beith & Co und die Meadowburn Distillery von Kirkwood, Taylor & Co. Im Folgejahr 1825 wurden gleich fünf neue Brennereien gegründet. Den Anfang machten die Burnside Distillery von McMurchy, Ralston & Co. sowie die Dalaruan Distillery von David Colville & Co. Letztere lag gleich neben Meadowburn. Greenless, Colville & Co. gründeten offiziell die Hazelburn Distillery, wobei man vermutet, dass die Brennerei schon vorher existierte. Als Nummer vier in diesem Jahr kam dann noch die Kintyre Distillery von John Beith & Co dazu, die fünfte und letzte Neugründung im Jahr 1825 war schließlich die Rieclachan Distillery von Wylie Mitchell & Co.

1826 wurde lediglich die Union Distillery von MacTaggart & Henderson Co. gegründet. Wie auch die Brennerei Rieclachan lag sie direkt neben der Campbeltown Distillery. Im Jahr darauf kamen dann noch die Glenramskill Distillery von McMurchy, Ralston & Co und die Highland Distillery von Daniel MacTaggart & Co dazu, und 1828 folgten schließlich noch die Mackinnon Distillery, auch bekannt als Argyll Distillery, von Duncan McKinnon & Co, sowie die auch heute noch produzierende Springbank, gegründet von William Reid & Co als „Longrow Street Distillery".

Dufftown wird ja gern als Whisky-Hauptstadt Schottlands bezeichnet. Aber man könnte sich durchaus fragen, ob diese Bezeichnung nicht vielleicht für Campbeltown um 1830 herum passender gewesen wäre. Der Bauboom ging nämlich auch nach 1828 noch weiter. 1830 kamen fünf weitere Brennereien dazu: Albyn Distillery (William McKersie & Co), Springside

(Colville, Beith & Co), Glenside (John Marshall & Co), West Highland Distillery (Andrew & Montgomery Co) und Lochside (McKersie & Co). 1832 folgten die Glen Scotia Distillery (Steward Galbraith & Co) und Dalintober (Reid & Colville & Co). Von der Brennerei Broombrae weiß man leider nicht viel und sie hat auch nicht lange produziert, die Gründung wird jedoch auf 1833 datiert. 1834 folgten die Thistle Distillery von Harvey & McMillan Co., die später in Mountain Dew umbenannt wurde, Mossfield (Harvey & Hunter Co.), Drumore Distillery (Templeton, Fulton & Co.) und die Tober an Righ Distillery (Alexander Wylie & Co.). Und 1835 wurde noch die Lochruan Distillery von Johnston's & Co. eröffnet.

Mit der letzten Eröffnung im Jahr 1835 gab es in Campbeltown nun ganze 29 produzierende Brennereien, bei einer Bevölkerung von damals knapp 7.000 Menschen. Die Drumore Distillery wurde auf dem Gelände einer ehemaligen, illegalen Brennerei auf der Drumore Farm gebaut, die ein bisschen außerhalb der Stadt lag. Glenramskill befand sich etwa eine Meile östlich des Hafens an der Kilkerran Road. Die anderen 27 Brennereien lagen alle innerhalb der Stadtgrenzen. Wenn man damals auf dem Seeweg die Halbinsel Kintyre über das Campbeltown-Loch angefahren ist, war der Anblick der vielen rauchenden Schornsteine sicher beeindruckend. Der folgende Kartenausschnitt zeigt die Lage der Brennereien in der Innenstadt von Campbeltown, wobei hier allerdings auch bereits drei Brennereien eingezeichnet sind, die erst später entstanden.

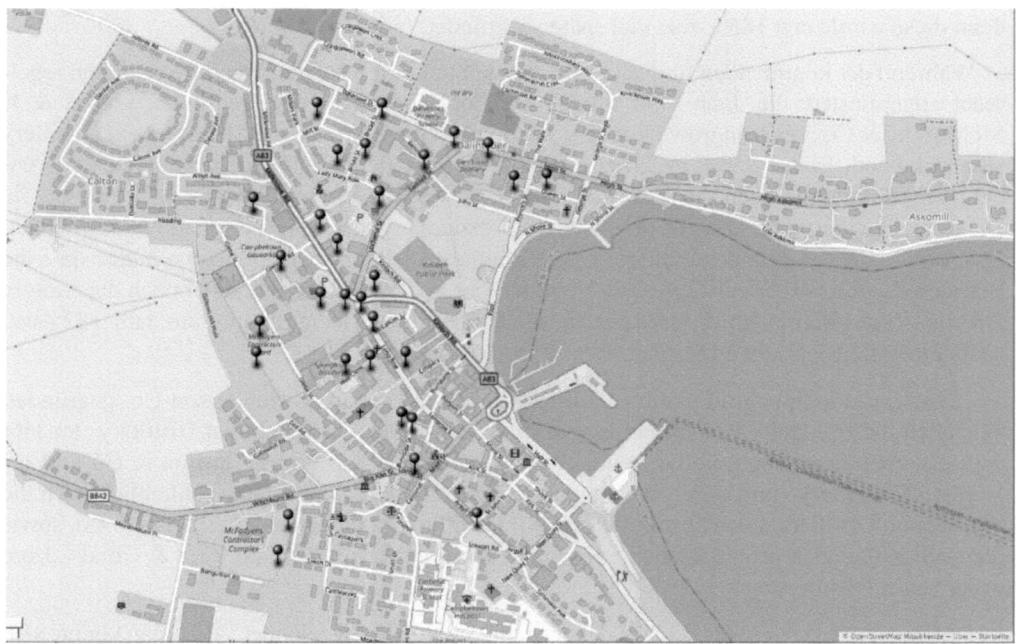

Abbildung 9: Lage der Brennereien in der Innenstadt von Campbeltown im Jahr 1835

Die große Anzahl arbeitender Brennereien verschaffte der Stadt einen deutlichen Wohlstandschub. Für den Bau und Betrieb der Brennereien wurden Materialien und Rohstoffe aus ganz Schottland herangeschafft. Die modernsten Maschinen, die es damals gab, wurden eingesetzt und die neu gebauten Brennereien waren auf dem neuesten Stand der Technik. Doch wie konnte man damals so große Mengen Whisky von der Halbinsel weg und im Gegenzug die Rohstoffe heranschaffen? Das war nur möglich, weil damals das Dampfschiff als Verkehrsmittel gerade neu aufkam. Der Whisky aus Campbeltown wurde hauptsächlich in Glasgow verkauft. Damals konnte man auf den schlechten Straßen gut und gerne eine Woche oder auch mal zehn Tage für eine Reise dorthin veranschlagen. Diese Art der Beförderung war nicht nur zeitraubend und anstrengend, sondern auch noch mit nicht unerheblichen Kosten verbunden. Außerdem konnte man nur eine begrenzte Anzahl an Fässern mit einem Pferdefuhrwerk transportieren. Der Transport per Dampfschiff ging jetzt in nur noch einem halben Tag, bei guten Bedingungen sogar noch schneller.

Der zweitgrößte Absatzmarkt war die Grafschaft Ayrshire im Südwesten von Schottland. Auch wenn Glasgow natürlich viel größer war, war Ayrshire trotzdem ein wichtiger Markt für den Campbeltown-Whisky. Von Campbeltown aus konnte man die Küste von Ayrshire sogar noch schneller per Schiff erreichen als den Hafen in Glasgow. Auch die Nordküste von Irland wäre mit dem Schiff schnell erreicht gewesen, in den von mir untersuchten Quellen habe ich allerdings keine Aufzeichnungen über Whiskyhandel mit Irland gefunden.

Ein Steuerbeamter, der damals in Campbeltown gearbeitet hat, hat in seinen Erinnerungen Folgendes geschrieben: *„Campbeltown war bekannt für seine vielen Brennereien, von denen in Summe viele Steuern eingenommen wurden. Dazu waren viele Steuerbeamte notwendig, von denen jeder eine Brennerei und mehrere Malzlager kontrollierte. Campbeltown-Whisky war berühmt und stark nachgefragt, sowohl auf dem Heimmarkt als auch im Ausland. Er wurde in eher kleinen Brennblasen destilliert und aus über Torf getrocknetem Malz hergestellt. Er hatte einen ganz eigenen Geruch und Aroma, sehr geschätzt von seinen Konsumenten.“*

Der Whisky aus Campbeltown war also für seine gute Qualität bekannt. Der Großteil wurde direkt als Fassware an die großen Abfüller verkauft. Später ging er dann auch an die Blender, als Blended Whiskys modern wurden. So konnte man sich das eigene Abfüllen in Flaschen sparen.

Der große Erfolg des Campbeltown-Whiskys führte auch dazu, dass die Besitzer der Brennereien prunkvolle Herrenhäuser bauten, in denen sie wohnten. Die meisten dieser Herrenhäuser wurden natürlich in den Außen- und Randbereichen der Stadt gebaut, weil man da deutlich mehr Platz hatte, um ausgedehnte Gärten anzulegen und Nebengebäude zu errichten. Bei einem Spaziergang auf dem Low Askomil Walk am Nordufer des Campbeltown Lochs oder, noch besser, auf der darüber gelegenen High Askomil, kann man etliche prunkvolle Gebäude aus der Blütezeit der Stadt bewundern.

Es sieht so aus, als hätte es 1835 mit Lochruan einen Peak an Brennereien gegeben. Danach wurde fast ein Jahrzehnt lang keine einzige Brennerei mehr gebaut. Der Wettbewerb unter den vielen Brennereien war hart und die Ressourcen knapp. Tatsächlich mussten in den Jahren ab

1834 einige kleinere Brennereien den Betrieb einstellen, weil ihnen das Geld ausging. Den Anfang machten Broombrae und Union. Broombrae hatte nur ein Jahr durchgehalten, Union immerhin acht. Beide Brennereien wurden aufgekauft und geschlossen. Im Folgejahr stand Glenramskill zum Verkauf. Käufer war Robert Relston, der die Brennerei aber nie wieder in Betrieb nahm. 1852 wurde die Brennerei dann endgültig geschlossen. 1837 hatte Thistle finanzielle Probleme und wurde verkauft. In den gleichen Räumlichkeiten produzierte der Käufer dann noch ein paar Jahre unter dem Namen Mountain Dew, bis die Brennerei endgültig geschlossen wurde. Auch Mossfield stellte 1837 die Produktion ein.

Die Whiskyindustrie als Ganzes hat sich in Campbeltown aber ganz gut gehalten. Die einzigen Hürden waren die allgemeine wirtschaftliche Stagnation und die Kirche, die sich zunehmend gegen den Alkoholkonsum aussprach. Als Reaktion auf die Vorwürfe der Kirche fingen einige der Whiskybarone an, selbst Kirchengebäude zu bauen und zu finanzieren. Dadurch änderte sich die Haltung der Kirche zu den Brennern schlagartig. Um die Jahrhundertwende (1800) hatte die Kirche fast nur Hasspredigten für die Whiskyindustrie parat. Jetzt, wo die Whiskybarone so spendabel waren, fand sie hingegen lobende Worte.

Nach über 20 Jahren drosselte die Caledonian-Brennerei 1844 zunächst die Produktion, bevor sie dann 1851 endgültig schloss. 1847 wurde bei Drumore der Betrieb eingestellt. 1844 wurde auch der Betrieb in der Argyll-Brennerei eingestellt, aber nur, um am selben Standort die neue Argyll-Brennerei zu errichten, die auch unter dem Namen MacKinnon bekannt war. Sie produzierte jährlich rund 40.000 Gallonen Whisky

Im Jahr 1844 wurde außerdem die Highland-Brennerei Glen Albyn gegründet, um die Region Campbeltown thematisch langsam wieder zu verlassen. James Sutherland baute die Brennerei direkt am Ufer des Caledonian Canal, direkt in der Stadt Inverness.

Die zweite Hälfte des 19. Jahrhunderts

Ab etwa 1850 entwickelte sich die schottische Wirtschaft nur noch langsam. In den Jahren 1852 bis 1856 hatte die schottische Whiskyindustrie erneut mit ernsthaften Problemen zu kämpfen. Um eine Steuergleichbehandlung im gesamten Königreich zu erreichen, wurde die Steuer nun fast jedes Jahr erhöht, insgesamt um 4s 3d. Gleichzeitig sank der Konsum in diesem Zeitraum um ein Viertel. Durch die lahmende Wirtschaft konnten sich einfach weniger Menschen den Whisky leisten. Das war einer der Gründe, warum so viele kleine Brennereien schließen mussten. Weitere Gründe waren Missmanagement und die Finanzen. Und als ob das nicht schon genug wäre, bekamen die zahlreichen und nun im ganzen Land aufkommenden Abstinenzbewegungen erneut mehr Zulauf und auch Unterstützung aus der Bevölkerung. Das hatte vor allem für Campbeltown fatale Folgen. Die vielen kleinen, schlecht geführten Brennereien mussten ihren Betrieb einstellen. Als erstes schlossen im Jahr 1852 die Highland Distillery, West Highland und Lochside. Sechs Jahre später war dann auch Tober an Righ dran.

Aber auch größere Brennereien hatten mit der schlechten Wirtschaftslage zu kämpfen. Das prominenteste Beispiel ist die Brennerei Kilbagie von James Stein. Um 1800 wurde sie von George Dunlop & Co. aufgekauft. Dunlop ließ 1845 dort eine Coffey Still einbauen. Damit wurde die Brennerei in eine Grain Whisky-Brennerei umfunktioniert. Als solche arbeitete Kilbagie noch bis 1851, dann ging George Dunlop pleite und die Brennerei wurde geschlossen.

Die Abstinenzbewegungen sind nicht einfach so aus dem Nichts entstanden. Tatsächlich wurde in Schottland damals ziemlich viel Alkohol getrunken. Einer Berechnung anhand des Verkaufs von versteuertem Whisky zufolge trank jeder Schotte ab 15 Jahren pro Woche etwa eineinhalb Liter Whisky. Außerdem konnte man Whisky direkt beim Händler trinken. Es gab die Befürchtung, dass dadurch vor allem Frauen zum Trinken animiert werden könnten, wobei der konsumierte Alkohol vom Händler einfach über die wöchentliche Rechnung unter Kartoffeln oder Hafer verbucht wurde. Aber nicht die Frauen waren das Problem, sondern vor allem die Männer haben viel getrunken. Whisky wurde einfach immer und überall getrunken. Es war üblich, dass Lehrlinge zu Beginn ihrer Ausbildung ihren Meistern und Gesellen als Einstand Whisky ausgaben. Meistens wurde der erste Wochenlohn komplett für Whisky ausgegeben. Whisky wurde auch benutzt, um Verträge zu besiegeln. Auf dem Land hatte man oft eine Flasche Whisky auf Vorrat, um Händlern, die vorbeikamen, als Zeichen der Gastfreundschaft ein Glas davon anzubieten. Auch bei jeder Art von Feierlichkeiten, wie Geburtstagen, Kindergeburtstagen oder Hochzeiten, war Whisky ein gern gesehener Gast. Sogar bei Beerdigungen wurde gerne richtig viel Whisky getrunken.

Selbstverständlich wurde auch direkt an der Quelle, in den Brennereien, getrunken. Jeder Arbeiter bekam zu Beginn jeder Schicht ein Dram, das war ungefähr ein Viertel Pint. Ein schottisches Pint entspricht etwa 1,7 Litern. Obwohl die Mengen sicherlich zurückgingen, hielt sich der „dramming" genannte Brauch, in den Brennereien zu Beginn jeder Schicht Whisky auszuschenken, bis in die frühen 1970er Jahre.

Die schmuddeligen Tavernen, die es Anfang des Jahrhunderts noch zuhauf gab, waren Mitte des 19. Jahrhunderts weitgehend verschwunden. Sie wurden ersetzt durch Hotels für die Reichen, Drinking Clubs für die Armen und durch die sogenannten „Public Houses", das waren die Vorläufer der heutigen Pubs. Public Houses waren die Lokale für den Mittelstand, also für Handwerker, Ladenbesitzer und Facharbeiter. Diese Art von Lokalitäten gab es jetzt wie Sand am Meer. In Glasgow gab es rein rechnerisch einen Pub für 14 Familien.

Was kaum stagnierte, sondern teilweise sogar noch stieg, war die Nachfrage nach billigem Alkohol aus den großen Lowland-Brennereien. Der Whisky wurde sowohl in der Industrie verwendet als auch zu anderen alkoholischen Getränken weiterverarbeitet. Dazu wurde der Whisky mit Kräutern und/oder anderen Getränken wie Brandy vermischt. So entstand ein günstiges Getränk, das aber nichts mehr mit Whisky zu tun hatte. Die Malt-Brenner waren nicht begeistert, weil sie dachten, dass das Image des Whiskys darunter leiden könnte.

Ab Mitte der 1850er Jahre ging es für die kleineren Brennereien in den Lowlands und Highlands wieder etwas bergauf. Das wurde auch dadurch unterstützt, dass immer mehr Bahnlinien im ganzen Land entstanden. Dadurch wurde der Whiskyhandel natürlich auch erleichtert und stieg entsprechend an. William Gladstone war ein einflussreicher britischer Politiker und hat sich im 19. Jahrhundert dafür stark gemacht, dass die Eisenbahn für alle zugänglich ist und nicht nur für Reiche. Deshalb fuhr er gerne in der dritten Klasse. Schon in der ersten Hälfte des

19. Jahrhunderts wurden ja jede Menge lokaler Bahnlinien gebaut, zum Beispiel die von Edinburgh nach Newcastle (1846), von Glasgow nach Carlisle (1847) und von Perth nach Aberdeen (1850). Damit war auch die Verbindung zum englischen Bahnnetz hergestellt und man konnte nun direkt von Aberdeen nach London fahren, ohne umsteigen zu müssen. Außerdem wurden weitere Bahnstrecken von privaten Eisenbahngesellschaften gebaut, die von der Regierung den Auftrag dazu bekommen hatten. Ein Beispiel dafür ist die Strecke von Ross (Speyside) nach Elgin und Lossiemouth. Der Auftrag für den Bau wurde 1844 an die Morayshire Railway Company vergeben und 1858 war die Linie fertiggestellt.

Schon 1851 und damit mitten in der Krise gab es auch eine Neugründung in den Highlands. In Bridgend bei Perth wurde eine bankrottgegangene Brauerei in die Brennerei Clockserrie umgebaut, die dann 1860 in Isla umbenannt wurde. Anfangs wurde die Brennerei von drei Generationen der Forbes-Familie betrieben, angefangen bei Alexander, den 1867 sein Sohn John ablöste. John wurde dann 1900 durch Alexanders Enkel Sam abgelöst. Der ursprüngliche Name der Brennerei kam von einem Bach, dem Clockserrie Burn, dessen Wasser früher zum Kühlen benutzt wurde.

Donald Peter MacDonald erbte Ben Nevis im Jahr 1856 von seinem verstorbenen Vater John. Erst dieser legte den Grundstein für den Erfolg von Ben Nevis, indem er die inzwischen schon über 30 Jahre alte Brennerei grundlegend renovierte, erweiterte und modernisierte. Viele der Gebäude, die heute noch stehen, stammen aus dieser Umbauphase. Das Besucherzentrum ist zum Beispiel in dem Gebäude untergebracht, das 1862 gebaut wurde und früher die Malzböden enthielt. Durch die Erweiterung und Modernisierung der Anlagen konnte Donald im Jahr 1864 schon 150.000 Gallonen Whisky herstellen. Als Hommage an seinen Vater und Gründer der Brennerei taufte er einen Whisky auf den Namen „Long John's Dew of Ben Nevis Pure Highland Malt".

Donald Peter baute direkt neben der ersten Brennerei noch eine weitere. Der Brennerei-Komplex war zeitweise ein echtes Job-Wunder und beschäftigte rund 200 Menschen. Ben Nevis hatte zu dieser Zeit die größten Malzböden in ganz Schottland und war die erste Brennerei, die sowohl Malt- als auch Grain-Whisky herstellen konnte. Auch die verkehrsgünstige Lage trug zum Erfolg der Brennerei bei. Die Brennerei Ben Nevis liegt direkt am Caledonian Canal und konnte somit schon damals ganz einfach mit Gerste aus dem Norden (Moray, Black Isle) beliefert werden. Die Kohle zum Beheizen der Brennblasen kam von der Westküste Schottlands. Als Alfred Barnard die Brennerei 1886 besuchte, hatte sie bereits mehr als 10.000 Fässer gelagert und produzierte jährlich 260.000 Gallonen. Ben Nevis war damals eine der größten Brennereien in Schottland.

Auch die 1855 von Graham Menzies & Co. gebaute Caledonian in Edinburgh, eine der bedeutendsten Brennereien in den Lowlands, gehört in diese Dekade. Sie war nämlich über viele Jahrzehnte hinweg die größte Brennerei Schottlands. Dabei hatte sie bei der Fertigstellung nur eine einzige, dafür aber richtig große Coffey-Still (1.000 Gallonen). Damals war das die größte Coffey-Still der Welt. Außerdem hatte sie noch zwei große Pot Stills, auf denen aber kein Malt, sondern Grain Whisky destilliert wurde. Die Brennerei, die im Volksmund auch „The Cally" genannt wurde, war perfekt gelegen am Haymarket von Edinburgh, in unmittelbarer Nähe des Bahnhofs und mit einer Anbindung an den Forth & Clyde Canal, aus dem sie auch ihr Kühlwasser bezog.

John Haig & Co. haben 1859 noch einen Versuch gestartet, ihre seit 1852 stillgelegte Brennerei Seggie wieder in Betrieb zu nehmen. Doch das funktionierte nur ein Jahr lang. 1860 wurde die Brennerei dann endgültig geschlossen. Sie blieb noch zwölf Jahre geschlossen und wurde dann 1872 in eine Papierfabrik umgebaut.

Die Anfänge des Blendings

Ein neues Gesetz, das das „vatting" regelte, hatte vor allem für die Highland-Brenner positive Auswirkungen. Das Gesetz, das 1853 verabschiedet wurde, hatte einen ziemlich komplizierten Namen: „The Licensing (Scotland) Act 1853 (16 & 17 Vict. c.67)". Im Volksmund wurde es deshalb einfach als „Forbes Mackenzie Act" bezeichnet, zu Ehren von William Forbes Mackenzie, der das Gesetz maßgeblich vorangetrieben hatte. Das Gesetz erlaubte den Brennern, vor der Abfüllung des Whiskys verschiedene Fässer ein und derselben Brennerei zu mischen. Der Vorteil war, dass man nun kleine Unterschiede in der Destillation und Reifung durch Mischen ausgleichen konnte. So hatte das Endprodukt im Idealfall über Jahre hinweg immer den gleichen Geschmack. Es war nun ebenfalls möglich, Whiskys mit unterschiedlichen Lagerzeiten miteinander zu mischen. So entstand der Single Malt.

Sieben Jahre später wurde das Gesetz durch den „1860 Spirits Act" erweitert. Nun durfte auch Whisky aus verschiedenen Brennereien gemischt und das Ergebnis als unversteuerte Ware gelagert werden. Damit wurde der Grundstein für die Blending-Industrie gelegt, wie wir sie heute noch kennen. Bald darauf übernahmen die Händler das Blending, statt dass die Brenner selbst Hand anlegten. Die Brenner wollten ihr Produkt natürlich so schnell wie möglich verkaufen, um damit Geld zu verdienen. Die Händler hatten zu dieser Zeit teilweise schon Fässer mit längerer Lagerdauer im Bestand. Damit konnten sie zahlungskräftigen Kunden, die etwas Besonderes suchten, Whisky anbieten. Das neue Gesetz gab ihnen die Möglichkeit, mit verschiedenen Jahrgängen zu experimentieren. Das fertige Produkt wurde als „Vatted Malt" bezeichnet, ein Begriff, der auch heute noch ganz vereinzelt zu finden ist. Später wurde der Begriff dann durch „Blended Malt" abgelöst. In Blended Malts sind nur Malt Whiskys enthalten.

Das „Blending", also das Mischen von Grain- und Malt Whisky zum Produkt „Blended Scotch Whisky", war schon seit einigen Jahrzehnten bekannt und ist wohl eher ein Zufallsprodukt. Durch die Zugabe einer kleinen Menge aromatischen Malt Whiskys konnte man dem eher geschmacklosen Grain Whisky ein in sich geschlossenes, rundes Aroma verleihen. Das Ergebnis war nicht so extrem wie das der damals stark torfigen Malts, aber auch nicht so langweilig wie reiner Grain Whisky.

Blending ist heute immer noch ein großes Thema. Geschätzte 90 % des verkauften Whiskys aus Schottland sind heute Blends. Vor ein paar Jahrzehnten, als Single Malts noch wenig nachgefragt wurden, lag ihr Anteil noch höher. Die Blender schaffen es mittlerweile sehr gut, durch geschickte Auswahl von Fässern über viele Jahre hinweg denselben Geschmack im Endprodukt zu erzeugen. Aber das war nicht immer so. Früher, im 19. Jahrhundert, haben die Whiskyhändler einfach große Behälter auf ihren Grundstücken stehen gehabt. In diese Behälter wurden die Whiskylieferungen aus den Brennereien ohne Vorauswahl hineingegossen. Das so entstandene Gemisch wurde dann an die breite Bevölkerung verkauft. Je nachdem, welche Whiskys verwendet wurden, schmeckte das Ergebnis mal so und mal so. Andrew Usher war hier ein echter Vorreiter. Er hatte seinen O.V.G., der ja anfangs ein echter Vatted Malt war, nun auch mit Grain Whisky gemischt, um einen Blended Whisky zu erhalten. Aus alten Aufzeichnungen geht hervor, dass die ersten Blends aus etwa sechs verschiedenen Whiskys bestanden. Unter den ersten Blends waren natürlich der größte Anteil Grain Whisky und junger Malt Whisky – beide günstig im Einkauf. Als Geschmacksgeber hat man dann noch etwas teureren Whisky aus bekannten Regionen hinzugefügt, zum Beispiel von der Insel Islay, aus Campbeltown oder einen guten Speysider.

Nachdem Usher mit dem Blending begonnen hatte, sind auch andere Händler auf den Zug aufgesprungen und haben sich im Geschäft mit dem Vatted Malt und dem Blended Scotch versucht. Manche Blending-Firmen waren erfolgreicher als andere. Eine der erfolgreicheren war die Firma Allan & Poynter, aus der später das heute noch bekannte Unternehmen White & Mackay hervorging. Einige Hersteller fingen jetzt auch an, mit langen Lagerzeiten zu experimentieren. Der große Vorteil für die Firmen war, dass sie durch das Blending und Vatting ihr eigenes Produkt schufen, das sie unter eigenem Namen verkaufen konnten. Der größte Vorteil daran war, dass sie nicht erst viel Kapital in den Aufbau einer eigenen Brennerei stecken mussten. Die einzelnen Brennereien, die die Komponenten des Blends lieferten, wurden nicht erwähnt. Das ist übrigens bis heute so. Blended Scotch Whisky war ein echter Exportschlager und sein guter Ruf verbreitete sich. Die Käufer kamen nicht nur aus England, sondern auch aus Europa und Übersee. Auch viele Schotten, die in andere Länder ausgewandert sind, haben dazu beigetragen, dass Whisky auf der ganzen Welt getrunken wird. Schottland hatte einen Exportschlager und die Whiskyherstellung entwickelte sich bis Anfang der 1860er Jahre zu einem wichtigen Industriezweig.

Die zweite Hälfte des 19. Jahrhunderts war im Vereinigten Königreich aber auch eine Zeit mit wirtschaftlichen Hochs und Tiefs. Die Ursachen dafür waren unter anderem die Beteiligungen an kriegerischen Auseinandersetzungen. Leider gab es davon in dieser Zeit viel zu viele. Ein paar Beispiele sind die Kriegserklärung von Frankreich und Großbritannien an Russland im Krim-Krieg (1853) oder der Zweite Opiumkrieg (1856–1860, der erste war 1839–1842) zwischen dem Königreich und Frankreich gegen China. Von 1857 bis 1859 hat die britische Armee in Indien gegen aufständische Truppen der Ostindien-Kompanie gekämpft. In den 1860er Jahren gab es den amerikanischen Bürgerkrieg und 1879 den Zulukrieg. Und auch bei Kriegen, an denen das Land nicht unmittelbar beteiligt war, gab es spürbare Auswirkungen auf die Wirtschaft.

Im eigenen Land ging der Scotch-Konsum in der zweiten Hälfte des Jahrhunderts etwas zurück. Das wurde aber durch das Bevölkerungswachstum wieder ausgeglichen. Der Rückgang hatte zum einen mit den Anti-Alkohol-Bewegungen zu tun, zum anderen auch damit, dass nun auch mehr andere Getränke verfügbar waren. Neben alkoholfreien Getränken wie Tee und

Kaffee wurde auch wieder mehr Bier getrunken. Außerdem wurden die verschiedenen Pale Ales immer beliebter. Doch der Rückgang des Alkoholkonsums hatte noch andere Gründe als die Anti-Alkohol-Bewegungen. Das Forbes-Mackenzie-Gesetz regelte nämlich nicht nur das Vatting, sondern auch den Verkauf von Wein und Spirituosen über lizenzierte Händler, führte die Sperrstunde in Pubs um 23 Uhr an Wochentagen und ganztags an Sonntagen ein und gab der Polizei mehr Rechte bei der Kontrolle von Trinkhallen. Die Steuerverdopplung von 4s auf 8s zwischen 1851 und 1855 hatte aber sicher den größten Einfluss auf den Rückgang des Konsums. Im Jahr 1860 wurde die Steuer mit der Einführung des „Spirit Act" sogar um satte 25 % auf 10s erhöht. Diese Maßnahme war Teil von William Gladstones Plan, die Steuern im gesamten Königreich zu vereinheitlichen.

Gleichzeitig wurde mit dem sogenannten Cobden-Vertrag ein Handelsabkommen mit Frankreich geschlossen. Dadurch wurden die Zölle auf Waren, die aus Frankreich importiert wurden, komplett gestrichen, womit Wein und Brandy aus Frankreich billiger wurde. Sowohl der Cobden-Vertrag als auch der Spirit Act waren für Schottland und die Whiskyindustrie eher nachteilig. Ab etwa 1862 ging es mit den Exporten nach England wieder aufwärts. Für Leute wie Andrew Usher kann man schon fast von goldenen Zeiten sprechen. Einmal war er Agent für „The Glenlivet" und hatte somit direkten Zugriff auf Premium-Malt Whisky. Zum anderen war er seit etwa drei Jahren zusammen mit seinem Bruder Eigentümer der Edinburgh Distillery. Dadurch hatte er fast uneingeschränkten Zugriff auf Grain Whisky. So konnte er die Zutaten für den immer beliebter werdenden Blended Scotch Whisky günstig besorgen.

Die Steuererhöhungen in den 1850er Jahren bereiteten vielen Malt-Brennereien Probleme. Die Abschaffung des sogenannten „Malt Drawback", über den sie einen Teil der Steuern zurückerstattet bekamen, machte die Lage für sie noch schwieriger. So kam es erneut zu einer kleinen Welle von Brennerei-Schließungen. Selbst alteingesessene Marken waren davon betroffen. Im Jahr 1850 gab es noch 161 Brennereien in den Highlands und Lowlands. Bis 1857 sank die Zahl auf nur noch 128. Auf Islay gab es nur noch neun Brennereien statt wie früher zwölf, und in Campbeltown, der Stadt mit der höchsten Brennereidichte in ganz Schottland, waren es nur noch 16 statt 28, was fast einer Halbierung entsprach.

Drei für Schottland positive Faktoren sorgten Anfang der 1860er Jahre dann dafür, dass viele Brennereien in Schottland überlebten. Der erste Grund für den Boom des Whiskys war ein Weinschädling, der in den 1860er Jahren aus Nordamerika kommend die Weinbaugebiete Europas befiel. Es handelte sich um die Reblaus, oder besser gesagt, um verschiedene Arten davon. Am gefährlichsten waren die Wurzel-Rebläuse, die die Wurzeln der Weinstöcke angreifen und letztendlich dafür sorgen, dass die Weinrebe kaputt geht. Die Schäden, die dadurch angerichtet wurden, waren immens. Die Weinbauländer Spanien, Portugal und Italien sowie insbesondere die französischen Weinbaugebiete bekamen den Schädling besonders stark zu spüren. In den 20 Jahren von 1865 bis 1885 wurden hier fast 2,5 Millionen Hektar Anbaufläche zerstört. Das hatte nicht nur katastrophale Folgen für die Landwirtschaft, sondern auch dafür gesorgt, dass kein Brandy und kein Cognac mehr hergestellt werden konnten, weil beide Spirituosen den Wein als Ausgangsstoff brauchen.

Beim Cognac, der wie heute der Whisky auch damals schon über viele Jahre im Fass gelagert wurde, um ihn reifen zu lassen, waren die Schäden auch noch kumulativ. Das heißt, die Schäden wurden von Jahr zu Jahr immer größer, weil kaum noch frischer Cognac hergestellt wurde. Der wenige noch vorhandene Cognac wurde entsprechend teurer. Und wie bei vielen anderen Produkten, bei denen in Zukunft Knappheit droht, stieg auch beim Cognac der Preis. Viele Kunden fanden den Preis zu hoch und suchten nach einem Produkt, das ausreichend und zuverlässig verfügbar war und zudem günstiger. Und das waren der individuelle Whisky von kleinen Brennereien und der jetzt gerade in Mode kommende Blended Scotch. Das führte dazu, dass mehr Grain- und Malt Whisky gebraucht wurde. Sowohl die großen Grain-Brennereien in den Lowlands als auch die vielen kleineren Malt-Brennereien in den Highlands waren die Lieferanten. Und weil auch in anderen Ländern der Welt Cognac knapp und teuer wurde, begann der Blended Scotch Whisky in den 1860er Jahren schließlich auch außerhalb der britischen Inseln seinen Siegeszug.

Der zweite Grund lag im Königshaus und hatte seinen Ursprung bereits einige Jahrzehnte zuvor, im Jahr 1842. Wir haben ja schon gesehen, wie Königin Victoria und ihr Gemahl Albert ihren Urlaub auf Balmoral Castle verbracht haben. Das war quasi der Startschuss für die Brennerei Royal Lochnagar und den Namen, den sie heute noch trägt. Das Königspaar war von der schottischen Landschaft so begeistert, dass Albert im Jahr 1852 das Schloss für £32.000 kaufte. Ab 1853 wurde etwa 100 Meter nordwestlich des bestehenden Schlosses ein Neubau errichtet, weil das Original dem Königspaar zu klein war. Schon zwei Jahre später waren die königlichen Gemächer bezugsfertig, obwohl am Schloss selbst noch gebaut wurde. Im Jahr 1856 war das neue Schloss fertig und das alte Schloss wurde dann nach und nach abgerissen. Danach besuchte die königliche Familie die Region regelmäßig, bis Albert 1861 verstarb. Nun gab es nicht mehr so viele Besuche, aber die Liebe der Royals für die Highlands blieb bestehen und war obendrein ein gutes Marketinginstrument. Schon bald kamen Touristen nach Schottland, die natürlich auch Whisky tranken und anschließend in ihrer Heimat von dem Land und seinen Produkten schwärmten. Dadurch kamen immer mehr Besucher, und Schottland wurde als Urlaubsland, aber auch bei Hirschjägern immer beliebter.

Der dritte Grund für die wieder steigende Beliebtheit von Whisky war der fortschreitende Ausbau der Schienenwege. In den 1860er und 1870er Jahren wurden so viele Linien gebaut, dass praktisch jede Stadt per Eisenbahn erreichbar war. Mitte der 1860er Jahre wurde die Speyside Railway eröffnet, wovon die Brennereien in der Speyside natürlich direkt profitierten. Wo die Linie nicht direkt vorbeiführte, wurden einfach entsprechende Nebengleise gebaut. Für eine Brennerei war es das A und O, ans Schienennetz angeschlossen zu sein. Es war wichtig, den fertigen Malt vor allem in die großen Städte Aberdeen, Edinburgh, Glasgow und Perth zu transportieren, denn hier saßen die großen Blender.

Bis etwa zum Jahr 1865 stieg deswegen auch die Produktion von Malt Whisky aus Pot Still-Brennereien wieder deutlich an. Im Jahr 1865 wurden in Schottland schon fünf Millionen Gallonen Malt Whisky produziert. Das waren über 40 % mehr als in den Anfangsjahren der 1860er. Danach ging es nicht mehr ganz so steil bergauf, aber bis zum Ende des Jahrzehnts wurde trotzdem noch eine Produktion von 6 Millionen Gallonen erreicht. Es waren nicht nur die vielen

Blender, die dafür sorgten, dass mehr Malt Whisky nachgefragt wurde. Auch die Single Malts der einzelnen Brennereien waren gefragt wie nie. Vor allem in den Clubs in London wurde der schottische Single Malt immer beliebter. Die aromatischen Malts der Brennereien Laphroaig, Aberlour und natürlich Glenlivet, der schon früher von Usher in London umworben wurde, waren besonders gefragt.

Damals war es in der Gesellschaft auch durchaus üblich, dass die Gentlemen, die gerne Whisky tranken, ihren eigenen, persönlichen Blend selbst herstellten. Dazu haben sie einfach ein Fass im Keller mit etwa vier oder fünf verschiedenen Whiskys befüllt. Das Fass hatte üblicherweise die Größe eines Barrels, also etwa knapp 120 Liter. Aus diesem Fass stillten sie ihren persönlichen Whiskydurst und boten die Mischung auch ihren Gästen an. Wenn etwa ein Drittel des Inhalts ausgetrunken war, wurde der fehlende Pegelstand mit Whisky aufgefüllt. Dabei nahm man jeweils den Whisky, der gerade in der feinen Gesellschaft als besonders geschmackvoll und begehrenswert galt. Man wollte schließlich zeigen, was man hatte. Vermutlich stammt dieses Vorgehen des „lebenden Fasses" aus dem Solera-Reifeverfahren des spanischen Sherrys, bei dem ähnlich vorgegangen wird. Der genaue Ursprung lässt sich nicht mehr rekonstruieren. Tatsache ist, dass sich die im Fass so entstehende Whiskymischung durch das Nachfüllen ständig veränderte.

Da das Fass immer nur zu etwa einem Drittel geleert wurde, hat der gealterte, im Fass verbliebene Whisky über die Jahre hinweg sicherlich auch dem Geschmack des so erzeugten Getränks auf die Sprünge geholfen – zumindest in England, wo Whisky immer noch kurz nach dem Brennen ohne Reifung verkauft wurde. In Schottland ging man zu dieser Zeit schon anders vor, weil dort die Reifung von Whisky gerade modern wurde. Sehr beliebt waren dafür gebrauchte Sherry-Fässer. Der Grund dafür hatte, anders als heute, erst einmal nichts mit dem Geschmack des Whiskys zu tun. Der Sherry kam in Fässern aus Spanien in den Häfen an. Wenn der Sherry verkauft war, hatte man ein Fass übrig. Man wusste ja schon von Brandy und Rum, dass diese sich durch Lagerung geschmacklich verbessern. Es war auch schnell klar, dass man mit gereiftem Whisky mehr Geld verdienen kann als mit frisch gebranntem.

Zu dieser Zeit haben die Brennereien den Whisky allerdings noch nicht selbst gereift. Die Händler und Blender besorgten sich stattdessen gebrauchte Fässer und schickten sie zur Befüllung in die Brennerei. Die mit frischem Brand gefüllten Fässer haben sie dann selbst gelagert. Denn je mehr volle Fässer ein Blender sein Eigen nannte, desto vielfältiger waren die Blends, die er damit herstellen konnte.

Gründung der „Distillers Company Ltd"

Wie auch heute war Lobbyismus schon damals ein wichtiges Mittel für Großfirmen, um sich die Konkurrenz möglichst effizient vom Hals zu schaffen. Im Jahr 1865 bildete John Haig (Cameronbridge) eine Allianz mit anderen Whisky-Brennern aus den Lowlands und nannte sie „Scotch Distillers' Association", kurz SDA. Die Mitbegründer der SDA waren die Besitzer bzw. Betreiberfirmen der Brennereien Caledonian (Graham Menzies & Co), Carsebridge (John Bald & Co), Cambus (Robert Mowbray / The Mowbray Family), Glenochil (John Philip),

Seggie (William Haig), die große Brennerei Port Dundas im gleichnamigen Stadtteil von Glasgow sowie einige unbekanntere Firmen.

Die SDA hatte sich für ihre Mitglieder stark gemacht und schon Anfang der 1870er Jahre dafür gesorgt, dass die Produktionsmenge und die Preise im Sinne der großen Lowland-Brenner reguliert wurden. Die Idee war, dass die SDA den Markt unter ihren Mitgliedern aufteilt und so die Verkaufsbedingungen und Preise kontrolliert. Im Jahr 1875 machten sich die Mitglieder der SDA darüber Gedanken, ob sie einzelne Produktionen und Produktionsstandorte zusammenlegen sollten. Damit wollten sie Synergien schaffen und die Kosten senken.

Robert Stewart, der Besitzer der Kirkliston-Brennerei, machte den ersten Schritt in diese Richtung. Damals war er noch kein Mitglied der SDA. Er schickte allen Grain Whisky-Brennern einen Vorschlag, der eine einzige große Firma vorsah, in der die einzelnen Brennereien aufgehen sollten. Die Eigentümer der Brennereien sollten entsprechend ihrer Größe mehr oder weniger Aktien der neu zu gründenden Aktiengesellschaft bekommen und somit Anteilseigner werden. Außerdem bot er den bisherigen Eigentümern entsprechende Posten als Direktoren in der neuen AG an. Stewart zeigte auf, was für Vorteile die Fusion mit sich bringen würde. Vor allem könne man Geld sparen bei technischen Neuerungen, im Ein- und Verkauf, sowie im Marketing. Alle Abteilungen, die es vorher in jeder einzelnen Brennerei gab, wollte er auflösen und in der notwendigen Größe als Abteilung in der neuen Firma etablieren. Die Mitarbeiter hätten dann in der neuen Firma in der entsprechenden Abteilung weiterarbeiten können. Mehrfache Vertriebsagenturen könne man so ebenfalls einsparen. Die Brennereien selbst würden sich dann nur noch auf die Kernarbeit, also auf die Herstellung von Whisky konzentrieren. Alle außer Graham Menzies von der Caledonian-Brennerei fanden das Angebot sehr gut.

Am 24. April 1877 (Tag der offiziellen Beurkundung) einigten sich sechs der größten Firmen der inzwischen ordentlich gewachsenen SDA auf die Gründung einer Schutzvereinigung namens „The Distillers Company Limited", besser bekannt unter dem Kürzel „DCL". Die SDA wurde gleichzeitig aufgelöst und war damit Geschichte. Die offizielle Firmenadresse der DCL war: 12 Torphichen Street, Edinburgh, Schottland. Die zugeteilte Firmennummer war die 750. Die sechs Gründerfirmen der DCL waren, in alphabetischer Reihenfolge und unter Angabe der jeweiligen Besitzer in Klammern: Die Brennereien Cambus (Robert Moubray), Cameronbridge (John Haig & Co.), Carsebridge (John Bald & Co.), Glenochil (McNab Brothers & Co.), Kirkliston (Stewart & Co.) und Port Dundas (D. MacFarlane & Co.) Die Brennerei Seggie gab es zu diesem Zeitpunkt schon nicht mehr und die Gebäude wurden inzwischen als Papierfabrik genutzt. Die sechs Brennereien kontrollierten damals zusammen 75 % der in Schottland produzierten Menge an Grain Whisky. Im Jahr 1884 übergab Graham Menzies seine Caledonian-Brennerei an seinen Sohn William, der sie dann bald an die DCL verkauft hat. Im Gegensatz zu seinem Vater erkannte William Menzies auch die Vorteile eines Firmenkonglomerats.

Cameronbridge hatte bei der Gründung der DCL eine besondere Stellung, denn im Gründungsjahr produzierte diese Brennerei bereits eine für damalige Verhältnisse unvorstellbare Menge von 1,25 Millionen Gallonen jährlich. Als die Brennerei dann an die DCL ging, wurden John Haig und sein ältester Sohn Hugh Direktoren der neu gegründeten Vereinigung. John

Haigs jüngerer Sohn William wurde Geschäftsführer. Das Blending-Geschäft von John Haig & Co blieb unabhängig und wurde nicht von der DCL übernommen. Für dieses wurde nun in Markinch, einem Ort östlich von Glenrothes, eine eigene Firma gegründet. Die Firma hieß „John Haig Sons & Co" und bestand, wie der Name schon sagt, aus John Haig und seinen Söhnen Hugh, Alexander und William. Früher wurde das Blending direkt auf dem Gelände der Brennerei Cameronbridge durchgeführt. Heute ist die ehemalige Abfüllanlage ein Gewerbegebiet (Haig Business Park). Das ehemalige Hauptgebäude, das „Haig House", steht aber noch und trägt groß die Initialen JH für John Haig über dem Eingang.

Die DCL existierte über ein Jahrhundert, bis sie 1986 von Guiness & Co übernommen wurde und ein Jahr später in „United Distillers" umbenannt wurde. Während ihrer langen Existenz hat die DCL aber nicht nur Whisky und andere alkoholische Getränke hergestellt. Während des Ersten Weltkriegs produzierte der Konzern auch große Mengen an Industriealkohol, der unter anderem für die Herstellung von Sprengstoff benötigt wurde. 1928 gründeten die DCL und Turner & Newall gemeinsam die „Carbon Dioxide Co. Ltd.", um das bei der Gärung entstehende CO_2 zu verkaufen. Mehr zur Geschichte der DCL und den einzelnen Geschäftsfeldern folgt im weiteren Verlauf des Buches.

Die DCL war deshalb so bedeutend, weil sie seit ihrer Gründung durch die Fusion mit anderen Brennereien ständig gewachsen ist. Sie kommt in diesem Buch noch öfter vor. Hier aber zunächst noch kurz der Lebenslauf von einer der wohl wichtigsten Personen innerhalb der DCL, da diese einen Großteil ihres Erfolges seinem Verhandlungsgeschick verdankte. Sein Name war William Ross und er spielte die Hauptrolle in einem wichtigen Zusammenschluss der größten Brennereien, die in den 1920er Jahren mit der DCL fusionierten.

William Ross wurde 1862 in Carluke geboren. Seine Eltern waren einfache Bauern. Nach der örtlichen Schule ging er zunächst an eine große Privatschule in Schottland. Da seine Eltern das Geld dafür nicht hatten, konnte er da aber nicht lange bleiben. Im November 1877 wechselte er deswegen ins Berufsleben. Sein erster Job war als Bürogehilfe bei der City of Glasgow Bank. Leider ging die Bank ein knappes Jahr später, Anfang Oktober 1878, bankrott und Ross musste sich nach einer anderen Stelle umsehen. Die City of Glasgow Bank war in Schottland keine unbekannte Bank. Viele schottische Firmen haben sich nach der Pleite der Bank um die ehemaligen Angestellten bemüht, weil sie wussten, dass diese gut ausgebildet waren. Zu den Firmen, die sich um die ehemaligen Angestellten der City of Glasgow Bank bemühten, gehörte auch die DCL, die erst eineinhalb Jahre zuvor gegründet worden war. Ross bewarb sich dort und am Montag, den 14. Oktober 1878, also nicht einmal zwei Wochen nach dem Konkurs seines bisherigen Arbeitgebers, begann Ross eine Anstellung in der Buchhaltung der DCL.

Sein neuer Arbeitgeber merkte schnell, dass Ross ein heller Kopf war. Nach ein paar Jahren in der Firma wusste er bereits über alle Bereiche der Whiskyindustrie bestens Bescheid. Dabei war er immer sehr bescheiden und stellte das Wohl der Firma über alles andere. Als Dank für seinen Einsatz wurde er mehrfach befördert. Sieben Jahre nach seinem Einstieg ins Unternehmen wurde er schon Hauptkassierer und Buchhalter, ein paar Jahre später dann Schriftführer. Im Jahr 1897 schließlich wurde er mit nur 35 Jahren der wahrscheinlich jüngste Generaldirektor seiner Zeit. Drei Jahre später wurde ihm auch noch die Position des Geschäftsführers übertragen.

Von allen Führungskräften der Firma war Ross wohl der, der sich am wenigsten um gesellschaftliche Anerkennung kümmerte. In seiner Freizeit interessierte er sich nur für Musik und Bücher. Ross war ein echtes Vorbild für alle Geschäftsleute. Er hatte eine Menge visionärer Ideen, die ihrer Zeit weit voraus waren. Zum Beispiel glaubte er an Firmenfusionen, als sich die einzelnen Unternehmen auf dem Whiskymarkt noch heftige Rabattschlachten lieferten. Unter ihm wurde in der DCL die erste Planungsabteilung gegründet. Hier planten absolute Experten ihres jeweiligen Fachgebiets, keine Beamten oder gar Politiker.

Leider endete sein Leben weniger schön. Ende der 1920er Jahre machte er eine Reise nach Australien, bei der das Schiff verunglückte. Ross hat zwar überlebt, aber zwei Jahre später erblindete er aufgrund des Unfalls. 1944 starb er mit 82 Jahren. In seinem Testament hatte er verfügt, dass 40.000 Pfund seines Vermögens für die Gründung eines Forschungsinstituts zur Erforschung der Ursachen von Blindheit eingesetzt werden sollten. Weitere Gelder vermachte er der Stadt Edinburgh.

Doch nun wieder zurück ins 19. Jahrhundert. In den 1860er Jahren gab es einen kleinen Boom in der Brennerei-Industrie. Dieser führte dazu, dass viele stillgelegte Brennereien wieder anfingen zu produzieren, neu aufbauten oder ihre Anlagen erweiterten. Ein Beispiel ist die Malt-Brennerei Rosebank bei Falkirk, etwa in der Mitte eines Dreiecks Edinburgh – Glasgow – Stirling gelegen. Der blumige und leicht grasige Geschmack des Malts von Rosebank passte geschmacklich perfekt zu den Blends. Die Blender waren so begeistert von ihm, dass sie für den Platz, den ihre Fässer während der Lagerzeit dort einnahmen, Miete an die Brennerei zahlen mussten. Im Jahr 1861 wurde die Brennerei Camelon auf der anderen Seite des Kanals geschlossen. Die Gebäude wurden abgerissen und an ihrer Stelle entstand eine neue Mälzerei. Diese versorgte Rosebank fortan über eine Brücke über den Kanal mit Malz.

John Logan Mackie, ein Blender und Whiskyhändler aus den Lowlands, kaufte 1862 die Brennerei Lagavulin auf der Insel Islay. Als Blender war er auf geschmackvollen Malt angewiesen. Und als Besitzer einer entsprechenden Brennerei war er natürlich auf der sicheren Seite. Ungefähr 30 Jahre später werden wir den Namen Mackie erneut hören.

Weitere Beispiele für wiederbelebte Brennereien in den Highlands sind Balblair, Banff und Dalmore. Letztere war eigentlich schon geschlossen und aufgegeben, aber dann kam der Boom Mitte der 1860er Jahre und sie wurde wieder aufgebaut. Ihre Brennkapazität wurde 1873 sogar verdoppelt. Dalmore produziert bis heute jedes Jahr über 4 Millionen Liter Whisky. Banff wurde 1877 nach einem Brand in vergrößerter Form und an einem anderen Ort neu aufgebaut, und zwar von ihrem damaligen Besitzer James Simpson. Der Grund dafür war, dass der neue Standort näher an einer vorhandenen Eisenbahnlinie lag. Ähnlich lief es fünf Jahre zuvor mit Balblair. Die Produktion wurde in die Nähe der neu gebauten Eisenbahnverbindung zwischen Inverness und Wick im hohen Norden verlegt. Glenugie in der Stadt Peterhead wurde um 1874 von der Highland Distillers Company gekauft, komplett erneuert und die Produktionskapazität erhöht. Auchentoshan ging 1875 an einen lokalen Getreidehändler, der die Brennerei dann erweiterte.

Neben den wieder in Betrieb genommenen Brennereien gab es durch den Boom in den 1860ern auch wieder ein paar Neugründungen unter den Pot Still-Brennereien. Die letzte Neugründung, die Brennerei „Bon Accord", auch bekannt als „North of Scotland", fand in Aberdeen bereits im Jahr 1855 statt und lag damit auch schon ein paar Jahre zurück. 1869 kam mit Cragganmore die erste Neugründung in der Whiskyregion Speyside dazu. John Smith, der Gründer, entschied sich ganz bewusst für einen Standort, der an die Strathspey Railway angebunden war – eine Bahnlinie, die es heute nicht mehr gibt. Sie führte praktisch direkt an der Brennerei vorbei. So konnte Smith einerseits Kohlen und Fässer aus den Lowlands beziehen und andererseits den fertigen Brand in seine ebenfalls an der Bahnlinie liegenden Lagerhäuser transportieren lassen. Außerdem gab es dort eine Wasserquelle und der Fluss Spey war auch nicht weit weg, weshalb Smith dann sein Wasser zur Kühlung nutzte.

Auch in Campbeltown ging es beim Thema Brennereigründung in dieser Zeit endlich wieder voran. Abgesehen vom Neubau der Brennerei Argyll im Jahr 1844, was ja keine richtige Neugründung, sondern eine Renovierung bzw. Erweiterung war, dauerte es ganze 33 Jahre, bis nach der letzten Neugründung, nämlich Lochruan im Jahr 1835, wieder eine Brennerei in der Stadt Campbeltown öffnete. Nach der 1868 eröffneten Brennerei Benmore, gebaut von Bulloch Lade & Co., ist noch heute in Campbeltown eine Straße benannt. 1872 wurde in Campbeltown außerdem die Brennerei Glengyle gegründet, die damals von Springbank abgespalten wurde. Der Gründer William Mitchell hatte zuvor 35 Jahre lang mit seinem Bruder John die Brennerei Springbank betrieben. Die Brüder trennten sich und William wollte die Familientradition mit einer neuen Brennerei fortsetzen. Wie gesagt, das war eine Abspaltung von einer bestehenden Brennerei. Deshalb kann man hier nicht unbedingt von einer Neugründung sprechen. 1877 kam dann noch die Brennerei Glen Nevis dazu, gegründet von Duncan MacCallum & Co. Und zwei Jahre später gleich nebenan noch die Brennerei Ardlussa, gegründet von James Ferguson & Sons.

Natürlich gab es in den 1870er Jahren auch außerhalb der Region um Campbeltown weitere Neugründungen. In den Highlands entstanden Glenglassaugh in Portsoy (1875) und Nevis in Fort William (1878), nicht zu verwechseln mit der gut eine Meile nordöstlich gelegenen Ben Nevis. Letztere existierte bereits (eröffnet 1828), wurde aber 1878 erweitert und vergrößert. Die stillgelegte Millburn Distillery in Inverness wurde 1876 von David Rose wieder aufgebaut, erweitert und erneut in Produktion genommen.

Die Speyside hatte vier Neugründungen in dieser Dekade: Inchgower (1871 von Alexander Wilson & Co.), Glenlossie bei Elgin (1876 von John Duff, Alexander Allen und H.M.S. Mackay), Glen Spey (1878 von James Stuart & Co.) und Glenrothes (1878 von James Stuart & Co., William Grant, Robert Dick und John Cruikshank). Inchgower war mit der damals modernsten Technologie ausgestattet und lag im Zentrum eines der besten Gerstenanbaugebiete Schottlands. Alle vier Destillerien sowie Cragganmore aus der Dekade davor existieren noch heute. Mit Ausnahme von Glenrothes gehören sie alle zum Diageo-Konzern.

Glenrothes hat eine interessante Entstehungsgeschichte. James Stuart, der damalige Besitzer der berühmten Macallan, die er 1868 übernommen hatte, suchte nach möglichen Partnern für die Gründung einer weiteren Brennerei, um sein Geschäft zu erweitern. Er fand einen Interessenten in William Grant, der damals als Buchhalter bei der Caledonian Bank arbeitete. 1878 gründeten sie gemeinsam Glenrothes. Die City of Glasgow Bank beteiligte sich an der Finanzierung, geriet jedoch kurz vor der Fertigstellung der Brennerei in finanzielle Schwierigkeiten und ging am 2. Oktober 1878 pleite, was den Bankrott mehrerer Unternehmen in Schottland nach sich zog. James Stuart schied aus dem Unternehmen aus. William Grant und zwei weitere Investoren, Robert Dick und John Cruikshank, führten den Bau unter dem Firmennamen „William Grant & Co" zu Ende. Die Fertigstellung der Brennerei Glenrothes wurde vor allem durch einen Kredit der United Free Presbyterian Church in Knockando ermöglicht, obwohl diese eigentlich strenge Abstinenzgebote hatte. Ob hier christliche Nächstenliebe den Ausschlag gab oder eher die Aussicht auf eine lohnende Investition, darüber schweigen die Quellen. Tatsache ist, dass mit Hilfe des Kredits Glenrothes fertiggestellt werden konnte.

Die inzwischen gut erschlossene Speyside verfügte nun über so viele Brennereien, dass sie die bisherige Nummer eins in der Anzahl der Brennereien überholte und auf den zweiten Platz verdrängte. Die wohl bedeutendste Neugründung in der Speyside, zumindest für die heutige Zeit, fand 1886 statt. In diesem Jahr begann William Grant mit dem Bau von Glenfiddich in Dufftown. Laut Angaben auf der Glenfiddich Webseite baute er sie mit Hilfe seiner neun Kinder tatsächlich selbst, Stein für Stein. Die Produktion begann an Weihnachten 1887. Der Name Glenfiddich kommt übrigens aus dem Gälischen und bedeutet „Tal der Hirsche", was auch erklärt, warum ein Hirschkopf jede Flasche Glenfiddich ziert. In den folgenden 150 Jahren wurde Glenfiddich natürlich oft erweitert und vergrößert, aber die Brennerei blieb als eine der wenigen immer im Besitz der Familie Grant.

Durch die zusätzlichen Kapazitäten dieser neuen und Erweiterungen der schon bestehenden Brennereien erreichte die Produktion von Malt Whisky 1877 einen neuen Rekord von sieben Millionen Gallonen. Die positive Entwicklung setzte sich fort, als 1879 die Brennerei Ben Wyvis von D. G. Ross in der Nähe der Stadt Dingwall gegründet wurde. Sie produzierte acht Jahre lang eigenständig und wurde dann Teil der Scotch Whisky Distillers. Im selben Jahr wurde die abgebrannte Aberlour Distillery von James Flemming wieder aufgebaut.

Die Brennerei Talisker auf der Isle of Skye wurde bereits 1830 erbaut und 1880 von Roderick Kemp und Alexander Allen aufgekauft. Die beiden bauten nicht nur die Produktion aus, sondern errichteten auch eine eigene Bootsanlegestelle am Loch Harport, direkt vor der Haustür der Brennerei. Auf der Insel Islay wurde 1881 die Bruichladdich Distillery von Robert William und John Harvey gegründet. Im selben Jahr errichteten die Gebrüder Greenless zusammen mit William Robertson die Brennerei Bunnahabhain, die seitdem die nördlichste Brennerei der Insel ist. Diese drei Insel-Brennereien existieren und produzieren noch heute. Ebenfalls 1881 gründete James Johnstone die Dean Distillery in der Stadt Edinburgh, direkt am Ufer des Flusses Leith, der als Kühlwasserquelle für den Brennprozess diente. Johnstone kaufte die dort vorhandene Mühle und baute sie entsprechend um. Dean lag nur etwa 100 Meter südlich der

Sunbury Distillery von James Haig, die jedoch seit 1856 geschlossen war. Dean produzierte bis 1922.

Die neu errichteten und wiederaufgebauten Malt-Brennereien waren natürlich wesentlich moderner als die bestehenden älteren Betriebe. Hier wurde bereits mit Beton gearbeitet, die Produktion wurde durch die mechanische Kraft der sich immer mehr durchsetzenden Dampfmaschinen unterstützt und die Brennapparate waren vom Volumen her deutlich größer. All dies begünstigte die Produktion und führte zu signifikanten Steigerungen der Produktionsmengen. Jahreskapazitäten von 200.000 Gallonen waren in den neuen Brennereien keine Seltenheit mehr und man näherte sich damit den Kapazitäten der großen Lowland-Brennereien. Doch wie sah es damals auf deren Seite aus? Werfen wir einen Blick auf die Hersteller von Grain Whisky, der ja den Löwenanteil der populären Blends ausmacht.

Die Wirksamkeit der neu gegründeten Interessenvertretung „The Distillers Company Ltd" zeigte sich bereits 1878, als die Mitglieder zum ersten Mal unter ihrem neuen Dach zusammenarbeiteten. Aufgrund einer schlechten Ernte wurde Getreide knapp und die Preise stiegen. Die DCL reagierte mit einem aggressiven Preiskampf gegen die anderen Grain-Brenner. Zudem konnte sie aufgrund ihrer Größe Getreide aus den USA zu vergleichsweise günstigen Preisen importieren. Im Krisenjahr 1878 konnte die DCL so ihre Produktion sogar um ein Viertel auf über 14 Millionen Gallonen steigern. Im selben Jahr gründete die DCL auch die United Kingdom Distillers' Association (UKDA), eine Handelsorganisation, die vor allem Brennereien förderte, die mit Patent Stills arbeiteten. Aufgrund ihrer kartellartigen Struktur wurde die UKDA bald als „The Whisky Parliament" bezeichnet. Mitglieder der UKDA waren sowohl die DCL selbst als auch einige Besitzer anderer großer Brennereien in Schottland, Limerick (Irland) und Liverpool (England). Daher der Zusatz „United Kingdom" im Namen, da man sich nicht mehr nur auf Schottland beschränkte.

Auch die Malt-Brenner in den Highlands gründeten eine Vereinigung, um Vorteile zu erlangen und die Konkurrenz zu minimieren. Sie hatten bemerkt, dass die Scotch Distillers' Association den Lowland-Brennern durchaus Vorteile bot. Die „Elgin Distillers' Association", eine bereits bestehende Vereinigung der Brenner in und um die Stadt Elgin, ging 1874 in der „North of Scotland Malt Distillers' Association" auf, drei Jahre vor der Gründung der DCL. Ein Aufnahmekriterium für eine Brennerei war, dass sie in den Highlands liegen musste. Damit waren nicht nur die ungeliebten Lowland-Konkurrenten ausgeschlossen, sondern auch die Brennereien auf Islay und in Campbeltown. Fast drei Viertel der Brennereien in den Highlands traten der Vereinigung bei, deren erstes Ziel es war, einheitliche Verkaufsbedingungen zu schaffen. Damit sollte Einigkeit gegenüber den großen Brennereien demonstriert werden, da deren Macht inzwischen sehr groß geworden war. Ein weiteres Ziel war es, Reformen in der Steuergesetzgebung voranzutreiben.

1880 bestand die DCL bereits drei Jahre. Ihr Ziel war es, die Kontrolle über die Malt- und Grain-Brennereien zu erlangen, wenn möglich durch Fusionen und nicht durch feindliche Übernahmen. Ab 1880 wollte die DCL aber auch an der Börse notiert werden. Der Verwaltungsrat beschloss daher, einen Teil der Aktien der Öffentlichkeit anzubieten. Um den Börsengang zu ermöglichen, wurde zunächst das Eigenkapital von 2 Millionen Pfund auf eine Million reduziert. Eine Million Pfund wurde in 100.000 Aktien mit einem Nennwert von £10 aufgeteilt, von denen etwas mehr als 43.000 der Öffentlichkeit zu je £13 10s angeboten wurden. Überraschenderweise war die Nachfrage so gering, dass drei Wochen nach dem Angebot im Juli 1880 erst knapp 7.000 Aktien gezeichnet waren. Der Börsengang zog sich lange hin, erst im März 1883 wurde die Aktie an den Börsen von Glasgow und Edinburgh gehandelt. Im Oktober 1883 war der Aktienkurs bereits auf £23 gestiegen. Die Notierung an der wichtigsten Börse des Königreichs, der berühmten London Stock Exchange, zog sich jedoch bis Ende 1886 hin.

In den 1880er Jahren verlagerte sich das Interesse der Blender auf den Whisky der Inseln. Der Preiskampf zwischen den vereinigten Highland-Brennereien und den Blendern war einer der Gründe dafür. Die Insel-Whiskys waren damals sehr kräftig im Geschmack, noch kräftiger als es die Islay-Whiskys heute sind. Um einen schmackhaften Blend herzustellen, benötigte man maximal zehn Prozent dieser Whiskys, um sie mit den geschmacksarmen Grain Whiskys zu mischen. Bei den bis dahin überwiegend verwendeten Highland Malts reichte ein Malt-Anteil von zehn Prozent nicht aus. So waren nun auch die Herstellungskosten bei Verwendung von Islay-Whisky niedriger.

Etwa ab den 1880er oder 1890er Jahren – genau weiß man es nicht – hat man auch damit angefangen, für reiche Kunden Whisky direkt in den Brennereien in Sherryfässern reifen zu lassen. Dieses Reifeverfahren, das von einigen Blendern bereits seit etwa 15 Jahren angewendet wurde, wollte man sich selbst zunutze machen. Einige Kenner waren der Meinung, dass das Getränk geschmacklich dem damals verbreiteten Brandy aus Frankreich deutlich überlegen war. Der Whisky, der im Sherryfass gereift war, war teurer als der Brandy. Von der Brennerei Dalmore gab es zum Beispiel zwei Whiskys: einen, der in frischen Fässern gereift war, und den in Sherryfässern ausgebauten Malt, der teurer war. Für ganz zahlungskräftige Kunden gab es damals schon einen sechs Jahre alten Single Malt, der aus beiden Sorten hergestellt wurde.

Gegen Ende der 1880er Jahre zog auch die Produktion von Malt Whisky aus Pot Stills wieder an. Ab dieser Zeit wurde mehr Whisky nach England und in die vielen britischen Kolonien exportiert. Scotch wurde jetzt auch außerhalb von Großbritannien immer beliebter. Australien war damals ein ganz großer Markt, im Jahr 1888 sogar der stärkste Übersee-Markt überhaupt. Außerdem wurde auch nach Neuseeland geliefert, der Nachbarinsel Australiens. Weitere Abnehmer waren Indien, die Vereinigten Staaten und Kanada. Auch nach Frankreich wurden jetzt größere Mengen geliefert, möglicherweise hatte man dort während der Reblaus-Krise Gefallen am schottischen Whisky gefunden. Oder man wollte sich in Sachen Getränke internationalisieren, schließlich stand 1889 in Paris die Weltausstellung mit vielen ausländischen Gästen auf dem Programm. In dieser Zeit (Januar 1887 bis März 1889) entstand übrigens auch der Eiffelturm, das berühmte Wahrzeichen von Paris.

Die Entstehung der großen Blender

Heute kann man nicht mehr nachvollziehen, wer der tatsächlich erste Whisky-Blender war. Viele Blender haben vor ihrem Einstieg ins Whisky-Geschäft mit anderen, teils exotischen

Nahrungsmitteln, Gewürzen oder Tee, Wein und anderen alkoholischen Getränken gehandelt. Um die Mitte des 19. Jahrhunderts gab es hunderte verschiedene Blending-Unternehmen in Schottland, von denen die meisten heute nicht mehr existieren. Einige wenige haben jedoch überlebt. Die Namen, die wir heute noch auf Whiskyflaschen lesen können, waren entweder der Firmenname des Blending-Unternehmens oder die Whiskymarke.

Andrew Usher wurde ja schon öfter in diesem Zusammenhang erwähnt. In diesem Kapitel wird sowohl sein Werdegang beleuchtet als auch die wichtigsten der sonstigen Blender bzw. Markennamen vorgestellt. Auch für Fans von reinem Single Malt sind die Blender von Bedeutung. Schließlich haben einige von ihnen eigene Malt-Brennereien gegründet, um ihre Firmen mit Malt Whisky zu versorgen. Auch heute noch werden einige der beliebten Single Malts von diesen Brennereien hergestellt. Die großen Blender haben maßgeblich dazu beigetragen, dass Whisky weltweit bekannt wurde, weshalb sie oft auch als „Whisky-Barone von Schottland" bezeichnet werden.

Wenn man sich mit berühmten Blendern beschäftigt, stößt man auch oft auf den Begriff der „Big Five". Damit sind die fünf größten Blender gemeint. Diese sind James Buchanan, Tommy Dewar, John Haig, Peter Mackie und John Walker. Es gibt aber noch ein paar weitere wichtige Firmen und Namen in der Blending-Industrie, die über die Big Five hinausgehen. Vor allem sind das Unternehmen, die es geschafft haben, ein eigenes Produkt zu etablieren, das in vielen Ländern bekannt ist.

John Haig & Co

John Haig (1802–1878) bildet hier eine Ausnahme, denn er war nicht nur ein hervorragender Blender, sondern auch Brennereigründer und -betreiber, sowie Mitbegründer und Direktor der DCL. Für das Blending gründeten die Haigs sogar eigens die Firma „John Haig Sons & Co.", um diesen Bereich von der DCL zu trennen. Unter den „Big Five" hat der Name Haig außerdem die längste Geschichte. An vorherigen Stellen in diesem Buch wurde schon viel über die Haigs geschrieben, doch geht ihre Geschichte noch weiter. John Haig, der Gründer der berühmten Brennerei Cameronbridge, starb 1878. Er war gleichzeitig auch ein Neffe von Robert Haig, der in Irland die Dodderbank Distillery betrieb.

Auch nach seinem Tod wuchs John Haigs Firma weiter. 1882 verschmolz sie mit „David Smith & Company of Leith", deren Lagerhäuser John Haig jetzt auch nutzen konnte. 1884 starb Johns Sohn William Haig in noch jungen Jahren, danach führten seine Brüder die Firma weiter. 1892 baute die Firma dann ihr eigenes Lagerhaus in der Nähe des Firmensitzes in Markinch, weil die Kapazitäten von David Smith & Co. nicht mehr ausreichten. Zwei Jahre später wurde John Haig Sons & Co dann in eine GmbH umgewandelt. Die GmbH, die jetzt „John Haig & Company Limited" hieß, hatte ihren Sitz in Edinburgh. Hugh war der erste Vorsitzende. Als er 1902 verstarb, übernahm sein Sohn John den Posten. Hughs Bruder John Alicius Haig gründete eine eigene Firma, die „Haig & Haig Ltd.", die sich auf den Export von Haigs Whisky in die USA spezialisierte. Vor allem hat Haig & Haig dazu beigetragen, dass die Marke Dimple in den USA bekannter wurde. 1903 kaufte John Haig & Co Ltd. die Glen Cawdor Distillery und betrieb sie bis ins Jahr 1927 weiter. Dann wurde sie geschlossen. Während der Prohibition in den USA von 1920 bis 1933 war Haig & Haig weitgehend inaktiv, nach deren Ende arbeitete sie aber umgehend weiter. Haigs Whisky hatte deshalb in den USA lange Zeit „Haig & Haig" auf dem Label stehen, in Europa hingegen „John Haig & Co".

Die Hauptmarke der Firma ist der Whisky „Haig Gold Label", den John Haig schon einige Jahre nach der Gründung von Cameronbridge ins Leben rief. Er war früher ein echter Verkaufsschlager und vor Beginn des Zweiten Weltkriegs sogar der meistverkaufte Scotch in Großbritannien. Anfang der 1970er Jahre erreichte er als erster Blended Scotch Whisky die Marke von einer Million verkaufter Kisten pro Jahr. Danach ging es mit seiner Popularität etwas bergab. Auf der Herstellerseite steht, dass er zu 40 Prozent aus Malt Whisky besteht. Der über die Jahrhunderte mit vielen Medaillen ausgezeichnete Haig Gold Label wird bis heute hergestellt, auch wenn man ihn nicht mehr so leicht bekommt wie früher. Vermutlich ist es die älteste Scotch-Marke überhaupt. Eine weitere bekannte Marke aus dem Hause Haig ist „Dimple", ein Blended Scotch Whisky mit einer charakteristischen Flasche, die mit einem Netz aus goldfarbenem Draht überzogen ist. Die Flasche wurde bereits in der heutigen Form im Jahr 1893 eingeführt. In den USA erlangte die Flasche im Jahr 1958 wegen ihres einzigartigen Designs einen Schutz durch das US-Patentamt. Man kann „Dimple" mit oder ohne Altersangabe kaufen.

Weitere aktuelle und ehemalige Marken und Produkte von Haig sind Cameron Brig (Lowland Single Grain Whisky), Glenleven (Blended Malt Whisky), Golden Age (Blended Scotch Whisky) und Haig Club (Lowland Single Grain Whisky).

Andrew Usher & Company

Der erste erfolgreich vermarktete Vatted Malt kam von der Familie Usher. Andrew Usher (1782–1853) hatte zuerst als Strumpfhändler und Handschuhmacher gearbeitet. Dann ist er bei seinem Schwager als reisender Händler ins Whiskygeschäft eingestiegen. Anfang des 19. Jahrhunderts kaufte er das „West Nicolson House" in der 38 West Nicolson Street in Edinburgh, das heute besser als „Pear Tree House" bekannt ist. Das Haus wurde 1747 gebaut und hat seitdem eine ziemlich abwechslungsreiche Geschichte erlebt. Das Gebäude war nicht nur der Geburtsort von Andrew Ushers erstem Sohn, sondern auch der Sitz der Firma, die Andrew senior gegründet hatte und die den umständlichen Namen „Whisky Distilling and Blending Company of Andrew Usher & Co" trug. Schon bald darauf experimentierte er auch mit dem Mischen verschiedener Whiskys, darunter auch Malt- und Grain-Whiskys.

Das erste Produkt, das erfolgreich vermarktet wurde, hat aber sein Sohn Andrew Usher jun. (1826–1898) hergestellt. Andrew war später auch Geschäftspartner des Familienunternehmens, genauso wie sein Bruder John (1828–1904). Der Vater war lange mit George Smith befreundet, dem Gründer von „The Glenlivet". Jeden Monat verschiffte Smith 600 Gallonen Whisky vom Hafen in Burghead nach Leith. Dort nahm ihn Usher in Empfang und verdiente sich beim Weiterverkauf eine goldene Nase durch die üppige Provision. Ab 1843 war Andrew Usher & Co. die alleinige Vertriebsagentur für Smiths Whisky in der Region südlich des Flusses Tay. Der Whisky, den Ushers Sohn entwickelt hatte, erwähnte den Namen der Brennerei. Er hieß „Usher's Old Vatted Glenlivet" und wurde auch gern „OVG" abgekürzt. Im Jahr 1879 ließ Usher den Markennamen registrieren.

Während der eine Sohn in Edinburgh mit dem Blending experimentierte, kümmerte sich der andere um den Vertrieb von Whisky. Er reiste nach London und stellte „The Glenlivet" der Öffentlichkeit vor. Dabei hat er stets betont, dass es sich hierbei um den wahren Glenlivet handeln würde und dass dieser Whisky nun endlich der Londoner Gesellschaft vorgestellt werden kann. Außerdem wies er darauf hin, dass große Mengen dieses Whiskys in den Lagerhäusern vorhanden waren, so dass der Nachschub gesichert wäre. Man geht heute davon aus, dass schon in den 1840er Jahren bekannt war, dass Whisky durch jahrelange Lagerung an Qualität gewinnt. Den Whisky verkaufte er dort für einen für damalige Verhältnisse ziemlich stolzen Preis von £1 1s pro Gallone.

Nach dem Tod des Vaters führten seine Söhne das Unternehmen weiter. Die Firma wuchs schnell. Im Jahr 1859 kauften die Brüder die Malt-Brennerei „West Sciennes", die zehn Jahre zuvor entstanden war, und benannten sie in „The Edinburgh Distillery" um. Die Brennerei lag praktischerweise direkt neben dem damaligen Firmensitz in der West Nicolson Street. So sicherten sie sich eine zuverlässige Quelle für Malt Whisky. In der Nähe bauten die Brüder außerdem ein großes Lagerhaus für Whisky und eine Flaschen-Abfüllstation. Damals war das die größte Abfüllanlage im ganzen Königreich. Anfang der 1860er Jahre haben die Ushers dann neben OVG auch andere neue Whiskymarken beworben, um den wachsenden britischen Markt zu bedienen.

Schon vor der Kreation seines Old Vatted Glenlivet hatte Usher das Handwerk des Blendings, bei dem Grain- und Malt Whisky zu Blended Scotch Whisky vermischt werden, perfektioniert. Deshalb wird er auch oft als Vater des Scotch Whisky bezeichnet. Auch wenn OVG anfangs ein Vatted Malt (heute ein Blended Malt) war, wurde er in den 1880er Jahren zum Blended Scotch Whisky.

Viele erfolgreiche Geschäftsleute damals haben sich gern in Bereichen engagiert, die wenig oder gar nichts mit ihrem eigentlichen Business zu tun hatten. Auch die Brüder Usher waren so. John hat die Gründung eines Instituts für Gesundheitswesen an der Universität von Edinburgh, dem „John Usher Institute of Public Health", unterstützt. Er hat nicht nur Geld gegeben, sondern sogar das Gebäude, in dem es untergebracht werden sollte, zur Verfügung gestellt. Andrew hat sich ebenfalls für seine Heimatstadt Edinburgh eingesetzt. Im Jahr 1896 spendete er satte £100.000 für den Bau einer Konzerthalle. Die nach ihm benannte Konzert- und Eventhalle „The Usher Hall" wurde aber erst 1914 fertiggestellt, lange nach seinem Tod. Die Eröffnung wurde dann durch seine Witwe, Marion Blackwood Murray durchgeführt. Im Inneren der Halle wurde ihm zu Ehren eine Büste aufgestellt. Die Kuppel der Usher Hall wurde der Kuppel im obersten Stockwerk des Pear Tree House nachempfunden. Die Halle wurde in den 2000er Jahren renoviert und wird weiterhin für Konzerte genutzt. Auf der Webseite der Halle heißt es, dass ihre Akustik zu den besten in ganz Europa zählt. Kein Wunder, dass die Usher Hall ein wichtiger Veranstaltungsort für Orchester ist.

Auch das Geburtshaus von Andrew Usher jun. und gleichzeitig ehemaliger Firmensitz steht heute noch. Nachdem die Familie Usher ihre Anteile am Brennereigeschäft 1918 an die Scottish Malt Distillers Ltd. verkauft hatte, wurde das Haus zunächst als Büro- und Geschäftshaus der

„J&G Steward Ltd." genutzt, einer Tochtergesellschaft der Scottish Malt Distillers Ltd. 1972 ist die Firma ausgezogen und das Haus stand dann zehn Jahre lang leer. Danach wurde es in das Pub „The Pear Tree" umgewandelt, welches es bis heute beherbergt.

Die Ushers werden oft als Pioniere des Whisky-Blendings bezeichnet. Allerdings gibt es dafür kaum konkrete Beweise, denn viele Blender tauchten um diese Zeit auf. Allerdings gehörten sie zu den ersten, die das enorme Potential des Exports von Whisky in andere Länder sahen und dieses auch ausschöpften. Besonders das riesige Gebiet des britischen Empires war ein großer Absatzmarkt, aber auch in den Vereinigten Staaten war OVG in dieser Zeit sehr beliebt.

Mackie & Co: White Horse

Für den Export von Blended Scotch hat man blumige Markennamen nebst Etiketten erfunden, von denen einige hundert Jahre und länger überlebten. Ein Beispiel dafür ist der Blend „White Horse", der heute noch erhältlich ist. Hier ist die Geschichte seines Erfinders.

Peter Jeffrey Mackie wurde am 26. November 1855 in der Nähe von Stirling geboren. Er stammte aus einer Brenner-Familie und war sowohl ein waschechter Highlander als auch ein wahrer Whisky-Pionier. Er galt als echtes Multitalent und war immer auf Achse. Kein Wunder, dass er von seinen Zeitgenossen den Spitznamen „Restless Peter" bekam. Schon sein Vater, Alexander Mackie, war Bauer, Getreidehändler und Whiskybrenner und sein Onkel, James Logan Mackie, hatte 1856 in Glasgow eine eigene Firma gegründet, die „James Logan Mackie & Co". Nach der Schule machte Peter erst einmal eine Ausbildung zum Brenner in der Brennerei Lagavulin auf der Insel Islay, die seit 1860 seinem Onkel gehörte.

1878 stieg Peter als Teilhaber in die Firma seines Onkels ein. 1883 war er einer der Gründungspartner der neuen Firma „Mackie & Co", deren einziger Zweck zunächst war, den Whisky von Lagavulin in London zu vermarkten. Die Firma hat dann aber nicht nur diesen Malt Whisky verkauft, sondern auch damit angefangen, einen eigenen Blended Scotch herzustellen. Für den Malt Whisky wurde natürlich der rauchige Lagavulin verwendet, daneben noch ein weiterer Malt aus der Speyside und natürlich Grain Whisky. Der Blend hatte wegen des hohen Anteils an Lagavulin einen ziemlich charakteristischen und deutlich rauchigeren Geschmack als die Blends anderer Firmen. So hatte er einen hohen Wiedererkennungswert und kam geschmacklich bei den Kunden gut an.

1890 ging James Logan Mackie als Chef der Firma „James Logan Mackie & Co" in den Ruhestand. Sein Neffe Peter, der bereits Teilhaber war, übernahm die Firma und löste seinen Onkel als Geschäftsführer ab. Damit ging auch die Brennerei Lagavulin in seinen Besitz über. Bald darauf fusionierte er sie mit seiner eigenen Firma, die offiziell „Mackie & Co (Distillers) Ltd" hieß und ihren Sitz in der 5 Dixon Street in Glasgow in der Nähe des Flusses Clyde hatte. Zusammen mit Alexander Edward, einem weiteren Teilhaber, gründete er noch im selben Jahr die Craigellachie Distillery Co Ltd, die später die Craigellachie Malt Distillery in der Speyside baute.

Ein Jahr später ließ Peter Mackie die Marke „White Horse Cellar" eintragen und nannte den beliebten Blended Scotch seines Unternehmens „White Horse". Der Name geht auf das berühmte White Horse Coaching Inn zurück, das sich einst am Canongate in Edinburgh befand. Doch außer dem Namen für den Whisky verband die beiden Unternehmen nichts. Das weiße Pferd galt zudem als Symbol für Stärke und Glück des Reiters im Kampf. All diese Assoziationen kamen Mackie zugute, so dass der Name White Horse für den Whisky durchaus glücklich gewählt war. Allerdings war White Horse zunächst nur als Exportware wirklich profitabel. Im eigenen Land dauerte es nämlich bis 1901, bis der Whisky erstmals für die breite Bevölkerung in Flaschen erhältlich war.

Das Unternehmen wurde nun in eine GmbH umgewandelt und Peter Mackie übernahm die Geschäftsführung. Beim Blending von Whisky setzte Peter Mackie auf die Qualität der Rohstoffe. Für seine Blends verwendete er große Mengen gut gereifter Malt Whiskys. Er setzte sich auch für ein gesetzliches Mindestalter für Scotch Whisky ein, das es zu dieser Zeit noch nicht gab. Alexander Edward zog sich 1900 aus dem gemeinsamen Unternehmen zurück. Die Brennerei Craigellachie blieb im Unternehmen, sie lieferte den Hauptanteil des Malts für die späteren Blends „Mackie's Old Smuggler" und „Old Gaelic", die vor allem in Australien und Südafrika sehr erfolgreich waren.

Der in der Welt des Whiskys bekannte Schriftsteller und Historiker Alfred Barnard wurde von Peter Mackie nach der Veröffentlichung seines berühmten Buches „The Whisky Distilleries of the United Kingdom" beauftragt, eine Werbebroschüre zu verfassen. In dieser Broschüre sollten die Brennereien und die Blending-Anlage beschrieben werden, die den Blend des Unternehmens ausmachten. Unter der Überschrift „How to blend whisky" enthält die Broschüre auch ein Mischungsverhältnis für einen Blend, von dem angenommen wird, dass es sich um das Rezept für den damaligen White Horse handelt. Der dort beschriebene Blend enthielt drei verschiedene Glenlivet-Whiskys (31 % Gesamtanteil), zwei Islay-Whiskys (19 %), zwei Lowland-Malts (19 %) und einen Campbeltown-Malt (6 %). Die restlichen 25 % des Blends bestanden aus zwei verschiedenen Grain Whiskys. Der Malt-Anteil dürfte damals mit 75 % deutlich höher gewesen sein als heute in günstigeren Blends üblich. Und auch die Anzahl der verschiedenen Whiskykomponenten hatte sich gegenüber dem ursprünglichen Blend deutlich erhöht.

Bis zum Beginn des Ersten Weltkriegs war White Horse auch in der Heimat bekannt und beliebt. Leider mussten 90 % der männlichen Mitarbeiter des Unternehmens in den Krieg ziehen. Peter Mackies einziger Sohn, der gerade in den Vorstand der Firma aufgestiegen war, fiel im Kampf. Voller Trauer stürzte sich Peter in die Arbeit. Da er selbst gelernter Brenner war, konnte er mit den verbliebenen Mitarbeitern den Betrieb aufrechterhalten, wenn auch auf niedrigem Niveau. Gleich nach dem Krieg machte er sich daran, die Kriegsverluste auszugleichen. Er kaufte mehrere bestehende Brennereien, darunter Hazelburn in Campbeltown im Jahr 1920. Im selben Jahr wurde Peter Mackie in den Adelsstand erhoben und durfte sich fortan Sir Peter Mackie nennen.

Leider konnte er den Titel nur noch vier Jahre lang tragen, denn am 22. September 1924 verstarb Sir Peter Mackie. Seine Firma wurde in „White Horse Distillers Ltd" umbenannt und in eine Aktiengesellschaft umgewandelt. Das neue Unternehmen machte kurz nach der Umwandlung eine wichtige Erfindung, die sich sehr positiv auf den Absatz auswirkte: den Schraubverschluss aus Metall. Korken und undichte Flaschen gehörten damit der Vergangenheit an.

Peter Mackie wehrte sich zeitlebens erfolgreich gegen eine Übernahme durch die DCL. Erst 1927, drei Jahre nach seinem Tod, wurde die White Horse Distillers Ltd. von der DCL, der heutigen Diageo, übernommen. Damit erfüllte sich der Traum der DCL, endlich alle fünf Unternehmen der Big Five unter einem Dach zu vereinen, denn die anderen vier Unternehmen gehörten zu diesem Zeitpunkt bereits alle zum Unternehmen. Die Firma „White Horse Distillers Ltd" existierte trotzdem noch bis 2010 weiter in der Unternehmensgruppe und wurde dann aufgelöst. Diageo produziert jedoch weiterhin „White Horse" für den ausländischen Markt. Auch das Gebäude des berühmten White Horse Coaching Inn, welches Namensgeber für Mackies Blend war, steht heute noch. Es ist Teil des „White Horse Close", eines geschlossenen Innenhofes am Rande der Royal Mile am östlichen Ende der Altstadt von Edinburgh. Das Gebäude am nördlichen Ende des White Horse Close beherbergte früher das Inn.

Matthew Gloag & Son: The Famous Grouse

Ein noch berühmterer Name als „White Horse" erblickte sieben Jahre später das Licht der Öffentlichkeit. Matthew Gloag wurde 1797 geboren. Nach seiner Hochzeit zogen er und seine Frau Margaret in die Stadt Perth. Dort wohnten sie in einer Wohnung in der Atholl Street, über dem Lebensmittelgeschäft von Margarets Vater, John Brown. Als dieser im Jahr 1824 einen Nachfolger für sein Geschäft suchte, übernahm seine Tochter. 1831 bekam sie dann die Lizenz, neben Lebensmitteln auch Wein, Spirituosen und Schnupftabak zu verkaufen. 1834 gab Matthew dann seinen Job auf und stieg mit seiner Frau in das Geschäft ein. Schon bald wurde auch Whisky ins Sortiment aufgenommen, wofür Matthew auf die Highland-Brenner zuging und deren Bestände kaufte. Matthew hatte das hohe Ziel, den qualitativ besten Blended Scotch herzustellen und diesen in die ganze Welt zu verkaufen.

Das Geschäft in der Atholl Street lief gut. Matthew hatte über 30 Jahre im Weinkeller des Sheriff Clerk of Perthshire gearbeitet und war sogar die meiste Zeit der Leiter des Kellers. So konnte er sich über die Jahre jede Menge Wissen über Weine und Spirituosen aneignen, was ihm jetzt sehr zugutekam. Im Jahr 1842 belieferte er sogar das Haus des Grafen von Mansfield mit Wein, als dieser Königin Victoria und Prinz Albert zu Besuch hatten. Die beiden waren zum ersten Mal in Schottland und nach ihrem Besuch war man in England ganz begeistert von allem, was aus Schottland kam.

1860 starb Matthew und sein Sohn William übernahm das Geschäft. Damals hat man sich vor allem auf Wein konzentriert. In den nächsten Jahren baute William das Geschäft weiter aus. Dabei legte er vor allem Wert auf das Blending. 1887 wurde er einer der ersten Aktionäre und damit Miteigentümer der 1885 gegründeten North British Distillery in Edinburgh. So konnte er sich Grain Whisky für sein Blending-Geschäft sichern.

1896 starb William und nun war es sein Sohn Matthew, der das Unternehmen erbte. Erst jetzt brachte das Unternehmen seinen ersten Blended Scotch auf den Markt, den „Brig o'Perth". Ein Jahr später führte die Firma das schottische Moorhuhn als Motiv auf einem Whisky-Etikett ein. Der Whisky wurde unter dem Namen „Gloag's Grouse" verkauft und wurde schnell sehr beliebt. Erst 1905 wurde der Blend dann in „The Famous Grouse" umbenannt. Unter diesem Namen ist er heute noch weltweit im Handel. Außerdem ist „The Famous Grouse" der meist-verkaufte Whisky in Schottland. Phillippa, die Tochter von Matthew Gloag, hat übrigens den allerersten Auerhahn gezeichnet, den wir auf der Flasche sehen – ein „Red Grouse", in Deutsch-land auch bekannt als Moorhuhn.

Das Geschäft wuchs und wuchs. Bis 1960 war es so groß geworden, dass allein die Exporte in die USA eine Menge von über zwölf Millionen Gallonen überstiegen. Acht Jahre später hatten sich die Exporte mit 33 Millionen Gallonen nochmals fast verdreifacht.

Vier Generationen von Familienmitgliedern hatten das Unternehmen geführt, bis der dama-lige Eigentümer, Matthew Frederick Gloag, 1970 überraschend starb. Die Erbschaftssteuer für alle Immobilien betrug 30 % und die Familie musste das Unternehmen für 1,25 Millionen Pfund an die Highland Distilleries Co. Ltd. verkaufen, um die Steuer zu bezahlen. Matthew Irving Gloag, der Sohn des Verstorbenen, blieb weiterhin als Direktor tätig. 1999 ging die Firma High-land Distillers Co. Ltd. an die Edrington Group. Diese vermarktet Famous Grouse bis heute sehr erfolgreich und baut die Marke auch noch weiter aus. Seit 2006 gibt es mit „Black Grouse" (seit 2015 heißt er „The Famous Grouse Smoky Black") eine getorfte Variante, 2008 folgte mit „Snow Grouse", dem Schneehuhn, ein Blended Grain Whisky und 2010 schließlich „The Na-ked Grouse". 2015 kam dann „The Famous Grouse Mellow Gold" auf den Markt.

Der Erfinder von Famous Grouse hat sich bewusst für einen anderen Namen für den Whisky entschieden, anstatt seinen eigenen Namen zu verwenden, wie es viele seiner Mitbewerber da-mals taten. Er hat ihn nach dem Gefühl benannt, das man hat, wenn man einen Tag in den schottischen Highlands verbracht hat und dann am Abend mit seinen Freunden den Whisky genießt. Das Moorhuhn war der Lieblingsvogel von Perthshire, weshalb dieses als Marke-tinginstrument sicher recht geschickt gewählt war.

Charles Mackinlay

Die Firma „Charles Mackinlay & Company" wurde 1815 als Weinhandel gegründet. Der Firmensitz war anfangs in der 89 Constitution Street in Leith. Der Gründer, Charles Mackinlay, arbeitete zunächst als Agent für „Macfarlane's Whisky". Das Geschäft schien ihm zu liegen, denn schon bald darauf legte er seine ersten eigenen Blends auf. Dafür kaufte Charles Mackin-lay Fässer von verschiedenen Brennereien in unterschiedlichen Whiskyregionen auf. Malt Whisky kam zum Beispiel von der Brennerei Glen Scotia in Campbeltown, aus der Speyside Glen Grant und Mortlach, und von den Highlands kamen Dalmore und Royal Brackla. Den Grain-Whisky, den er für seine Blends benötigte, bezog er von der Brennerei Glenforth, die in Queensferry, einem westlichen Vorort von Edinburgh lag und von 1843 bis 1867 produzierte.

Der erste Blend von Charles Mackinlay hieß „Mackinlay's Old Vatted Ben Vorlich". Die wichtigste Marke der Firma war „The Original Mackinlay" und wurde 1847 als Markenname registriert. Auch der nach einem Berg nordöstlich des Loch Lomond benannte „Old Vatted Ben Vorlich" war sehr beliebt. In den 1920ern kamen dann noch zwei weitere Markennamen auf den Markt: „ML" (Abkürzung für: Mackinlay's Legacy) und „V.O.B" (Very Old Blended).

Im Jahr 1892 war die Firma Charles Mackinlay & Co an der Gründung der Brennerei Glen Mhor in Inverness beteiligt. Partner war John Birnie.

MacKinlay & Company verkaufte im Jahr 1907 an den Polarforscher Ernest Shackleton 25 Kisten seines „Mackinlay's Rare Old Highland Malt". Diese wurden sogar mit einem speziellen Label ausgestattet. Es trug die zusätzliche Aufschrift „Especially prepared for the ANTARC-TIC EXPEDITION 1907 – Ship ‚ENDURANCE'". Shackleton nahm sie auf seiner Expedition mit zum Südpol, auch wenn sowohl das Schiff als auch die Expedition „Nimrod" genannt wurden, weil Shackleton dieses Schiff anstatt der Endurance wählte. Einhundert Jahre später wurden Teile dieses Vorrats bei Ausgrabungen unter einer von Shackletons Hütten unversehrt wiederentdeckt. So ist dieser Whisky tatsächlich der einzige dieser Zeit, von dem heute genau bekannt ist, wie er damals schmeckte. Mehr dazu an späterer Stelle in diesem Buch.

1920 taten sich die beiden Firmen Charles Mackinlay & Co und J. & G. Thomson & Co zusammen und kauften gemeinsam die Malt-Brennerei Littlemill, die sie bis 1931 weiterbetrieben. 1933 wurde die Firma deutlich erweitert, um den durch den Wegfall der Prohibition in den Vereinigten Staaten bedingten Nachfrageschub nach Whisky zu bewältigen. Am 27. März 1944 fand die Umwandlung von Charles Mackinlay & Co in eine GmbH statt.

Fast 150 Jahre lang blieb die Firma in Familienbesitz. Fünf Generationen der MacKinlays waren im Brennerei- und Blender-Geschäft tätig. 1961 wurde Charles MacKinlay & Co an die Scottish Newcastle Breweries Ltd verkauft. Danach hatte sie noch andere Besitzer und gehört seit 1993 zu Whyte & Mackay.

John Walker

Am 25. Juli 1805 erblickt auf der Todriggs Farm nahe des Städtchens Kilmarnock, Distrikt Ayrshire, etwa 25 km südwestlich von Glasgow, ein Junge namens John das Licht der Welt. Sein Vater starb leider ziemlich früh, als John gerade einmal 14 Jahre alt war. Um ohne den Vater über die Runden zu kommen, wurde die Farm verkauft. Mit dem Geld, das sie dafür bekamen, kauften John und seine Mutter dann 1820 ein Lebensmittelgeschäft in der King Street in Kilmarnock. John erweiterte das Geschäft dann um einen Wein- und Spirituosenhandel. Danach stieg er selbst ins Blending ein. Weil nicht viel Eigenkapital vorhanden war, lief das Geschäft erst einmal nur auf Sparflamme. Die Kunden kamen anfangs auch nur aus der Gegend, in der das Geschäft angesiedelt war. Auch die 1843 eingeweihte Eisenbahnlinie, die von Glasgow in Richtung Süden führte und dabei auch Kilmarnock anfuhr, änderte daran nichts.

Am 14. Juli 1852 gab es in der Region ein heftiges Unwetter. In den Zeitungen „Manchester Times" und „Dundee Evening Telegraph" wurde berichtet, dass mehrere Rinder durch Blitzschlag getötet wurden. Der Bach Kilmarnock Water, der durch Kilmarnock fließt, schwoll zu einer Rekordgröße an und bahnte sich seinen Weg durch die Straßen der Stadt. Zeitungsberichte aus dieser Zeit beschrieben, dass das Wasser in den Straßen mehrere Fuß hoch war, was zu deutlichen Schäden an Häusern, Geschäften und Kellern führte. John Walker hatte dadurch, wie viele andere Ladenbesitzer auch, alles verloren: Seine Waren und einen Großteil der Einrichtung seines Geschäfts. Er hatte keine Versicherung und musste deshalb eine lange, anstrengende Zeit des Wiederaufbaus durchstehen.

Fünf Jahre nach dem Unglück stieg Johns Sohn Alexander mit 20 Jahren ins Geschäft ein. Sein Vater finanzierte ihm zunächst eine fundierte Geschäftsausbildung in Glasgow. Mit voller Kraft und vielen Ideen machte er sich nach seiner Ausbildung ans Werk, um das immer noch ziemlich kleine Geschäft weitgehend zu übernehmen, welches er im ersten Schritt in einen Großhandel umwandelte. Sein Vater verstarb im selben Jahr 1857, sodass er leider nicht miterleben konnte, wie seine Firma aufstieg.

Damals war Kilmarnock ein Zentrum für gewebte Teppiche, weshalb viele Geschäftsleute von außerhalb, vor allem Engländer, in die kleine Stadt kamen. Alexander brachte ihnen den Geschmack von Scotch näher, indem er ihnen den hauseigenen Blend anbot, der damals noch „Walker's Kilmarnock Whisky" hieß. So kamen auch jede Menge Flaschen nach England, wo der Scotch gerade den Brandy als Nummer eins der Spirituosen ablöste. Der Name Walker wurde auf diese Weise nach und nach auch außerhalb von Kilmarnock und Ayrshire bekannt.

Alexander erkannte ziemlich schnell, dass er nur erfolgreich sein konnte, wenn er auch ins Ausland verkaufen würde. So wagte er sich damals an das „Adventure Merchant Business", das bei schottischen Geschäftsleuten gerade voll im Trend lag. Dabei wird ein Schiff mit Waren aller Art befüllt und steuert einen oder mehrere vorher festgelegte Zielhäfen in anderen Ländern an. Dort angekommen versucht ein Kaufmann oder auch der Kapitän, die mitgeführten Waren möglichst teuer zu verkaufen. Vom Erlös ging eine Provision ab und den Rest bekamen die Geschäftsleute in der Heimat, die sich entsprechende Transportkapazitäten reserviert hatten. Der Vorteil war, dass die Geschäftsleute zu Hause bleiben und ihr Geschäft dort weiterführen konnten. So mussten sie nicht selbst ins Ausland reisen oder Agenten bezahlen.

Das Unternehmen der Walkers wuchs und wuchs und schon 1867 produzierte es jährlich 100.000 Gallonen Blended Whisky. Die Firma musste ihre Räumlichkeiten stark vergrößern. Johnnie Walker wurde langsam bekannter auf der ganzen Welt, aber Alexander ging das alles nicht schnell genug. Deshalb eröffnete er im Jahr 1880 an der Adresse „3 Crosby Square, London" ein Büro in der britischen Hauptstadt. Bis 1886 war das Geschäft so gewachsen, dass Alexander nun seine beiden Söhne George und John darin unterbrachte. Außerdem wurde das Geschäft jetzt in eine GmbH umgewandelt und hieß fortan „John Walker & Sons Ltd.".

1889 starb Alexander Walker, der Erfinder von „Johnnie Walker". Sein dritter Sohn Alec hatte vorher eine Ausbildung zum Rechtsanwalt gemacht und stieg nun ins Geschäft ein. Ein Jahr später wurde George Walker der neue Chef, und ein junger Mann namens James Stevenson kam in die Firma. 1893 kauften die Walkers die Brennerei Cardow, die heute als Cardhu bekannt ist, für £20.000. Damit besaßen sie nun ihre eigene Malt-Brennerei. 1897 kam noch eine Niederlassung in Birmingham dazu, deren Leitung sie James Stevenson übertrugen.

1907 zog das Londoner Büro in eine bessere Gegend der Stadt, nämlich in das heute nicht mehr vorhandene Dunster-House an der Adresse „12 Mark Lane". Es stand nur unweit des Tower of London. Im nächsten Jahr wurde dann der Name der Marke geändert, von „Walker's Kilmarnock Whisky" in „Johnnie Walker", so wie der Blend auch heute noch heißt. In dieser Zeit, genauer gesagt im Jahr 1908, entstand auch der Spruch „Born 1820 – Still Going Strong". Der Mann mit Stiefeln, Stock und Hut, der jede Flasche Johnnie Walker ziert, stammt ebenfalls aus diesem Jahr. Er ist eine Schöpfung des Künstlers Tom Browne (1870-1910) und stellt den Gründer der Firma dar. Ab jetzt wuchs die Firma schnell.

1909 haben die Brüder dann die Whiskys umbenannt. Jetzt gab es entsprechend der Farbe des Etiketts „Johnnie Walker Red Label", „Johnnie Walker Black Label" und so weiter. Bis heute hat sich diese Namensgebung gehalten. Um diese Zeit hat John Walker & Sons auch mit den Dewars und Buchanans verhandelt. Die drei Firmen der „Big Five" wollten sich zusammenschließen, weil sie dachten, dass sie der wachsenden Konkurrenz der DCL so am besten entgegenwirken könnten. Die Verhandlungen waren aber nicht von Erfolg gekrönt und tatsächlich gingen später alle drei Firmen in der DCL auf.

1914 brach der Erste Weltkrieg aus, was für Whisky-Firmen natürlich ein großes Problem war. 1915 musste John Walker & Sons den Großhandel nach England kriegsbedingt einstellen. Viele andere Firmen haben den Krieg nicht überlebt, weil sie in Kriegszeiten zu wenig Umsatz machten. John Walker & Sons erholten sich allerdings nach dem Krieg wieder ziemlich schnell und hatten fast wieder das Niveau von vor dem Krieg erreicht, als sie 1920 ihr hundertjähriges Firmenjubiläum feierten. 1925 schließlich hat sich Johnnie Walker & Sons mit der DCL zusammengeschlossen. Bis dahin hatten die Brüder die Produktion auf stolze 2,2 Millionen Gallonen im Jahr gesteigert.

In den 1950er Jahren wurde der Firmensitz in Kilmarnock erweitert. Danach wurde eine neue Blending-Anlage gebaut, die 130.000 Quadratmeter groß war. Seit 1955 war in der Hill Street in Kilmarnock alles unter einem Dach: Flaschenabfüllung, Böttcherei, Blending und sogar die Lagerhäuser. Das Blending wurde nun aber ausgelagert, weil in dem Komplex in der Hill Street einfach zu wenig Platz war.

Auch unter dem Dach der DCL ging es der Marke Johnnie Walker sehr gut. Im November 1974 verkündete die DCL, dass bei Johnnie Walker wegen der weltweit steigenden Verkaufszahlen mehr Kapazitäten benötigt würden. Deshalb wurde ein neuer Blending- und Abfüll-Komplex mit fast 180.000 Quadratmetern Größe am King George V Dock in Glasgow gebaut. Die Gebäude allein ließ sich die DCL acht Millionen Pfund kosten. Johnnie Walker & Sons ist seit 1997 eine wichtige Säule von Diageo, der Nachfolgerin der DCL. Der Großteil der Malt-Produktion des Unternehmens geht in die Johnnie Walker Blends. Der „Red Label", der Einstiegs-Blend von Johnnie Walker, ist heute in so gut wie jedem Supermarkt zu finden.

John und Thomas Dewar

Etwa drei Kilometer westlich der Kleinstadt Aberfeldy liegt ein noch kleineres Dorf namens Dull. Hier wurde John Dewar 1806 auf einer Farm geboren. Jeden Tag, Sommer wie Winter, ging er sechs Kilometer zur Schule und nach der Schule dieselbe Strecke wieder zurück nach Hause. Im Winter musste er auch noch einen Rucksack voll Torf mitnehmen, um die Schule zu beheizen, denn früher war es an Schulen außerhalb der großen Städte durchaus üblich, dass die Schüler selbst das Heizmaterial mitbrachten.

Johns Eltern, beide Kleinbauern (Crofter) auf einer eigenen Farm, hatten für John nach der Schule dieselbe Ausbildung vorgesehen, die auch schon sein älterer Bruder James genossen hatte: Er sollte Tischler werden. Tatsächlich begann er dann auch seine berufliche Laufbahn als Tischler und nach seiner Lehre arbeitete er ab 1826 in einer Tischlerei in Aberfeldy. John kam über James Macdonald, einen entfernten Verwandten der Dewars, zum Whisky. James war Weinhändler in Perth und suchte 1828 einen zuverlässigen Mitarbeiter für seinen Keller. Er bot John den Job an und John nahm ihn an.

Das Geschäft von Macdonald lag mitten im Zentrum von Perth, und John gefiel die Stadt so gut, dass er sich dort niederließ. Kurz darauf hat er dort auch geheiratet. Aus der Ehe gingen sieben Söhne hervor. Auch die neue Stelle machte ihm mehr Spaß als die Arbeit als Tischler. John gab immer mehr, als Macdonald von ihm erwartete. Dieser merkte natürlich, dass er mit John einen echten Glücksgriff gemacht hatte. 1837 wurden John Dewar und James Macdonald Partner. Das Geschäft wurde entsprechend umbenannt und hieß nun „Macdonald and Dewar".

Im Jahr 1846 verließ John jedoch das gemeinsame Unternehmen, um sein eigenes Geschäft „John Dewar's & Sons" als Wein- und Spirituosenhändler zu eröffnen. Das Geschäft befand sich an der Adresse „111 High Street" in Perth. John fing dort auch damit an, Whisky selbst zu mischen und in Flaschen abzufüllen. Diesen verkaufte er dann in Perth und in der näheren Umgebung. Das Geschäft lief erst nur schleppend. Er konnte zwar davon leben, aber reich wurde er nicht. Das änderte sich erst 1860, als John seinen ersten Mitarbeiter für den Außendienst einstellte. Dieser übernahm die Ausdehnung des Verkaufsgebiets in Richtung Norden und Süden.

Zwei seiner Söhne, nämlich John Alexander und Thomas Robert, genannt „Tommy", wurden für das Familienunternehmen ausgebildet. John Alexander blieb in Perth, weil die Stadt damals eines der wichtigsten Zentren des Whiskyhandels war. 1879 wurde er schließlich Partner der Firma seines Vaters, der jedoch nur ein Jahr später, im Alter von 74 Jahren, starb. Thomas Robert war zu dieser Zeit gerade einmal 16 Jahre alt. Er hatte eine Weile in Leith verbracht und war danach nach Glasgow gegangen, um eine Lehre zu beginnen. Dort traf ihn der Schicksalsschlag natürlich hart. Er brach die Lehre ab und ging zurück in die Firma, um seinem Bruder im Familienunternehmen zu helfen.

Der verstorbene Vater hinterließ den beiden Brüdern ein zwar kleines, aber grundsolide geführtes Unternehmen, welches sogar die Pleite der City of Glasgow Bank Ende der 1870er Jahre überlebt hatte. Diese Pleite hatte etliche andere Firmen in den Ruin gerissen. Die beiden Söhne führten das Unternehmen genauso sorgfältig weiter wie ihr Vater es immer getan hatte. Im Jahr 1885 wurde Thomas Partner der Firma. Mit viel Fleiß und Eifer eroberten die Brüder nun auch den englischen Markt. Dazu ging Thomas, ebenfalls im Jahr 1885, nach London. Zu der Zeit war schottischer Whisky außerhalb Schottlands noch ziemlich unbekannt. Thomas

Dewars Mission war es, den Namen „Dewar's Whisky" bekannt zu machen. Eine wahrhaft große Aufgabe für einen jungen Mann von erst 21 Jahren.

Thomas mietete eine kleine Wohnung in der Nähe der Cockspur Street, was damit auch der erste offizielle Firmensitz der Londoner Vertretung war. London war für ihn zunächst eine Herausforderung, aber er hatte einen Vorteil, weil er noch ziemlich jung war und es für ihn einfacher war, im Whiskygeschäft Fuß zu fassen als für andere Whiskyunternehmen. In einem Interview erzählte er später einmal, wie schwer der Start in London für ihn war: „Als ich [nach London] kam, hatte ich zwei Gespräche mit möglichen Kunden vereinbart. Ich fand heraus, dass davon einer tot und der zweite gerade bankrott gegangen war." So stand er ohne Ansprechpartner da und musste sich überlegen, wie er sich und seinen Whisky in der fremden Stadt am besten bekannt machen könnte.

Auf der Brauermesse in der Agricultural Hall, dem heutigen Business Design Centre im Londoner Stadtteil Islington, trafen sich alljährlich die Bierbrauer, um sich auszutauschen. Thomas hatte sich dort als einziger Whisky-Produzent auf der Messe einen kleinen Stand gemietet. Gleich nach Messestart erschien ein von Thomas Dewar engagierter Highlander in vollem schottischem Kilt in der Messehalle. In den Armen hielt er einen Dudelsack, auf dem er nun lauthals schottische Lieder spielte. Viele der großen Aussteller hatten kleine Bands oder Kapellen dabei, die hier und da Musik spielten, um die Aufmerksamkeit der Besucher auf ihre Stände zu lenken. Aber wer schon mal einen Dudelsack aus der Nähe gehört hat, der weiß, dass diese Musikinstrumente in puncto Lautstärke doch ziemlich dominant sind. Die Messeleitung war alles andere als begeistert vom Lärm, den Thomas und sein Dudelsackspieler verursachten. Der Chef kam angelaufen und wollte, dass Thomas das Spielen unterbindet. Aber Thomas hatte sich vorher informiert und wusste, dass Musik auf der Messe nicht verboten war. Also ließ er seinen Highlander einfach weiterspielen. Dem Messechef erklärte Thomas, dass er ja für ein schottisches Produkt warb und sich deswegen keine bessere Musik als die aus einem Dudelsack vorstellen könne.

Als der Highlander irgendwann seine Darbietung vollendet hatte, hatte sich bereits eine größere Gruppe Journalisten um Thomas Dewar versammelt, die ihn befragten. „Hallo zusammen, mein Name ist Dewar. Ich könnte jetzt Ihre Bestellungen aufnehmen, wenn Sie möchten" soll seine Antwort gewesen sein. Schon bald war Thomas Dewar in London allen Lesern der örtlichen Tageszeitungen als der Schotte bekannt, der zur Eröffnung der Braumesse lauthals auf dem Dudelsack spielen ließ. Natürlich verstand Thomas es auch, dabei den eigenen Whisky zu erwähnen und bald darauf trudelten die ersten Bestellungen von Hotels und Restaurants für „Dewar's Blended Scotch" ein. Im Jahr danach gab es auf der Messe dann schon zwei Whiskystände – den von Thomas Dewar und einen weiteren, den der aufmerksame James Buchanan gemietet hatte, über den es gleich noch mehr zu erfahren gibt.

Dewars Auftritt auf der Braumesse war der Durchbruch für ihn, weshalb er sich auch eine größere Wohnung suchen musste, denn die bisherige wurde nun schnell zu klein. 1887 bezog er dann ein größeres Büro an der Adresse 6 Warwick Street. Das erste Büro wie auch das neue lagen beide sehr zentral in der Nähe des bekannten Piccadilly Circus.

Im Hintergrund half ihm in der schottischen Heimat stets sein Bruder John Alexander. Er war für die Produktion zuständig und koordinierte den Versand aus Perth. John Alexander wurde von einem Mitarbeiter namens John Cameron unterstützt, den er kurz nach Thomas Umzug nach London eingestellt hatte. Cameron war ein richtig guter Blender mit feiner Nase und gutem Geschmack. Außerdem probierte er ständig neue Mischungsverhältnisse der verschiedenen Whiskys aus. So fand er heraus, dass die Harmonie zwischen verschiedenen Whiskys nicht immer gegeben ist. Manche Whiskys harmonieren sofort, andere brauchen etwas Zeit, um ihr Mischungsverhältnis aufeinander abzustimmen, und wieder andere passen überhaupt nicht zueinander. So vereinte Cameron in „Dewar's Blend" ganze 40 verschiedene Whiskys. Er schüttete diese auch nicht einfach in einen großen Bottich. Für Cameron war das Blending eine Frage guter Vorbereitung. Auch darauf, in welcher Reihenfolge er die Whiskys mixte, legte er großen Wert. Und er nahm sich für das Blending viel Zeit. Thomas Dewar konnte von Camerons Erfahrung und dessen Hang zur Perfektion profitieren, denn sein Blend kam bei der Kundschaft in London gut an.

Das erste größere Geschäft, das Thomas Dewar so gemacht hat, war ein exklusiver Liefervertrag mit Spiers and Pond. Das war eine Firma, die Restaurants betrieb und als erstes weltweit agierendes Catering-Unternehmen galt. Das Unternehmen belieferte zum Beispiel die Bahnhofsrestaurants in London. Außerdem waren sie in der Unterhaltungsbranche vertreten, wo sie einen guten Ruf genossen. Sie belieferten zum Beispiel etliche Theater. Dewar hat erreicht, dass sie seinen Whisky als einzigen Whisky für alle ihre Häuser ins Sortiment aufnahmen. Damit hatte er den englischen Markt erobert. Im Jahr 1886 bekamen die Brüder für ihren Blend ihre erste Medaille.

Um immer genug Whisky für die vielen Bestellungen zu haben, kaufte und baute die Firma dann auch selbst Brennereien. So wechselte 1890 zunächst eine Brennerei südöstlich von Pitlochry den Besitzer: Die 1812 als Auchnagie gegründete und später in Tullymet umbenannte Brennerei. Sie gehörte nun zu John Dewar's & Sons.

Thomas Dewar war ein absoluter Marketing-Profi. Einer seiner Grundsätze war: „Wer nicht wirbt, der stirbt!" Er produzierte auch den allerersten Werbefilm überhaupt. Der Film von 1897 zeigt betrunkene Schotten, die im Kilt vor einem Scotch-Whisky-Werbeschriftzug tanzen. Dewar hat den Film dann auf dem Herald Square in New York gegen ein Gebäude projiziert, was damals den Verkehr zum Erliegen brachte. (Den Film können Sie heute unter dem Suchbegriff „Dewars.Its.Scotch.1897.avi" auf Youtube finden.)

1892 reiste er in nur zwei Jahren durch 26 Länder, engagierte dort Mitarbeiter und gründete insgesamt 32 Firmenagenturen. Damit steigerte er den Wert und den Erfolg der Firma immens und machte deren Produkte noch bekannter. Auch eine Niederlassung in New York war darunter. Wer mehr über seine Erlebnisse während der Reise erfahren möchte, kann in seinem Buch „A Ramble Round the Globe" (zu Deutsch: Ein Streifzug um die Welt) nachlesen (siehe Literaturverzeichnis). Darin beschreibt Thomas Dewar seine gesamte Reise. Angeblich hat er das Buch nur für seine Freunde geschrieben, damit sie alles über seine Reise erfahren. Der Schreibstil erinnert aber mehr an ein echtes Reisetagebuch, das von Anfang an zur Veröffentlichung vorgesehen war. Seine Reise führte ihn zunächst durch die Vereinigten Staaten, von Boston bis nach San Francisco. Als Nächstes ging es für ihn nach Hawaii, damals noch kein US-Bundesstaat, und anschließend in den Südpazifik, dann nach Australien und Neuseeland und schließlich nach China. Seine Reise war ein wichtiger Schritt, um Scotch Whisky weltweit bekannt zu machen. Man kann die groß angelegte Reise auch als Verkaufstour bezeichnen. Die Reise hat damals übrigens 14.000 Pfund gekostet, was heute umgerechnet über einer Million entspricht. Während seiner zweijährigen Abwesenheit erhielt die Firma John Dewar's & Sons von Königin Victoria die königliche Ernennungsurkunde (Warrant of Royal Appointment) als Whiskyproduzent.

Dewars Whisky eroberte jetzt also den Weltmarkt. Die Nachfrage stieg weiter an. Prominentester Kunde der Firma zu dieser Zeit dürfte dabei das White House in Washington DC gewesen sein. 1894 wurde das Unternehmen dann in eine Personengesellschaft umgewandelt. Das Stammkapital betrug anfangs 100.000 Pfund, drei Jahre später war es schon sechs Mal so viel. Für eine Viertelmillion Pfund wurden jetzt auch Vorzugsaktien angeboten, die mit einem Aufschlag von zehn Prozent verkauft wurden. Im selben Jahr wurde eine Zweigstelle in Bristol eröffnet.

Während die Brennerei Tullymet Whisky für den Dewar's Blend produzierte, bauten die Brüder ab 1896 die Brennerei Aberfeldy, die dann 1898 in Produktion ging. 1899 wurde der Blended Scotch „Dewar's White Label" vorgestellt, der bis heute verkauft wird. Auch heute noch ist Aberfeldy ein wichtiger Bestandteil des White Label. Am Ende des 19. Jahrhunderts stellte das Unternehmen John Dewar's & Sons jedes Jahr eine Million Gallonen Whisky her. Die Firma war ein großer Arbeitgeber in Perth und nicht selten arbeiteten mehrere Generationen in einer Familie für John Dewar's & Sons. Außerdem betrieb die Firma eine eigene Küferei (Cooperage), in der gebrauchte Fässer repariert wurden. Später, als es üblich wurde, zerlegte Bourbon-Fässer aus Amerika zu bekommen, wurden diese ebenfalls hier wieder zu vollständigen Fässern zusammengebaut.

1900 sind beide Brüder dann als Abgeordnete in die Politik gegangen. Thomas zog als konservativer Abgeordneter für St. George's im Osten ins Parlament ein und blieb dort sechs Jahre. John Alexander, sein Bruder, zog als Abgeordneter der Liberalen für Inverness-Shire ein und behielt seinen Sitz ganze 16 Jahre.

1901 wurde Thomas in den Ritterstand erhoben, John Alexander wurde sechs Jahre danach zum Baronet ernannt. 1916 folgte für John Alexander die Aufnahme in den Adelsstand, 1919 wurde auch Thomas geadelt. Hintergrund war, dass die Brüder zuvor bereits in Adelskreisen unterwegs waren. Man sagt, dass die Brüder 1895 das dritte Auto in Großbritannien besaßen. Das erste Auto hatte der Prince of Wales erworben, das zweite Thomas Lipton, der außerdem ein guter Freund der Dewars war.

Zwischen Anfang des 20. Jahrhunderts und dem Ausbruch des Ersten Weltkriegs war die Wirtschaftslage für das Whiskygeschäft bekanntermaßen ziemlich schwierig. Synergien waren für das Überleben dringend notwendig. Deshalb haben sich 1915 John Dewar's & Sons mit dem ehemaligen Konkurrenten James Buchanan & Co. zur neuen Firma „Scotch Whisky Brands" zusammengeschlossen. 1919 wurde daraus die „Buchanan-Dewar Ltd.", als noch W. P. Lowrie & Co. beitrat.

Weitere Brennereien baute die Firma nicht, sondern sie begnügte sich mit dem Kauf bestehender Brennereien. Während des Ersten Weltkriegs kaufte sie im Jahr 1916 die Brennerei Royal Lochnagar. Anfang der 1920er Jahre, als viele Brennereien wegen der Rezession schließen mussten und es Brennereien quasi zum Sonderpreis gab, schlug man bei Buchanan-Dewar Ltd. ordentlich zu. So kaufte das Unternehmen zum Beispiel 1922 die Speyside-Brennerei Benrinnes. 1923 sind mit Aultmore und Parkmore, beide ebenfalls in der Speyside gelegen, und der Highland-Brennerei Glen Ord gleich drei Brennereien in den Besitz der Firma gewechselt. 1924 hat Buchanan-Dewar dann noch die Highland-Brennerei Pulteney aus dem hohen Norden in der Stadt Wick gekauft. Zehn Jahre später schließlich wurde Buchanan-Dewar Teil der DCL. Zu diesem Zeitpunkt besaß die Firma bereits zwölf eigene Brennereien, neben den bereits genannten auch die bekannten Brennereien Port Ellen und Dalwhinnie.

1962 wurde nach drei Jahren Bauzeit in Inveralmond, in der Nähe von Perth, die damals größte Anlage für Blending und Flaschenabfüllung eröffnet. Damals war das die modernste Anlage in ganz Schottland. Sie war noch größer als die Anlage von Johnnie Walker in Kilmarnock aus den 1950ern. Gleichzeitig wurde auch der Firmensitz von Perth nach Inveralmond verlegt. Das Flaschenlager konnte 2,5 Millionen Flaschen fassen und in der Abfüllanlage wurden pro Tag 200.000 Flaschen in 45 verschiedenen Größen und Formen abgefüllt. Die Anlage bot Arbeitsplätze für 650 Mitarbeiter.

Dewar gehört seit 1998 zum Bacardi-Konzern, genauso wie die Brennereien Aberfeldy, Aultmore, Craigellachie, Macduff und Royal Brackla. Der Blend „Dewar's White Label" ist auf Platz fünf der weltweiten Verkaufsrangliste. In den USA ist er einer der bekanntesten schottischen Blends. Man sagt, dass Thomas Dewar von allen Whisky-Baronen der geschickteste in Sachen Werbung war.

Chivas Brothers: Chivas Regal

Die Brüder James (geboren 1810) und John (geboren 1814) Chivas lebten mit ihren Eltern und zwölf weiteren Geschwistern auf einer abgelegenen Farm nahe Aberdeen. 1836 beschlossen die beiden, ihr Glück in der Stadt Aberdeen zu suchen und dem Landleben den Rücken zu kehren. John fand eine Anstellung bei einem Großhändler für Bekleidung und Schuhe, James arbeitete im Geschäft von William Edwards. Dieser hatte 1828 ein für seine Qualität stadtbekanntes Geschäft für Luxuswaren, Wein und Spirituosen mit einem sehr breiten Warenangebot gekauft. Das Geschäft lag in der 13 King Street in Aberdeen. Der ehemalige Gründer war gestorben und seine Erben haben das Geschäft dann an Edwards verkauft. 1838 wurde James Chivas Partner von William Edwards. Als Edwards 1841 starb, wurde Charles Stewart sein Nachfolger. Am 2. August 1843 bekamen Stewart und Chivas ihr erstes „Royal Warrant", wurden also zu Lieferanten des Königshauses. Sie belieferten sogar Queen Victoria in Balmoral. Damals waren Geschäfte mit diesem Label praktisch Selbstläufer, denn hier kaufte die Oberklasse der Bevölkerung ein. Wer das Königshaus beliefern durfte, dem wurde großes Vertrauen entgegengebracht. Entsprechend florierte das Geschäft auch bei Chivas und Stewart.

Durch den Forbes Mackenzie Act, der 1853 eingeführt wurde und das Mischen verschiedener Malts erlaubte, konnte man jetzt praktisch unendlich viele Whiskys herstellen, rein durch verschiedene Mischverhältnisse. Chivas und Stewart beschlossen, jetzt ebenfalls ins Blending-Geschäft einzusteigen, um den Wünschen ihrer vermögenden Kundschaft nach einem ausgewogeneren Whisky gerecht zu werden. Den ersten Blended Malt, den die Brüder im Keller unter ihrem Ladengeschäft herstellten, war der „Royal Glen Dee". Im Jahr 1854 kam er dann auf den Markt.

1857 verließ Charles Stewart die Firma und sein Bruder John stieg für ihn ein. Die Firma benannten sie nun in „Chivas Brothers" um. Der erste Blended Whisky, den die neu benannte Firma herstellte, hieß „Royal Strathythan" und war der Vorläufer des heutigen Chivas Regal. Er bestand aus Malt- und Grain-Whiskys und war etwa zehn Jahre alt. Irgendwann ließen die Brüder dann aber die Altersangabe weg. So wurde der Whisky zum Standard-Blend, der aber trotzdem bis in die 1980er Jahre hinein abgefüllt wurde. Seit 1860 gibt es den Blended Whisky „Chivas Regal", den man auch bei uns in vielen Supermärkten findet.

Das Geheimnis der Brüder war, dass sie von Anfang an gealterten und gelagerten Whisky für ihre Blends verwendeten. Das machte den Geschmack so einzigartig und herausragend im Vergleich zu anderen Blendern. Das letzte Familienmitglied, das noch mit der Firma zu tun hatte, war Alexander, der Sohn von James Chivas. Er verstarb 1893.

1949 übernahm der kanadische Konzern Seagram Chivas Brothers, ein Jahr später folgte dann die Brennerei Strathisla. Seitdem ist Strathisla der führende Malt in den Chivas Blends. 1957 kam dann noch eine weitere Brennerei dazu: Glen Keith, ganz in der Nähe von Strathisla gelegen. In den 1970ern folgten die Neubauten der Brennereien Allt-a-Bhainne und Braeval, um den wachsenden Bedarf von Malt Whisky für die Blends der Firma zu decken.

Seagram Spirits & Wine wurden ihrerseits im Jahr 2001 von Pernod Ricard und Diageo aufgekauft. Pernod Ricard übernahm dabei den Chivas-Teil der Firma. Heute läuft unter dem Namen „Chivas Brothers" das gesamte Whisky-Geschäft von Pernod Ricard. Neben den verschiedenen Chivas Regal-Abfüllungen gehören zum Portfolio zum Beispiel Ballantine's, The Glenlivet, Aberlour und Scapa. Heute ist Chivas Brothers nach Diageo der zweitgrößte Whisky-Produzent. Die neueste Brennerei von Chivas ist die 2014 erbaute Dalmunach-Brennerei in der Speyside.

James Buchanan: Black & White

Einer der wichtigsten Männer in der Geschichte der Blender war James Buchanan. Eigentlich hieß er Alexander James Buchanan, aber bekannt war er als James Buchanan, da er den Vornamen Alexander nie verwendete. Dabei war er nicht einmal gebürtiger Schotte, sondern Kanadier. Seine Eltern waren nämlich nach Kanada ausgewandert und so kam er in Milton, im kanadischen Bundesstaat Ontario, zur Welt, und zwar am 16. August 1849. Kurz nach seiner Geburt, James war gerade ein Jahr alt, zogen seine Eltern und die zwei Geschwister aber wieder zurück nach Europa.

James wuchs in Nordirland auf, wo sein Vater, Alexander Buchanan, eine Stelle als Steinbruch-Manager angenommen hatte. Aufgrund seiner anfälligen Gesundheit besuchte James keine öffentliche Schule, sondern bekam Privatunterricht. Mit 14 fing er dann bei der Firma „William Sloan & Co" an zu arbeiten. Die Firma gehörte seinem Cousin und befand sich in Glasgow. James war eigentlich nur als Bürohilfe für drei Jahre angestellt, lernte aber so schnell, dass er schon bald die Arbeit eines vollwertigen Büroangestellten verrichtete. Und obwohl in seinem Vertrag nur Arbeitszeiten bis 18 Uhr vereinbart waren, arbeitete er oft länger, manchmal bis 22 Uhr. James war also ein echter Gewinn für die Firma, denn sein Gehalt war nach wie vor das eines Bürojungen. Er erhielt im ersten Jahr ein Jahresgehalt von £10, im zweiten £15 und im dritten Jahr £20.

Nach Vertragsende und Ausscheiden aus der Firma seines Cousins arbeitete er ab 1866 drei weitere Jahre als Zollbeamter, wobei er auch hier eine Menge unbezahlter Überstunden schob. Mit 20 Jahren ging er dann zu seinem Bruder, der Getreidehändler in Glasgow war, und arbeitete im Getreidegeschäft. Erst im Alter von 30 Jahren hatte er seine ersten Berührungspunkte mit Whisky, als er als Agent für die Firma Charles Mackinlay & Company arbeitete. Trotz seiner schlechten Gesundheit ging er für diesen Job ins verrauchte London.

Fünf Jahre später zog es ihn wieder nach Schottland, genauer gesagt nach Leith. Hier wollte er eigentlich eine Partnerschaft mit einem Whiskyhändler eingehen, was aber nicht zustande kam. Doch er wollte nun beruflich unbedingt etwas mit Whisky machen, denn er spürte den aufkommenden Whisky-Boom. Also machte er sich auf eigene Faust auf den Weg zurück nach London, um dort seine eigene Whiskyfirma zu gründen. Dabei konnte er auf die Unterstützung von William Phaup Lowrie, einem Blender aus Glasgow, zählen. Buchanan war ja ursprünglich im Getreidegeschäft tätig und somit ein Quereinsteiger in der Whiskybranche. Er hatte kaum Startkapital und bewegte sich in einem zur damaligen Zeit noch schwierigen Markt. Lowrie war eine große Hilfe für Buchanan. Lowrie war der Vorsitzende der Firma W. P. Lowrie & Co. in Glasgow, die Whiskybrennereien besaß und schon länger im Blending tätig war. Er half Buchanan bei der Zusammensetzung seines eigenen Blends, der den Londoner Markt ansprechen sollte, und produzierte ihn danach auch exklusiv für ihn. Buchanan übernahm das komplette Marketing. Lowrie gab Buchanan nicht nur Startkapital, sondern sicherte ihm auch zu, ihn mit Whisky aus den eigenen Brennereien zu beliefern. So wurde 1884 die Firma „James Buchanan & Company" gegründet, die ihren Sitz in der 61 Basinghall Street in London hatte, aber offiziell in Glasgow gemeldet war.

Marketing und Verkauf war das eigentliche Geschick des Schotten James Buchanan. Schon durch seine Körpergröße stach er aus der Masse heraus. Er war ziemlich groß, was durch seine schlanke Figur und einen auffälligen, hohen Seidenhut, den er immer trug, noch betont wurde. Auch seine buschigen Augenbrauen, sein breiter Schnurrbart und die roten Haare machten Eindruck. In diesem Aufzug reiste er als Geschäftsmann durch die Straßen Londons. Dabei fuhr er in einem schicken, zweirädrigen Buggy, den einer seiner Stallknechte steuerte. Buchanans Job war es, dieses neue Getränk namens Scotch Whisky zu verkaufen. Die Zeit war perfekt, denn Blended Scotch war gerade dabei, den Whiskymarkt zu erobern. In London sprach er mit

Kunden, testete neue Geschmacksrichtungen und fuhr ab und zu mit dem Zug nach Glasgow. Dort änderte er dann die Rezeptur seines Blends, je nachdem, was die Kunden gerade bevorzugten.

Die 1880er Jahre waren eine wichtige Zeit, um Scotch salonfähig zu machen. Vor allem im Süden und in der Hauptstadt von Großbritannien wurden damals noch hauptsächlich Brandy und Gin getrunken. Whisky war zwar schon bekannt, aber eher bei den oberen Zehntausend, die gern zum Jagen oder Fischen nach Schottland reisten. Dort wurde Whisky vor der Jagd getrunken und natürlich auch danach, um den Jagderfolg zu feiern oder den Misserfolg wegzuspülen – es gab immer einen Grund, Whisky zu trinken.

James Buchanans Blend wurde in Glasgow hergestellt und dann in Fässern nach London transportiert. Dort hat Buchanan den Whisky dann zunächst in Fässern an die Bars verkauft. Dies war damals durchaus üblich: Eine Bar kaufte gleich ein ganzes Fass Whisky und verkaufte den Inhalt dann an die Gäste, direkt aus diesem Fass. Vor der Erfindung der Blended Whiskys hieß das aber, dass der Kunde einen Single Cask Whisky bekam, der von Fass zu Fass anders schmeckte. Wenn ein Kunde einen bestimmten Geschmack mochte, konnte er nicht sicher sein, dass er eine Woche später oder in einer anderen Bar genau diesen Geschmack wiederfinden würde. Hinzu kam, dass viele Kunden den vollen Geschmack der oft rauchigen Malt Whiskys gar nicht mochten, da sie den sanfteren Geschmack von länger gelagertem Brandy gewohnt waren. Buchanan erkannte diese beiden Nachteile und setzte deshalb ausschließlich auf Blends.

Auch einige der großen Herrenhäuser haben sich damals gern ein Fass Whisky in den Keller gestellt. Die normale Bevölkerung konnte Buchanan aber nur beliefern, indem er seinen Whisky in Flaschen abfüllte. Selbstverständlich sollte es auch hier etwas Besonderes sein und so kreierte er eine komplett aus schwarzem Glas bestehende Flasche mit einem weißen Etikett. In feiner Handschrift stand darauf:

The 'Buchanan Blend

Fine Old Scotch Whiskies

Suitable either for Grog or Toddy

Der „Buchanan Blend" war auf der einen Seite mild und leicht, hatte auf der anderen Seite aber auch schon eine gewisse Lagerzeit hinter sich, um dem Geschmack der breiten Bevölkerung zu entsprechen. Und das Produkt schien Buchanan richtig gut gelungen zu sein, denn beim Verkaufen war er sehr erfolgreich. Nach nur einem Jahr hatte er damit schon so viel Geld verdient, dass er Lowrie den kompletten Kredit zurückzahlen konnte. Außerdem handelte er einen Deal mit dem Catering-Unternehmen aus, welches das britische Unterhaus beliefert. Er sicherte sich einen Vertrag und von da an wurde sein Blend in der Mitgliederbar der Parlamentarier ausgeschenkt. Als Dank für diesen tollen Kunden benannte er seinen Blend dann in „Buchanan's House of Commons Finest Old Highland Whisky" um. Der Whisky wurde weiterhin in der schwarzen Glasflasche mit weißem Etikett verkauft. In etwas kleinerer Schrift stand unten auf dem Etikett „Black & White".

Weil immer mehr Leute, die den langen Titel nicht aussprechen wollten, einfach nur nach „Black and White" fragten, änderte Buchanan irgendwann erneut das Etikett. Am Ende blieb nur noch „Black & White" und das weiße Etikett auf der schwarzen Flasche übrig. Vor allem älteren Lesern dürfte der Black & White Scotch noch ein Begriff sein. Auf dem weißen Etikett waren immer ein schwarzer und ein weißer Hund zu sehen: ein Scottish Terrier und ein West Highland White Terrier. Wie es heißt, hat James Buchanan die beiden Rassehunde auf einer Hundeausstellung entdeckt und sie zum Marken-Maskottchen für seinen Whisky gemacht. An manchen Stellen wird berichtet, dass die beiden Hunde die Namensgeber für Black & White waren. Das liegt nahe, ist aber falsch. Den Namen gab es schon, bevor die beiden Terrier das Etikett zierten.

Black & White ist ein weicher, länger gereifter und raffinierter Blended Scotch mit einem hohen Anteil an Malt Whisky. Um das Geschäft voranzutreiben, war Buchanan deshalb auf viel und guten Malt Whisky angewiesen. Darum gründete er 1897 zusammen mit seinem ehemaligen Partner William Lowrie die „Glentauchers-Glenlivet Distillery Company". Die Glentauchers-Brennerei produziert heute immer noch Malt Whisky, der nun aber vor allem für Blends verwendet wird, weshalb die Brennerei in der Speyside eher unbekannt ist. Malt von Glentauchers ist beispielsweise ein wichtiger Bestandteil in den Blends „Teacher's" und „Ballantine's".

1898 erhielt die „James Buchanan & Company" die begehrten Royal Warrants und durfte jetzt offiziell nicht nur den Prinzen von Wales und den Herzog von York, sondern sogar Königin Victoria mit ihren Produkten beliefern. Das sorgte vermutlich auch dafür, dass Buchanans Blend über zehn Jahre lang der meistverkaufte Scotch in England war. James Buchanan galt außerdem zu dieser Zeit als der bekannteste Whisky-Experte, den sogar die Banken anforderten, um eine Bewertung des Whiskybestandes der Pattisons zu bekommen. Das war ein großes Kompliment an ihn, dass man seine Integrität, Fähigkeiten und Kenntnisse so hoch einschätzte. Im Fall des Pattison-Crashs war Buchanan der einzige Experte, dem die schottischen Banken vertrauten. Mehr dazu an späterer Stelle.

Auch über die Landesgrenzen hinaus war sein Whisky bekannt. Buchanan kaufte die Black Swan Distillery im Londoner Stadtteil Holborn als neuen Firmensitz, da die bisherigen Büroräume zu klein geworden waren. Zu dieser Zeit war er schon so bekannt, dass es an der Zeit war, den Weltmarkt zu erobern. 1902 eröffnete er Büros in Paris und New York. 1903 wurde sein Unternehmen in eine GmbH mit 850.000 Pfund Stammkapital umgewandelt. In weniger als 20 Jahren hat James Buchanan eines der größten Ein-Mann-Unternehmen der Welt aufgebaut. Aber auch für andere Dinge abseits des Whiskygeschäfts hatte Buchanan noch Zeit. Als überzeugter Befürworter einer militärisch vorbereiteten und bewaffneten Nation gründete er 1905 den „Buchanan Rifle Club". Seine Angestellten ermutigte er, dort kostenlos das Schießen zu trainieren.

1906 kaufte James Buchanan die Firma „Convalmore-Glenlivet Distillery Co." von seinem ehemaligen Mäzen und Freund Lowrie. Die Firma hatte unter dem Pattison-Crash ziemlich gelitten. Als erstes optimierte er die Blending-Firma in Glasgow und sorgte dafür, dass die

Arbeitsabläufe effizienter gestaltet wurden. Ein Jahr später steckte er viel Geld in eine Fabrik, die Flaschen herstellte. Die Firma war erfolgreich und wuchs immer weiter.

Für James Buchanan lief es sehr erfolgreich in den ersten Jahren des 20. Jahrhunderts. Auch König Eduard VII. und, nach dessen Tod im Jahr 1910, auch König Georg V. sowie der britische Thronfolger zählten zu seinen Kunden. Er wurde immer größer, kaufte bestehende Brennereien und baute neue, errichtete Abfüllanlagen und Lagerhäuser. Unter den Brennereien, die seine Firma aufgekauft hat, waren zum Beispiel die Bankier-Distillery in den Lowlands (1903), Convalmore (Speyside, 1906) und sogar Lochruan in Campbeltown, die er in der schwierigen Zeit direkt nach dem Ersten Weltkrieg übernahm. Noch während des Ersten Weltkriegs verschmolzen „James Buchanan & Company" und „John Dewar's & Sons Ltd.", wie weiter oben schon beschrieben wurde. Dabei blieben die beiden Marken aber eigenständig. Die neue Firma hatte ein Gesamtkapital von fünf Millionen Pfund.

Misserfolg war für Buchanan ein absolutes No-Go. So versuchte er immer und immer wieder, einen Fuß in die Londoner Firmen zu bekommen, die die großen Music-Halls betreiben. Die wichtigste davon war die United Music Halls Company. Der Chef der Firma war ein gewisser Newsom Smith. Buchanan stellte fest, dass Smith nebenbei auch noch Chef einer großen Wirtschaftsprüfungsgesellschaft war. Also fragte er Smith, ob seine Firma nicht vielleicht seine Bücher prüfen und seinen Jahresabschluss vorbereiten könnte. Da Buchanan zu diesem Zeitpunkt in London schon kein Unbekannter mehr war, nahm Smith den Auftrag gerne an. Einige Zeit später meldete sich Buchanan wieder bei ihm und fragte, ob er ihm ein paar Whiskyproben schicken dürfte. Smith sagte zu und war wohl ziemlich angetan von Buchanans Whisky. Schon bald war dieser Whisky der dominierende Scotch in allen wichtigen Londoner Musikhallen wie der Metropolitan, Pavillon, Oxford, Canterbury und einigen anderen, die von der United Music Halls Company betrieben wurden.

Im hohen Alter erinnerte sich James Buchanan in einem Gespräch über die Anfänge seines Blends: „Wozu ich mich entschieden hatte, war es, einen Blend zu kreieren, der ausreichend leicht und alt ist, um den Geschmack der Käufer zu treffen. Dies gelang mir glücklicherweise und ich habe außerdem schnell Fortschritte dabei erzielen können. Ich muss sicher nicht extra erwähnen, dass ich Tag und Nacht auf der Suche war, nach Käufern, Geschäften, und der Möglichkeit, dazu zu lernen. Und ständig lernte ich neue Leute kennen, wo immer ich konnte. [...] Wenn ich jetzt darüber nachdenke, staune ich über mein überragendes Selbstvertrauen, das mich damals antrieb, als junger Mann ohne Kapital und praktisch keinerlei Kenntnissen des Geschäfts, in das ich einstieg. Als Fremder in der Stadt London. Das Außergewöhnliche ist, dass die Möglichkeit zu scheitern mir kein einziges Mal in den Sinn kam. Ich hatte immer nur im Kopf, dass ich früher oder später dazu bestimmt war, Erfolg zu haben."

Leider wurde James Buchanan sein ganzes Leben lang von Krankheiten heimgesucht. Deshalb zog er sich nach der Fusion mit Dewar aus dem aktiven Arbeitsleben als Whisky-Baron zurück. Er kaufte sich einen Landsitz in Sussex und züchtete dort Rinder, Schafe und auch Pferde. 1920 wurde er, genau wie Peter Mackie, zum Baronet ernannt und durfte sich von da an „Sir James Buchanan" nennen. Obwohl viele Krankheiten ihn Zeit seines Lebens begleiteten, wurde James Buchanan über 85 Jahre alt. Er starb am 9. August 1935, eine Woche vor seinem 86. Geburtstag. Trotz seiner stets recht anfälligen Gesundheit erreichte er damit ein für damalige Verhältnisse hohes Alter.

Black & White sieht man in Deutschland inzwischen selten. Der Blend wird hauptsächlich in Ländern wie Südafrika, Lateinamerika, Indien und in der Karibik verkauft. Die Flasche ist inzwischen leicht grünlich. Über Versandhändler oder spezielle Whiskygeschäfte gibt es Black & White aber auch hier noch zu kaufen.

George Ballantine: Ballantine's Finest

George Ballantine wurde 1809 geboren. Mit 13 Jahren verließ der Sohn eines Bauern seine Heimatstadt und zog nach Edinburgh. Am 15. Mai 1822 begann er dort eine Lehre bei einem Gemüsehändler. Der Vertrag lief fünf Jahre und nach dessen Ablauf gründete George 1827 in der Straße „Cowgate" schließlich sein eigenes Lebensmittelgeschäft mit Wein- und Spirituosenhandlung. Zehn Jahre später war sein Geschäft so erfolgreich, dass er den Firmensitz in eine bessere Gegend von Edinburgh verlegte, und zwar in die Nähe der Princes Street, heute die Haupteinkaufsstraße von Edinburgh. An der neuen Adresse begann er dann auch seine Laufbahn als Blender. Dabei experimentierte er mit verschiedenen Mischungen von Malt- und Grain Whisky aus unterschiedlichen Brennereien, wobei er sich vor allem mit dem Thema Alterung bzw. Lagerung beschäftigte. So gelang es ihm, einen leichten Blended Scotch in gleichbleibender Qualität und mit gleichbleibendem Geschmack zu erzeugen. Langsam wurde sein Unternehmen nun vor allem bei Whiskyliebhabern immer bekannter. Aber auch der Lebensmittelhandel florierte und 1857 hatte George einen kostenlosen Lieferservice für Entfernungen bis zu zehn Meilen rund um sein Geschäft eingerichtet. Dieser bis dahin unbekannte und somit völlig neue Service kam bei den Kunden sehr gut an und schon bald war klar, dass George sein Geschäft vergrößern musste.

George Ballantine gab sein Wissen an seine drei Söhne George II., Archibald und Daniel weiter, später auch an seinen Enkel George III. 1865 wurde der Firmensitz nach Glasgow verlegt, das Geschäft in Edinburgh übernahm dann Sohn Archibald. Im Jahr 1881 hat George, der Firmengründer, den aktiven Job an den Nagel gehängt. Zu diesem Zeitpunkt exportierte sein Familienunternehmen „George Ballantine & Son" den Scotch bereits weltweit. George Senior starb 1891, leider vier Jahre zu früh, sonst hätte er miterleben konnte, wie sein Unternehmen 1895 zum Hoflieferanten von Königin Victoria ernannt wurde. Auch ihr Sohn wurde später Kunde bei George Ballantine. 1910 kam dann der Standard-Blend „Ballantine's Finest" auf den Markt. Diesen im Niedrigpreissegment angesiedelten Blended Scotch ohne Altersangabe gibt es bis heute.

1919 verkaufte die Familie ihr Unternehmen an James Barclay, der gerade erst angefangen hatte, zusammen mit McKinlay zu arbeiten. Die beiden kauften danach auch noch ein paar weitere, interessante Firmen, zum Beispiel „The Stirling Bonding Co." im Jahr 1921 und später noch die Firma „Highland Bonding Company", die sich mit Whiskylagerung beschäftigte. Durch diese und weitere Zukäufe sicherten sich McKinlay und Barclay natürlich einen beachtlichen Vorrat an reifendem Whisky. Jetzt begannen sie auch damit, ihre eigenen Blends herzustellen und zu vermarkten. McKinlay war dabei der Partner im Hintergrund, der im Büro arbeitete und sich um das Blending kümmerte. Barclay, der eher extrovertiert war, kümmerte sich um den Verkauf und um die Akquise neuer Kunden. Die beiden Marken „Gaelic Old Smuggler" und natürlich der „Ballantine's Finest" waren dabei die Hauptprodukte.

Barclay hatte auch gute Verbindungen in die USA, wo gerade die Prohibition ausgerufen wurde. Das machte ihm aber nicht wirklich viel aus, vielmehr betrachtete er das nur als eine zusätzliche Herausforderung. Er konnte den Whisky deswegen nicht direkt in die USA exportieren, sondern lieferte ihn zunächst nach Kanada und auf die Bahamas. Von da aus brachten dann Schmuggler den Whisky in die USA.

Außerdem hat Barclay Kontakte zum berühmten „21 Club" geknüpft, der seinen Namen von seinem zweiten Standort in der 21 West 52nd Street in New York City hatte. Während der Prohibition konnte man in diesem Club illegalen Alkohol trinken. Der Club wurde 1922 im New Yorker Stadtteil Greenwich Village gegründet. Solche Clubs waren zur Zeit der Prohibition nichts Ungewöhnliches. Man schätzt, dass es im Jahr 1930 allein in New York 32.000 davon gab. Gegründet wurde der Club von den beiden Cousins Jack Kriendler und Charlie Berns. Auch zu ihnen unterhielt Barclay natürlich guten Kontakt. Als die beiden Männer später eine Handelsgesellschaft für alkoholische Getränke, die „21 Brands", gründeten, wurde diese Firma kurz darauf zum US-Händler für „Ballantine's Finest".

Die charakteristische, eckige Form der Ballantine's-Flasche wurde schon zur Zeit der Prohibition entwickelt. Der Grund: Eine flache Flasche passte besser in die Aktenkoffer der Geschäftsleute. Diese besondere Flaschenform ist bis heute erhalten geblieben. Ballantine's Scotch Whisky war damals der berühmteste Scotch Whisky in Nordamerika unter „21 Brands".

1937 stieß George Robertson als Master Blender zur Firma dazu. Unter seiner Leitung entstanden sowohl der 17-jährige als auch der 30-jährige Ballantine's Blend. Im selben Jahr wechselte die Firma außerdem wieder den Besitzer und gehörte seitdem zum kanadischen Konzern „Hiram Walker-Gooderham & Worts", der auch den bekannten Whisky „Canadian Club" herstellt.

1938 hat Ballantine's vom Lord Lyon sein eigenes Wappen verliehen bekommen. Bis heute ziert das Wappen jede Flasche Ballantine's. Neben zwei schottischen Flaggen zeigt es die vier „Elemente", aus denen Whisky besteht: ein Büschel Gerste, einen Bach für das Wasser, eine Brennblase für die Herstellung und ein Holzfass für die Reifung. Mit Glenburgie und Miltonduff hatte das Unternehmen bereits zwei Malt-Brennereien gekauft und mit der neu erbauten Dumbarton-Brennerei konnte Ballantine's nun auch selbst Grain-Whisky herstellen. Als die Produktion 1938 anlief, war Dumbarton die größte Grain-Brennerei Schottlands.

Ich möchte noch auf eine Besonderheit der Dumbarton-Brennerei hinweisen, die in ganz Schottland einzigartig sein dürfte. Lagerhäuser voller Whisky waren schon immer beliebte Angriffsziele für Diebe und mussten deshalb bewacht werden. Wenn mehr Whisky gelagert wird, sind auch die Lagerhäuser größer und schwerer zu bewachen. Eine übliche Methode war damals, Wachleute mit Hunden zu kombinieren. Diese Kombination war eigentlich ziemlich effizient, hatte aber auch ihren Preis. Ende der 1950er Jahre wurde östlich von Dumbarton, bei Dumbuck, ein neues Gelände bebaut, um mehr Ballantine's Whisky lagern zu können. Ronald Cowan, Bauingenieur und nebenbei auch Ornithologe, war für die neuen und bereits vorhandenen Lagerhäuser verantwortlich. Er schlug dem Manager von Ballantine's vor, eine Schar Gänse zu halten, die die Lager bewachen könnten. Diese wären billiger und einfacher zu halten als Hunde. Die Tiere könnten sich außerdem von Gras ernähren, das zwischen den Lagerhäusern wächst. Man müsste ihnen nur etwas Getreide hinzufügen. Das könnte man einfach aus den Beständen der Dumbarton-Brennerei abzweigen.

Die Idee war so einfach wie revolutionär. Der Manager war einverstanden und so führte Cowan dann eine Schar chinesischer Gänse ein. Anfangs waren es nur sechs Tiere, fünf weibliche und ein männliches. Dank eines Zuchtprogramms des West of Scotland Agricultural College wuchs die Zahl der Tiere dann aber schnell auf über einhundert an. Der dominante Gänserich wurde schon recht bald auf den Namen des Whiskys getauft: Mister Ballantine. Wenn ein Dieb auf das Gelände eingedrungen wäre, hätten die Gänse sofort laut schnatternd Alarm geschlagen. Die Gänse wurden schnell zu einer Touristenattraktion. Zeitungen berichteten über sie und auch das britische Fernsehen BBC besuchte sie. Sie hießen „Scotch Watch" (Scotch-Wache) oder auch „The Scotch Guards" und wurden über die Grenzen Schottlands hinaus als Werbe-Ikonen für Ballantine's Blend bekannt. Übrigens war der Job des Gänsehüters ein Vollzeitjob, aber immer noch günstiger, als eine ganze Wachmannschaft zu bezahlen. Die Scotch Guards funktionierten, auch wenn in den 1990er Jahren ihre Existenz durch einen Fuchs bedroht war, der die Population bis 1996 bis auf 70 Gänse reduziert hatte.

Da es den Gänsen dort gut ging, mussten sie auch nicht eingesperrt werden, denn sie verspürten nie den Drang, sich aus ihrem „Job" zurückzuziehen. Nur ein einziger Fall wurde bekannt, in dem sich eine Gans über den Fluss Clyde abgesetzt hatte. Sie wurde aber ein paar Tage später im Loch Lomond entdeckt, eingefangen und wieder zur Herde gebracht. Ende der 90er Jahre ging der letzte Gänsehüter in Rente und wurde durch einen Futterautomaten ersetzt. Das Aufkommen günstiger Überwachungskameras bedeutete das Aus für Scotch Guard. Als die Brennerei dann um die Jahrtausendwende den Betrieb einstellte, blieben die Gänse als Attraktion zunächst weiter vor Ort. Im Jahr 2012 schließlich wurden die letzten sieben Tiere, natürlich allesamt Nachkommen der Originalbesetzung, in eine Herde in Glasgow integriert. Dort werden sie von der Glasgow Humane Society betreut.

2005 erwarb der französische Spirituosenkonzern Pernod-Ricard das Unternehmen, zu dem Ballantine's bis heute gehört.

William Teacher

Im Glasgower Stadtteil Anderson fing William Teacher im Jahr 1830 an, Whisky zu verkaufen. William war damals gerade erst 19 Jahre alt und gab seinen Job als Mühlenarbeiter auf, um ins Whiskygeschäft einzusteigen. Das Geschäft, das er dafür mitbenutzen durfte, gehörte der Mutter seiner Freundin, Agnes MacDonald. Sechs Jahre später haben Agnes und William geheiratet und William hat seinen ersten eigenen Laden eröffnet, einen sogenannten Dram-Shop. Darunter verstand man damals eine Art Bar oder Taverne, in der Alkohol ausgeschenkt wurde, und zwar „by the dram", woher diese Geschäfte ihre Bezeichnung hatten. Ein Dram ist eine kleinere, nicht genau definierte Maßeinheit, in der vor allem harte alkoholische Getränke angeboten wurden. Das Geschäft lief gut an und bald wurden weitere Dram-Shops eröffnet. Die Läden hatten jede Menge zahlungskräftige Stammgäste, die dort hochwertige Whiskys konsumierten. William Teacher wurde dadurch ziemlich schnell zum größten Lizenzinhaber von Glasgow.

Aber damit noch nicht genug. 1851 stieg William dann in den Großhandel für Weine und Spirituosen ein. Dazu eröffnete er im Westen von Glasgow ein Lager, von dem aus er schon bald auch erste Blended Whiskys auslieferte. Dabei ging er auf die individuellen Wünsche seiner Kunden ein und lieferte ihnen Blends, die genau auf sie zugeschnitten waren. Damals hieß die Firma schon „William Teacher and Sons".

William starb 1876, aber seine Söhne Adam und William Jr., sowie seine Tochter führten das Unternehmen weiter. Im selben Jahr heiratete seine Tochter. Der Unternehmenssitz wurde in den Saint Enoch Square in Glasgow verlegt, wo er tatsächlich länger als hundert Jahre verblieb – bis zum Jahr 1991.

1884 ließ das Unternehmen den beliebten Blend „Teacher's Highland Cream" als Markennamen eintragen. Zudem wurde ein Büro in London eröffnet und zwei Jahre später kam noch ein Büro in Manchester dazu. Nun fing man an, die Exportmärkte zu erweitern und auch einige Experimente mit Whisky zu machen. Beispielsweise wurden Fässer mit bereits voll ausgereiftem Whisky an Bord von Schiffen bis nach Australien transportiert. Verkauft wurde der Whisky dort aber nicht, wie man vielleicht denken würde. Vielmehr wurde er anschließend wieder auf demselben Weg zurück nach Schottland gebracht. Die Idee dahinter war, dass die lange Reise auf dem Meer die Komplexität des Whiskys erhöht, den man dann unter dem Namen „Australian Bonded" verkaufte. Dieses auf dem Seeweg nachgereifte Produkt muss sich wohl gut verkauft haben, denn die Praxis, Fässer auf Seereise zu schicken, wurde von der Firma bis in die 1920er Jahre fortgesetzt. Dann waren die Frachtkosten für die Seefracht so hoch, dass sich das Geschäft nicht mehr lohnte.

Wie alle Blender war auch William Teacher and Sons stets auf guten Highland Malt angewiesen und so gründete die Firma, wie viele andere Blender, auch eine eigene Malt-Brennerei. Hier war es im Jahr 1898 die in der Speyside gelegene Brennerei Ardmore. Auch wenn es etliche Single Malts von dieser Brennerei gibt, ist Ardmore der wichtigste Malt-Bestandteil des immer noch beliebten Blends „Highland Cream", dessen Malt-Anteil aus mehr als 30 verschiedenen Malt Whiskys besteht. Neben Highland Cream gibt es noch weitere Blends von William Teacher and Sons, zum Beispiel „Teacher's 50", der aus 50 % Malt- und 50 % Grain-Anteil besteht, sowie insgesamt 50 verschiedene schottische Whiskys im Blend vereint, die alle mindestens zwölf Jahre alt sind.

Der letzte Dram-Shop in Glasgow wurde 1960 verkauft. Damit hat sich William Teacher and Sons komplett aus dem Einzelhandel zurückgezogen. Heute gehört die Whisky-Firma zur japanischen Beam Suntory-Gruppe.

William Phaup Lowrie

Bei der Vorstellung von James Buchanan ist schon der Name William Lowrie gefallen. Lowrie wurde 1831 in Dalkeith (Verwaltungsgebiet Argyll & Bute) geboren. Nach einer Lehre bei der Commercial Bank of Scotland in Edinburgh ging er zusammen mit John Ramsey ins Management der Brennerei Port Ellen. 1869 verließ er Port Ellen und machte sich in Glasgow selbstständig, zunächst als Händler und Vertreter von Whisky auf Provisionsbasis.

Lowrie war schon damals auf Fässer aus Amerika angewiesen und führte deshalb 1888 die Dampfdruckbehandlung in der Whiskyindustrie ein. Das Verfahren wurde eigentlich entwickelt, um die Dauben der Fässer und die fertigen Fässer auf Dichtigkeit zu prüfen. Schon bald stellte man fest, dass sich der Dampf auch hervorragend eignet, um Tannine aus dem Holz zu lösen und das Holz zu imprägnieren sowie Schädlinge und Schimmelpilze zu neutralisieren.

Als Wein- und Spirituosenhändler verfügte William Lowrie um 1890 über das größte Whiskylager in ganz Schottland. Ich hatte bei der Vorstellung von James Buchanan bereits erwähnt, dass Lowrie einen exklusiv für James Buchanan kreierten Blend herstellte und natürlich auch nur Buchanan damit belieferte.

Lowrie hat auch einige Patente angemeldet. Zum Beispiel zusammen mit Robert Barr und George Scott, zwei Mitarbeitern seiner Firma, im Juli 1894 das Patent für eine Versand- und Packkiste für Flaschen. Das Patent trägt die Nummer 523.673 und wurde in den USA eingereicht. Das Besondere daran war, die Flaschen abwechselnd normal und auf dem Kopf stehend anzuordnen, um Platz zu sparen. Die Flaschenhälse und -böden wurden durch eine spezielle Holzkonstruktion aufgenommen. Dadurch konnte nicht nur Platz gespart, sondern gleichzeitig die Flaschen besser vor Glasbruch geschützt werden. Außerdem hat Lowrie den Fasshandel revolutioniert, indem er es schaffte, die aus Amerika gelieferten Fassdauben auf Standardgrößen zuzuschneiden. Dadurch wurde das Zusammenbauen der Fässer deutlich vereinfacht.

1898 war Lowrie Mitbegründer der heute noch produzierenden Speyside-Brennerei Glentauchers. Zweiter Gründer und Mitbesitzer war James Buchanan & Co. William Lowrie war also nicht nur Blender und Whiskyhändler, sondern auch Brennereigründer und Erfinder. Er ist aber leider auch ein Beispiel dafür, was passiert, wenn man als Unternehmer den Anschluss verpasst. Lowrie hatte sich zu lange auf seinem Erfolg ausgeruht und sich mit anderen Dingen beschäftigt. Dabei hat er die Modernisierung seiner Produktions- und Abfüllanlagen vernachlässigt. Im Jahr 1906 machte sich dieser Investitionsstau bemerkbar. Seine Blending- und Abfüllanlagen waren absolut veraltet und mussten modernisiert werden. Dafür fehlte Lowrie aber das Kapital, denn beim Pattison-Crash hatte er viel Geld verloren. Man muss aber auch bedenken, dass Lowrie zu dieser Zeit schon 75 Jahre alt war. Die Firma wurde von James Buchanan aufgekauft und anschließend umstrukturiert und modernisiert. Die Rechtsform wurde dann in eine GmbH geändert und Buchanan führte sie als eigenständige Firma „WP Lowrie & Co Ltd" weiter.

1916 übernahmen WP Lowrie & Co Ltd sowie die drei anderen Firmen DCL, John Walker & Sons Ltd und John Dewar's & Sons Ltd die Brenner-Firma „Dailuaine-Talisker Distilleries

Ltd". Im selben Jahr im Juli starb Lowrie mit 85 Jahren. In einem Nachruf hieß es, Lowrie wäre der erste gewesen, der verschiedene Whiskys in einem Lagerhaus zu einem Blend verschnitten und abgefüllt hätte. Das ist aber nicht wahr. Man weiß zwar nicht, wer den ersten Blended Scotch hergestellt hat, aber zum Beispiel Andrew Usher hatte seine Blends schon vermarktet, als Lowrie noch Manager bei Port Ellen war.

Die WP Lowrie & Co Ltd existierte tatsächlich ganze 86 Jahre, bis ins Jahr 1992. Dann wurde die Firma aufgelöst.

William Sanderson: VAT 69

William Sanderson of Keith, geboren 1839, begann schon mit 13 Jahren eine Lehre bei einem Wein- und Spirituosenhersteller. Die Lehre und die anschließende Arbeit in diesem Bereich machten ihm so viel Spaß, dass er 1863 in Edinburgh sein eigenes Unternehmen gründete: den Wein- und Likörgroßhandel „William Sanderson Ltd.". Dort stellte er selbst alle möglichen Arten von Fruchtlikören her. Auch Liköre mit Whisky hatte er im Programm, zum Beispiel den „Aqua Shrub", ein Gemisch aus Fruchtsaft, Whisky und Zucker. Freundschaftlich verbunden war William Sanderson mit John Begg, dem Gründer und damaligen Besitzer der Brennerei Royal Lochnagar. Und so ist es auch kein Wunder, dass Royal Lochnagar einen großen Anteil in Sandersons Mischungen ausmachte.

In den 1870er Jahren machte Sanderson viele Experimente, wie man Whisky am besten lagert und welchen Einfluss das auf den Geschmack hat. Außerdem arbeitete er an einem eigenen Rezept für Blended Scotch Whisky. 1876 holte er sich schließlich eine Lizenz als Spirituosen-Einzelhändler. 1880 kam dann seinen Sohn William Mark mit ins Boot, um das Geschäft zu verstärken. Dieser konnte schließlich seinen Vater überreden, den Blend auch in Flaschen abzufüllen und zu verkaufen. Damals war es üblich, dass die Blender ihre Produkte nur als Fassware anboten. Die meisten Käufer waren Gastronomen, die den Blend dann in ihrem eigenen Pub ausschenkten.

Leith war zu jener Zeit eine wichtige Hochburg für Firmen, die Glasflaschen herstellten. Der dadurch leichtere Zugang zu Flaschen machte es natürlich für die Blender in der Umgebung einfacher, eigene Abfüllungen in Flaschen anzubieten. So konnten die Sandersons auch gewährleisten, dass ihr Blend auf dem Weg zum Endkunden nicht von Zwischenhändlern oder Gastronomen verfälscht oder gepanscht wurde. Blends waren ja gerade voll im Trend. Die Sandersons wussten, dass ihre Firma nur dann eine Zukunft hatte, wenn sie einen guten Blend verkaufen würden, der den Geschmack der Kunden traf. Die Frage war also: Wie findet man am schnellsten heraus, was die Kunden wirklich wollen und was nicht? Denn ein fertiges Produkt mit Marktreife hatten die Sandersons noch nicht am Start.

Doch William Sanderson, der sein Lebtag lang gern getüftelt und experimentiert hatte, hatte auch hier eine Idee. Im Jahr 1882 stellte er beinahe einhundert verschiedene Rezepte von Blends zusammen und mischte sie in kleinen Fässern, den sogenannten „Vats". Wie alle Scotch Whiskys bestanden sie aus Malt- und Grain Whisky, aber eben aus unterschiedlichen Sorten und auch mit verschiedenen Mischungsverhältnissen. Die Fässer nummerierte er fortlaufend, die Fassnummern notierte er in seinem Rezeptbuch beim jeweiligen Blend-Rezept.

Um die perfekte Mischung aus seiner Versuchsreihe zu finden, lud er verschiedene Personen aus dem Blending-Geschäft, erfahrene Whisky-Experten, andere Whiskyhändler sowie Freunde und Bekannte zu einer großen Verkostung ein. Es wurden alle Inhalte der durchnummerierten Vats angeboten. Seine Gäste sollten jeweils verkosten, sich Notizen machen und denjenigen Whisky aussuchen, der ihnen am besten schmeckte. Angeblich fiel die Wahl einstimmig aus, was ich mir allerdings bei so vielen unterschiedlichen Proben nicht vorstellen kann. Am Ende stand jedenfalls fest, dass der Blend im Fass Nummer 69 am besten geschmeckt hat. Der Zustand der Gäste nach der Verkostung von fast einhundert Whiskys ist hingegen nicht überliefert. Aber sie hatten einen Sieger-Whisky gekürt. Seitdem stellen die Sandersons ihren Blend nach dem Rezept von Fass Nummer 69 her, den sie schlicht „VAT 69" nennen. Unter diesem Namen steht der Whisky heute noch in den Regalen der Geschäfte, wenn sich auch die Zusammensetzung im Lauf der Jahre vermutlich geändert hat.

Wie die anderen erfolgreichen Blender hatten auch die Sandersons Angst, dass irgendwann der Nachschub an Grain Whisky für ihre Blends versiegen könnte. Die Firma DCL wuchs nämlich schnell und vereinte vorwiegend die Grain-Brennereien unter ihrem Dach. Darum schlossen sich nun etliche Blender zusammen, um eine eigene Grain Whisky-Brennerei zu bauen. Sie gründeten 1885 eine entsprechende Firma, die „North British Distillery Company" und begannen in Gorgie, Edinburgh, auf dem Gelände einer ehemaligen Schweinefarm mit dem Bau der gleichnamigen Brennerei. Die Kosten für den Bau der North British Distillery beliefen sich laut eigenen Angaben auf £142.000. Im September 1887 floss der erste Brand durch den Spirit Safe. Sie soll damals die größte Brennerei der Welt gewesen sein. Der wichtigste Teilhaber nach William Sanderson, der den Posten des Generaldirektors besetzte, war der Vorsitzende Andrew Usher. Auch die Ushers wurden für die Whisky-Industrie nun immer bedeutender. Weitere Teilhaber, die alle ebenfalls Führungspositionen übernahmen, waren John M. Crabbie, John Somerville, George Robinson, Alex Murdoch und James McLeiman. Die North British Distillery existiert noch heute und beschäftigt aktuell etwa 1.500 Mitarbeiter.

Aber zurück zur William Sanderson Ltd. Im Jahr 1903 stieg Arthur Watson Sanderson, der jüngste Sohn von William Sanderson, in die Firma ein. Die Firma wurde daraufhin in „William Sanderson and Son, Distillers and Scotch Whisky Merchants" umbenannt. Das Hauptprodukt der Firma war immer noch der beliebte „VAT 69".

1908 starb der Gründer William Sanderson und sein Sohn William Mark Sanderson übernahm die Firma. Er erkannte, dass man nur mit dem Export große Gewinne machen kann und setzte deshalb voll auf dieses Geschäft. Schon im März des Jahres lief das erste Frachtschiff mit VAT 69 an Bord in Richtung Nordamerika aus. 1914 und 1921 hat Ernest Shackleton den VAT 69 auf seine Expeditionen mitgenommen.

Trotz aller Schwierigkeiten, die der Erste Weltkrieg mit sich brachte, konnte sich die Firma erfolgreich gegen eine Übernahme durch die DCL wehren. Sie übernahm sogar noch andere Whiskyfirmen, die in finanzielle Schwierigkeiten geraten waren. 1925 wurde sie dann in eine

GmbH umgewandelt und hieß von da an „William Sanderson & Son Ltd". William Mark Sanderson wurde ihr Vorsitzender. Nach seinem Tod im Jahr 1929 übernahm sein Sohn Kenneth seinen Posten. Vier Jahre später fusionierte die Firma mit „Booth's Distillers Ltd.". Damals gehörten dieser Firma drei wichtige Malt Brennereien: Die Stromness Distillery auf den Orkney-Inseln, Millburn bei Inverness sowie Royal Brackla in Nairn.

Kenneth Sanderson baute das Exportgeschäft danach weiter aus und befand sich zu diesem Zweck sehr oft auf Reisen, bei denen er viele Länder besuchte und Geschäfte machte. Bis 1937 hielt die Firma als eigenständiges Unternehmen durch. Doch dann wurde sie durch die anhaltenden Rationalisierungen in der Whiskyindustrie letztlich doch von der DCL übernommen. Der VAT 69 ist bis heute eine populäre Marke von Diageo, dem Nachfolger der DCL.

Boom, Blase und der Pattison-Crash

Das größte Hindernis für den weltweiten Erfolg von Whisky war, dass das Getränk in vielen Teilen der Welt zunächst nicht akzeptiert wurde. Zwar gab es in den aufstrebenden Mittelschichten potenzielle Käufer, aber Whisky hatte im Gegensatz zu Getränken wie Brandy oder Sherry noch keinen guten Ruf. Man konnte sich mit diesem Getränk nicht von der Masse abheben. Im Gegenteil, Whisky wurde oft mit rauen und ungebildeten Menschen in Verbindung gebracht, die in einer Gegend lebten, die für viele das Ende der Welt darstellte. Und jeder, der damals schon einmal in den großen Städten der Lowlands war, wird die vielen Betrunkenen bemerkt haben, die unweigerlich mit Whisky in Verbindung gebracht wurden. Denn dieses Getränk war in Schottland natürlich für deutlich weniger Geld zu haben als der aus Frankreich importierte Brandy.

Bei den härteren und einfacheren Teilen der Bevölkerung hatte Whisky den Ruf, heiß und brennend zu sein - ein Getränk mit Biss, das nicht jeder verträgt und das für zarte Gemüter ungeeignet ist. Eingefleischte Cognac-Trinker lockte man mit einem solchen Getränk sicher nicht hinter dem Ofen hervor. Im frühen 19. Jahrhundert war Whisky daher für einen feinen Saloon oder gar Club völlig ungeeignet. Konsequentes Marketing, also das Bewerben des Getränks, konnte mancherorts bereits Zweifel zerstreuen. Doch jetzt gab es ein neues Problem: Damit ein Geschmack bei den Kunden ankommt, muss der Geschmack der nächsten Flasche genau wie der der letzten sein. Wenn ein Kunde einen bestimmten Whisky gern mag und sich daran gewöhnt hat, will er ihn auch in Zukunft so wiederfinden. Besonders in London konnte man als Gast nie sicher sein, was man bekam, wenn man Scotch bestellte. Ein milder Glenlivet schmeckt halt ganz anders als ein rauchiger Whisky von der Insel Islay. Viele Whiskys wurden immer noch ungereift ausgeschenkt, obwohl man schon wusste, dass die längere Lagerung im Fass den Geschmack verbessert. Eine Flasche mit jungem Whisky war eben schnell verkauft, das Einlagern brachte erst einmal kein Geld. Anders als beim Cognac war Whisky bei den Leuten lange nicht so beliebt, weil er einfach zu unterschiedlich schmeckte.

Dieses Problem hatten die Blender, von denen die wichtigsten oben vorgestellt wurden, ja bereits erkannt und durch ihre „Blended Scotch"-Produkte weitgehend beseitigt. Die Blender konnten bei den Blends variieren und unterschiedliche, geschmacklich sich verändernde

Bestandteile in der Zusammensetzung so anpassen, dass das Ergebnis über die verschiedenen Chargen hinweg gleich schmeckte. Außerdem waren die Blends milder und schmeckten deshalb besser als die oft kräftigen und mit hohem Alkoholgehalt abgefüllten, manchmal auch noch torfigen Malts. Der Blended Scotch war ein voller Erfolg und wurde schnell auf der ganzen Welt getrunken, nicht nur in den Clubs in London. Dadurch verhalf er der daran hängenden Industrie zu neuem Wachstum.

Die schottische Whiskyindustrie florierte in den 1890ern und wuchs bis 1896 stetig weiter. Die meisten Brennereien arbeiteten am Limit und die großen Blender bekamen immer mehr Probleme, genug Whisky zu beschaffen, um die Nachfrage weltweit zu decken. Deshalb wurden neue Brennereien gegründet, wobei die bereits erwähnte Craigellachie die erste war. In den 1890er Jahren bis 1899 gab es einige Namen, die häufiger auftauchten. Ein Beispiel dafür ist Alexander Edward, der Mitbegründer von Craigellachie. Im Jahr 1896 gründete er die Brennerei Aultmore und zwei Jahre später auch noch Dallas Dhu. Auch die Familie Grant, die die bekannte Speyside-Brennerei Glen Grant gegründet hatte, war in der Branche vertreten. William Grant gründete 1892 die Brennerei Balvenie, John Grant zusammen mit George Sellar und Alexander Mackenzie 1897 Dalwhinnie und im selben Jahr Tamdhu. Im Jahr 1898 gründeten die Brüder John und James Grant dann die Brennerei Caperdonich, direkt gegenüber ihrer berühmten „Glen Grant", die schon 1840 gebaut wurde. Ursprünglich war geplant, dass Caperdonich nur die Produktion von Glen Grant unterstützen sollte. Deshalb wurde sie auch zunächst „Glen Grant Nr. 2" genannt. Da die beiden Brennereien steuerlich als eine Brennerei betrachtet wurden, verlangten die Behörden, dass der Whisky der zweiten Brennerei nur in der ersten abgefüllt werden dürfe. So wurde ein Rohr quer über die Hauptstraße von Rothes gebaut, das im Volksmund „whisky pipe" genannt wurde. Tatsächlich hat Caperdonich aber einen ganz eigenen Whisky gebrannt, der sich von Glen Grant geschmacklich unterschied. Es gibt auch einige unabhängige Abfüllungen dieser Brennerei. Aber Caperdonich konnte nie so richtig aus dem Schatten seiner „großen Schwester" Glen Grant treten. Peter Mackenzie gründete schließlich noch, zusammen mit drei anderen Brennern, die Dufftown Distillery (1895), sein Bruder Thomas hingegen im Alleingang die Imperial-Brennerei (1897)

Durch die Blended Whiskys, die jetzt modern wurden und immer mehr nachgefragt wurden, wuchs auch die Nachfrage der Blender nach Malt Whisky aus Pot Stills wieder etwas an. Die Brennereien in der Region Campbeltown bedienten diese Nachfrage ebenfalls gern. Die gesteigerte Produktionsmenge der vielen Brennereien wurde jedoch nicht komplett durch die Blender aufgekauft, was ein Anwachsen der Lager mit Campbeltown-Whisky zur Folge hatte. Im Jahr 1898, also gegen Ende des 19. Jahrhunderts, hatte sich dort eine Lagermenge von 6,4 Millionen Gallonen Campbeltown-Whisky angesammelt. In dieser Zeit wurden auch weiterhin stattliche Herrenhäuser für die Whisky-Barone von Campbeltown gebaut. Man wollte zeigen, was man hatte. Zum Beispiel die beiden Brüder William und John McKersie. Damals besaßen sie die Brennereien Lochruan und Albyn. Neben den konkurrierenden Brennereien gab es auch noch eine Art Wettbewerb um das prunkvollste Haus. William hat dann von dem Star-Architekten Henry Clifford das als Craigard-House bekannte Gebäude errichten lassen, das 1882 fertiggestellt wurde. Bis 1942 blieb es im Familienbesitz, dann wurde es verkauft. Heute ist es ein Hotel (www.craigard-house.co.uk). Williams Bruder John hatte sich vom selben Architekten das als Auchinlee bekannte Gebäude bauen lassen, das später (von 1952 bis 2018) als Alten- und Pflegeheim genutzt wurde. Beide Häuser sind heute noch vorhanden und beeindrucken den Besucher der Stadt durch ihre Größe. Vor allem, wenn man bedenkt, dass früher tatsächlich nur jeweils eine einzige Familie in den riesigen Häusern gewohnt hat.

Um die Jahrhundertwende gab es von den 34 Brennereien, die in Campbeltown errichtet worden waren, noch 20, die tatsächlich produzierten. 14 der 34 hatten schon wieder geschlossen. Die verbliebenen Produzenten waren sich sicher, dass sie durch die großen Blender immer genug zu tun haben würden. Sie konnten sich überhaupt nicht vorstellen, dass dieser Boom irgendwann einmal vorbei sein könnte. Die Whiskybarone von Campbeltown waren so erfolgreich, dass sogar die großen Blender wie Dewar's oder Johnnie Walker auf sie aufmerksam wurden. Der Erfolg der dort angesiedelten Brennereien war so groß, dass die Stadt Campbeltown in den 1890er Jahren sogar das höchste Pro-Kopf-Einkommen von ganz Großbritannien hatte.

In den letzten zehn Jahren des 19. Jahrhunderts wurden allein in der Speyside und in den Highlands mehr als 30 Brennereien gegründet, die meisten von weniger bekannten Personen. Die bekanntesten Brennereien, die heute noch in Betrieb sind oder es zumindest bis vor einigen Jahrzehnten waren, sind: Glen Mhor (1892-1983), Strathmill (1892), Longmorn (1893), Knockdhu – auch bekannt als AnCnoc (1894), Aberfeldy (1896), Benriach, Glendullan, Glen Moray, Speyburn und Tomatin (alle 1897) und im Jahr 1898 entstanden schließlich noch Ardmore, Benromach, Glen Elgin, Glentauchers und Knockando. Aber auch Neuaufbauten und Erweiterungen bestehender Brennereien gab es in dieser Zeit: Clynelish, Dalmore, Glenkinchie und Macallan. In Campbeltown gab es mit der Brennerei Glen Scotia nur eine Neugründung.

Auffällig ist, dass die meisten Neugründungen in der Speyside stattfanden. Hier sieht man, dass immer mehr Blender auf weichere Malts setzten, statt wie bisher auf stark getorfte Insel-Whiskys. Das neue Geschmacksmerkmal war Sanftheit und diese konnte man am besten erreichen, indem man einen Lowland-Grain mit einem Speyside-Malt mischte. Ein weiterer Grund für die Ansiedlung in der Speyside war auch, dass es hier, im Vergleich zu den Inseln und dem Westen Schottlands, wo das Klima härter ist, deutlich mehr fruchtbaren Ackerboden gab. Außerdem hatten die Brennereien in der Speyside einen Standortvorteil, weil das Bahnnetz immer schneller wuchs. Viele von ihnen wurden beim Bau direkt mit einem Nebengleis an die Bahn angeschlossen. Die Brennereien auf den Inseln und im karg besiedelten und infrastrukturell vernachlässigten Westen Schottlands hatten dieses Privileg nicht. Der Transport von Rohstoffen zu den Brennereien und der Abtransport des fertigen Produkts waren hier Herausforderungen, die umständlich mit dem Boot und zu Pferd gemeistert werden mussten. Diese Transportarten waren zwar für kleinere Mengen geeignet, aber ungeeignet für die Versorgung der Blend-Industrie mit ihrem großen Durst nach Malt Whisky.

In der Umgebung um die neuen Brennereien entstanden natürlich auch entsprechende Nebengewerbe. Es gab Firmen, die sich auf die verschiedenen Dinge konzentrierten, die in allen Brennereien benötigt wurden: Kupferschmiede, Klempner, Brennstofflieferanten, Böttcher und andere. Man kennt das auch aus der heutigen Zeit: Irgendwo auf der grünen Wiese eröffnet ein Supermarkt, weil die Grundstückspreise dort niedrig sind, und kurz darauf kommen ein Getränkemarkt, eine Tankstelle und eine Waschanlage dazu. Synergien waren schon früher ein wichtiger Faktor der Wirtschaft.

Da die Nachfrage nach Whisky stetig stieg, war es nicht schwierig, an Geld für Neugründungen, Umbauten oder Erweiterungen von Brennereien zu kommen. Banken und private Investoren waren gleichermaßen bereit, in das als sicher geltende Geschäft zu investieren. Whisky-Investitionen waren gerade voll im Trend. Einige Brennereien wurden auch als Aktiengesellschaften gegründet, deren Aktien gerne genommen wurden. Auch die Blender hatten keinerlei Schwierigkeiten, an Geld zu kommen. Sie finanzierten entweder selbst Brennereien oder kauften vorhandene Whiskybestände auf, die sie dann für die Herstellung ihrer Blends nutzten oder als Spekulationsobjekte verwendeten. Das war eine ziemlich sichere Sache, weil Whisky, wenn er noch im Holzfass gelagert wird, mit der Zeit immer wertvoller wird. Die Lagerbestände in schottischen Lagerhäusern stiegen rasant an: von zwei Millionen Gallonen im Jahr 1891 auf über 13 Millionen im Jahr 1898. Diese Überproduktion stand jedoch in keinem Verhältnis zum Umsatz und war mitverantwortlich für die massive Krise der Whiskyindustrie am Ende des 19. Jahrhunderts.

In den letzten Jahrzehnten des 19. Jahrhunderts gab es unter den Blendern drei große Firmen, die den Großteil des Geschäfts unter sich aufteilten. Diese drei Firmen waren als die „Big Three" der Branche bekannt: John Dewar's & Sons, John Walker & Sons sowie James Buchanan & Company. Die Geschäfte liefen gut und die Investoren waren bereit, zu investieren. Doch wo immer in der Wirtschaft solche „must-haves" der Geldanlage entstehen, besteht auch die Gefahr von Blasenbildung. Blasen in der Wirtschaft sind nicht erst seit dem Platzen der Dotcom-Blase Anfang unseres Jahrtausends oder der Pleite der Lehman-Brothers im Jahr 2008 bekannt. Blasen gab es schon immer in der Wirtschaft und ein bekanntes Beispiel aus der Whisky-Geschichte ereignete sich gegen Ende des 19. Jahrhunderts.

Auch Robert Paterson Pattison und sein zwei Jahre jüngerer Bruder Walter Gilchrist Gray Pattison waren im Whisky-Blending-Geschäft tätig. Im Vergleich zu den großen Firmen der „Big Three" war ihr Geschäft aber eher klein. Doch der Name ihrer Firma machte bald in negativer Weise die Runde. Manchmal werden die Brüder Pattison auch als „die große Schande der Whiskygeschichte" bezeichnet. Was war geschehen?

Die Brüder arbeiteten ursprünglich im Familienunternehmen, das im Großhandel für Molkereiwaren tätig war. Ihr Vater und sein Geschäftspartner Alexander Elder waren die Chefs des Unternehmens. Irgendwann erkannten die Söhne jedoch, dass Whisky viel lukrativer war als Milchprodukte. So verließen sie das Unternehmen, als Scotch Whisky gerade richtig durchstartete und die Welt eroberte. Ein wichtiger Faktor für diesen Erfolg war, wie schon beschrieben, die Reblaus, die vor allem Länder wie Frankreich und Spanien schwer getroffen und somit für einen Mangel an Brandy gesorgt hatte. Im Gegensatz dazu gab es Blended Scotch Whisky in ausreichender Menge und er wurde auch immer beliebter und trendiger. Scotch ersetzte den Brandy schnell als „Gentleman's Spirit".

Für die opportunistischen Pattison-Brüder muss es eine gute Zeit gewesen sein. Im Jahr 1882 gründeten sie ihre eigene Firma, die „Pattison, Elder & Company". Robert und Walter waren damals erst 22 und 24 Jahre alt und übernahmen die Leitung der Geschäfte vom Hauptsitz in der damals noch eigenständigen Stadt Leith. Alexander Elder hatte vorher schon in der Firma seines Vaters gearbeitet und war von den Brüdern abgeworben worden. Er leitete jetzt die englische Filiale der Firma in London. Das Büro und das Whiskylager waren in der 33 Commercial Street in London. Die Firma war anfangs ausschließlich im Whiskyhandel tätig, bevor sie 1887 mit der Herstellung von eigenem Blended Scotch begann. Dieser wurde zunächst nur auf dem heimischen Markt verkauft.

Von Anfang an setzten die Pattisons auf aggressive Marketing-Strategien, um ihre Produkte an den Mann zu bringen. Sie kauften eigene Pubs und halfen Neueinsteigern beim Kauf von Pubs und Inns, indem sie ihnen Kredite gaben. Heutzutage ist dies in abgeschwächter Form immer noch üblich, wenn auch nicht mehr ganz so extrem: Brauereien geben vielen kleineren Restaurants und Kneipen Teile des Inventars kostenlos oder für wenig Miete ab. Im Gegenzug müssen sie dann natürlich deren Bier ausschenken. In den Pubs der Pattisons gab es hauptsächlich die wichtigsten Blends der eigenen Firma: den „Royal Gordon Whisky", den „Old blended Glenfarclas-Glenlivet" und den „Rossmoyne & Dews of Slievemore", einen Whisky aus Irland. In den 1890er Jahren wurde das Unternehmen immer erfolgreicher, was die Brüder immer weiter in ihren Größenwahn trieb.

Die Pattisons zeigten ihre Extravaganz vor allem in ihrem Hauptsitz-Büro in Leith. Das Gebäude kostete £60.000 und war so opulent, groß und mit edlem Interieur wie Parkett und Marmor ausgestattet, dass viele der anderen Unternehmen nicht verstanden, wie man so viel Geld für Büros, Verwaltung und Firmensitz ausgeben konnte. Im Gegensatz zu den Pattisons waren diese immer darauf bedacht, die Kosten niedrig zu halten, um mit der Konkurrenz Schritt halten zu können. Sie fragten sich, wie die Brüder sich diesen Lebensstil überhaupt leisten konnten. Denn neben dem viel zu großen Bürohaus leisteten sie sich noch anderen Luxus, zum Beispiel häufige Fahrten in privaten Sonderzügen, was zur damaligen Zeit richtig teuer war, oder zwei riesige Landhäuser. Zusätzlich investierten sie beträchtliche Summen in Beteiligungen an Malt- und Grain-Brennereien sowie an der Brauerei Duddingston in Edinburgh.

Im Jahr 1889 brachten die Pattisons ihr Unternehmen an die Börse. Die beiden Brüder hielten sämtliche Stammaktien sowie 25% der Vorzugsaktien, welche zudem sechsfach überzeichnet waren. Mit dem Börsengang erzielten sie insgesamt £150.000. Weitere Geschäfte mit den Brennereien Oban und Aultmore Glenlivet spülten nochmal £40.000 in die Kasse. Außerdem liehen sie sich Geld von der British Linen Company und der National Bank. Mit dem eingesammelten Geld erweiterten die Pattisons dann ihr Geschäft. Sie stellten 150 neue Handelsvertreter ein und brachten zwei neue Blends auf den Markt: „Morning Gallop" und „Morning Dew". Ein Teil des Geldes floss auch in Roberts Landhaus. Im Jahr 1899 wurde dessen Innenausstattung auf £19.000 geschätzt. Des Weiteren bezahlten sie Whisky für ihr Lager und bedienten laufende Kredite und Aufwendungen für ihre riesigen Bürohäuser. Die Firma zahlte natürlich auch Dividenden an ihre Aktionäre. Das Geld dafür kam aber nicht aus den Gewinnen der Firma, sondern aus dem Kapitalstock und aus frisch eingesammeltem Geld neuer

Investoren. Heute ist dieses Vorgehen, bei dem mit den Beiträgen neuer die Gewinne der bisherigen Investoren bezahlt werden, als „Ponzi-Schema" bekannt. Die Geldgeber und Aktionäre schöpften jedoch keinen Verdacht.

Der Preisboom bei Whisky in den 1890ern, die Marktstruktur im Whisky-Großhandel und die Bereitschaft der Banken, Zulieferer und Privatinvestoren, Kredite zu vergeben, waren der ideale Nährboden für die ständige Erweiterung ihres Geschäfts und das weitere Aufblähen der sich abzeichnenden Blase. Um liquide zu bleiben, verkauften sie Teile ihres Whiskyvorrats, den sie danach zu höheren Preisen zurückkaufen mussten, um ihre Blends herzustellen. Sie finanzierten dies eine Weile über ausgegebene, langlaufende Wechsel. Das Ergebnis war, dass ihr Whiskylager einen viel höheren Buchwert hatte, als der Whisky auf dem Markt tatsächlich hätte erzielen können.

Die Werbekampagnen der Brüder waren äußerst erfolgreich. Neben den eigenen Pubs und denen, an denen sie beteiligt waren, setzten sie auf chauvinistische Zeitungsanzeigen, um ihren Bekanntheitsgrad zu erhöhen. Die Werbung spielte direkt auf den weit verbreiteten Stolz der Briten an, der sich auf das stetig wachsende Imperium und dessen Militär bezog. Zum Beispiel gab es eine Anzeige, in der zwei hohe Offiziere Pattisons Blend trinken. Diese war überschrieben mit dem Wortspiel „Pattisons' Whisky in 'General' use". Diese und andere Wortspiele, die meistens mit dem glorreichen Militär zu tun hatten, machten Pattisons Whisky landesweit bekannt.

Auch in Werbegeschenke investierten sie viel Geld. Gläser, Krüge, Karten und so weiter wurden mit ihrem Firmenlabel bedruckt und an Gastwirte in ganz Großbritannien verschenkt. Der Gipfel der Extravaganz im Marketing, zu heutigen Zeiten undenkbar, bestand allerdings aus 500 afrikanischen Graupapageien, die die Brüder anschafften und darauf trainieren ließen, die Sätze „Pattisons Whisky ist der beste" und „Kauft Pattisons Whisky" zu sagen. Die Tiere wurden dann von Handelsreisenden an Pub-Besitzer im ganzen Land verschenkt. Leider wurden die armen Vögel natürlich nicht artgerecht gehalten und mussten den Rest ihres Lebens in schlechten Bedingungen und engen Käfigen verbringen. Zu der makaberen Werbeaktion gehörten auch Werbeplakate, auf denen ein Papagei unter der Überschrift „Pattisons' Whisky speaks for itself" zu sehen war.

Im Jahr 1894 gab es erste Gerüchte, dass die Pattisons wirtschaftlich in Schwierigkeiten steckten. Die DCL merkte an, die Finanzen der Pattisons seien „sehr zweifelhaft", unternahm jedoch zunächst keine weiteren Nachforschungen. Ein Dreivierteljahr später wurde wieder über ihre Kreditwürdigkeit diskutiert, aber es wurde nichts unternommen. Die DCL hatte einfach zu viel Angst, einen so wichtigen Kunden zu verprellen. Immerhin waren die Pattisons ja auch Großabnehmer des Whiskys der DCL. Die Brüder erweiterten ihr Geschäftsfeld erneut. Im Jahr 1896 fingen sie dann damit an, selbst Whisky zu brennen. Sie wurden als „Pattisons Ltd." eingetragen. Das Werbebudget der Brüder war hoch und für damalige Verhältnisse einzigartig: 1897 gaben sie £20.000 für Werbung aus, im Jahr darauf verdreifachten sie diese Summe nochmals.

1898 war das Jahr, in dem das Firmengebilde der Pattisons in finanzielle Schieflage geriet. Sie schuldeten der DCL Geld und hatten Schwierigkeiten, einen entsprechenden Kredit zu bekommen, da ihre Bank die Unterstützung aufgekündigt hatte. Im Dezember 1898 brach das Konstrukt völlig zusammen, als herauskam, dass nicht nur die Ausgaben der Pattisons völlig außer Kontrolle geraten waren, sondern dass auch noch ihre Bilanzen gefälscht waren. Die Vorzugsaktie der Pattisons verlor innerhalb eines Tages mehr als die Hälfte ihres Wertes. Daraufhin wurde etwa ein halbes Jahr lang versucht, die Firma zu retten, denn bei einer Liquidation hätte eine riesige Menge an Whisky aus den Pattison-Lagern sprichwörtlich den Markt überspült und in der Folge wären die Preise in den Keller gefallen. Dies hätte dann in einer Folgereaktion wieder andere Firmen in den Konkurs gezogen.

Ein Gläubiger-Syndikat übernahm den Lagerbestand der Pattisons. Sie hatten eigentlich gehofft, das Geschäft irgendwie fortführen zu können. Deshalb schickten sie einige Vertreter des Syndikats nach London, um James Buchanan zu bitten, den Lagerbestand zu bewerten. Buchanan war aber nicht interessiert und meinte, man könnte ja mal in Schottland nach jemandem suchen, der das Lager bewerten könnte. Die Vertreter gingen wieder, kamen aber eine Woche später erneut zu Buchanan. Die kreditgebenden Banken erkannten nur James Buchanan als Experten an und boten ihm an, jeden Preis für seine Expertise zu zahlen. Auch das Unternehmen seines Freundes William Phaup Lowrie war durch den Pattison-Crash in Schieflage geraten. Buchanan nahm das Angebot deshalb an, um seinem Freund zu helfen. Buchanan hätte hier richtig viel Geld verdienen können, doch gab er sich mit einer Spende von £50 an die „Wine and Spirit Benevolant Association" zufrieden.

Leider waren alle Rettungsversuche vergebens. Die gefälschten Zahlen in den Büchern waren so aufgebläht und die Whiskybestände so hemmungslos überbewertet, dass eine Rettung nicht mehr möglich war. Auch Buchanans Einfluss half hier nicht mehr weiter. Als die Firma der Pattisons dann doch liquidiert werden musste, hatten sie Schulden in Höhe von einer halben Million Pfund. Der gesamte Besitz, einschließlich des Warenlagers, konnte davon gerade einmal die Hälfte abdecken. Zudem wurde festgestellt, dass die Brüder eines ihrer eigenen Produkte gefälscht hatten: Sie hatten billigen irischen Roh-Whiskey mit einer geringen Menge hochqualitativem Malt gemischt und das Produkt als „Fine Old Glenlivet" zu einem entsprechend hohen Preis verkauft. Dadurch erzielten sie im Jahr 1898 einen Zusatzgewinn von £27.000.

Die Brüder wurden aufgrund ihres schäbigen Geschäfts angeklagt und im Jahr 1901 wegen Veruntreuung und Betrug verurteilt. Robert wurde als alleiniger Verantwortlicher für die Buchhaltung des Unternehmens zur Rechenschaft gezogen, weil er für mehrere falsche Einträge verantwortlich war. Auch für den gepanschten „Fine Old Glenlivet" wurde Robert Pattison vom Gericht allein verantwortlich gemacht. In zwei weiteren Punkten wurden die beiden Brüder gemeinsam zur Verantwortung gezogen. Ein weiterer Vorwurf war der Betrug bei der Clydesdale Bank. Dabei hatten sie sich £39.000 erschlichen. Der andere Vorwurf ging dahin, dass die Brüder einen Dritten überredet hatten, gefälschte Rechnungen auszustellen, um bereits verkauften Whisky als Lagerware auszuweisen.

Robert musste für die vier Punkte, in denen das Gericht seine Schuld bewiesen sah, für ein Jahr und sechs Monate ins Gefängnis von Perth. Walter wurde für zwei Vergehen nur zu neun Monaten Haft verurteilt. Viele Rechtsexperten und auch die Bevölkerung fanden das Urteil zu mild im Vergleich zu anderen, wesentlich geringeren Verbrechen, die deutlich härter bestraft wurden. Die Betrogenen fühlten sich ungerecht behandelt, weil es so aussah, als ob die Strafe umso geringer ausfiel, je größer der Schwindel war.

Die Insolvenz der Pattisons löste den befürchteten Dominoeffekt aus und hatte verheerende Auswirkungen auf die gesamte Whiskyindustrie. Die Whiskypreise fielen aufgrund des nun hohen Angebots infolge der Lagerliquidation drastisch. Das Finanzierungsnetzwerk der Pattisons war außerdem so stark verwoben und streifte so viele Bereiche der Geschäftswelt, dass viele Brennereien, Industrieunternehmen, Banken, Großhändler, kleine Ladengeschäfte und sogar Privatpersonen betroffen waren. Viele der kleinen Zulieferer gingen bankrott, weil die Pattisons ihre Rechnungen nicht mehr bezahlen konnten. Viele Brennereien hatten ausschließlich oder hauptsächlich an die Firma der Pattisons geliefert und standen nun ohne Abnehmer und Einkommensquelle da. Und durch die Neuigkeiten über den gepanschten „Fine Old Glenlivet" wurde auch der Ruf der gesamten Blending-Industrie beschädigt. Der Liquidator konnte somit noch weniger Geld aus dem Verkauf des Lagers erlösen.

Die Preise für Whisky brachen erneut ein, als Investoren aus der Branche flohen. Die Whiskyindustrie hatte nun große Bestände, für die keine Nachfrage mehr bestand. Selbst die damals schon große DCL entging nur knapp dem Bankrott durch den Crash, da die Pattison-Brüder auch bei der DCL immense Schulden hatten, die jetzt abgeschrieben werden mussten. Die DCL hat die Krise aber überstanden und war am Ende sogar Gewinner. Denn es gelang ihr, den gesamten Lagerbestand an Whisky für ein Drittel des ursprünglichen Preises zu erwerben.

Natürlich muss man berücksichtigen, dass Walter und Robert Pattison nicht allein für den als „Pattison-Crash" in die Geschichte eingegangenen Finanzcrash verantwortlich waren. Sie waren aber der Auslöser für die Krise in der schottischen Whiskyindustrie. Die Blase wäre früher oder später sowieso geplatzt, weil die Lagerbestände der ganzen Branche einfach zu hoch waren und sich nicht mehr mit dem Absatz deckten.

Die unmittelbaren Folgen der Krise bekam unter anderem die im Jahr 1898 gegründete Brennerei „Glen Elgin" zu spüren. Wegen der Krise nahm sie die Produktion erst im Jahr 1900 auf, und das auch nur für einige Monate. Danach wurde sie wieder geschlossen und im darauffolgenden Jahr verkauft. Bis 1936 produzierte die Brennerei immer nur in Etappen und wurde dazwischen immer wieder stillgelegt. Die Folgen des Pattison-Crashs waren so gravierend, dass die gesamte Whiskyblase platzte und die Whiskyindustrie für Jahrzehnte in eine tiefe Rezession fiel. Dies zeigt sich auch darin, dass zwischen diesem Ereignis und dem nächsten Neubau einer Brennerei in Schottland ganze 40 Jahre vergingen, wobei natürlich auch der Erste Weltkrieg und die sich daraus ergebenden Bedingungen mitverantwortlich waren. Manche Quellen sprechen sogar von 50 Jahren Stillstand beim Neubau von Brennereien. Allerdings beziehen sich diese nur auf den Neubau von Tullibardine im Jahr 1949 in den Highlands. Dies ist aber falsch, zumindest wenn man ganz Schottland betrachtet, da bereits im Jahr 1938 die Brennereien

„Inverleven" und „Dumbarton" auf einem gemeinsamen Gelände westlich von Glasgow errichtet wurden. Inverleven lieferte Malt Whisky und Dumbarton Grain Whisky für den Ballantine's Blend. Diese „Doppelbrennerei" wird oft vergessen, weil ihr Besitzer eine Firma aus Kanada war. Die 1908 gegründete Brennerei „Malt Mill" auf der Insel Islay kann man als Neubau vernachlässigen, weil sie nur eine Erweiterung der bestehenden Brennerei auf dem Gelände von Lagavulin war. Mit dieser Erweiterung wollte man den Charakter des Whiskys der benachbarten Laphroaig-Brennerei imitieren. Malt Mill und Lagavulin teilten sich sogar die Maischebottiche.

Das 20. Jahrhundert

Viele Akteure im Whisky-Geschäft dachten Anfang des 20. Jahrhunderts, dass nach dem Pattison-Crash der Boom der Malt Whisky-Industrie vorbei sei. Wie sich herausstellte, war diese Annahme korrekt. Die gesamte Whiskyproduktion in Schottland erreichte 1899 ihren Höhepunkt mit einer Menge von etwa 36 Millionen Gallonen. Bis 1906 fiel diese Zahl dann kontinuierlich auf 24 Millionen Gallonen. Gleichzeitig stieg die Menge des gelagerten Whiskys weiter an. Das heißt, dass der Absatz in dieser Zeit sogar noch weiter zurückging als ein Drittel. Ein bestimmter Anteil der Produktion blieb nämlich in den Lagern liegen und wurde nicht verkauft. Historische Daten zeigen, dass der britische Whiskykonsum von 8,4 Millionen Gallonen im Jahr 1900 auf 6,7 Millionen Gallonen im Jahr 1906 gesunken ist. Trotzdem konnte sich Whisky als beliebtes Getränk der Briten behaupten.

Aufgrund der geringeren Nachfrage sahen sich viele Brennereien gezwungen, entweder ihre Tätigkeit ganz einzustellen oder zumindest die Produktion zu drosseln, beziehungsweise die Brennerei vorübergehend stillzulegen. Man kann aber nicht sagen, dass das allein am Pattison-Crash lag. Ab etwa 1901 ging es mit der Wirtschaft allgemein bergab. Das traf auch viele Produzenten von Grain Whisky, für die es in den Vorjahren trotz des Pattison-Crashs noch vergleichsweise gut lief. Die Konsequenz dessen waren einerseits Firmenpleiten, andererseits aber auch Zusammenschlüsse von ehemals konkurrierenden Firmen. Man ging davon aus, dass man als größere Firma den Verwaltungsaufwand besser stemmen und somit auch die Krise besser bewältigen konnte.

Trotz steigender Nachfrage nach Industriealkohol durch die fortschreitende Industrialisierung konnten die großen Grain-Brennereien diese Nachfrage bedienen. Viele von ihnen waren aber trotzdem nicht mehr ausgelastet, weil sie ihre Produktionskapazitäten in den Boomzeiten am Ende des 19. Jahrhunderts stark erhöht hatten. Die DCL, die den Pattison-Crash gerade noch so überlebt hatte, erkannte die Gefahr als Chance und begann, etliche Pleite-Kandidaten unter den Lowland-Brennereien zu übernehmen. So konnte sie ihr Geschäft laufend erweitern und vergrößern. Natürlich geschah das nicht aus Nächstenliebe. Die DCL wollte vor allem eins: Produktionsprozesse rationalisieren und wenn möglich vereinheitlichen. Zunächst erwarb die DCL bevorzugt Grain-Brennereien mit mehreren Säulendestillationsanlagen. Auf diesen ließ sich Industriealkohol in großem Umfang herstellen.

Die Highland-Brennereien mit ihren Pot Still-Brennblasen waren für die DCL eher uninteressant. Zwar gingen auch einige Malt-Brennereien in der DCL auf, aber viele waren einfach zu klein, um für die DCL ein lohnendes Geschäft abzugeben. Lediglich die großen Blender erwarben zuweilen Malt-Brennereien, um auf diese Weise kostengünstig an Nachschub von aromatischem Malt Whisky für ihre Blends zu gelangen.

Die Annahme, die DCL hätte wie eine Heuschrecke agiert und alles aufgekauft, was an Grain-Brennereien zu bekommen war, ist falsch. Die Wahrheit ist, dass die Brennereien, die finanziell in Schwierigkeiten waren, der DCL von sich aus den Vorschlag machten, übernommen zu werden. Die DCL konnte aber nicht alle Kaufangebote annehmen, weil ihr das Geld dafür gefehlt hat. So wurde zum Beispiel der Kauf der Dundashill-Brennerei in Glasgow abgelehnt. Stattdessen hat die DCL dann 1902 die ebenfalls in Glasgow ansässige Brennerei Loch Katrine gekauft, die damals noch Adelphi hieß. Der damalige Besitzer, Archibald Walker, wurde dann Teil der Geschäftsführung der DCL. Die Brennerei hat aber seit ihrem Verkauf nie wieder Whisky produziert.

Es mag zunächst unlogisch erscheinen, dass eine Brennerei aufgekauft wird, die anschließend keinen Whisky mehr herstellt. Es gibt zwei Hauptgründe für solche Geschäfte. Einerseits kann man durch die Stilllegung einer aufgekauften Brennerei potenzielle Konkurrenz ausschalten. Das hat die DCL in der Regel aber nicht nötig gehabt und auch selten aus diesem Grund getan. Der Hauptgrund für solche Käufe war, dass dabei nie nur die reine Brennerei gekauft wird. Normalerweise werden hierbei auch gleich die Markenrechte und ein Lager an bereits gebranntem Whisky mit übernommen. Dieser altert in den Lagerhäusern und wird dadurch mit der Zeit immer wertvoller.

Auch Ardgowan wurde im Jahr 1902 aufgekauft, was in derselben außerordentlichen Hauptversammlung wie der Kauf von Adelphi beschlossen wurde. Die Brennerei war zu diesem Zeitpunkt erst sechs Jahre alt und war damals von einem Zusammenschluss verschiedener Blender gegründet worden. Bis heute wird dort Whisky hergestellt. Für die Übernahmen von Ardgowan und Loch Katrine/Adelphi wurde das Stammkapital der DCL um 100.000 auf 1,1 Millionen Pfund erhöht. Aber nicht nur die DCL hat in dieser Zeit Brennereien gekauft. Zum Beispiel hat John Haig & Co. 1903 die Highland-Brennerei Glen Cawdor übernommen, wie weiter oben schon beschrieben. Im selben Jahr kaufte James Buchanan & Co. dann noch die Bankier Distillery und drei Jahre später auch noch Convalmore.

Der „Was ist Whisky“-Fall

Die ersten Jahre des 20. Jahrhunderts waren für viele Brenner und auch Blender Jahre der Unsicherheit, vor allem natürlich für die kleineren Betriebe. Viele stellten den Betrieb ein, darunter auch knapp 20 kleine Pot Still-Brennereien. Die ständige Unsicherheit und die Gerüchte um Übernahmen machten vor allem den Malt-Brennern zu schaffen. Diese saßen auf großen Beständen an fertigem Whisky, der kaum noch Gewinn abwarf. Ihr Schicksal lag praktisch vollständig in den Händen der Blender, die allerdings wegen des meist nur geringen Malt-Anteils in den Blends nur wenig Ware abnahmen. Die Grain-Brenner verkauften entsprechend mehr Whisky, was die Malt-Brenner der Highlands natürlich alarmierte. Sie unternahmen mehrere Versuche, ihren Malt Whisky aufzuwerten. So haben sie sich beispielsweise über ihren Verband, die „North of Scotland Malt Association", ans Parlament gewandt und gefordert, dass nur noch Malt Whisky als Whisky verkauft werden dürfe. Gleichzeitig starteten sie in der Presse eine Kampagne für Malt Whisky und gegen die immer mehr verkauften Blends.

Aus dem Parlament kam zunächst keine Unterstützung. Diese kam von ganz anderer Seite, ausgerechnet aus der Hauptstadt London. Der Islington Borough Council erließ überraschenderweise eine Reihe von Vorladungen gegen Wirte, die ein Produkt unter falschem Namen verkauft hatten (*[...] an article not of the nature and substance demanded [...]*). Die Wirte hatten nämlich „Fine Old Scotch Whisky" mit einem Grain-Anteil von 90 % verkauft, was aber nichts Ungewöhnliches war und keiner der Wirte hatte bewusst betrogen. Aber sie mussten jetzt für die Klärung der Rechtsfrage herhalten. Diese Vorladungen waren wirklich ernst und nicht nur eine Drohung gegen einige Wirte, die davon betroffen waren. Denn wenn das Gericht gegen die Wirte entscheiden würde, die Blended Scotch unter der Bezeichnung „Fine Old Scotch Whisky" ausgeschenkt hatten, würde dies die Zukunft der gesamten Blended Whisky-Industrie gefährden. Und gerade Blends verkauften sich ja weltweit zu dieser Zeit am besten.

Einige der Angeklagten taten instinktiv das Richtige, indem sie sich an die DCL wandten und um Hilfe baten. Die Direktoren der DCL erkannten natürlich ebenfalls schnell die Gefahr. Sie trafen sich sofort und beschlossen, den Wirten zu helfen. Außerdem starteten sie eine Gegenkampagne, denn es stand viel auf dem Spiel. Sie erstellten eine Broschüre, in der nicht nur die Vorzüge von Grain Whisky, sondern auch die angeblichen Verunreinigungen von Malt Whisky aufgezeigt wurden. Diese Broschüre verteilten sie anschließend an die Abgeordneten.

Ende 1905 fand die Verhandlung in erster Instanz statt. Der Fall wurde unter dem Namen „What is Whisky" bekannt und vor dem London Police Court verhandelt. In der ersten Instanz entschied der vorsitzende Richter gegen die angeklagten Wirte, da das Gericht zu dem Schluss kam, dass die Bezeichnungen „Irish Whiskey" und „Scotch Whisky" Spirituosen benennt, die auf die gleiche Art und Weise hergestellt werden, und zwar in einer Brennanlage, die als „Pot Still" bekannt sei. Das hieß im Umkehrschluss, dass die Grain-Brenner hiervon ausgeschlossen waren, da sie alle mit Patent Still-Brennanlagen arbeiteten. Im Jahr 1906 hat man versucht, diese Definition anzufechten, aber ohne Erfolg. Einer der Köpfe hinter der Pro-Malt- und Anti-Grain-Kampagne war Andrew MacKenzie, der damals die Brennerei Dalmore besaß. Er interpretierte das Urteil dahingehend, dass die Blender durch ihre immense Profitgier den ganzen Ärger selbst verschuldet hätten. Sie hatten den vergleichsweise jungen und damit billigen Alkohol aus Patent Still-Brennanlagen als reinen und alten Scotch verkauft. Andrew MacKenzie und die anderen Malt-Brenner waren mit dem Urteil hochzufrieden. Klar, dass der Streit damit nicht beigelegt war. Die beklagten Wirte legten mit Unterstützung der Grain-Brenner Berufung ein. Das Berufungsgericht war der „Court of Quarter Sessions", der für die Klärung einer solchen, eher technischen Fragestellung eigentlich nicht geeignet war. Die Verhandlung startete am 28. Mai 1906. Das Gericht konnte jedoch auch nach sieben Sitzungen keine Entscheidung fällen, da die Kammer geteilter Meinung war und sich nicht zu einem Urteil durchringen konnte.

Angesichts dieser für den Grain-Whisky ernsten Situation trafen sich die Grain-Brenner und die großen Blender, um über das weitere Vorgehen zu beraten. Sie beschlossen, dass sich die DCL an den Handelsausschuss des Parlaments wenden solle, mit der Bitte, ein Komitee oder eine Kommission einzusetzen, die sich mit dieser Frage befassen solle. John Burns war der Vorsitzende des Handelsausschusses. Er war früher Sozialist und der erste Arbeiter, der je ein Ministeramt bekleidete. Als überzeugter Alkoholgegner war er der Whiskyindustrie nicht gerade wohlgesonnen. Auch nach mehreren Gesprächen mit den Delegierten wollte er sich zunächst nicht bewegen. Burns musste erst noch überzeugt werden. Mitte 1907 gab er dann aber doch nach und das Parlament stimmte der Einsetzung einer königlichen Kommission (Royal Commission) zu. Die Kommission sollte den „Was ist Whisky?"-Fall nun abschließend klären.

Die DCL zeigte sich kampfbereit. Als erstes schaltete sie eine Anzeige in der Tageszeitung „The Daily Mail". Darin kündigte sie an, einen reinen Cambus-Whisky auf den Markt zu bringen. Die Cambus-Brennerei war eine reine Grain-Brennerei und die Anzeige sollte der Öffentlichkeit und vor allem der Kommission zeigen, dass ein reiner Grain-Whisky angenehm und schmackhaft sein konnte. Schließlich würde das Unternehmen ihn sonst nicht auf den Markt bringen. Die Anzeige lief so lange, bis die Kommission ihre Arbeit abgeschlossen hatte. Danach wurde die Anzeige ohne weitere Erklärung abgesetzt. Der angekündigte Cambus Single Grain Whisky wurde nie abgefüllt.

Am 17. Februar 1908 trat die Kommission zusammen. Den Vorsitz hatte Lord James of Hereford, außerdem gab es noch einen Vertreter sowie sechs weitere Mitglieder, allesamt medizinische und wissenschaftliche Experten. Die Kommission sollte herausfinden, ob es im allgemeinen Interesse der Verbraucher oder der öffentlichen Gesundheit sei,

a) Beschränkungen bei den Materialien zu definieren, die bei der Herstellung von irischem oder schottischem Whisky verwendet werden dürfen,

b) eine Deklarationspflicht einzuführen bezüglich des Alters von Whisky und den bei seiner Herstellung verwendeten Materialien und Verfahren, sowie eine Mindestdauer festzulegen, die der fertige Whisky nach der Herstellung und vor dem Verkauf reifen muss.

Vertreter von beiden Seiten, also von den Malt- und den Grain-Brennern, brachten ihre Argumente vor. Die Malt-Brenner setzten dabei voll auf Geschmack und jahrhundertealte Tradition. Sie meinten, dass Scotch Whisky seit jeher eine Spirituose aus gemälzter Gerste sei, die in einem speziellen Verfahren destilliert wird. Der daraus resultierende Geschmack sei von besonderem Charakter, habe für Schottland einen großen Wert und könne nicht nachgeahmt werden. Sie sagten auch, dass Brand aus anderem Getreide als gemälzter Gerste geschmacklos und obendrein gesundheitsschädlich sei. Außerdem sei er nicht besonders einzigartig und könne aus fast allen Materialien hergestellt werden – von Getreide und Müll bis zu Wurzeln und Lumpen. Eine Reifung des Destillats sei ebenfalls nicht zielführend, da es sich um eine Spirituose handele, die sich mit Malt Whisky in keiner Weise messen könne. Es sei eine Frechheit, dass man aus einem lieblosen und geschmacklosen Brand durch die Zugabe eines geringen Teils richtigen Whiskys und einer Chemikalie zur Färbung ein Getränk mache, das man dann Whisky nennen dürfe. Dadurch, dass die Herstellung dieses Getränks in vielen Teilen der Welt nachgeahmt werden könne, würde Schottland seines exklusiven Rechts beraubt, Whisky herzustellen.

Die Vertreter der Grain-Brenner und der Blender meldeten sich natürlich auch zu Wort und hatten Gegenargumente. Sie waren der Meinung, dass sich Blended Scotch durch Lagerung nicht geschmacklich verbessern ließe. Außerdem meinten sie, dass Blended Whisky reiner sei als Malt Whisky, da dieser mehr Fuselöle und andere Verunreinigungen enthalten würde. Für das Blending führten sie wissenschaftliche Studien an, die angeblich durchgeführt worden waren und die bewiesen, dass Blended Whisky weniger ungesund sei als reiner Malt Whisky.

Die Kommission nahm ihre Arbeit auf. Diese bestand im Wesentlichen aus der Durchführung von Interviews mit zahlreichen Brennern und Blendern, der Vermittlung von Kenntnissen über technische Zusammenhänge sowie der Lektüre technischer Dokumentationen. Darüber hinaus wurden Experimente durchgeführt, bei denen verschiedene Grain- und Malt Whiskys in unterschiedlichen Verhältnissen miteinander gemischt und anschließend an Labore, Analytiker und Whiskyverkoster versendet wurden. Diese sollten den jeweiligen Anteil an Grain- und Malt Whisky bestimmen. Keiner der Teilnehmer konnte das korrekte Verhältnis in den Proben bestimmen. Auch wurden die Blender von der Kommission befragt, welches Mischungsverhältnis von Grain- und Malt Whisky sie favorisieren würden, jedoch waren sich diese uneinig. Die meisten Blender fanden, dass ein Malt-Anteil von einem Viertel bis zu 50 % am besten wäre.

Am 28. Juli 1909 legte die Kommission ihren Abschlussbericht vor. Die zwei wichtigsten Fragen, nämlich wie viel Grain- und Malt Whisky in Blended Scotch sein und wie alt er mindestens sein muss, hat die Kommission nicht beantwortet. In dem Bericht wurde Scotch Whisky als Destillat einer Maische aus Getreidekörnern definiert, welche durch Diastase aus Malz verzuckert wurden. Weder wurde zwischen schottischem Whisky und irischem Whiskey, noch zwischen Pot Still- und Patent Still-Brennanlagen unterschieden. Auch auf das Argument der Tradition seitens der Malt-Brenner wurde nicht eingegangen. Den Grain-Brennern wurde hingegen bestätigt, dass die Form der Brennblase keinerlei Einfluss auf die Bekömmlichkeit des Destillats hätte. Die Mitglieder waren sich einig, dass es hier keiner besonderen gesetzlichen Regeln bedarf. Was die Lagerung angeht, meinte die Kommission, dass Pot Still Whisky wohl deutlich länger gelagert werden müsse als Grain-Whisky. Deswegen mache es keinen Sinn, eine gesetzliche Mindestlagerzeit festzulegen.

Die Grain-Brenner hatten sich mit ihren riesigen Patent Still-Brennanlagen durchgesetzt. Die Malt Whisky-Brenner mussten deshalb die neue Lage akzeptieren. Eine Kommission, die ausschließlich aus englischen Mitgliedern bestand, hatte über das Nationalgetränk der Schotten entschieden.

Die Brenner von Highland Malt mussten sich dem Debakel beugen, auch wenn es ihnen schwerfiel. Doch schon bald musste die Whiskyindustrie sich mit einer weiteren Herausforderung auseinandersetzen. Diese manifestierte sich in der Person des Politikers David Lloyd George, der später sogar Premierminister von Großbritannien wurde (1916 bis 1922). 1908 wurde er aber zunächst Schatzkanzler, nachdem der bisherige Amtsinhaber, Herbert Henry Asquith, Premierminister geworden war. In dieser Rolle setzte George sich für grundlegende

Sozialreformen ein, zum Beispiel für eine staatliche Arbeitslosen- und Rentenversicherung. Dafür brauchte er aber auch Geld, und dieses bekam er über die Einführung der ersten progressiven Einkommensteuer in Großbritannien sowie durch eine Erhöhung der Erbschaftsteuer. Und weil er dachte, dass Alkohol schädlich ist, ging er anschließend auch noch gegen die Whiskyindustrie vor. Für Brennereien, die mehr als 50.000 Gallonen pro Jahr produzierten, wurden die Lizenzen um £10 pro 25.000 Gallonen angehoben. Außerdem wurde die Steuer auf Spirituosen von 11s auf 14s 6d pro Gallone angehoben, was einer Erhöhung von fast 32 % entsprach. Bier und Wein waren von der Erhöhung ausgenommen, was darauf hindeutet, dass er konkret die Whiskyindustrie treffen wollte.

Whiskyhändler, Blender und Brenner protestierten gleichermaßen. Sie befürchteten, dass der Konsum zurückgehen würde und die Einnahmen aus der Steuer am Ende sogar geringer sein könnten als vor der Erhöhung. George wurde als Sonderling bezeichnet, der keinerlei Verständnis für wirtschaftliche Zusammenhänge hatte. Tatsächlich trafen die Prognosen der Wirtschaftsexperten ein: Die Einnahmen aus der Steuer fielen von 7,9 Millionen auf 6,5 Millionen Pfund. Ende 1909 überlegten die „Big Three" sogar, sich zusammenzuschließen, um Kosten zu sparen.

Das Geschäft der Malt-Brenner in den Highlands kam fast vollständig zum Erliegen, da die Blender, um Kosten zu reduzieren, weniger des teureren Malt Whiskys in ihren Blends verwendeten und diese kleinere Menge auch noch vorwiegend aus bestehenden Vorräten bezogen. Im Jahr 1909 gab es noch 142 produzierende Malt-Brennereien, drei Jahre später waren es nur noch 120. Und während des Ersten Weltkriegs ging es weiter rapide bergab. Zum Ende des Krieges im Jahr 1918 gab es in ganz Schottland nur noch acht arbeitende Brennereien und im ganzen Königreich gerade einmal 20. Das war nur noch ein Zehntel der Menge wie zur Jahrhundertwende.

Auch noch vor dem Krieg gab es ein paar Übernahmen in der Whiskyindustrie. James Gray, der Inhaber von Glenkinchie, organisierte mit Unterstützung der DCL den Zusammenschluss folgender Brennereien: Rosebank in Falkirk, St. Magdalene in Linlithgow, Grange in Burntsland und Clydesdale in Wishar. Am 28. Juli 1914, also eine Woche vor dem Ausbruch des Ersten Weltkriegs, haben sich diese Brennereien zur Scottish Malt Distillers Ltd. (SMD) zusammengeschlossen. William Ross wurde zum Vorsitzenden des neuen Unternehmens ernannt.

Der Erste Weltkrieg

Der Ausbruch des Ersten Weltkriegs überraschte viele, mit der Whiskyindustrie sogar einen Wirtschaftszweig, der seit 30 Jahren überwiegend florierte, wenn man einmal vom Pattison-Crash absieht. Die erste Reaktion im Whisky-Gewerbe auf den Ausbruch des Krieges war daher: Weitermachen wie bisher, business as usual. Das Geschäft lief zwar tatsächlich erst einmal weiter, aber in immer schwierigerem Fahrwasser. Die Whisky-Barone wurden ziemlich unvorbereitet mit den Auswirkungen des Krieges konfrontiert, denn bisher kannten sie nur Erfolg. Die Schwierigkeiten, mit denen der Handel mit Whisky konfrontiert war, führten dazu, dass kleine und unabhängige Abfüller ziemlich unter Druck gerieten. Einige von ihnen schlossen sich zusammen, während andere vom Markt verschwanden.

Das bekannteste Beispiel für einen Zusammenschluss während des Ersten Weltkriegs ist Buchanan-Dewar. Schon ein paar Monate vor Kriegsausbruch hatten die beiden Firmen James Buchanan & Co und John Dewar's & Sons Ltd. einen vorläufigen Vertrag über eine Interessengemeinschaft unterzeichnet. An einen Zusammenschluss beider Firmen wurde damals aber noch gar nicht gedacht. Als dann der Krieg ausbrach und es wegen der Knappheit an Getreide zu Engpässen kam, änderte sich das schnell. Die beiden Geschäftspartner waren sich einig, dass ein Zusammenschluss Vorteile bringen würde. Schon im März 1915, also ein halbes Jahr nach Kriegsausbruch, verschmolzen die beiden Firmen miteinander. Dabei behielt jede der beiden Gründungsfirmen ihre Identität und vertrieb auch die bisherigen Produkte weiter. Die neue Firma hieß zunächst „Scotch Whisky Brands Ltd.", aber man merkte schnell, dass es besser wäre, die ursprünglichen Namen auch im neuen Firmennamen auftauchen zu lassen. Denn die Leute kannten die Namen ja bereits und „Scotch Whisky Brands" sagte ihnen gar nichts. Daraufhin wurde die Firma in „Buchanan-Dewar Ltd." umbenannt.

Wie bei vielen Kriegen zuvor haben die Beteiligten den Ersten Weltkrieg auch hier unterschätzt. Die allgemeine Annahme war, dass der Krieg nur ein paar Wochen dauern würde. Die Waffenproduzenten waren sich sicher, dass sie das nötige Material und die Munition liefern könnten. Das galt auch für die Werften, in denen die Kriegsschiffe gebaut wurden. Keiner von ihnen dachte daran, die Produktion hochzufahren. Als sich der Krieg dann aber unerwartet ausweitete und eskalierte, gab es plötzlich viel mehr Aufträge. Die bestehenden Fabriken und Werften konnten die Aufträge nicht mehr bewältigen, deshalb mussten neue Werke gebaut werden. David Lloyd George, der immer noch das Amt des Schatzkanzlers innehatte, dachte aber nicht, dass der Mangel an Arbeitskräften und Material der Grund für den stockenden Nachschub war. Er meinte, das Problem sei der Handel mit und der Genuss von Alkohol. Für ihn war klar, dass das Trinken das größte Problem darstellte. Deshalb wollte er während des Krieges ein totales Alkoholverbot durchsetzen. Zu diesem Zweck rief er zunächst das sogenannte „Central Control Board" ins Leben und übertrug ihm weitreichende Befugnisse zur Kontrolle von Geschäftsaktivitäten sowie zur Umsetzung von Maßnahmen zur Eindämmung des Alkoholkonsums und -handels.

Der erste Vorschlag des Central Control Boards bestand in der Verdoppelung der Steuern auf Alkohol. Dieser Vorschlag wurde tatsächlich im Unterhaus diskutiert, aber von den irischen Nationalisten abgelehnt. Auch die Brenner waren gegen den Vorschlag und haben angeboten, sich einer Regel zu unterwerfen, die besagt, dass Whisky vor dem Verkauf für mehrere Jahre gelagert werden muss. David Lloyd George nahm das Angebot an und legte fest, dass Whisky mindestens drei Jahre lang gelagert werden muss, bevor er verkauft werden darf. Außerdem wurde beschlossen, dass Whisky bis zu einem Alkoholgehalt von 35 Volumenprozent unter Proof (das entspricht 37,2 Volumenprozent Alkohol) verdünnt werden darf. Die meisten Blender hatten mit einer Lagerdauer von drei Jahren kein Problem, weil sie sowieso meistens ältere Whiskys verwendeten, die milder waren als die jüngeren. Die Regierung wollte mit der geforderten Lagerdauer nicht die Qualität des Whiskys verbessern. Sie ging vielmehr davon aus, dass die Alkoholprobleme in einigen Teilen der Bevölkerung vor allem durch den Konsum von jungem, billigem Alkohol verursacht wurden. Das Gesetz, das den Handel mit „unreifem", also nicht gelagertem Alkohol regelte, hieß „Immature Spirits (Restriction) Act". Es war eigentlich als reine Kriegsmaßnahme gedacht, blieb aber auch nach dem Ende des Ersten Weltkriegs in Kraft. Das heißt nichts anderes, als dass das heute noch gültige Gesetz, welches eine Mindestlagerdauer von drei Jahren für Scotch Whisky vorsieht, eigentlich nur zur Bekämpfung des Alkoholmissbrauchs im Ersten Weltkrieg erlassen wurde.

Der unmittelbare Effekt des Gesetzes war ein sprunghaft ansteigender Whiskypreis für den Verbraucher. Viele kleinere Blending-Unternehmen und Whiskyhändler wurden aus dem Geschäft gedrängt. Ihre Lagerbestände wurden in den meisten Fällen an die DCL oder deren Tochterunternehmen verkauft. Aber auch die Anzahl arbeitender Brennereien verringerte sich während des Krieges massiv. Das lag vor allem daran, dass weniger Getreide aus dem Ausland importiert werden konnte, weil der Transport schwierig war. Außerdem ging der Vorrat an Grain Whisky mit drei Jahren Alter ziemlich schnell zur Neige, denn Grain Whisky ist ja der Hauptbestandteil in den Blends. Entsprechend fragten die Blender dann auch weniger Malt Whisky nach und so produzierten von den 133 Brennereien des Jahres 1914 ein Jahr später nur noch 113.

Mit dem Ausbruch des Krieges gab es auch keine Hefe mehr vom Festland. Um die Versorgung mit Brot zu gewährleisten, stellte die DCL Hefelieferungen an die Bäcker bereit. Die DCL hatte genug Hefe von ihrem Tochterunternehmen United Yeast Company, das sie Ende des letzten Jahrhunderts gegründet hatte. Die Hefe wurde als Nebenprodukt in der DCL-eigenen Grain Brennerei Cameronbridge hergestellt. Die DCL befand sich somit in einer exzellenten Verhandlungsposition gegenüber der Regierung. Sie ging davon aus, dass David Lloyd George, beeinflusst von der Abstinenzler-Vereinigung „Temperance Party", die Brennereien schließen und ein Verbot einführen könnte. Somit konnte sie erst erstmal durchatmen, denn die Produktion in der Brennerei war die Voraussetzung für den Hefenachschub.

Der Gründer der Hefefabrik reiste als Lobbyist der DCL nach London, um Lloyd George zu treffen. Er hörte sich an, was Lloyd George zu sagen hatte und stellte schnell fest, dass dieser tatsächlich von der Temperance Party beeinflusst war, wie befürchtet. Der Lobbyist sagte ihm, dass bei Einstellung der Whiskyproduktion auch keine Hefe mehr produziert werden könnte. Das würde zu einem Mangel an Hefe in ganz Großbritannien führen. Außerdem sagte er, dass die Grain Brennereien auf ihren Column Stills auch hochprozentigen Industriealkohol herstellen könnten. Dieser könnte im Krieg zum Beispiel als Reinigungsmittel oder auch als Frostschutzmittel verwendet werden. Als Ergebnis nahm er mit nach Hause, dass eine absolute Prohibition nicht geplant sei. Bedauerlicherweise konnte Lloyd George jedoch nicht von seiner Absicht, die Produktionsmenge stark zu begrenzen und den Whisky zu rationieren, abgebracht werden. Aber immerhin durfte weiter in begrenztem Umfang produziert werden.

Lloyd George war mittlerweile zum „Minister of Munitions" ernannt worden. Dieser Posten wurde während des Ersten Weltkriegs neu geschaffen. Der Minister war dafür zuständig, die Produktion und Verteilung von Munition zu koordinieren. Für die Produktion brauchte der

Minister die Brenner, weil für die Herstellung von Munition Azeton benötigt wurde. Das war der Grundstoff für jede Menge Explosivstoffe und Farben. Azeton wurde bisher aus den USA importiert, aber während des Krieges versiegte diese Quelle. So musste der Minister dann eben auf die Brennereien zurückgreifen, in denen Azeton als Nebenprodukt anfiel.

Im Frühjahr 1916 kam es zu einer weiteren Verschärfung der Situation, als das Control Board eine neue Regel verkündete. Diese besagte, dass nur noch diejenigen Brennereien produzieren durften, denen das Kriegsministerium dafür grünes Licht gab. Die Idee dahinter: Nur die Patent Still-Brennereien sollten weiterarbeiten dürfen, damit die Regierung an günstigen Industriealkohol kommen konnte. Gleichzeitig wurde der Betrieb von Pot Still-Anlagen verboten, um Rohstoffe und Getreide zu sparen. Der Hintergrund dafür war, dass immer mehr Fracht-schiffe von deutschen U-Booten zerstört wurden. Diese sollten eigentlich Getreide vom Fest-land auf die Britischen Inseln bringen. Die Brenner waren natürlich alles andere als begeistert vom Brennverbot und protestierten heftig dagegen. Als die Proteste nicht nachließen, wurde ihnen erlaubt, noch 70 % der Menge zu produzieren, die sie im Durchschnitt in den vergange-nen fünf Jahren hergestellt hatten.

Auch die Blender sollten ihren Beitrag leisten. Das Board schlug vor, den Alkoholgehalt auf 50° under proof (entspricht 28,6 Vol. %) zu senken. Dies lehnten die Blender ab, sodass es erneut zu heftigen Auseinandersetzungen mit dem Control Board kam. Im Juni 1916 hat man sich dann aber doch noch auf einen Kompromiss geeinigt, der eine Stärke von maximal 25° under proof (42,9 Vol. %) vorsah. Zu dieser Zeit waren Trinkstärken von 15° bis 22° under proof (48,6 bis 44,6 Vol. %) üblich. Die Blender waren deshalb bereit, den Kompromiss zu akzeptieren. Doch das Kontrollgremium gab nicht auf. Im Frühjahr 1917 wurde trotz heftiger Proteste der Hersteller und trotz der Vereinbarung vom Vorjahr festgelegt, dass Whisky einen Alkoholgehalt zwischen 30° und 50° under proof (28,6 bis 40 Vol. %) aufweisen musste.

Im April desselben Jahres wurden die Whiskyhersteller angewiesen, ihre Lagerbestände im Inland zur Hälfte des Vorjahrespreises zu verkaufen. Dies betraf sowohl Whisky als auch ein-gelagerte Gerste. Der Grund dafür war der Mangel an Gerste, der durch die Ausweitung des Krieges bedingt war, denn dieser trat nun in eine neue Phase ein: Am 1. Februar 1917 eröffnete Deutschland den uneingeschränkten U-Boot-Krieg gegen Großbritannien. Von diesem Zeit-punkt an hatten die deutschen U-Boote den Befehl, alle Handelsschiffe innerhalb bestimmter Sperrgebiete ohne Vorwarnung anzugreifen und zu versenken, unabhängig von der Ladung. Dadurch gab es nun viel zu wenig Getreide im Land, um die Bevölkerung und auch noch alle Brennereien zu versorgen.

Um einer weiteren Preissteigerung entgegenzuwirken, wurde den Malt Whisky-Brennern ab Juni 1917 die Produktion komplett verboten. Das machte es für die kleinen, unabhängigen Fir-men noch schwieriger und führte oft dazu, dass sie mehr oder weniger zwangsweise mit der DCL fusionierten. Die Patent Still-Brenner durften weiterhin Industriealkohol herstellen, der für viele technische Prozesse und als Zwischenprodukt gebraucht wurde. Im April trat ja bereits die Anordnung in Kraft, dass die Whiskyhersteller ihre im Inland gelagerten Vorräte zur Hälfte des Vorjahrespreises verkaufen sollten. Die Begrenzung der Produktion auf 70 % und das

Mindestalter von drei Jahren für Whisky führten nun dazu, dass Malt Whisky knapp wurde. Schließlich waren die Vorräte mittlerweile weitgehend erschöpft. Die Bierbrauer hatten zu diesem Zeitpunkt schon längst die Arbeit eingestellt.

In der Folgezeit gab es hier und da noch ein paar weitere Übernahmen und Zusammenlegungen unter den Whisky-Firmen. Die Regeln des Kontrollgremiums führten aber dazu, dass es immer weniger älteren Whisky gab. Zudem war die DCL nicht bereit, ihre Waren zur Hälfte des ursprünglichen Preises abzugeben. Sie stellte den Verkauf in Großbritannien daher weitgehend ein und verkaufte stattdessen nach Übersee, insbesondere in die Vereinigten Staaten. Um dieser Entwicklung entgegenzuwirken, wurde der Export dann im Januar 1918 komplett verboten. Außerdem wurde die Alkoholsteuer im selben Jahr ordentlich angehoben, von 15s auf £1 10s pro Gallone, was einer Verdoppelung entsprach. Diese temporäre Maßnahme diente als Finanzierungsquelle für den Krieg.

Die Patent Still-Brenner überstanden die Krisen des Krieges besser, weil sie ihre Produktion zum Großteil auf die Herstellung von hochprozentigem Industriealkohol umstellen konnten. Dieser wurde auch gegen Kriegsende stark nachgefragt, vor allem zur Herstellung von Lackfarbe und wasserdichter Kleidung für die Armee, als Zwischenprodukt für viele chemische Prozesse und auch in der Medizin. Im letzten Kriegsjahr 1918 wurden 9 Millionen Gallonen Industriealkohol hergestellt. Einige Brennereien, darunter Ardgowan, North British und Caledonian, hatten ihre Produktion umgestellt und konnten nun Azeton aus Mais herstellen. Die meisten der großen Brennereien stellten während des Krieges Industriealkohol oder Azeton her. Azeton war dabei das Produkt, das am meisten gefragt war. Da bei der Alkoholherstellung nur wenig davon als Nebenprodukt anfällt, hatte das Ministry of Munitions nach Kriegsende einen Vorrat von 3,5 Millionen Gallonen Industriealkohol und noch einmal so viel Trinkalkohol. Die DCL wurde mit dem Verkauf beauftragt und bekam dafür eine Provision von zwei Prozent.

Nach dem Ersten Weltkrieg

Kaum war der Krieg vorbei, zog auch die Nachfrage nach Whisky wieder an. Die „Big Five" und viele andere große Grain-Brennereien hatten während des Krieges Alkohol für die Kriegsindustrie produziert. Aber das galt eben nur für die ganz großen Brenner. Für viele kleinere, vor allem unabhängige Brenner war der Krieg das Aus. Sie waren gezwungen, ihre Betriebe zu schließen und zu verkaufen. In der Regel erwarb die DCL die betroffenen Brennereien, wodurch sie ihre Marktposition während des Krieges erheblich ausbauen konnte. Auch nach Kriegsende fusionierten noch viele kleinere und auch ein paar größere Firmen mit der DCL, weil sie allein nicht mit der schwierigen Lage in den Nachkriegsjahren klarkamen. Man kann also festhalten, dass der erste Weltkrieg ein Beschleuniger für Fusionen kleiner Firmen im Whiskygeschäft mit der DCL war, was der DCL viele neue Chancen eröffnete.

Die „Big Five" waren nach Ende des Krieges auch alle noch ein Stück größer geworden. Die Unternehmen wurden inzwischen von jüngeren Geschäftsführern geleitet, sofern die Nachkommen der Gründer überhaupt noch einen Fuß in den Unternehmen hatten. Die aktuellen Bosse vertrauten einander nicht und misstrauten auch den Strukturen der DCL. Für sie war es ein großer Macht- und Einflussverlust, sich mit einer solchen Dachorganisation zu verbinden. Jeder der „Big Five" hatte seinen Erfolg dem Individualismus und dem harten Wettbewerb mit den anderen Firmen zu verdanken. Manche zeitgenössischen Autoren sahen im Verhalten der Firmen, im gegenseitigen Bekämpfen, durchaus Parallelen zu den früheren Clan-Kriegen der Highlands.

Während des Krieges hatten allerdings auch die „Big Five" gelernt, dass es durchaus Sinn machen kann, bei Verhandlungen gemeinsam aufzutreten. Vor allem war es von Vorteil, wenn man bei Diskussionen mit der stets geldgierigen Regierung mit einer Stimme sprach und gemeinsam Dinge forderte, auf die man sich vorab geeinigt hatte. Dazu kam, dass die Whiskylager nach dem Krieg geleert waren. Die Firmen mussten also entweder selbst Brennereien bauen, was teuer war und lange dauerte, oder sich mit anderen Firmen zusammenschließen. Die DCL war zu diesem Zeitpunkt schon wieder gut im Geschäft und bot den „Big Five" natürlich an, ihnen eine neue Heimat zu bieten. Aber diese zögerten noch.

Sehr zum Missfallen aller Brenner wurde das Board of Controls auch nach Kriegsende nicht aufgelöst. Die Steuer wurde ja zur Finanzierung des Krieges auf £1 10s verdoppelt, was damals als „temporäre Maßnahme" zur Kriegsfinanzierung verkauft wurde. Jetzt allerdings wurde diese Steuer nicht etwa wieder gesenkt, sondern sie wurde nochmal um 1 Pfund auf £2 10s pro Gallone erhöht. Außerdem durften die Brenner, Blender und Händler diese Erhöhung nicht komplett an die Kunden weitergeben. Das schmälerte ihren Gewinn erneut. Der bereits planwirtschaftlich festgesetzte Preis für eine Flasche Whisky wurde um 3s erhöht, was jedoch lediglich etwa der Hälfte der Erhöhung entsprach, die die Hersteller zu leisten hatten.

Wegen des anhaltenden Kostendrucks kam es erneut zu etlichen Umschichtungen, Verkäufen, Übernahmen und Zusammenschlüssen in der Whiskyindustrie. Schon während des Krieges wurde die große Lowland-Brennerei Yoker an ein Konsortium aus DCL, John Dewar's & Sons und James Buchanan verkauft. Im März 1919 ging Haig & Haig dann an die DCL. John Haig & Co. war noch bis 1924 unabhängig, ging dann aber auch in die DCL über, inklusive aller Bestände, Abfüllungen und Lagerhäuser. Damit hatte die DCL die erste Firma der „Big Five" unter ihrem Dach.

Die Scottish Malt Distillers erwarben Glenlossie-Glenlivet. Auch die Brennereien Port Ellen auf der Insel Islay und Lochruan in Campbeltown wechselten den Besitzer und gehörten fortan zu James Buchanan & Co. Andrew Usher & Co. stellte gegen Ende 1919 den Handel ein. Seine Firma und alle Lagerbestände wurden von der DCL übernommen. Die Lowland Malt Distillery in Edinburgh wurde von der Scottish Malt Distillery übernommen, die ihrerseits die Clydesdale Distillery in Wishaw an die DCL weiterverkaufte.

Die nächste Steuererhöhung folgte im Jahr 1920, von £2 10s auf nun £3 12s 3d. Auch diese Erhöhung war mit dem Verbot verbunden, sie an die Endkunden weiterzugeben. Der Fixpreis pro Flasche wurde zwar etwas angehoben, was aber wieder nur etwa die Hälfte der Steuererhöhung abdeckte. Außerdem führte die Prohibition in den USA, die Anfang 1920 in Kraft trat, dazu, dass der wichtigste Auslandsmarkt für Whisky wegbrach. Auch andere Auslandsmärkte hatten, teilweise aufgrund der immensen Kriegskosten der vergangenen Jahre, die Steuern auf

Alkohol massiv erhöht. Das führte dazu, dass während der 1920er Jahre noch mehr Unternehmen im Whisky-Umfeld pleite gingen. Die rückgängigen Exporte und die allgemeine Rezession waren die ausschlaggebenden Faktoren. So stellte die Blender-Firma Bulloch, Lade & Co aus Glasgow bereits im Jahr 1920 den Betrieb ein, nachdem sich eine teure Werbekampagne für ihren neuen Blend als Flop erwies. Das Geschäft wurde von einem Konsortium verschiedener Whiskyfirmen übernommen, darunter John Dewar's & Sons, DCL, James Robertson & Son und James Calder & Co. Das Konsortium übernahm auch die Brennerei Camlachie, die zu Bulloch, Lade & Co gehörte und am Loch Katrine lag. Außerdem kaufte es die Brennerei Caol Ila auf Islay. Im darauffolgenden Jahr verkaufte James Calder & Co dann seine beiden Grain-Brennereien in Bo'ness und Gartloch. Sie wurden daraufhin, genauso wie Camlachie, geschlossen. Man verfolgte damals eine Strategie, unrentable Brennereien zu schließen, um die Produktionsmenge an die gesunkene Nachfrage anzupassen.

Zur großen Erleichterung aller Brenner wurde Ende November 1921 das Central Board of Control aufgelöst. Die hohen Steuern auf Alkohol machten eine Einigung zwischen dem Whiskyhandel und der Scotch Whisky Association nötig. Man einigte sich darauf, den Mindestpreis für eine Flasche Blend von 12s 6d beizubehalten und diese Blends mit einem Alkoholgehalt von nur noch 40 Vol. % zu verkaufen. Dies war die „mildeste" Möglichkeit, mit den gestiegenen Kosten zurecht zu kommen, da dem Kunden eine Senkung des Alkoholgehalts um nur ein paar Prozentpunkte geschmacklich kaum auffällt. Dies wird auch heute noch teilweise so gehandhabt, und das nicht nur bei billigen Blends. Beispielsweise hat „The Glenlivet" den Alkoholgehalt seiner Standard-Whiskys, das sind die Abfüllungen mit zwölf, 15 und 18 Jahren, vor einigen Jahren von 43 auf 40 Vol. % gesenkt. Entsprechend bleibt mehr Gewinn beim Unternehmen. Leider heißt ein geringerer Alkoholgehalt aber auch, dass stärker mit Wasser verdünnt wird, wobei natürlich auch der eigentliche Whiskygeschmack abnimmt.

Eine Senkung der Preise war 1921 angesichts der geringen Gewinnmargen nicht möglich. Höhere Preise hingegen hätten einen weiteren Rückgang der Nachfrage zur Folge gehabt. Die anhaltend niedrigen Margen waren neben der Rezession sowieso ein Problem und führten in den Jahren 1922 und 1923 erneut zu Firmenschließungen. Dadurch konnten die großen Firmen ihre Marktpositionen weiter ausbauen. Scottish Malt Distillers kaufte die Highland-Brennerei North Porth bei Brechin. Die 1919 zu Buchanan-Dewar fusionierten Unternehmen James Buchanan & Co und John Dewar's & Sons erwarben die Speyside-Brennerei Benrinnes-Glenlivet und die in Edinburgh gelegene Brennerei Dean. Letztere wurde in der Folge geschlossen.

Die DCL kaufte für fast drei Millionen Pfund die Distillers Finance Corporation. Zu ihr gehörten unter anderem die Blending-Firma Mitchell Bros Ltd. in Glasgow und die berühmte Brennerei Ferintosh. Außerdem kaufte die DCL, zusammen mit Buchanan-Dewar und John Walker & Sons, die Lagerbestände von Robertson & Baxter Ltd. in Glasgow für über eine Million Pfund. Die Firma musste diese Verkäufe machen, weil ihre Geldgeber Gewinne mitnehmen wollten und ihr Kapital abzogen.

Zu Beginn des Jahres 1923 stand das in Dundee ansässige Blending-Unternehmen James Watson & Co mit insgesamt acht Millionen Gallonen Lagerbestand zum Verkauf. Es wurde dann zwischen der DCL, John Walker & Sons und Buchanan-Dewar aufgeteilt. John Dewar's & Sons übernahmen die Brennereien Parkmore und Pulteney. Im Herbst des Jahres 1923 unterbreitete Buchanan-Dewar ein Übernahmeangebot an Sir Peter Mackie für dessen Unternehmen, welches immer noch den erfolgreichen Blend namens White Horse herstellte. Der Kauf kam aber nicht zustande. Im Folgejahr wurde seitens der DCL das Tochterunternehmen „Distillers Agency Ltd" gegründet, welches den Exportbereich der DCL übernahm und somit für das Auslandsgeschäft zuständig war.

Im Mai 1925 kam es zu einem großen Zusammenschluss, nach fast einjähriger Verhandlungszeit. 1924 wurden die Direktoren von Buchanan-Dewar Ltd. und John Walker & Sons von William Ross eingeladen. Ross wollte einen Zusammenschluss der Firmen mit der DCL diskutieren. Die Verhandlungen waren langwierig und schwierig, aber immerhin kamen alle Eingeladenen zusammen. Ross überzeugte sie schließlich davon, dass ein Zusammenschluss für alle Beteiligten von Vorteil wäre. Buchanan und Dewar wussten genau, welche Vorteile ein gemeinsames Agieren im Whiskymarkt mit sich bringt. Schließlich hatten sie bereits vor zehn Jahren zusammengefunden. Ein weiteres Problem in den Verhandlungen war, dass die Aktien von Buchanan-Dewar und John Walker & Sons an der Börse für etwa 20 % mehr gehandelt wurden als die der DCL. Dies war ein entscheidender Punkt, den es unbedingt zu lösen galt. Doch William Ross war entschlossen, das Geschäft durchzuziehen und akzeptierte den Börsenwert als Grundlage für die Fusion. Die beteiligten Unternehmen mussten nun eine aktuelle Bilanz vorlegen, wofür die Buchhalter der Firmen ein knappes Vierteljahr brauchten. Die Bilanzen wurden einem gemeinsamen Buchprüfer vorgelegt.

Am 30. April 1925 fand bei der DCL eine außerordentliche Hauptversammlung statt, auf der ein entsprechender Sonderbeschluss formuliert wurde. Am 15. Mai wurde dieser Beschluss durch den Vorstand und die Aktionäre der DCL bestätigt. Der Beschluss war eindeutig: Die DCL wird ein Angebot zum Kauf der Stammaktien von sowohl Buchanan-Dewar als auch von John Walker & Sons annehmen. Die Marktkapitalisierung der DCL wurde zeitgleich mehr als verdoppelt, sie stieg von sechs auf 15 Millionen Pfund. Um dieses Ziel zu erreichen, gab die DCL neun Millionen zusätzliche Aktien im Nennwert von einem Pfund aus.

Damit fusionierten die Unternehmen DCL, Buchanan-Dewar und John Walker & Sons, wobei die DCL wie so oft als eine Art Holdinggesellschaft fungierte. Eine weitere Bedingung, die Buchanan-Dewar und John Walker & Sons stellten, war, dass William Ross, zu dem sie mittlerweile Vertrauen hatten, Vorsitzender der DCL werden sollte. Ross fühlte sich geehrt und nahm den Job selbstverständlich an. Der neu gebildete Vorstand bestand nun nur noch aus zehn DCL-Mitgliedern – früher waren es 13. Dafür stellten die neu aufgenommenen Firmen insgesamt elf Direktoren, drei von der Walker-Gruppe und acht von Buchanan-Dewar.

Der Zusammenschluss hatte ein klares Ziel: Schluss mit dem Preiskampf unter den wichtigsten Blends! Die DCL hatte mit der Fusion nun bereits vier der „Big Five" unter ihrem Dach vereint. Die DCL hatte aber nicht einfach alle Firmen und Brennereien aufgekauft, die in finanzielle Notlage geraten waren, schon gar nicht jetzt unter der Führung von William Ross. Sein Ziel war die Stabilisierung der Preise. Ross war gegen eine Monopolstellung der DCL als große Firma. Er wollte den Wettbewerb reduzieren, indem er Gleichgesinnte unter einem Dach vereinte, um auf gemeinsame Infrastruktur zurückgreifen zu können. Die Gewinne sollten dabei fair unter allen Beteiligten verteilt werden – und zwar sowohl an die Aktionäre als auch an die Angestellten und die Kunden. Ross hatte nie vor, eine andere Firma nur deshalb aufzukaufen, weil sie dem Erfolg der DCL im Weg stand oder gut ins Portfolio passte. Er war überzeugt, dass die Firmen früher oder später von sich aus zur DCL kommen und ein Angebot zur Fusionierung machen würden, wenn sich herumsprach, dass es sich unter dem Dach der DCL ganz gut leben ließ.

Der Zusammenschluss zwischen Buchanan-Dewar, John Walker & Sons und der DCL war der zweitgrößte überhaupt in der britischen Wirtschaftsgeschichte im Zeitraum zwischen den beiden Weltkriegen. Die DCL hatte sich in dieser Zeit einen festen Platz unter den größten britischen Unternehmen erarbeitet. Im Jahr 1930 belegte sie in dieser Gruppe Platz sechs mit einem geschätzten Marktwert von 45,5 Millionen Pfund. Die DCL hat jedoch auch eine Reihe von Schließungen und Stilllegungen durchgeführt, um der verringerten Nachfrage zu begegnen. Um das Angebot an Whisky zu reduzieren, erwarb die DCL die noch vorhandenen Aktien der Scottish Malt Distillers Ltd. Im weiteren Verlauf des Jahres 1925 wurde zudem die Firma Macdonald, Greenlees & Williams Ltd. erworben, ein erst 1919 gegründeter Zusammenschluss einer Blending-Firma mit den drei Malt-Brennereien Auchinblae, Glendullan und Stronachie. James Calder integrierte zudem seine Brennerei Dalwhinnie in das Unternehmen. Die beiden Brennereien Auchinblae und Stronachie wurden geschlossen. Die beiden anderen Brennereien produzieren bis heute.

Im September 1925 wurde unter dem Namen „Pot Still Malt Distillers of Scotland" eine Vereinigung von Malt-Brennern gegründet. Der Verband vertrat die noch freien Brennereien, d. h. die Brennereien, die noch nicht von anderen Unternehmen aufgekauft oder fusioniert waren.

1926 ging die Produktion weiter zurück. Produzierten im Vorjahr noch 124 Brennereien in Schottland, so waren es jetzt nur noch 113 und 1927 nur noch 84. In den letzten sechs Jahren hatten 50 Brennereien ihren Betrieb eingestellt, 40 davon für immer. Einige wurden noch als Lagerhäuser genutzt, andere abgerissen oder für andere Zwecke umgebaut. Dies hatte zur Folge, dass auch der Trester aus den Brennereien, der den Bauern als Futtermittel für ihre Tiere diente, entsprechend zurückging. Das war vor allem für ländliche Gebiete abseits der größeren Städte ein großes Problem. Auch Arbeitsplätze gingen durch die Schließungen natürlich verloren, sowohl in den Brennereien selbst als auch im zuliefernden Gewerbe.

Während die Produktion zurückging, wuchs die DCL immer weiter. Im Jahr 1925 hatte sie ihr Eigenkapital bereits auf 15 Millionen Pfund erhöht, im Vergleich zu 1,1 Millionen Pfund im Jahr 1909 und vier Millionen Pfund im Jahr 1920. Um auf den neu entstehenden Märkten in Kanada und Australien tätig zu werden, gründete die DCL 1926 die „Distillers Co of Canada Ltd" und die „Distillers Corporation Proprietary Ltd of Australia". Ein Jahr später feierte die DCL bereits ihr fünfzigjähriges Bestehen und kaufte auch in diesem Jahr wieder eine Reihe von Unternehmen auf. White Horse Distillers Ltd, der damalige Besitzer der Brennereien

Lagavulin und Craigellachie, sowie die Brennerei Caol Ila waren unter den übernommenen Firmen. Die DCL kontrollierte nun bereits 50 % der Malt Whisky-Produktion in Schottland.

Im Jahr 1927 errichtete die in London ansässige Firma Seager Evans & Co auf dem Gelände einer alten Mühle im Zentrum von Glasgow die Brennerei Strathclyde. Dort wurde 1928 erstmals Grain Whisky hergestellt. Noch heute produziert die Brennerei jährlich 40 Millionen Liter und ist damit ein wichtiger Produzent für die Hauptzutat vieler Blended Whiskys. Sie gehört mittlerweile zur Pernod Ricard-Gruppe.

Im Jahr 1930 wurde die DCL, die sich rasant weiterentwickelte, neu strukturiert. Der Unternehmensbereich, der die Pot Still-Brennereien betrieb und somit für die Produktion der Malt Whiskys zuständig war, wurde der Leitung der Scottish Malt Distillers (SMD) unterstellt, die 1925 ja Teil der DCL geworden war. Im folgenden Jahr kündigte die SMD eine Senkung der Produktion um 25 % an und schloss sechs ihrer Brennereien.

Die schottische Whiskyindustrie erfuhr in den ersten drei Dekaden des 20. Jahrhunderts einen starken Rückgang. Das ist eine Tatsache, die sich nicht leugnen lässt. Die negativen Auswirkungen des Ersten Weltkriegs, die horrend gestiegenen Steuern auf Trinkalkohol und der Einfluss der diversen Anti-Alkohol-Bewegungen führten natürlich zu einem starken Rückgang. Der Inlandsmarkt fragte Anfang der 1930er Jahre nur noch etwas mehr als acht Millionen Gallonen Whisky nach. Das war nur noch ein Viertel dessen, was am Anfang des Jahrhunderts im Inland verkauft wurde.

Campbeltowns Untergang

Im Zeitstrahl der Geschichte sind wir nun in den 1930er Jahren angekommen. Bevor es chronologisch korrekt weitergeht, möchte ich aber noch einen Blick auf die Whiskyregion Campbeltown werfen, denn dort ist seit Beginn des neuen Jahrhunderts sehr viel passiert. Der Pattison-Crash am Ende des 19. Jahrhunderts führte dazu, dass Investoren in der gesamten Whiskyindustrie ängstlich und zurückhaltend wurden. Campbeltown spürte dies ganz besonders. Das Überangebot an Whisky führte unweigerlich zu einem Preisverfall. Die Nachfrage brach zusammen und die Whisky-Firmen konnten ihre Pacht und Mieten nicht mehr bezahlen. Die jahrelange Überproduktion führte dazu, dass die Brenner mit einem riesigen Lager an Whisky zurückblieben, welches sie nun nicht mehr loswurden. In nur wenigen Jahren wurde der Preis für Whisky halbiert. Im Jahr 1899 wurden auf der Halbinsel Kintyre noch fast 1,5 Millionen Gallonen pro Jahr produziert. Bis zum Jahr 1912 hatte sich diese Menge jedoch schon halbiert.

Die Campbeltown-Brennereien erholten sich praktisch nicht von dieser Rezession, denn 1914 wurde der gesamte Markt durch den Ausbruch des Ersten Weltkriegs in eine Depression getrieben. Während des Krieges produzierte in Campbeltown keine einzige Brennerei mehr. Viele Brenner gaben ihr Geschäft ganz auf und zogen weg, denn die Whiskyindustrie und ihre Zulieferer waren fast die einzige Möglichkeit, auf der Halbinsel Kintyre Geld zu verdienen. Folglich stürzte auch der einstige Wohlstand der Stadt Campbeltown in den Abgrund. Auch viele ehemalige Dynastie-Familien verließen nun die Stadt und zogen in die Großstädte von Schottland und England oder verließen das Königreich in Richtung Amerika.

Nach dem Krieg hatten die meisten der verbliebenen Brennereien neue Besitzer, die diese während des Krieges günstig aufgekauft hatten. Es handelte sich um größere Firmen, die den Whisky in ganz Schottland einkauften. Diese versuchten nun, bei der Produktion Geld zu sparen. So wurden beispielsweise minderwertige Fässer zur Reifung verwendet, was die Qualität des Whiskys verschlechterte. Der einst für seine gute Qualität bekannte Whisky aus Campbeltown bekam schnell einen schlechten Ruf und die Blender ersetzten ihn nun mehr und mehr durch Speyside-Whisky. Die Speyside war verkehrstechnisch inzwischen viel besser erschlossen und der Transport über die Eisenbahn war natürlich noch schneller und billiger als auf den Dampfschiffen. Der Standortvorteil von Campbeltown ging verloren. Außerdem war der Campbeltown-Whisky leichter als die stark getorften Whiskys von Islay, weshalb die Blender lieber auf letztere zurückgriffen. Sie brauchten davon schlicht weniger, um in den geschmacklosen Grain Whisky ein paar Aromen hineinzubekommen. Der Vorteil des geschmacklich feineren Campbeltown-Whiskys war nun gleichzeitig sein Nachteil.

Immer mehr Brennereien wurden von größeren Firmen übernommen und anschließend geschlossen. Die Gründe dafür sind vielfältig. Manchmal waren es wirtschaftliche Überlegungen, manchmal ging es um Konsolidierung. Die DCL war jedoch nur für drei Schließungen von Campbeltown-Brennereien in den Nachkriegsjahren verantwortlich: Hazelburn und Lochruan (beide 1925) sowie Benmore (1927). Die „West Highland Malt Distillers" kauften und schlossen vier weitere Brennereien: Ardlussa und Glen Nevis (1923) sowie Dalintober und Glengyle (1925). Weitere Brennereien in Campbeltown, die in den 1920ern geschlossen wurden, waren Albyn (1920), Dalaruan und Kintyre (1922), Argyll/Mackinnon's (1923), Burnside und Campbeltown (1924), Kinloch, Glenside und Springside (1926) und schließlich Lochhead (1928).

Das Ende des Jahres 1930 war obendrein aus noch einem anderen Grund ein Schockmoment für sowohl die Whiskyindustrie als auch die Bevölkerung von Campbeltown. Kurz vor Weihnachten, am 23. Dezember dieses Jahres, hat Duncan MacCallum, Gründer der Brennerei Glen Nevis, im hohen Alter von 83 Jahren Selbstmord begangen. Sein Tod ist bis heute ein Mysterium. Das Scheitern seiner Glen-Nevis-Brennerei kann als Grund ausgeschlossen werden, denn diese wurde bereits sieben Jahre vorher geschlossen. Es gab zwar Gerüchte, dass MacCallum in ein Geschäft verwickelt war, welches platzte und ihn eine Menge Geld kostete, doch sind dies lediglich Gerüchte, die sich nicht bestätigen ließen. Die genauen Hintergründe des Selbstmords wurden nie aufgeklärt.

In schneller Folge verschwanden auch in den 1930er Jahren mehr und mehr Brennereien vom Markt. Im Jahr 1933, genau ein Jahrhundert nachdem 29 Brennereien in Campbeltown Whisky produzierten, gab es gerade noch drei davon: Glen Scotia, Springbank und Rieclachan. Glen Scotia stand eine Weile still, nahm die Produktion aber im Herbst 1933 wieder auf. Dabei wurden zunächst knapp 100 Tonnen Gerste aus Australien verarbeitet. Springbank hatte zuletzt 1931 Whisky gebrannt und lag seitdem still. Im April 1934 wurde auch noch Rieclachan geschlossen. Damit gab es nur noch zwei Brennereien in Campbeltown. Die Arbeitslosigkeit stieg in schwindelerregende Höhen, da praktisch jede verfügbare Arbeitskraft bei den Brennereien oder deren Sekundärindustrie tätig war. Viele Einwohner von Campbeltown verließen die Stadt, um in Edinburgh, Glasgow oder anderen Städten nach neuen Standbeinen zu suchen.

Was geschah mit all den ehemaligen Brennereien in der Stadt? Einige blieben stillgelegt einfach stehen, doch die meisten wurden abgerissen oder zu Wohn- oder Geschäftsgebäuden umgebaut. So wurde beispielsweise Rieclachan zum Showroom eines Autohauses umgestaltet und auf der Rückseite wurden Garagen errichtet.

Im Jahr 1936 nahmen Glen Scotia und Springbank die Arbeit wieder auf. In den Folgejahren gab es zwar immer wieder Perioden des Stillstands, doch die beiden Brennereien produzierten weiterhin Whisky von höchster Qualität. Doch auch abseits der Brennereien gab es noch weitere Neugründungen im Whisky-Geschäft. 1936 taten sich Samuel Thompson, ehemaliger Distillery-Manager der 1923 geschlossenen Glen Nevis, und Alexander Wright zusammen und gründeten die „Glen Nevis & Ardlussa Warehouse Ltd.", eine Blending- und Abfüllfirma. Doch bereits im Jahr 1955 wurde sie wieder verkauft.

Die Verkaufszahlen und Gewinne der beiden verbliebenen Brennereien Glen Scotia und Springbank erholten sich in dieser Zeit wieder etwas. Dann kam der Eintritt Großbritanniens in den Zweiten Weltkrieg mit all seinen Folgen: Rohstoffverknappung, Handelskontrollen und eine massive Erhöhung der Steuern auf Alkohol. Folglich ergaben sich in Campbeltown dieselben Probleme wie in den Lowlands und Highlands. Erst nach Kriegsende zeigten sich die positiven Auswirkungen der Rationalisierungen, die man seit den 1920er Jahren durchgeführt hatte. Die Märkte in Übersee konnten nun, nach Aufhebung aller Kriegsbeschränkungen, effizient bedient werden.

Was geschah mit der Whisky-Region Campbeltown, als sie nur noch zwei Brennereien aufweisen konnte? Aus genau diesem Grund, sozusagen wegen Mangel an Brennereien, beschloss die Scotch Whisky Society zur Jahrtausendwende, dass man Campbeltown den Status einer eigenen Whisky-Region aberkennen müsste. Der Ururenkel von Archibald Mitchell, der bei der Gründung von Springbank dort Vorstand war, wollte dies keinesfalls hinnehmen. Er kaufte die 1925 stillgelegte, aber noch nicht abgerissene Brennerei Glengyle und machte sie wieder flott – natürlich inklusive Modernisierung. Im Jahr 2004 produzierte sie, nach fast 80 Jahren Stillstand, zum ersten Mal wieder Campbeltown-Whisky. Die Society ließ sich überzeugen, Campbeltown den Status als eigene Whisky-Region zu erhalten.

Die Wirtschaftskrise vor dem Zweiten Weltkrieg

Kehren wir nun, nach diesem kurzen Ausflug in Campbeltowns Whiskygeschichte, zurück zur chronologischen Abfolge der Ereignisse, zu den 1930er Jahren.

Die Wirtschaftskrise breitete sich aus, daran gab es keine Zweifel mehr. 1931 gab es nur noch 72 produzierende Brennereien, 1932 sogar nur noch 41. Die Produktion schrumpfte auf 2,2 Millionen Gallonen Malt und sieben Millionen Gallonen Grain Whisky. Insgesamt waren das weniger als zehn Millionen Gallonen. Die Whiskyhersteller reagierten mit Rationalisierungen und Diversifizierungen. Sie bauten überflüssige Kapazitäten ab, und zwar durch weitere Fusionen, aber auch durch Stilllegungen. Allerdings war es nur den großen Unternehmen der Branche möglich, sich zu diversifizieren. Hier wurden dann zusätzlich zum Trinkalkohol weitere Produkte hergestellt, die für ihre Produktion ähnliche technische Verfahren durchlaufen wie der Trinkalkohol, also vorwiegend durch Destillation gewonnen werden. Zu den Produkten zählten Industriealkohol (Spiritus), auf Stärke basierende Klebstoffe und Leime, Motortreibstoffe und andere durch Destillation gewonnene Chemikalien.

Doch zunächst wurde rationalisiert. Die DCL gab bekannt, dass im kommenden Jahr (1933) keine einzige der Malt-Brennereien ihrer Tochtergesellschaft SMD mehr produzieren würde. Alle anderen Malt-Brennereien zogen nach und stellten 1933 ebenfalls die Produktion ein. Glen Grant und Glenlivet waren die einzigen Ausnahmen. Mit den Stilllegungen wurde Druck auf die Politik ausgeübt, um zu verdeutlichen, welche Konsequenzen ein solcher Schritt für die gesamte Industrie haben würde. Auch wollte man durch den Produktionsstopp das Gleichgewicht zwischen Verbrauch und Lagerbestand verbessern und so eine Anhebung der Preise auf ein Niveau mit mehr Gewinn erreichen.

Tatsächlich waren in jenem Jahr nur 15 Brennereien in Betrieb, nämlich die beiden genannten Malt- und 13 Grain-Brennereien. Die Gesamtproduktion des Jahres 1933 betrug magere 285.000 Gallonen Malt und 5,65 Millionen Gallonen Grain Whisky und erreichte damit den niedrigsten Stand seit 1824. Die Politik reagierte jedoch nicht mit Steuererleichterungen – ein Fehler, wie sich herausstellte. Stattdessen definierte das Parlament den Begriff Whisky neu: *„[...]had been obtained by distillation in Scotland from a mash saccharified by the diastase of malt and had been matured in bond for a period of at least three years".*

1933 wurde in den USA unter dem neu gewählten Präsidenten Franklin D. Roosevelt die Prohibition aufgehoben. Eine der wenigen Brennereien in Schottland, die jetzt noch in Betrieb waren, war Glenfiddich. Diese meisterte alle Krisen durch gute, familiäre Führung – und das erstaunlicherweise fast ohne Ausnahme. Die USA waren vor der Prohibition der wichtigste Absatzmarkt in Übersee und wurden es nun auch wieder, trotz eines weiterhin geltenden Zolls von 5 US-Dollar pro Gallone exportierten Whiskys. Ende 1935 wurde der Zoll jedoch auf $2,50 gesenkt. Im Jahr 1939 wurden bereits 4,8 Millionen Gallonen Whisky in die Vereinigten Staaten exportiert. Die Wirtschaft erholte sich nach 1934, und das hatte selbstverständlich auch einen positiven Einfluss auf die Whiskyproduktion. Im Jahr 1935 wurden bereits wieder 17 Millionen Gallonen Whisky produziert und damit so viel wie vor dem ersten Weltkrieg, im Jahr 1914. 1937 waren es bereits 25 Millionen, 1938 sogar 38 Millionen Gallonen.

Auch in den 1930er Jahren gab es wieder Übernahmen. 1933 kaufte Arthur Bell & Sons in Perth die Brennereien Blair Athol und Dufftown-Glenlivet. 1936 folgte Inchgower. Ein Geschäftsmann namens Joseph Hobbs erwarb 1937 Bruchladdich. Zusammen mit der Glasgower Wein- und Spirituosenhandelsfirma Train & McIntyre kaufte er 1936 die Glenury Royal Distillery, 1937 Glenkinchie und 1938 North Esk. Die Brennereien gingen in den Besitz der neu gegründeten „Train & McIntyre Associated Scottish Distillers Ltd." über. Weitere Brennereien wurden von der Firma daraufhin aufgekauft, darunter Strathdee in Aberdeen, Fettercairn und

Benromach (1938). Die North Esk Distillery wurde kurzerhand in Montrose Distillery umbenannt. Seither wurde dort nur noch Grain Whisky hergestellt.

Die Scottish Malt Distillers vereinigten 1934 bereits die folgenden Malt-Brennereien, die damit automatisch auch unter dem Dach der DCL produzierten, denn die DCL hatte ja die komplette SMD übernommen: Aberfeldy, Aultmore, Balmenach, Banff, Benrinnes, Brechin, Caol Ila, Clynelish, Coleburn, Convalmore, Craigellachie, Dallas Dhu, Dalwhinnie, Glendullan, Glenkinchie, Glenlossie, Glentauchers, Knockdhu, Lagavulin, Linkwood, Lochindaal, North Port, Oban, Ord, Parkmore, Port Ellen, Pulteney, Rosebank, Royal Lochnagar, St. Magdalene, Teaninich und Tobermory.

Hiram Walker-Gooderham & Co., eine kanadische Firma, hatte bereits 1930 Glenburgie und 1936 Miltonduff gekauft. Jetzt verstärkten sie ihr Whisky-Investment, indem sie auch noch das gut funktionierende Blending-Unternehmen George Ballantine's & Sons kauften. Daraufhin wurde eine neue Firma gegründet: die „Hiram Walker (Scotland) Ltd". Doch die Firma kaufte nicht nur auf, sondern baute auch selbst eine Brennerei, und zwar in Dumbarton. Dabei erhielt sie sogar Unterstützung von der Regierung. Die südlich des Loch Lomond gelegene Stadt Dumbarton gab der Brennerei ihren Namen und der See diente als Wasserquelle. Die Fertigstellung erfolgte 1938, die Anlage wurde dabei gleichzeitig die größte in ganz Schottland. Der hier produzierte Grain Whisky war der Hauptbestandteil des Ballantine's Blend.

Ein weiterer entscheidender Wechsel in diesem Jahrzehnt war der Übergang der William Sanderson and Sons Ltd. an die DCL im Jahr 1937. Für die DCL war dies sicherlich mehr als nur ein weiterer „deal", denn mit dem Verschmelzen dieser beiden Firmen hatte die DCL ein lang ersehntes Ziel erreicht: Endlich waren alle fünf Firmen der „Big Five" bei der DCL gelandet!

1939 hatte die Whisky-Industrie die schlimmste Phase der Rezession und Depression überstanden und sich als widerstandsfähig erwiesen. Inzwischen produzierten immerhin wieder 92 Brennereien, und zwar dort, wo es für sie am profitabelsten war. Die Verteilung der produzierenden Brennereien über das ganze Land hatte sich dabei deutlich geändert. In Campbeltown gab es nur noch die zwei Brennereien Springbank und Glen Scotia. Einige Gründe dafür wurden weiter oben bereits erläutert. Ein weiterer Grund war eine Kohlemine auf der Halbinsel Kintyre, die irgendwann erschöpft war und somit nicht mehr für günstigen Brennstoff sorgen konnte. Doch auch die Inselbrennereien blieben von dieser Entwicklung nicht verschont. Lochindaal, Jura und Port Ellen mussten schließen, weil sich die Geschmäcker der Kunden geändert hatten. Diese bevorzugten nun die milderen Whiskys. Die stark rauchigen Inselwhiskys wurden dadurch schlichtweg weniger nachgefragt. Die Hauptproduktion von Malt Whisky wurde nun von den Speyside-Brennereien übernommen, die deutlich milderen Malt produzierten als die Insel-Brennereien.

Der Zweite Weltkrieg

Mit dem Ausbruch des Zweiten Weltkriegs am 1. September 1939 wurden in Großbritannien erneut die Steuern auf Whisky erhöht. Die Regierung setzte sich jedoch dafür ein, die Exporte in die USA zu erhöhen. Und das tat sie ganz sicher nicht, um der Whisky-Industrie einen Gefallen zu erweisen. Vielmehr wurden so dem Land Dollar-Einnahmen verschafft, die wiederum benötigt wurden, um in den USA Kriegsgerät zu besorgen. Zunächst wurden etwa sieben Millionen Gallonen Whisky in die USA verschifft. Folglich wurde der inländische Verkauf bereits am 1. März 1940, also ein halbes Jahr nach Kriegsausbruch, rationiert. Jeder Großhändler durfte nun nur noch einen prozentualen Anteil von dem verkaufen, was er bis Ende Februar 1940 eingekauft hatte. Der Anteil betrug zunächst 41 % für die Jahre 1940 bis 1941. Danach wurde er bis zum Jahr 1948 auf nur noch 20 % gesenkt. Denn auch nach Kriegsende war das Land auf US-Dollar angewiesen, die sich gut durch den Verkauf des Whiskys nach Übersee verdienen ließen. Da hatte die heimische Bevölkerung zurückzustecken.

Kriegsschäden durch Angriffe gab es zum Glück in Schottland nicht so viele wie in anderen Ländern. Eine der wenigen Bomben, die während des Krieges auf Edinburgh fielen, traf Ende September 1940 ein Lagerhaus der Caledonian Distillery, welches sich in der Nähe des Haymarkets befand. Dabei gingen 1,2 Millionen Gallonen gelagerter Whisky in Flammen auf, wodurch etliche umliegende Häuser ebenfalls abbrannten. Die Highlands blieben, sicher auch aufgrund ihrer dünnen Besiedlung, von Bomben weitgehend verschont. Lediglich die Brennerei Banff wurde einmal getroffen.

Ab 1941 fehlte es kriegsbedingt an importiertem Getreide. Die Grain-Brenner fuhren ihre Anlagen deshalb bis zum Kriegsende herunter. Die Anzahl produzierender Brennereien fiel erneut, auf 72 im Jahr 1941 und im Folgejahr auf nur noch 44. Der Export ging entsprechend zurück, was wiederum geringere Steuern zur Folge hatte. Die Regierung reagierte, indem sie die Steuer um 2 ¾ Pfund pro Gallone anhob: von £4 2s 6d zu Beginn des Zweiten Weltkriegs auf £6 17s 6d im Jahr 1942. Das hatte zur Folge, dass der Preis für eine Flasche Whisky im Inland um 60 % stieg.

Wie schon im Ersten Weltkrieg hatte die DCL auch jetzt das Privileg, die Regierung mit großen Mengen an Industriealkohol und anderen Chemikalien versorgen zu dürfen. Die Malt-Brenner litten ungleich mehr unter den Restriktionen, die die Kriegswirtschaft mit sich brachte. Da kein neuer Whisky produziert wurde, wurde Whisky immer knapper und war schließlich ein reines Luxusgut, das am ehesten auf dem Schwarzmarkt verfügbar war. Edinburgh wurde Garnisonsstadt für die US-Armee, was den Preis zusätzlich in die Höhe trieb. Die US-Soldaten hatten mehr Geld als die Schotten und entwickelten während des Krieges auch einen Geschmack für Scotch Whisky. Da es nicht genug Nachschub gab, wurde der Whisky gepanscht, was zu Lasten der Qualität ging.

Ab Ende 1942 wurde von der Regierung keinerlei Getreide mehr für die Brennereien freigegeben, da man das vorhandene Getreide für die Ernährung der Bevölkerung brauchte. In der Folge wurden sämtliche Brennereien geschlossen. Auch die große DCL, die immer einen Puffer an Getreide für mindestens ein halbes Jahr vorrätig hatte, wurde daran gehindert, weiter zu produzieren. Ihr Vorrat an Getreide wurde beschlagnahmt. 1943 wurde die Steuer auf die natürlich immer noch vorhandene Lagerware erneut um ein Pfund erhöht. Der Flaschenpreis verdoppelte sich dadurch, verglichen mit der Zeit des Kriegsbeginns. In diesem Jahr wurde nirgends mehr produziert.

Ebenfalls im Jahr 1942 änderte „The Whisky Association" ihren Namen in „Scotch Whisky Association". In Übereinstimmung mit der Regierung legte sie ab sofort den Whiskypreis planwirtschaftlich fest. So wollte man den gewachsenen Schwarzmarkt besser unter Kontrolle bringen. Und zwar nicht den Markt mit unversteuertem Whisky, wie in den Jahrhunderten zuvor, sondern den Schwarzmarkt, der entstand, weil zu wenig Whisky für die Nachfrage vorhanden war. Händler, die sich nicht an die Preisvorgaben hielten, wurden nicht mehr beliefert. Die Scotch Whisky Association ging sogar auf Auktionen, wo sie sämtlichen angebotenen Whisky aufkaufte.

Die Regierung gab nach zwei Jahren Produktionsstillstand Ende 1944 wieder eine begrenzte Menge an Getreide für die Whiskyproduktion frei. Damit reagierte sie auf die wiederholten Hinweise der Scotch Whisky Association, die auf die bedrohlich schrumpfenden Lagervorräte hingewiesen hatte. Deshalb war es unerlässlich, wieder in die Produktion einzusteigen, wenn auch in begrenztem Rahmen. Andernfalls wäre der für die Regierung so wichtige, devisenbringende Export weggefallen. Zunächst wurde einigen Grain-Brennereien die Genehmigung wieder erteilt und einige Monate danach durften dann auch etwas mehr als 30 Malt-Brennereien wieder Whisky herstellen. Die Regierung stellte jedoch klar, dass die Produktion in erster Linie für den Export bestimmt sei.

Auch Winston Churchill, seit 1940 Premierminister, schaltete sich nun öffentlich ein und sprach für die Brenner. Die Gerste für die Whiskyproduktion dürfe auf keinen Fall weiter reduziert werden, denn schließlich brauche der Whisky viele Jahre für die Reifung und sei außerdem ein wertvolles Exportgut und damit Dollar-Lieferant. Und so wurde es auch gehandhabt: Der Export in die USA florierte, während die Konsumenten im eigenen Land mit der Menge zurechtkommen mussten, die das Ministry of Food, das Board of Trade und die SWA miteinander ausgehandelt hatten.

Auch während des Zweiten Weltkriegs kam es wieder zu zahlreichen Eigentümerwechseln unter den Brennereien. 1943 kauften Scottish Malt Distillers die Millburn-Brennerei in Inverness. Einige weitere Brennereien wurden von Spekulanten gekauft, die zu Zeiten der Knappheit an Whisky großes Interesse an deren Lagerbeständen hatten. Im Jahr 1944 fusionierte die Blending-Firma A. & A. Crawford mit der DCL.

Die Whiskyindustrie hatte die Widrigkeiten der beiden Weltkriege genutzt, um sich wesentlich besser zu rationalisieren als vorher. Oder besser gesagt: Nur diejenigen hatten überlebt, die ihre Produktion modernisiert hatten und somit ihre Kosten senken konnten. Die große Rezession hatte die Anzahl der Brennereien etwa halbiert, doch dank der durchgeführten Rationalisierungen stand die nun verbliebene Industrie auf relativ festen Füßen. Sie war nun bestens aufgestellt, um die nächste Phase des Handels in Friedenszeiten zu meistern und weiter zu wachsen.

Doch auch viele der bisher bekannten und zum Teil seit Jahrzehnten bestehenden Brennereien mussten in den vergangenen 30 Jahren schließen. Auch zahlreiche Blending-Firmen gingen während des Krieges bankrott. Die noch verbliebenen Firmen und Brennereien waren nun auf deutlich weniger Besitzer verteilt, da sich einige Gesellschaften gebildet hatten, die mit der Zeit immer größer wurden.

Die größte und bedeutendste unter ihnen war und blieb dabei die DCL. Sie hatte nicht nur weitere Brennereien aufgekauft, sondern auch ihre Produktpalette diversifiziert. Sie produzierte schon Anfang des Jahrhunderts nicht nur Trinkalkohol, sondern auch Industriealkohol, Tierfutter, Hefe, Malzextrakt und Kohlendioxid. All diese Produkte standen jedoch in direktem Zusammenhang mit der Produktion von Trinkalkohol durch alkoholische Gärung. Hefe, Trester und CO_2 sind direkte Nebenprodukte der Gärung. In den darauffolgenden 40 Jahren sprang die DCL auf den Zug der sich gerade entwickelnden neuen Industrie auf und vergrößerte ihre Produktpalette erheblich.

Doch damit nicht genug: Sie stellte nun zusätzlich auch (auf Stärke basierende) Leime, Baustoffe (vorwiegend Gips und Gipskartonplatten), jede Menge Chemikalien (Frostschutz, Lösungsmittel, Azeton usw..), Motor-Treibstoffe (Gemische aus Benzin und Industriealkohol), Kunstharze als Vorläufer der modernen Kunststoffe und Glasflaschen her. Die Gipsprodukte und andere Baustoffe verdankten ihren Erfolg dem Wohnungsbau-Boom der 1920er und 1930er Jahre. Auch der Industriealkohol erfuhr ab den 1920er Jahren einen Boom und einen Nachfrageschub von jährlich mehr als 10 %. Er ist die Grundlage für die Herstellung vieler Chemikalien. Und die produzierten Flaschen? Die brauchte die DCL natürlich in erster Linie zur Abfüllung ihres eigenen Whiskys. Es war dann nur eine Frage der Zeit, bis auch andere Zweige der Industrie mit leeren Flaschen verschiedenster Größen versorgt wurden. Die DCL war auch in der Forschung und Entwicklung in den ersten Jahrzehnten des 20. Jahrhunderts sehr aktiv. Allerdings hatte sie Schwierigkeiten, geeignetes Personal zu finden. Gut ausgebildete Hochschulabsolventen in Chemie gingen anschließend lieber zu den großen Chemieunternehmen wie dem Farbenhersteller Du Pont, anstatt sich auf Unternehmen wie die DCL einzulassen, die die Chemie ja trotz allem nur als Randerscheinung betrieb.

Die DCL stieg sogar ins Arzneimittelgeschäft mit Pharmaka ein, die aus Hefe hergestellt wurden. Die Tochtergesellschaft „Distillers Biochemicals" wurde gegründet, um ab 1942 in der Nähe von Liverpool Penicillin zu produzieren. Es wurde erstmals während des Zweiten Weltkriegs bei verwundeten Soldaten der Alliierten eingesetzt. Zu dieser Zeit war Distillers Biochemicals sogar die einzige Firma in ganz Europa, die Penicillin herstellte. Zudem war die DCL der größte Hefeproduzent Großbritanniens und stellte jetzt bereits verschiedene Hefestämme mit jeweils individuellen Eigenschaften her.

Nach dem Zweiten Weltkrieg

Der Zweite Weltkrieg ging offiziell bis zum 2. September 1945, doch sein Ende war bereits Anfang des Jahres 1945 in Sicht. In begrenztem Umfang war das Brennen ja auch schon wieder erlaubt, wenn auch vorwiegend immer noch für den Export produziert wurde. Die Produktion konnte jetzt aber endlich wieder Schritt für Schritt an den Bedarf des heimischen Marktes angepasst werden. Dies führte unweigerlich zu einer erneuten Einmischung der Regierung in die Wirtschaft und damit zu planwirtschaftlichen Maßnahmen, Rationierungen und Restriktionen. Das Ergebnis war, dass auf beiden Seiten, bei Herstellern wie Verbrauchern, nur noch mehr Unzufriedenheit entstand.

Langsam kam die Industrie wieder in Fahrt. Ab 1946 durfte wieder Whisky für den heimischen Markt produziert werden. Mit 4,7 Millionen Gallonen war die erlaubte Menge jedoch lediglich halb so groß wie vor dem Krieg. Die Regierung griff weiterhin stark durch und drängte auf Export, bevorzugt in Länder mit harten Währungen. Ab Mai 1947 wurde Gerste nur noch denjenigen Brennereien zugeteilt, die sich vorab verpflichtet hatten, mindestens 75 % der Produktion in den Export zu geben. Maximal 25 % durften sie in den Heimmarkt leiten.

Der britische Nahrungsmittelminister Sir Ben Smith rief die Aktion „Food before Whisky" ins Leben. Die Aktion sah nichts anderes vor, als dass die Menge an produziertem Whisky nur noch 3/7 des Niveaus von 1939 betragen durfte. Dies hatte zur Folge, dass etliche Whiskybrennereien für den Rest der Saison die Produktion einstellen mussten. Die Nachfrage auf dem heimischen Markt war selbstverständlich ungebrochen hoch. Die künstliche Begrenzung der Produktion hatte zur Folge, dass der Schwarzmarkt wieder aufblühte. Die Regierung reagierte darauf einmal mehr mit den falschen Maßnahmen: Im Juni 1946 verbot der Nahrungsmittelminister alle Whisky-Auktionen. Doch damit wurde der Schwarzmarkt natürlich nicht eingedämmt, sondern lediglich in den Untergrund gedrängt. Im Herbst trafen sich Vertreter der SWA mit dem Minister. Doch auch dieser konnte kein Getreide für die Whiskyproduktion anbieten, denn das vorhandene Getreide reichte kaum für die Ernährung von Menschen und Vieh.

Die britische Wirtschaft stand nach dem Krieg massiv unter Druck. Die Regierung musste handeln und blickte 1947 wieder einmal reflexartig auf die Whiskyindustrie als Hauptquelle für Devisen. Getreide wurde nun nur noch zugeteilt, wenn im Gegenzug alte Lagerbestände für den Export freigegeben wurden. Es folgten weitere Verhandlungen mit der Scotch Whisky Association. Das Ergebnis war eine weitere Beschneidung des Heimmarktes. Die Produktion dafür durfte ab Mai 1947 nur noch 25 % des Niveaus von 1939 betragen. Im Herbst wurde die Steuer für den lokalen Markt dann noch einmal um weitere 21 % auf nun £9 10s 10d pro Gallone erhöht.

John Strachey, damals amtierender „Minister of Food", teilte der SWA mit, dass die erhoffte Exportsteigerung geringer war als erwartet. Er machte deutlich, dass Getreide so lange nur noch für Viehfutter verwendet werden dürfe, bis sich die Marktsituation verbessere. Das Ziel hierbei war es, Importkosten zu sparen. Daraufhin gab die SWA bekannt, dass sie im Folgejahr 10,5 Millionen Gallonen reifen Whiskys für den Export freigeben werde. Im Inland wurde Whisky dadurch natürlich noch knapper und die Steuern wurden außerdem abermals erhöht. Mittlerweile hatten sie ein Niveau von £10 10s 10d pro (proof) Gallone erreicht. Das entsprach einem Steueranteil von £1,13 pro 0,7-Liter-Flasche Whisky in Trinkstärke (40 Vol.%). Die Rationierung für den Heimmarkt wurde nochmals nach unten angepasst, und zwar von 25 % auf nun nur noch 20 % des Niveaus von 1939.

Der DCL schienen all die Widrigkeiten nichts anzuhaben. Sie stand zu diesem Zeitpunkt besser da als vor dem Zweiten Weltkrieg. Während sie 1930 noch Platz sechs der größten britischen Unternehmen belegte, war sie 1948 bereits auf Platz vier geklettert. Dabei hatte sie einen geschätzten Marktwert von 127 Millionen Pfund erreicht.

1949 war es endlich so weit: Die Getreidefreigabe erreichte das Vorkriegsniveau. Doch die Regierung hatte den Markt in den Jahren zuvor mit allzu vielen Restriktionen und Eingriffen überflutet. Dadurch war der gesamte Bestand an Whisky sehr knapp. Erst Ende 1953 wurden die Restriktionen für den Heimmarkt komplett aufgehoben. Aufgrund der niedrigen Lagerbestände blieb die Rationierung jedoch bestehen, nun allerdings ausgehend von der Whiskyindustrie, die die Quoten selbst definierte. Es dauerte bis zum Jahr 1959, bis die Rationierung von Whisky für den heimischen Markt komplett entfiel, also seit Kriegsende fast 15 Jahre!

Ab 1950 war die weltweite Nachfrage nach Scotch Whisky so groß, dass die arbeitenden Brennereien nicht mehr ausreichten, um diese komplett zu bedienen. Deswegen reaktivierten einige Firmen bereits stillgelegte Brennereien, um der angespannten Lage auf dem Heimmarkt und dem Exporterfolg Rechnung zu tragen. Dieser Prozess der Reaktivierung begann schon 1947, als Highland Distillers die Tamdhu-Brennerei nach 20 Jahren Stillstand wieder in Betrieb nahmen. 1949 folgten Blair Athol und Tullibardine, und noch zwei Jahre später wurde Pulteney rekonstruiert. Macallan war nicht stillgelegt, baute aber 1950 seine Kapazitäten deutlich aus. Weitere Brennereien erweiterten ihre Kapazitäten, als nun die Exporte stetig anstiegen, denn die Firmen erkannten darin eine Möglichkeit der Gewinnsteigerung. Ben Nevis fügte den vorhandenen Pot Stills eine Coffey Still hinzu und war damit eine der ganz wenigen Brennereien, die sowohl Malt als auch Grain Whisky herstellen konnten. Ardmore verdoppelte seine Kapazität im Jahr 1955, im Jahr darauf tat Tomatin dasselbe. Bladnoch wurde reaktiviert und Chivas Brothers konstruierten 1957 Glen Keith zur Unterstützung der Brennerei Strathisla. Diese Speyside-Brennerei war die erste Neugründung seit dem Zweiten Weltkrieg. Die Firma Hiram Walker (Scotland) Ltd. kaufte 1954 Glencadam und Scapa auf, im Jahr darauf folgte Pulteney. Im selben Jahr kaufte die DCL die „Train & Macintyre", ein Subunternehmen der „National Distillers of America". Die DCL erwarb damit gleichzeitig sowohl die Brennereien Glenesk (damals noch Montrose), Glenury Royal, Benromach und Glenlochy als auch die Marke „Old Angus".

Die Produktion zog jetzt wieder an. 1957 wurden mit 54 Millionen Gallonen bereits 60 % mehr als vor dem Krieg gebrannt. Im selben Jahr verdoppelte Glen Moray seine Produktionskapazitäten, Glenburgie tat ein Jahr später dasselbe. Glenfiddich ging einen in der Whiskybranche wohl einzigartigen Schritt: Auf dem Gelände der Brennerei wurde eine eigene Kupferschmiede errichtet. Diese ist seitdem sowohl für Reparaturen an bestehenden als auch für den Bau neuer Brennblasen verantwortlich. Nur zwei Jahre später baute man auch noch eine eigene Böttcherei, um neue Fässer zu produzieren und vorhandene zu reparieren – eine wichtige Entscheidung, denn ohne eine eigene Böttcherei wären für die immense Produktionsmenge dieser Brennerei die Fässer knapp geworden.

In Montrose entstand im selben Jahr aus einer ehemaligen Brauerei die Lochside Distillery. Sie wurde sowohl mit Patent Stills als auch mit Pot Still-Brennanlagen ausgerüstet und konnte damit, wie Ben Nevis, sowohl Grain- als auch Malt Whisky brennen. Die Grain-Brennerei Strathclyde in Glasgow wurde kurzerhand um eine Malt-Brennerei erweitert, die von den Besitzern Kinclaith getauft wurde. Hier konnten nun ebenfalls beide Whiskyarten hergestellt werden. Ebenfalls in einer ehemaligen Brauerei entstand in Cambus außerdem die Brennerei Strathmore. Dies war die dritte Brennerei der „North of Scotland".

Wir befinden uns inzwischen, im Zeitstrahl der Geschichte, in den 1960er Jahren. Nun entstanden auch wieder einige große Brennereien als Neubauten. 1961 floss bei Invergordon der erste Alkohol durch die Rohre. Die Brennerei hatte eine anfängliche Kapazität von vier Millionen Gallonen. Nur zwei Jahre später wurde sie aber schon um zwei weitere Coffey-Stills erweitert und konnte somit zehn Millionen Gallonen pro Jahr produzieren. Im selben Jahr bauten William Grant & Sons Ltd. die Girvan Distillery in den Lowlands. Sie entstand auf dem Gelände einer ehemaligen Munitionsfabrik für den Zweiten Weltkrieg. Die Anfangskapazität betrug fünf Millionen Gallonen, wurde jedoch ebenfalls bald darauf erweitert. Die Brennerei produziert bis heute und ist eine der größten Brennereien Schottlands. Im Jahr 1963 übernahm die DCL auch die alteingesessene Blending-Firma „John Crabbie and Company Ltd.", die früher sogar selbst Grain-Whisky brannte.

Die Whiskybrenner gingen in dieser Zeit auch immer mehr dazu über, das Malz nicht mehr selbst herzustellen, sondern durch Großmälzereien liefern zu lassen. Der erste Grund war, dass sie ein geschmacklich konstanteres Produkt wollten, was bei einer eigenen Mälzerei nicht gegeben war. Zweitens konnten sie durch den Wegfall der Malzböden und der Darre Raum gewinnen, den sie für die Erweiterung der Kapazität verwenden konnten. Und drittens erhoffte man sich aufgrund der Skalierungseffekte einer zentralen Mälzerei natürlich auch günstigere Preise für den Rohstoff Malz.

Die immense Erhöhung der Brennereikapazitäten lockte nun auch allerlei Investoren an, die sich diese Chance nicht entgehen lassen wollten. Diese wussten genau, dass sich damals alter Grain Whisky mit ordentlich Gewinn verkaufen ließ. Es kam zu einer Spekulationsblase und zum Aufbau zu hoher Kapazitäten. Ende der 1960er Jahre war so viel alter Grain Whisky auf dem Markt, dass es nun zu einem Preisverfall kam. Die Investoren verloren daraufhin das Vertrauen in die Whiskyindustrie – und das, obwohl sie selbst für den Aufbau der Blase verantwortlich waren. Beim Malt Whisky verlief die Entwicklung anders, denn hier erfolgte die Produktionssteigerung langsamer als beim Grain. Die Blender hatten eine hohe Nachfrage nach Malt Whisky, weshalb viele Malt-Brennereien in den Highlands im Jahr 1967 sieben statt der sonst üblichen sechs Tage pro Woche arbeiteten.

Auch die Brennereien der Scottish Malt Distillers wurden in den 1960ern massiv vergrößert. Insgesamt wurde die Kapazität um mehr als 50 % gesteigert. Nach einer langen Pause wurde nun auch Port Ellen auf der Insel Islay wieder in Betrieb genommen. Auch andere, lang stillgelegte Brennereien wurden reaktiviert: Glenturret im Jahr 1959, ein Jahr danach ging Tormore in Produktion und Glenfarclas verdoppelte seine Kapazität. Die 1902 stillgelegte „Glen Grant

No. 2", die gegenüber von Glen Grant liegt und mit dieser über eine Pipeline verbunden war, wurde 1965 renoviert und unter dem neuen Namen „Caperdonich" in Betrieb genommen. Schon zwei Jahre später wurde ihre Kapazität verdoppelt. Ebenfalls im Jahr 1965 wurden Elgin und Benriach wiedereröffnet, letztere nach einer Pause von 65 Jahren. Außerdem wurde eine alte Baumwollmühle, die Deanston Cotton Mill, zur Deanston Malt Distillery umgebaut. 1965/66 waren auch die Jahre, in der drei komplette Neubauten errichtet wurden: Tamnavulin, Tomintoul und Loch Lomond, letztere nicht nur als Brennerei, sondern mit einem ganzen Brennerei-Komplex aus Brennerei, Lagerhäusern, Flaschenabfüllung und Böttcherei. Glenallachie baute 1967 neu, 1968/69 verdoppelten Glen Spey und Knockando ihre Kapazitäten und Clynelish wurde um einen Neubau erweitert. The Glenlivet wurde in den 1960er- und 1970er-Jahren ebenfalls erweitert. Die Erweiterung hatte zur Folge, dass die Pagodendächer der ehemaligen Kilns abgerissen wurden. Schließlich kaufte The Glenlivet sein Malz bereits seit längerer Zeit extern ein. Bis zu diesem Zeitpunkt hatte The Glenlivet tatsächlich zwei Brennhäuser, jedes mit einer Wash Still, einer Spirit Still und zehn hölzernen Washbacks in Betrieb. Dies wurde erst mit den Erweiterungen der 1960er Jahre geändert. Außerdem wurden die Brennblasen bis zum Jahr 1972 mit direktem Kohlefeuer geheizt. Erst dann stieg man hier auf Dampfbeheizung um.

In den 1970ern ging der Bauboom ungebremst weiter: 1971-72 wurden Glendullan, Linkwood und Teaninich vergrößert, die seit 1930 geschlossene Brennerei Ledaig auf der Insel Mull wurde reaktiviert, und Tamdhu und Tormore in der Kapazität verdoppelt. Die von der DCL neu gebaute Highland Malt Brennerei Mannochmore nahm 1972 ihren Betrieb auf und produzierte mit einer maximalen Kapazität von einer Million Gallonen pro Jahr. Sie wurde gebaut, um die Glenlossie-Brennerei zu unterstützen, beide Brennereien befinden sich auf demselben Gelände. Mannochmore produziert heute hauptsächlich Whisky für die Blends des Konzerns Diageo.

1973 schloss Aberfeldy die eigene Mälzerei und nutzte den entstandenen Platz, um die Anzahl der Brennblasen zu verdoppeln. Im Jahr 1974 verdreifachte Caol Ila die Anzahl sogar von zwei auf sechs. Aberlour erweiterte um je eine Wash- und Spirit-Still, Glen Grant baute gar ein zweites Brennhaus. Auch Ardmore, Glenfiddich, Tomatin, Tomintoul und Tullibardine erweiterten ihre Brennereien in diesem Jahr. Ardmore war nun die größte mit Kohle befeuerte Anlage überhaupt, mit acht Brennblasen in einer Reihe. 1975 entstanden Pittyvaich (Arthur Bell & Sons) in Dufftown und Auchriosk (International Distillers & Vintners) in Miltonduff. Die Ölkrise und die darauffolgende Wirtschaftskrise 1976 führten zunächst zu einem Einbruch beim Neubau von Brennereien. Doch schon 1977 setzte Glen Grant mit der Erweiterung seiner Anlage um weitere vier Brennblasen ein klares Zeichen. Glenmorangie zog nach und verdoppelte die Anzahl seiner Brennblasen von zwei auf vier.

In den 1970er Jahren gab es, neben den beschriebenen Neubauten, Erweiterungen und Reaktivierungen, auch etliche Veränderungen bei den Besitzern und Whisky-Firmen. 1970 wurde die „A. Gillies & Co Distillers", ein in Glasgow ansässiges Blending- und Abfüll-Unternehmen und Besitzer der Brennerei Glen Scotia in Campbeltown, von „Amalgamated Distilled Products" (ADP), einer Blending- und Handelsfirma, aufgekauft. Die vier Firmen „Longmorn-

Glenlivet Distilleries Ltd", „The Glenlivet", „Glen Grant Distilleries Ltd" und die Blending-Firma „Hill Thompson & Co Ltd" verschmolzen zu „The Glenlivet Distillers Ltd". Diese Firma wurde 1977 dann wiederum von Chivas Brothers Ltd. aufgekauft. Hiram Walker kaufte Balblair (1970) und Ardbeg (1979). Bowmore ging schon 1963 und Glen Garioch 1970 an „Stanley P. Morrison Ltd", eine Whisky-Handelsfirma aus Glasgow. 1972 übernahm die DCL „Mackinlays & Birnie", denen Glen Mhor und Glen Albyn gehörten. Im selben Jahr kauften „Invergordon Distillers Ltd." die Brennereien Deanston und Tullibardine. „Aberlour-Glenlivet Distillers Ltd." ging an den französischen Getränkekonzern Pernod Ricard.

1973 eröffnete die DCL-Tochter „Distillers Company (Bottling Services) Ltd." bei Leven in der Region Fife einen groß dimensionierten Blending- und Abfüll-Komplex. Die kleineren Blended Whisky-Marken der DCL wurden fortan alle in diesem Komplex gemischt und dort auch gleich in Flaschen abgefüllt.

Rationalisierungen im 20. Jahrhundert

Ich hatte bereits mehrfach beschrieben, dass die Brennereien Prozessverbesserungen und Rationalisierungen durchführen mussten, um konkurrenzfähig zu bleiben. Im Folgenden möchte ich auf die Veränderungen eingehen, die in den Brennereien bei der Herstellung von Whisky bis Anfang der 1980er Jahre stattgefunden haben.

Die technischen Verbesserungen hatten alle ein klares Ziel: Der Ausstoß sollte erhöht und die Anzahl an Arbeitskräften, Rohstoffen und Energie reduziert werden. Die Grain-Brenner nutzten vermehrt ungetrocknetes Malz (Green Malt), also gekeimte Gerste, um den energieintensiven Trocknungsschritt einzusparen. Da die Gerste für sie nur als Enzym-Lieferant dient, muss sie nicht zwingend getrocknet und gemahlen werden. Die Herstellung von Malt Whisky blieb hingegen nahezu unverändert, schließlich ist der Malt Whisky in den Blends die geschmackgebende Komponente. Aber auch die Malt-Brenner mussten Energie, Malz und Arbeitskosten einsparen. Viele stellten von der nach dem Krieg noch üblichen Kohlefeuerung auf Dampfbeheizung um. Anfang der 1970er Jahre wurden dann die immer noch mit Kohle beheizten Dampfkessel auf Ölfeuerung umgerüstet.

Die Anzahl an Brennereien, die eine eigene Mälzerei und eigene Malzböden betrieben, ging ebenfalls in den 1970er Jahren stark zurück. Die Arbeitskräfte wurden immer teurer, weshalb immer mehr darauf spezialisierte Firmen diese Aufgabe übernahmen. Im großen Stil lohnte sich der Betrieb von mechanischen Mälzmaschinen wie Saladin-Boxes und Trommelanlagen. Für die großen Firmen und Holding-Gesellschaften, die viele Brennereien unter ihrem Dach hatten, war der Betrieb einer eigenen Großmälzerei die logische Konsequenz. So konnten sie ihre einzelnen Brennereien mit Malz beliefern. Einige Brennereien behielten jedoch auch ihre Mälzereien, die sie weiter betrieben, aber parallel Zukäufe an Malz tätigten. Der entscheidende Vorteil dieses Vorgehens liegt auf der Hand: Man kann bestimmte Torfmengen für die Trocknung des selbst hergestellten Malzes verwenden. So lassen sich ganz einfach verschiedene Charaktere im Geschmack erzeugen, und das bei gleichbleibender Art des zugekauften Malzes. In der Hillside Distillery und bei Port Ellen wurden beispielsweise mechanische Mälzanlagen installiert. Die bei Port Ellen versorgte neben der Brennerei selber auch die ebenfalls auf der Insel Islay gelegenen Brennereien Lagavulin und Caol Ila mit Malz. Auch nach dem Ende der Brennerei Port Ellen arbeitet die Mälzerei selbst noch weiter.

Die Bedienung der Ventile und Schieber an und in den einzelnen Anlageteilen wurde weitgehend auf eine elektromechanische Steuerung umgestellt. Der entscheidende Vorteil ist, dass elektrische Ventile dadurch ferngesteuert werden können. Das bedeutet, dass die komplette Brennanlage mit all ihren Ventilen von einem Platz aus bedient und gesteuert werden kann. Und das war so schon zu Zeiten möglich, bevor der Computer Einzug in die Brennereien hielt. Das Hinlaufen zu den einzelnen Ventilen gehörte damit der Vergangenheit an.

Die Gefäße, also Würze- und Maischebottiche, wurden im Volumen deutlich vergrößert. Dieser Schritt war nur konsequent, denn bei gleicher Prozesszeit für Maischen und Gärung erreichte man so einen höheren Ausstoß. Schließlich wurde die Befüllung ja nicht mehr von Hand vorgenommen, sondern lief schon länger über elektrische Pumpen. Die Feuerung der Brennblasen wurde fast überall von Kohle auf Gas oder Öl oder, besser noch, auf Dampf umgestellt. Dadurch konnte dann auch die Stärke der Wärmezuführung von einem zentralen Platz aus gesteuert werden. Die schonendere Heizung durch dampfdurchströmte Leitungen verhindert außerdem das Anbrennen der Maische, was bei direkter Befeuerung durch Öl oder Gas immer wieder passierte.

Die Anlieferung des in externen Mälzereien hergestellten Malzes wurde, wo die Infrastruktur vorhanden war, auf die Eisenbahn verlagert. Das Entladen der Güterwagen erfolgte dabei per Förderband, wodurch der Entladevorgang in kürzester Zeit erledigt war. Das Befüllen des Maischebottichs mit gemahlenem Malz und Wasser sowie das Entfernen des Tresters wurden automatisiert. Damit lief der gesamte Maischezyklus vollautomatisch ab. Die hölzernen Maischebottiche wurden weitestgehend ausgemustert und durch moderne Gefäße aus doppelwandigem Stahl mit innenliegender Isolierschicht ersetzt. Dadurch werden Wärmeverluste reduziert, was zu einer deutlichen Energieeinsparung führt. Diese Bauweise ist bis heute im Einsatz. Einige Brennereien setzen jedoch auch heute noch auf die hölzernen Bottiche, denn sie verleihen der Maische einen besonderen Geschmack. Alle anderen Gefäße wie Wasserboiler, Low Wine and Feints Receiver und Spirit Receiver sind selbstverständlich aus Edelstahl gefertigt. Dieses Material ist nicht nur beständiger gegen Rost und andere Einflüsse, sondern auch leichter zu reinigen und somit hygienischer.

Die Formen der Brennblasen bei den Pot Stills blieb nach wie vor unverändert, denn sie tragen maßgeblich zum Geschmackscharakter des Whiskys einer bestimmten Brennerei bei. In vielen Brennereien hat sich hingegen ihre Anzahl erhöht, um mehr Ausstoß zu erreichen.

Die 1970er Jahre waren geprägt von der Ölkrise, durch die die Energiepreise erheblich stiegen. Energie war jetzt der zweite „Rohstoff", der mit etwa 15 bis 20 % zu Buche schlug. Die Brennereien mussten Energie einsparen, um wirtschaftlich zu arbeiten. Die ersten Wärmetauscher wurden installiert, um mit der zurückgewonnenen Wärme die Würze vor dem ersten Brennvorgang vorzuheizen. Die kalte Seite des Wärmetauschers wurde gleichzeitig genutzt, um die Maische bei der Gärung zu kühlen. Alle wärmeführenden Leitungen und Bauteile wurden natürlich isoliert, wie wir es von Heizungsrohren her kennen. Die noch verbliebene Menge an Warmwasser wurde außerdem für weitere Zwecke verwendet, beispielsweise für das Beheizen von Gewächshäusern in unmittelbarer Nähe von Brennereien. In den zehn Jahren von 1970 bis 1980 konnten durch diese und weitere Maßnahmen teilweise bis zu 50 % Energie eingespart werden.

Die Automatisierung der Fassbefüllung ließ am längsten auf sich warten. Noch 1980 wurde die Befüllung der Fässer mit Rohbrand meist manuell kontrolliert, indem man das Fass vor und nach dem Befüllen wog. Aus der Differenz und der bekannten Alkoholkonzentration sowie dem daraus errechneten spezifischen Gewicht konnte man so den Füllstand und die eingefüllte Menge berechnen. Teilweise sparte man sich irgendwann auch die Abfüllung in der Brennerei. Der Rohwhisky wurde stattdessen in Tankwagen gefüllt und zum Lagerhaus gefahren, wo dann die Abfüllung in Fässer vorgenommen und diese Fässer dann direkt eingelagert wurden. Inzwischen wird dies in vielen Brennereien so gehandhabt, insbesondere dort, wo sich Lagerhäuser und Brennerei an verschiedenen Orten befinden. Der Vorteil ist wieder Raumgewinn auf dem Gelände der Brennerei. Außerdem spart man den Transport der sperrigen Fässer ein.

Die Steuerbeamten wurden zwar in den 1980er Jahren nicht abgeschafft, jedoch wohnten sie nun nicht mehr bei den Brennereien, wie es bis dahin tatsächlich immer noch der Fall war. Sie hatten früher nicht nur die Hoheit über die Schlüssel zum Spirit Safe, sondern auch noch einen Schlüssel für die Lagerhäuser. Der zweite Schlüssel gehörte dem Distillery Manager. Wie beim Tresorraum einer Bank brauchte man beide Schlüssel, um eines der Lagerhäuser zu öffnen. Ein Steuerbetrug im großen Stil war nun sowieso nicht mehr möglich, denn die Prozesse waren bereits sehr stark automatisiert, einschließlich Messung und Aufzeichnung der einzelnen Parameter. Ein Steuerbeamter konnte so ganz genau ausrechnen, wie viel Alkohol in einer Brennerei hergestellt wurde.

Malt Whisky auf dem Vormarsch

Bis in die 1970er Jahre hinein war Johnnie Walker der Inbegriff von gutem Scotch und Dimple sowie Chivas Regal die Crème de la Crème schottischer Whiskykunst. Single Malts und Single Cask Malt Whiskys waren zu dieser Zeit außerhalb Schottlands praktisch unbekannt. Erst gegen Ende der 1970er Jahre konnte man ein steigendes Interesse an Malt Whiskys beobachten, und zwar sowohl an Single Malts als auch an Blended Malts. Das Interesse daran war nie ganz verschwunden, doch der Anteil an verkauften Malts war gegenüber den in Massen produzierten Blended Scotch Whiskys doch sehr gering.

Die meisten Verkäufe von Single Malts hatte ganz klar Glenfiddich von William Grant & Sons mit der markant grünen Flasche. Der bekannteste Single Malt Whisky überhaupt ist in vielen Supermärkten zu finden. Die 1886 gegründete Brennerei liegt im Herzen der Speyside und produziert inzwischen auf insgesamt 42 Brennblasen mehr als 10 Millionen Liter Whisky pro Jahr – eine selbst für heutige Verhältnisse beeindruckende Menge. Vor allem, wenn man bedenkt, dass es mit der Produktion ja nicht getan ist, denn anschließend muss der Whisky ja auch noch reifen. Bei Glenfiddich geschieht das überwiegend in kleineren Ex-Bourbonfässern, die die Firma bis zum Abfüllen in Flaschen irgendwo lagern muss. Dafür stehen mittlerweile 40 Lagerhäuser mit einer Kapazität von 1,3 Millionen Fässern bereit. Bereits 1961 führte Glenfiddich die bis heute unverwechselbare grüne, dreieckige Flasche ein, in die der ebenfalls 1961 erstmals verkaufte Single Malt abgefüllt wurde. Was damals von vielen Kritikern noch für einen Flop gehalten wurde, entwickelte sich gut. Im Jahr 1974 verkaufte Glenfiddich weltweit bereits 120.000 Kisten Single Malt.

Langsam stieg nun auch das Interesse an anderen Brennereien, die ihre ersten Verkäufe direkt in den Brennereien selber tätigten. Auch die Besucherzentren der Brennereien entstanden nach und nach und es wurden bereits Führungen angeboten. Hier und da brachten Touristen von ihren Urlauben auch einmal Flaschen aus solchen Brennereiführungen mit nach Hause. Diese damals in Deutschland absoluten Seltenheiten wurden dann im engsten Freundeskreis genossen und der eine oder andere ist dabei sicherlich auf den Geschmack gekommen.

Der Trend ging nun in die Richtung, die Kommunikation mit Händlern und Endverbrauchern zu verbessern. Immer mehr Brennereien errichteten nun eigene Besucherzentren und 1988 öffnete „The Scotch Whisky Centre" (2006 umbenannt in „Scotch Whisky Experience") erstmals seine Türen – und zwar in bester Lage in Edinburgh, direkt unterhalb der Burg. Gegründet wurde das Zentrum von 19 verschiedenen Whiskyfirmen, die dafür insgesamt zwei Millionen Pfund investierten. 1988 wurde zudem die internationale Gesellschaft „Keepers of the Quaich" gegründet. Ihr Ziel ist die Anerkennung, Belohnung und Zelebrierung von Menschen, die herausragende Leistungen für die schottische Whisky-Industrie und Whisky-Kultur gezeigt haben. Der Quaich im Namen der Gesellschaft ist ein flaches, traditionelles Trinkgefäß aus Schottland, das früher gern für Whisky genutzt wurde.

In den 1980er Jahren gab es auch wieder eine ganze Reihe von Zusammenschlüssen und Übernahmen. Guinness wollte 1985 ganz klar einen Fuß in das Whiskygeschäft bekommen und kaufte deshalb Bells. Die Übernahme der DCL durch Guinness stand damals noch nicht fest. Bells bediente damals einen großen Teil des britischen Blended Scotch-Marktes. Ebenfalls im Jahr 1985 kaufte Invergordon die Firma Charles Mackinlay & Co Ltd mit zwei Brennereien. Allied Brewers kauften 1987 die Hiram Walker (Scotland) und bildeten zusammen mit Allied Vintners das Konglomerat „Allied Distillers".

1988 wurde der „Scotch Whisky Act" vom britischen Parlament verabschiedet, der die Definition von Whisky noch etwas enger zog. Nur Whisky, der in Schottland gebrannt und gelagert wurde und eine Mindeststärke von 40 Volumenprozent Alkohol aufweist, durfte sich nun noch Scotch Whisky nennen. Außerdem wurde Scotch Whisky seit diesem Jahr innerhalb der EU in der Kategorie „Edle Spirituosen" geführt.

Gegen Ende der 1980er Jahre gab es, als Kontrast zu den Übernahmen, auch einmal einen gegenläufigen Trend in der Whiskyindustrie. Der Prozess ist als „Management buy-out" in den Wirtschaftslehrbüchern verzeichnet und bezeichnet den Erwerb einer ganzen oder eines größeren Anteils einer Firma durch deren Manager. Es gab etliche Beispiele dafür. 1988 wurde Inver House Distillers, im Besitz der amerikanischen Firma Publicker Industries, an ihre britischen Direktoren verkauft. 1990 wurde Whyte & Mackay, das seit einem Jahr in Besitz der Brent

Walker Group war, von der britischen Tochterfirma der American Brands Inc. aufgekauft. 1999 schließlich übernahm die Edrington Group, eine private Gesellschaft, die Highland Distilleries plc.

Probleme der 1980er Jahre

Wenn ein Investor Geld in eine neue Brennerei investiert, muss er wissen, dass es mindestens fünf Jahre dauert, bis er überhaupt etwas zurückbekommt. Denn das sind die Zeiten für Bau der Brennerei, Anlauf und mindestens drei Jahre Lagerung. In der Regel dauert es eher zehn Jahre oder mehr, denn mit einem dreijährigen Whisky lässt sich kein großer Gewinn erzielen. Die Whiskyindustrie durchläuft deshalb ständig Phasen von Aufschwung und Abschwung, weil niemand die zukünftige Nachfrage nach Whisky sicher vorhersagen kann. Wer heute Whisky produziert, kann nicht wissen, wie die Nachfrage aussehen wird, wenn sein Whisky die notwendige Reife für den Verkauf erreicht hat.

Auf Jahre mit hoher Nachfrage folgen oft Neubauten und Erweiterungen bestehender Brennereien. Das ist ein natürlicher Prozess, denn viele wollen auf den Zug der hohen Nachfrage und gesteigerten Gewinne aufspringen. Wenn die Verkäufe aus irgendwelchen Gründen – das können soziale oder wirtschaftliche Gründe sein – zurückgehen, fallen die Preise für Whisky. Im schlimmsten Fall führt dies zu Stilllegungen oder gar Schließungen von Brennereien. Gerade in den 1980er Jahren waren davon leider sehr viele Brennereien betroffen. Wie wir auf den vorhergehenden Seiten gesehen haben, gab es seit 1960 große Tendenzen in Richtung Erweiterung und Neubau von Brennereien. Dieser Bauboom führte dazu, dass es 1979 ganze 123 arbeitende Brennereien in Schottland gab. Im darauffolgenden Jahrzehnt mussten 29 von ihnen schließen, davon allein 21 Brennereien der DCL, die in den drei Jahren von 1983 bis 1985 schlossen. Die bekanntesten Vertreter sind St. Magdalene, Port Ellen, Glenlochy, Brora, Millburn, Glenesk und Caledonian. Die Schließungen führten natürlich auch zum Verlust von hunderten Arbeitsplätzen.

Ebenfalls unter den geschlossenen Brennereien der DCL waren 1983 die Brennereien Glen Albyn und Glen Mhor. Der Whisky von Glen Mhor wird uns Anfang des nächsten Jahrhunderts noch einmal begegnen. Duncan McDougal, ein ehemaliger Brennmeister bei Glen Mhor, fasste die Schließung der Brennerei in einem Gedicht zusammen. Darin macht er deutlich, dass die Schließung für viele Arbeiter in diesen beiden Brennereien recht überraschend kam und diese schockierte. John Birnie, der im Gedicht erwähnt wird, war Ende des 19. Jahrhunderts Brennerei-Manager bei Glen Albyn.

Original	Übersetzung
The Distilleries are closing	Die Brennereien schließen
That is sorry news,	Das sind traurige Nachrichten
As Birnie had predicted	Wie Birnie es voraussah
There's a glut of booze	Es gibt eine Schwemme von Alkohol

The Workers at Glen Albyn	Die Arbeiter bei Glen Albyn
And also at Glen Mhor	Und auch die bei Glen Mhor
Really were dumbfounded	Waren wirklich sprachlos
Shocked right to the core	Schockiert bis in das Mark
Summoned to the Stillhouse	Sie wurden ins Brennhaus gerufen
To hear the Managers say	Um die Manager sagen zu hören:
"It's the end of the road for us	„Das ist unser Ende
we close at the end of May"	Wir schließen Ende Mai"
No doubt there were some murmurs	Zweifellos gab es Gerüchte
And questions coming fast	Und Fragen kamen schnell auf
There was substance in those rumours	Diese Gerüchte hatten Substanz
They've come true at last	Zum Schluss wurden sie wahr
So ends an era of	Damit endet eine Ära von
Forty years, no less	Nicht weniger als vierzig Jahren
When Glen Albyn was a suburb	Als Glen Albyn noch ein Vorort
Of the town of Inverness.	Der Stadt Inverness war
If these grey walls could speak	Könnten diese grauen Mauern sprechen
What a story they could tell	Welche Geschichte würden sie erzählen
Of the many varied incidents	Von vielen verschiedenen Ereignissen
That happened in 'The Stell'	Die sich in 'The Stell' zugetragen haben
The roaring of the boiler	Das Dröhnen des Kessels
Is a thing of the past	Gehört der Vergangenheit an
And the mash going in on Tuesday	Und die Maische, nächsten Dienstag
Has got to be the last	Muss die allerletzte sein
"Can't give you a hand now lads	„Ich kann euch jetzt nicht helfen, Jungs
We're taking down a steep"	Wir bauen einen Steilhang ab"
Everything is silent	Alles ist leise
The machinery is still	Die Maschinen stehen still
No more loads of barley	Keine Gerstenladungen mehr
No grist for the mill	Kein Schrot für die Mühle
The Distillers Co may smile	Die DCL mag lächeln
'Cos stocks are abundant	Denn Lagerbestände gibt's reichlich
But that is little comfort	Doch das ist ein schwacher Trost
To folk who are redundant	Für die Leute, die entlassen sind

Ein ebenfalls berühmter Vertreter war die Brennerei Dallas Dhu, die 1899 erstmals Whisky produzierte. Auch diese Brennerei gehörte zur DCL und wurde 1983 geschlossen, nachdem das letzte Fass im März befüllt war. Dallas Dhu wurde nicht abgerissen, sondern konserviert und von der DCL an Historic Scotland verpachtet, wo sie in ein begehbares Museum umgewandelt wurde. Mehr dazu im Kapitel über die Herstellung von Scotch Whisky.

Die großen Whiskyfirmen und Getränkekonzerne haben noch ein weiteres Problem, das teilweise auch für die hohen Preise für richtig alte Whiskys mitverantwortlich ist. Richtig guter Whisky muss mindestens 15 bis 20 Jahre im Fass liegen, bevor er abgefüllt wird. In den Konzernen bestimmen Manager, die in der Regel nur drei bis fünf Jahre im Unternehmen bleiben, den Lauf der Dinge. Einen Firmenchef, der länger im Unternehmen bleibt, als der teuerste Whisky seiner Produktion zum Reifen braucht, findet man praktisch nur in Familienunternehmen. Und davon gibt es in der Whiskybranche leider immer weniger. Es ist für einen Manager wenig attraktiv, Whisky lange zu lagern, in der Hoffnung, dass er in ein paar Jahrzehnten einen deutlich höheren Verkaufspreis erzielen wird als heute. Damit würde er zwar einen Wert für die Firma schaffen, von dem der Manager aber selbst nicht mehr profitieren könnte. Es würde weniger Gewinn jetzt und heute bedeuten. Und da der Gewinn eines Konzerns meistens auch die Höhe der Managergehälter bzw. Manager-Incentives bestimmt, drängen diese eher auf den Verkauf als auf lange Lagerung.

Doch nicht nur Brennereien schlossen in diesem Jahrzehnt. Auch die von John Dewar's & Sons bei Inveralmond betriebene Küferei schloss 1988 für immer. Die Lagerhäuser und die Abfüllanlage wurden zwar weiterbetrieben, allerdings nur noch sechs Jahre lang. Im Jahr 1994 schloss der gesamte Komplex, getrieben durch die wirtschaftliche Rezession der 1990er Jahre. Die südlichste Brennerei Schottlands, Bladnoch, sowie Pittyvaich, Rosebank und Balmenach wurden 1993 von United Malt & Grain Distillers geschlossen. Pittyvaich wurde 2002 abgerissen, Rosebank ging in den 2020er Jahren wieder in Produktion. Balmenach wurde an Inver House Distillers Ltd. verkauft und produziert seit 1997 wieder. Bladnoch wechselte lange Zeit zwischen verschiedenen Besitzern hin und her, bis sie 2015 an einen australischen Besitzer verkauft wurde, der seit 2017 dort wieder produziert.

Und tatsächlich wurde hier und da auch in dieser für den Whisky so schwierigen Zeit investiert. Die große, im Jahr 1824 von John Haig gegründete Grain-Brennerei Cameronbridge wurde von 1989 bis 1991 erfolgreich erweitert und renoviert.

Wie schon in früheren Jahrhunderten und im Verlauf dieses Buches praktisch durchgängig erwähnt, waren die hohen Steuern auf Alkohol oder seine Herstellung schon immer ein Problem für die Brenner und Blender. Dies veranlasste die Scotch Whisky Association in ihren Bemühungen, die Verbrauchssteuer zu senken, zu einer witzigen Lobby-Aktion: Im Jahr 1993 überreichten sie 50 Unterhaus-Abgeordneten Whiskyflaschen, auf deren Seiten die Höhe der Steuer auf diese Flasche in den Ländern Italien, Frankreich, Spanien und Großbritannien geschrieben war. Der britische Betrag war dabei natürlich der höchste aller notierten. Geholfen hat die Aktion leider nicht.

Das skandalöse Ende der DCL

Die sechs wichtigsten Whiskymarken Schottlands waren in den 1980er Jahren Teil der DCL. Im Verlauf der Geschichte hatten wir alle kennengelernt. Alle diese Marken haben aber trotz der Zugehörigkeit zur DCL ihre Eigenständigkeit bewahrt und sind als Marken erhalten geblieben. Im Konzern wurde sehr viel selbst erledigt und nur wenige Arbeiten an externe Firmen vergeben. Die DCL besaß obendrein viele Farmen und Gebäude und hatte sehr viele Angestellte – Klempner, Zimmerleute, Küfer, Maler, Techniker und Ingenieure. Ein großes Unternehmen wie dieses steht oft vor der Herausforderung, seine vielen Angestellten auszulasten. Es ist schlicht unmöglich, so viele unterschiedliche Tätigkeiten so zu koordinieren, dass alle Angestellten zu jeder Zeit zu 100 % ausgelastet sind. Diese Tatsache führt automatisch zu Ineffizienz gegenüber anderen Firmen, die sich mehr auf ihr Kerngeschäft konzentrieren und firmenfremde Leistungen einfach von extern zukaufen.

Die 1980er Jahre waren auch die Zeit, in der aus den USA der Trend nach Europa schwappte, strauchelnde Firmen zu übernehmen und sie wieder auf Vordermann zu bringen. Dabei wurden Aufspaltungen und Massenentlassungen in Kauf genommen. Die DCL war damals eines der traditionellsten und konservativsten Unternehmen in ganz Großbritannien. Heute würde man sagen, es war eines der angestaubtesten Unternehmen. Doch damit nicht genug: Die DCL war mittlerweile auch in die Gruppe der am schlechtesten geführten Unternehmen gerutscht. Seit Jahren schon ging die einst dominante Stellung in der Whiskyindustrie kontinuierlich zurück. In den 1960er Jahren war sie noch für drei Viertel des schottischen Whiskymarktes verantwortlich. In den darauffolgenden Jahren verlor sie jedoch kontinuierlich an Boden. Im Jahr 1984 hatte die DCL nur noch etwa 15 Prozent Anteil am schottischen Whiskymarkt.

In diesem Buch wurde bereits deutlich, dass die DCL in zahlreichen anderen Industriebereichen, darunter der Hefe- und Penicillinherstellung, eine bedeutende Rolle während der Kriege einnahm. So diversifizierte sich das Unternehmen und machte sich vom Whisky-Geschäft unabhängiger. Einige dieser Versuche gingen später jedoch auch gehörig nach hinten los. So wurde beispielsweise vom Pharmazweig der DCL, der 1942 gegründeten „Distillers Company (Biochemicals) Ltd", in den 1960er Jahren ein thalidomidhaltiges Präparat zur Behandlung von Schlafstörungen und Morgenübelkeit bei schwangeren Frauen verkauft. In Deutschland war zur selben Zeit ein wirkstoffgleiches Präparat unter dem Namen Contergan im Handel. Thalidomid verursacht schwere Verstümmelungen und Todesfälle bei Ungeborenen. Als ob dies allein nicht schon schlimm genug gewesen wäre, versuchte die DCL obendrein, diese Nebenwirkungen zu vertuschen. Vier Jahre lang kämpfte sie gegen eine große britische Zeitung, die eine Artikelserie über die Nebenwirkungen und den Kampf der Eltern um Entschädigungen veröffentlichen wollte. Als Reaktion auf den Skandal zog sich die DCL vollständig aus dem Pharmabereich zurück.

Nachdem alle Betriebsbereiche, die nichts mit Trinkalkohol zu tun hatten, von der DCL verkauft waren – die „Distillers Biochemicals" ging an den US-Pharmahersteller Eli Lilly und das Chemiegeschäft an British Petrol (BP) – war die DCL wieder ein fast reines Whiskyunternehmen. Allerdings hatte sie nun den Rucksack an Facharbeitern, die nicht direkt mit der

Herstellung oder dem Vertrieb von Whisky zu tun hatten, aber alle bezahlt werden wollten. Doch das Whiskygeschäft war weltweit im Rückgang. Die DCL war nun ausschließlich auf Gewinne aus diesem Geschäft angewiesen. Die Gewinne gingen entsprechend zurück. Die DCL war damit ein klassischer Übernahmekandidat. Im Gegensatz zu vielen anderen Unternehmen gab es für die DCL gleich zwei Interessenten.

Der erste Interessent war James Gerald Gulliver, ein Geschäftsmann aus Campbeltown und Gründer von Argyll Foods, der damals viertgrößten Supermarktkette im Vereinigten Königreich. Im Dezember 1985 machte er ein Angebot zur Übernahme der DCL in Höhe von 1,9 Milliarden Pfund (5,13 Pfund pro Aktie). Gulliver hatte das Unternehmen monatelang analysiert, bevor er sein Angebot abgab. Das Bild, das sich ihm bot, war alles andere als gut. Dennoch bot er die genannte Summe.

Die DCL war damals zusammen mit der Imperial Group einer der letzten „schlafenden Giganten", wie die Firmen im Buch „Takeovers" bezeichnet werden (siehe Literaturverzeichnis). Gullivers Gebot war das höchste, das jemals für die Übernahme eines Unternehmens in der britischen Geschichte abgegeben wurde. Zum Vergleich: Sein eigenes Unternehmen Argyll Foods hatte eine Marktkapitalisierung von nur 700 Millionen Pfund. Der Vorstand der DCL zeigte sich empört über das Angebot, das in seinen Augen viel zu niedrig war. Für die Vorstände war ihr Unternehmen der Stolz Schottlands. Einer von ihnen sagte: „Herr Gulliver handelt mit Kartoffeln und Bohnen in Dosen. Wir verkaufen aber kein braunes Wasser in Flaschen! Wir verkaufen Scotch!"

Für die Übernahme einer Aktiengesellschaft ist es notwendig, dass der Übernehmer zu einem bestimmten Zeitpunkt den Aktieneigentümern ein entsprechendes Angebot zum Kauf ihrer Aktien unterbreitet. Dieses Angebot muss über dem dann geltenden Börsenkurs der Aktie liegen, damit die Aktionäre einen Vorteil im Verkauf ihrer Anteile sehen. Der Börsenpreis einer solchen Aktie steigt üblicherweise im Vorfeld der Übernahme an, da Börsenspekulanten hier ein Geschäft wittern. Sie kaufen Aktien zum aktuellen Marktwert und hoffen, sie später an den Aufkäufer zu einem höheren Preis verkaufen zu können. So war es auch bei der DCL. Die Spekulationen um eine mögliche Übernahme trieben den Preis der DCL-Aktie nach oben. Zu Beginn der Gerüchte stand sie bei ziemlich genau 3,00 Pfund. Anfang September stand die Aktie schon bei 3,58 Pfund, was einem Börsenwert der DCL von 1,3 Milliarden Pfund entsprach. Anfang Oktober stand die Aktie bereits bei 4,20 Pfund. Gulliver bot 1,9 Milliarden Pfund, was immer noch höher war als der Börsenwert von mittlerweile gut 1,5 Milliarden.

Der zweite Interessent an einer Übernahme der DCL war die Firma Guinness. Dort war der zu dieser Zeit verantwortliche Firmenchef Ernest Saunders. Hier zunächst ein paar Hintergründe zu Ernest Saunders, der ursprünglich Ernst Walter Schleyer hieß und im Oktober 1935 in Wien geboren wurde. Sein Vater, Emanuel Schleyer, geboren 1897 in Wien, war ein bedeutender Gynäkologe in Österreich. Er hatte jüdische Vorfahren und entschied sich, aufgrund des zunehmenden Antisemitismus in Österreich, mit seiner Familie nach Großbritannien auszuwandern. Als sie 1937 dort ankamen, war Ernst also noch nicht einmal zwei Jahre alt. Der Start in der neuen Heimat war holprig, denn Schleyers medizinische Qualifikation wurde dort zunächst nicht anerkannt. Außerdem beherrschten weder er noch seine Frau die englische Sprache ausreichend gut. Schleyer musste neben dem Erlernen der neuen Sprache auch noch seine medizinischen Kenntnisse in Glasgow und Edinburgh erneut prüfen lassen.

Diese Requalifizierung durchlief er im Jahr 1940. Daraufhin zog die Familie nach London, wo Schleyer zunächst als Assistenzarzt am University College Hospital arbeitete und später an eine Frauenklinik, das Soho Hospital for Women, wechselte. Die Schleyers waren Kämpfer und erarbeiteten sich in der neuen Heimat ein gutes Stück Wohlstand. In der London Gazette vom 19. September 1947 erscheint Schleyer in einer Liste eingebürgerter Ausländer. Seine Einbürgerung wird dort auf den 30. Juli 1947 datiert. Mitte der 1950er Jahre änderten sie ihren Familiennamen in Schleyer-Saunders. Der Arzt eröffnete nun, mit fast 60 Jahren, seine eigene gynäkologische Praxis im Londoner Stadtteil Marylebone. Er betrieb die Praxis bis ins hohe Alter. Auch nach dem Tod seiner Frau im Jahr 1977 arbeitete er dort weiter.

Emanuel Schleyer vermittelte seinen Söhnen nicht nur den kämpferischen Geist, sondern auch den unbedingten Willen zum Durchhalten. Der jüngere Sohn Peter schlug ebenfalls die medizinische Laufbahn ein und trat als Gynäkologe in die Fußstapfen seines Vaters. Ernst, der sich zu diesem Zeitpunkt schon Ernest Saunders nannte, studierte ab 1954 Jura am Emmanuel College in Cambridge. Nach dem erfolgreich abgeschlossenen Studium arbeitete er jedoch nicht als Anwalt, sondern fing zunächst bei der Firma 3M an und wechselte 1960 in die Marketingabteilung einer großen Werbeagentur in London. Einige Jahre später wechselte er in die Firma eines Kunden der Agentur. Saunders entwickelte ein Gespür für Marketing und hatte sichtlich Spaß daran. In den 1960er Jahren lernte er Carole Stephings kennen und heiratete sie bald darauf.

Saunders war ein rastloser Typ, der trotz seiner Erfolge nie lange bei einem Unternehmen blieb. Nach einem kurzen Angestelltenverhältnis bei Great Universal Stores und einigen Jahren Aufenthalt in Übersee kam er 1975 zum Schweizer Unternehmen Nestlé. Als dieses später in einen Skandal um verunreinigtes Milchpulver verwickelt war, wurde Saunders ausgewählt, um in den Vereinigten Staaten die Öffentlichkeitsarbeit zu übernehmen. Dort lernte er den Anwalt Tom Ward kennen, der noch eine wichtige Rolle spielen sollte. Anfang der 1980er Jahre hatte sich Saunders bis ins oberste Management von Nestlé hochgearbeitet. Er war ein international anerkannter und geschätzter Manager, beherrschte mehrere Sprachen, war tatkräftig, aber dabei stets sympathisch. Er und seine Familie lebten in einem großzügigen Haus in Südfrankreich und einem weiteren in der Schweiz – ein Lebensstandard, der selbst für Schweizer Verhältnisse überdurchschnittlich war. Doch Saunders, der nie lange bei einer Firma blieb, spürte nun wieder das Bedürfnis, weiterzuziehen. Saunders Frau Carole sehnte sich außerdem nach England, und für ihn persönlich hatte sich eine neue Chance in der Heimat eröffnet: Die Firma Guinness hatte ihm vor einigen Wochen einen gut dotierten Job angeboten. Saunders und seine Familie überlegten sich das eine Weile und nahmen schließlich an. Er verließ seinen Managementposten bei Nestlé und wechselte zu Guinness.

Das bereits 1759 durch einen irischen Brauer gegründete Unternehmen Guinness war 1980 nach wie vor ein reines Familienunternehmen, welches stets von direkten Nachfahren des

Gründers geführt wurde. 1980 änderte sich das. Benjamin Guinness, frischgebackener Earl of Iveagh, sah sich nicht in der Lage, das Familienunternehmen weiterzuführen. Er bot Ernest Saunders den Job der Firmenleitung an. Guinness war damals noch wenig diversifiziert und machte immer noch mehr als 90 % des Umsatzes mit Bier. Die Verkaufszahlen gingen nun jedoch zurück. Guinness machte zwar immer noch Gewinn, jedoch war dieser bereits seit mehreren Jahren rückläufig. Zudem hatte sich der Anteil von Guinness auf dem heimischen Markt in den letzten zehn Jahren fast halbiert. Die Firma brauchte einen neuen Chef von außerhalb, keinen mehr aus der Gründerfamilie. Benjamin Guinness holte sich mit Saunders einen der besten Manager, die es damals gab.

Saunders begann seinen neuen Job mit einer zweiwöchigen Phase, in der er sich einen Überblick verschaffte. Dazu durchforstete er etliche Rundschreiben, die Bilanz und die Konten von Guinness, wozu er sich in sein Privathaus in Frankreich zurückzog. Doch der Zustand der Firma war schlimmer als von ihm zunächst vermutet. In den 1960er und 1970er Jahren hatte Guinness eine Reihe von Firmen aufgekauft, um sich breiter aufzustellen. Nur waren die Aufkäufe nicht auf ein bestimmtes Ziel ausgerichtet, sondern bestanden aus einem Sammelsurium verschiedener Firmen, die nichts miteinander und allesamt nichts mit Getränken zu tun hatten. Darunter waren zum Beispiel ein Automobilzulieferer und ein Orchideenzüchter. Eines hatten all diese Unternehmen aber gemeinsam: Sie bescherten Guinness hohe Verluste.

Als Saunders nach zwei Wochen in die Firmenzentrale nach London kam, hatte sich die schlechte Lage von Guinness bereits am Londoner Aktienmarkt herumgesprochen. Es war ja durchaus ungewöhnlich, dass das bisher rein familiengeführte Unternehmen plötzlich einen externen Manager mit der Führung beauftragte. Entsprechend schnell machten die Gerüchte die Runde. Die Lage hatte sich zusätzlich verschärft, weil Benjamin Guinness in Saunders Abwesenheit öffentlich angedeutet hatte, dass Guinness aufgrund der Lage eventuell die Dividendenzahlungen aussetzen werde. Der Aktienpreis sackte daraufhin in den Keller und betrug in der ersten Woche, in der Saunders in London arbeitete, gerade einmal noch 49 Pence pro Aktie. Guinness kam damit auf eine Marktkapitalisierung von nur noch 90 Millionen Pfund. Saunders hatte nun die Mammutaufgabe, das Unternehmen zu sanieren. Die Art, wie er diese Aufgabe bewältigte, ging als ein Beispiel professionellen Managements in die Wirtschaftsgeschichte ein.

Saunders schloss in seinen ersten zwei Jahren bei Guinness nicht weniger als 140 angeschlossene Unternehmen. Im Jahr 1982 musste die Firma deswegen fast 50 Millionen Pfund in der Bilanz abschreiben. Er änderte auch die Denkweise und die Werbung, mit der Guinness fortan auftrat. Hierbei konnte er sein gesamtes Marketingwissen einsetzen und tat dies auch. Er kündigte die Verträge mit der alten Werbeagentur der Firma – es war die, in deren Marketingabteilung er nach dem Studium gearbeitet hatte – und schloss stattdessen neue mit einer anderen, jüngeren und frecher auftretenden Agentur ab. Schließlich war bekannt geworden, dass Guinness gerade beim jüngeren Teil der Bevölkerung rückläufige Verkaufszahlen hatte. Sein Handeln führte dazu, dass es dem Unternehmen in den Folgejahren wieder besser ging, sowohl wirtschaftlich als auch in der öffentlichen Wahrnehmung. Der Aktienkurs stieg um das Achtfache, der Gewinn um 240 %. Doch eines war noch immer ein Problem: Guinness hatte nach wie vor nur ein Hauptprodukt. Der Absatz des bekannten Bieres ging im heimischen Markt weiterhin leicht zurück, da neue, modische Drinks den britischen Markt eroberten. Das Wachstum der Firma musste also in anderen Bereichen generiert werden. Dazu gab es nur eine Lösung: Übernahmen anderer Firmen.

Saunders hat sich durch bemerkenswert schnelle Zukäufe fremder Firmen einen Namen gemacht. In weniger als zwei Jahren hatte er eine Kette mit Zeitungsgeschäften, den britischen Ableger der Seven-Eleven Convenience-Stores und das englische Landhaus- und Spa-Unternehmen Champneys gekauft. In dieser Zeit investierte er insgesamt eine halbe Milliarde Pfund in alle Zukäufe. Doch verglichen mit der Übernahme der DCL, die damals noch nicht im Gespräch war, waren das alles nur kleine Fische. Saunders führte Untersuchungen der Getränkeindustrie durch und erkannte schnell, dass Guinness in diese Richtung expandieren musste, um international von Bedeutung zu bleiben. Eine ebenfalls nicht zu unterschätzende Gefahr bestand darin, selbst von einem größeren Unternehmen aufgekauft zu werden. Das wollte Saunders auf keinen Fall zulassen.

Im Sommer 1985 hatte er seinen Favoriten gefunden. Er hatte nach einer Firma gesucht, die Scotch Whisky herstellte. Er fand sie in Arthur Bell & Sons, die gerade dabei war, beim dominierenden Marktanteil die Vormachtstellung des Branchenriesen DCL zu übernehmen. Die Blending-Firma aus Perth hatte nämlich bereits etliche Brennereien aufgekauft, darunter Blair Athol, Bladnoch, Dufftown und Inchgower. 1975 gründete sie mit Pittyvaich sogar eine eigene Brennerei. Sie war also ganz sicher kein kleiner Spieler auf dem Whiskymarkt. Für deren Übernahme zahlte Guinness 340 Millionen Pfund.

Bei seinen Recherchen des schottischen Whiskymarktes stolperte Saunders natürlich auch über die DCL. Zu diesem Zeitpunkt war er allerdings noch nicht interessiert. Saunders beobachtete den Markt und verfolgte mit großem Interesse Gullivers Versuche, die DCL zu übernehmen. Im Herbst 1985 schließlich erkannte Saunders, dass die DCL ein guter Kauf für Guinness wäre. Selbstverständlich war es auch eigener Ehrgeiz, denn mit der Übernahme würde er Guinness völlig neu am Markt positionieren.

Saunders war jedoch klar, dass eine feindliche Übernahme nicht der richtige Weg war, um sein Ziel zu erreichen. Hier musste er sorgfältiger und vorsichtiger vorgehen als Gulliver, dessen Bemühungen er genauestens verfolgt hatte. Ende November hatte er einen Termin mit Roger Seelig, einem Banker der renommierten Londoner Investmentbank Morgan Grenfell, der dort für Guinness zuständig war. Saunders wollte herausfinden, ob Roger Seelig sich dafür eignen würde, ein Gebot für die DCL abzugeben, damit er nicht selbst als Bieter auftauchen musste. Saunders und Seelig wurden sich Ende 1985 einig und bereits Anfang Januar 1986 ging die Planung in die heiße Phase. Unter größter Geheimhaltung pirschten sich die beiden nun an das Geschäft heran. Mitte Januar hatte Saunders ein Team von Anwälten zusammengestellt und war bereit. Unter ihnen war auch Tom Ward, den er über seinen früheren Arbeitgeber Nestlé kennengelernt hatte. Schon Mitte Januar stand die Strategie. Das Angebot von Gulliver vom Dezember über 1,9 Milliarden Pfund wollte man um 350 Millionen überbieten.

Am Samstagmorgen, den 18. Januar 1986, wurde das Interesse von Guinness an der DCL durch einen Artikel in der Times öffentlich bekannt. Die Zeitung schrieb von einem radikalen Sinneswandel in der Vorstandsetage der DCL. Dort hätte man erkannt, dass eine Fusion gut für das Unternehmen wäre. Aber keine Fusion mit der Argyll Group, sondern es wurde erwartet, dass Guinness in der kommenden Woche als bevorzugter Käufer auftreten werde. Guinness war in den Augen des DCL-Vorstands der eindeutige Favorit für den Kauf der DCL. Schließlich war durch Guinness keine feindliche Übernahme geplant. Der Bierproduzent war für die DCL der „Weiße Ritter", der den Aufkauf durch Gulliver verhindern sollte.

Gulliver selbst hielt die Meldung in der Times zunächst für eine Zeitungsente. Doch im Verlauf des Tages wurde er zunehmend besorgter und rief auch mehrfach bei Saunders an, wo er allerdings nur Tom Ward erreichte. Dieser log ihn an und sagte, dass an den Gerüchten nichts dran sei.

Die gesamte Geschichte um den Übernahmepoker der DCL, den Bieterwettkampf zwischen Guinness und der Argyll Group, den Kämpfen mit den Regulierungsbehörden, der Monopolkommission usw. würde den Rahmen dieses Buches sprengen. Die Geschichte ist sehr gut im Buch „Take-overs" (siehe Quellenverzeichnis) beschrieben, das ich allen interessierten Lesern empfehlen kann. An dieser Stelle muss jedoch darauf hingewiesen werden, dass die DCL eine Reihe von Marken, darunter Haig's Gold Label und Buchanan's Blend, vor der Fusion verkaufen musste. Die Monopolkommission sah ansonsten die Gefahr, dass der sich ergebende Konzern zu mächtig im Whisky-Geschäft werden würde.

Am 19. Januar 1986, einen Tag nach Erscheinen des Times-Artikels, traf der DCL-Vorstand die Entscheidung, seinen Aktionären das Übernahmeangebot von Guinness zu empfehlen. Dies würde die feindliche Übernahme der DCL durch die Argyll Group verhindern, doch der Preis für das DCL-Management wäre trotzdem hoch: Neun der zwölf Direktoren würden dadurch ihren Job verlieren. Dennoch wurde beschlossen, gegenüber den Aktionären die Empfehlung auszusprechen.

Vorwurf Marktmanipulation

Macht ein Unternehmen einem anderen Unternehmen ein Übernahmeangebot, so ist es üblich, dass die „Währung" nicht Geld, sondern eigene Aktien sind. Der Aktienkurs des übernehmenden Unternehmens sinkt in der Regel, da das Aktienkapital durch die Übernahme in naher Zukunft erhöht wird. Dadurch sind mehr Aktien auf dem Markt, was bei gleichbleibender Nachfrage zu einem sinkenden Preis führt. In den 1980er Jahren wurde diesem Kursverfall mit einem Trick entgegengewirkt, indem zusätzliche Nachfrage nach den Aktien geschaffen wurde.

Dies gelang den Managern des übernehmenden Unternehmens zum Teil durch Managementtechniken, zum Teil durch Behauptungen in der Öffentlichkeit. So wurde gerne gesagt, dass das Gesamtunternehmen nach der Übernahme mehr wert sei als die beiden Einzelunternehmen vorher. In einigen Fällen hat dies auch tatsächlich funktioniert. Überzeugt werden müssen vor allem große, institutionelle Investoren, die im Besitz großer Aktienpakete sind. Unterstützt werden die Übernehmer dabei gerne von „Freunden", in diesem Fall natürlich ebenfalls

234

Banken und Großinvestoren. Diese kaufen im Vorfeld Aktien des Unternehmens, was die Anzahl der Aktien auf dem Markt verknappt und den Kurs in die Höhe treibt.

In der Finanzwelt gibt es eine ganze Reihe solcher Unterstützungsmaßnahmen und eine Vielzahl von Fachleuten, die die Kunst ihrer Anwendung beherrschen. Die Instrumente, die sie einsetzen, basieren auf ungeschriebenen Vereinbarungen zwischen den verschiedenen Akteuren. Man kann sich das wie einen großen Verein vorstellen, in dem man Mitglied ist und der einem hilft, wenn man Hilfe braucht. Dafür zahlt man einen entsprechenden Vereinsbeitrag. Aus diesem erhalten die anderen Vereinsmitglieder Erfolgsprämien oder auch Entschädigungen für Verluste, wenn eine der Aktionen einmal nach hinten losgeht. Die Grenzen zwischen legalen und kriminellen Aktivitäten sind fließend und nicht klar definiert. Niemand kann genau sagen, wie groß ein zur Stützung des Aktienkurses erworbenes Aktienpaket sein darf, damit es noch als normales Aktiengeschäft durchgeht, und ab wann es als verbotener Insiderhandel oder versuchte Marktmanipulation zu werten ist. Fakt ist: Je größer die Transaktion, desto höher ist auch der zu zahlende „Vereinsbeitrag".

Früher oder später würde ein Übernehmer, der sich mit seinem Angebot verzockt hatte und mit dem Rücken zur Wand stand, die fließende Grenze zwischen Legalität und Kriminalität überschreiten und erwischt werden. Und genau das war jetzt der Fall.

Bei Guinness, einem viel kleineren Unternehmen als die riesige DCL, bestand von Anfang an die Befürchtung, dass die Argyll Group eine entsprechende Gegenaktion starten könnte, um den Aktienkurs von Guinness zu drücken. Dies hätte beispielsweise dadurch geschehen können, dass Gulliver genügend Großaktionäre davon überzeugt hätte, ihre Guinness-Aktien zu einem geeigneten Zeitpunkt zu verkaufen. Eine andere Möglichkeit einer solchen Aktion wären entsprechende Leerverkäufe, so genannte Short Sells, gewesen. Dabei werden Aktien eines Unternehmens verkauft, die man gar nicht besitzt. Der Leerverkäufer spekuliert dabei auf einen fallenden Aktienkurs, da er dann die Aktien, von denen er nach dem Leerverkauf rechnerisch einen negativen Bestand hat, später zu einem niedrigeren Preis zurückkaufen kann.

Was war nun der eigentliche Skandal, der Guinness so in Bedrängnis brachte? Zunächst wurde einer der reichsten Männer Großbritanniens, Sir Gerald Maurice Ronson, von Tony Parnes kontaktiert. Dieser war jahrelang Ronsons persönlicher Börsenmakler gewesen. Viele der spektakulären Börsengeschäfte des Milliardärs Ronson hatte er mit eingefädelt. Die beiden Männer kannten sich also gut. Und auch an diesem Tag hatte Parnes wieder eine „Geschäftsidee" für Ronson. Bei Guinness befürchtete man, dass die eigenen Aktien durch einen Angriff aus dem Argyll-Lager unter Druck geraten könnten, und tatsächlich gab es bereits Anzeichen für Leerverkäufe von Guinness-Aktien. Ronson war bereit, zehn Millionen Pfund in einen Stützungskauf von Guinness-Aktien zu investieren. Eventuelle Verluste würde Guinness übernehmen. Doch schon bald stellte sich heraus, dass die zehn Millionen nicht ausreichten. Ronson stockte seinen Anteil auf. Bis Anfang April, als das Angebot in die Schlussphase ging, hatte er seine Investition auf 25 Millionen Pfund erhöht. Dafür sollte er eine Erfolgsprämie von 20 Prozent, also fünf Millionen Pfund, erhalten, wenn das Angebot von Guinness zur Übernahme der DCL erfolgreich verliefe.

Parnes war damals Direktor der Firma „J. Lyons Chamberlayne", die Jack Lyons gehörte, der bereits über 70 Jahre alt und mit der Familie Sanders befreundet war. Lyons war auch Direktor der Londoner Beratungsfirma Bain & Co, von der Guinness viele wertvolle Mitarbeiter erhielt. Und natürlich kann man davon ausgehen, dass Lyons auch an den Stützungskäufen beteiligt war.

Guinness gab sein offizielles Angebot am Montag, den 3. März ab. Noch am selben Tag erhöhte Gulliver das Angebot der Argyll Group. Es lag nun deutlich über dem Angebot von Guinness. Gulliver war überzeugt, dass die Argyll Group den Zuschlag erhalten würde, wenn Guinness nicht erhöhen würde. Doch Guinness unternahm nichts, als ob sie darauf vertrauten, dass sich ihr Aktienkurs entsprechend nach oben entwickeln würde, was ein außenstehender Beobachter keinesfalls annehmen konnte. Die Guinness-Aktie notierte an diesem Tag bei 2,81 Pfund. Doch plötzlich ging es steil bergauf. Bis zum Ende der Woche stieg der Kurs auf 3,11 Pfund und in der Folgezeit ging es weiter bergauf. Der Kurs der Argyll-Aktie stagnierte dagegen. Erst im April bewegte er sich wieder leicht nach oben, aber da war es für Argyll schon zu spät. Guinness lag nun mit einem Aktienkurs von 3,53 Pfund weit vorn. Saunders und Guinness machten das Rennen.

Die Personen, die Guinness für die ausgeklügelten und komplexen Unterstützungsmaßnahmen im Vorfeld engagierte, waren alle auf die eine oder andere Weise miteinander verbunden. Oliver Roux, ein französischer Unternehmensberater von Bain & Co, auf den Saunders häufig zurückgriff, war seit 1984 als externer Mitarbeiter bei Guinness als Direktor für Finanzstrategie beschäftigt. Saunders und Roux hatten ein freundschaftliches Verhältnis. Roux hatte Parnes engagiert, der wiederum Ronson, wie oben beschrieben. Lyons kannte sie alle. Dr. Arthur Fuerer, Präsident der Zürcher Bank Leu, war früher bei Nestlé angestellt und kannte aus dieser Zeit den Anwalt Tom Ward und natürlich Saunders. Der „Unterstützungsverein" hatte gewaltige Ausmaße angenommen und es waren weit mehr Personen und Firmen beteiligt, als ich es hier in wenigen Zeilen darstellen kann. Der Mann, bei dem alle Fäden zusammenliefen, war Ivan Boesky, ein amerikanischer Aktienhändler. Saunders hatte ihn als Arbitrageexperten angeheuert – das sind Investoren in Unternehmen, die an Übernahmen beteiligt sind.

Bezeichnenderweise flog der ganze Betrug erst auf, als Ivan Boesky in New York von einem Gericht in einer ganz anderen Sache befragt wurde. Dabei erwähnte er, dass Saunders über ihn 100 Millionen Dollar in Guinness-Aktien investiert hatte. Die Richter wurden hellhörig und gaben diese Information an das Department of Trade and Industry (DTI) in London weiter, wo schließlich entsprechende Nachforschungen und Ermittlungen angestellt wurden. Am 1. Dezember trafen die Inspektoren in Saunders Büro ein. Im Laufe der Ermittlungen wurden zahlreiche weitere Unterstützungsvereinbarungen von Saunders aufgedeckt. Insgesamt waren elf Unternehmen in sechs Ländern involviert, die Guinness-Aktien im Gesamtwert von rund 300 Millionen US-Dollar gekauft hatten. Allein die Schweizer Bank Leu kaufte die Hälfte davon.

Der ganze Vorfall ging unter dem Namen „Guinness-Aktienhandelsbetrug" (Guinness share-trading fraud) in die Bücher der Wirtschaftsgeschichte ein. Es war der bis dahin größte Betrugsfall in der britischen Geschichte. Im Hauptprozess, dem sogenannten „Guinness One", wurden 1990 nach 100 Verhandlungstagen vier Beteiligte zu hohen Strafen verurteilt. Ernest Saunders wurde wegen Verschwörung, Diebstahls und falscher Buchführung zu fünf Jahren Haft verurteilt. Die Strafe wurde später in einem Berufungsverfahren halbiert. Jack Lyons wurde wegen falscher Buchführung und Diebstahls zu einer Geldstrafe von vier Millionen Pfund verurteilt. Ebenfalls wegen falscher Buchführung und Diebstahls wurde Anthony Parnes zu zweieinhalb Jahren Haft verurteilt, wobei die Strafe im Berufungsverfahren auf ein Jahr und neun Monate reduziert wurde. Gerald Ronson blieb ein Jahr in Haft und musste zusätzlich 5 Millionen Pfund zahlen.

Alle Verurteilten mussten zudem jeweils 440.000 Pfund an Kosten übernehmen. Die vier Verurteilten werden in der Literatur auch als die „Guinness Four" bezeichnet. Neben diesen vier Verurteilten gab es aber noch weitere Verlierer. Dr. Arthur Fuerer, Oliver Roux und Tom Ward verließen ihre Unternehmen oder wurden entlassen. Ronsons Ruf in der Finanzwelt war nach der Aufdeckung des Skandals völlig zerstört. Und die Morgan Grenfell Bank verlor in der Folge zwei wichtige Mitarbeiter, nämlich Christopher Reeves und Roger Seelig.

Nach der Übernahme

Trotz des Skandals und der Verurteilung der Hauptangeklagten war die Fusion vollzogen: Die Distillers Company Limited wurde von Guinness plc übernommen. Es handelte sich um eine der größten Übernahmen in der Geschichte des Unternehmens.

Aus dem neu gegründeten Unternehmen entstand im Juni zunächst die „United Distillers plc", abgekürzt „UD". Saunders war zu diesem Zeitpunkt bereits entlassen worden. United Distillers fasste die verschiedenen Unternehmen zusammen, die zuvor Teil der DCL waren. UD war damit der „DCL-Teil" der Guinness plc. Außerdem wurde die Tochtergesellschaft Arthur Bell & Sons der UD zugeordnet. Vorstandsvorsitzender von United Distillers wurde nun Sir Norman Macfarlane, ein Unternehmer (u.a. Gründer der heute noch existierenden Macfarlane Group) und Mitglied des Glasgower Establishments mit tadellosem Leumund. Er behielt diese Position bis 1996, wobei er in den ersten beiden Jahren gleichzeitig Vorsitzender der Guinness plc war. Geschäftsführer von UD wurde Anthony Greener, der zuvor bei Dunhill Holdings gearbeitet hatte. Beide arbeiteten hervorragend zusammen und bewältigten in den folgenden Jahren die Mammutaufgabe, das Vertrauen in das Unternehmen auf allen Ebenen wieder auf den Stand von vor der Übernahme der DCL zu bringen.

Zunächst verkaufte UD alles, was nicht zum Kerngeschäft gehörte. Darunter waren auch die Büro- und Wohngebäude der ehemaligen Blender-Größen. Einige von ihnen hatten teure Gebäude in London, wie das Dewar House oder das Buchanan Office. Dann wurde ein gemeinsames Verwaltungsgebäude im Londoner Stadtteil Hammersmith bezogen. Management, Marketing, Finanzen und Verwaltung waren nun an einem Ort vereint. Die Aufgabe des Managements bestand nun darin, das Image des Scotch zu verbessern und den Gewinn zu maximieren. Bei United Distillers schlug man also den entgegengesetzten Weg ein wie zuvor bei DCL. Diese hatte riesige Bestände an inzwischen gut gereiftem Whisky angehäuft und den Preis für Whisky künstlich niedrig gehalten. UD hingegen trieb den Preis nun eher in die Höhe und brachte Deluxe-Blends auf den Markt. In dieser Zeit entstand zum Beispiel der Edelblend

„Blue Label" von Johnnie Walker. Dieser wird heute noch hergestellt und liegt preislich um die 200 Euro pro Flasche. Mit einem Malt Whisky-Anteil von 80 % und zum Teil sehr lange gereiften Malts kann er geschmacklich mit vielen Single Malts mithalten.

Aber auch die Single Malts erfuhren unter United Distillers eine Aufwertung. So brachte UD 1987, kurz nach der Gründung, die Kollektion „Classic Malts of Scotland" heraus, die aus sechs regionalen Single Malts bestand: Talisker 10 Jahre für die Insel Skye, Oban 14 Jahre für die westlichen Highlands, Glenkinchie 10 Jahre als Vertreter der Lowlands, Dalwhinnie 15 Jahre für die Highlands, Lagavulin 16 Jahre für die Insel Islay und Cragganmore 12 Jahre für die Speyside. Die Whiskyregion Campbeltown war nicht vertreten, sie war United Distillers damals wohl zu unbedeutend. Mit der Classic Malts Collection wollte man die Vielfalt der schottischen Single Malts unterstreichen. United Distillers unterstützte die vertretenen Brennereien auch bei der Einrichtung von Besucherzentren, da man den Besuch der Kunden in den Brennereien durchaus als positives Marketinginstrument ansah.

Die Idee ging auf. Anfang der 1990er Jahre hatte Guinness den Skandal um die DCL-Übernahme hinter sich gelassen und erwirtschaftete einen Gewinn von fast einer Milliarde Pfund, doppelt so viel wie 1987, als die Classic Malts Collection eingeführt wurde.

Entstehung des Diageo-Konzerns

Trotz der guten Geschäftsentwicklung blieb Guinness jedoch nicht dauerhaft unabhängig. Zwar kam es zu keiner feindlichen Übernahme, aber im Mai 1997 wurde bekannt, dass Guinness plc (und damit natürlich auch United Distillers) mit Grand Metropolitan fusionieren würde. Die im Volksmund als „Grand Met" bekannte Unternehmensgruppe begann 1934 als Hotelkette und betrieb später auch Pubs und Restaurants. Seit 1961 ist sie an der Londoner Börse notiert. In den 1970er Jahren stieg sie in den Getränkesektor ein, indem sie mehrere Brauereien und andere Unternehmen aufkaufte. So erwarb Grand Met die Whiskymarke J&B mit den Brennereien Auchriosk, Glen Spey und Knockando sowie andere bekannte Getränke wie Baileys oder Smirnoff Wodka. Die Londoner Großbrauerei Watney Mann, die 1972 die International Distillers & Vintners (IDV) übernommen hatte, wurde kurz darauf selbst von Grand Met übernommen.

Das im Mai 1997 aus Guinness und Grand Met entstandene Unternehmen sollte zunächst „GMG Brands" heißen, wobei die Buchstabenkombination für „Grand Metropolitan Guinness" gestanden hätte. Man entschied sich jedoch bald für den Namen „Diageo", ein Kunstwort aus Dia, abgeleitet vom lateinischen „dies" für Tag und dem griechischen Wortstamm „geo" für Erde. Der Wortschöpfer wollte damit wohl zum Ausdruck bringen, dass das Unternehmen jeden Tag in allen Teilen der Welt tätig ist. Tatsächlich war und ist Diageo ein globales Unternehmen.

Bei der Fusion von Grand Met und Guinness zu Diageo gab es einige Kontroversen, die dazu führten, dass Guinness als eigenständige Einheit innerhalb von Diageo geführt wurde und wird. Guinness behielt auch die Rechte an seiner eigenen Marke und allen Marken, die bis dahin mit Guinness verbunden waren.

International Distillers & Vintners war die Spirituosenabteilung von Watney Mann und später, nach der Fusion, von Grand Met. United Distillers hatte die gleiche Funktion für Guinness. Durch die Fusion von Guinness und Grand Met hatte Diageo nun zwei solcher Abteilungen. Es war also nur logisch, diese beiden Abteilungen zusammenzulegen. Im folgenden Jahr, 1998, wurden United Distillers und International Distillers & Vintners zur neuen Spirituosenabteilung von Diageo. Sie erhielt den Namen United Distillers & Vintners (UDV). UDV war in fast allen Ländern der Welt vertreten und verkaufte fast eine Milliarde Liter Spirituosen pro Jahr. Drei Jahre später wurde UDV in „Guinness United Distillers & Vintners Scotland" umbenannt. Dieser komplizierte Name hielt jedoch nur ein Jahr, dann wurde UDV erneut umbenannt und hieß nun einfach „Diageo Scotland".

Wie die Distillers Company Ltd im 19. und 20. Jahrhundert wuchs, so wächst auch Diageo stetig weiter. Zum 25-jährigen Jubiläum im Jahr 2022 beschäftigte Diageo weltweit mehr als 30.000 Mitarbeiter und erwirtschaftete einen Jahresumsatz von über 17 Milliarden Pfund, mit immer noch steigender Tendenz. Mehr als 150 Getränkemarken werden von der Diageo Gruppe weltweit vertrieben und über 50 schottische Single Malt-Brennereien gehören heute zum Konzern.

Das 21. Jahrhundert

Gleich zu Beginn des neuen Jahrtausends wurde der kanadische Getränke-Riese Seagram für 34 Milliarden US-Dollar vom französischen Medienkonzern Vivendi SA gekauft. Danach wurden alle darin noch enthaltenen Spirituosenmarken für 8,1 Milliarden US-Dollar zum Verkauf angeboten. Den Zuschlag bekamen Pernod Ricard und Diageo, die dadurch weiter wuchsen.

Auch Glenfiddich machte Anfang des neuen Jahrtausends auf sich aufmerksam, als die Firma 2001 einen 64-jährigen Single Malt auf den Markt brachte. Aus dem Fass Nummer 843, das 1937 abgefüllt wurde, hatten sich die Engel während der Lagerung so großzügig bedient, dass aus dem verbliebenen Rest gerade einmal noch 61 Flaschen abgefüllt werden konnten. Für £145.000 kann man derzeit noch eine der 61 Flaschen bei „The Whisky Exchange" erwerben.

Auch Brennereien, die im 21. Jahrhundert neu gegründet wurden, gibt es reichlich. Der Trend in diesem Jahrhundert geht, wie es derzeit scheint, zum Teil etwas in Richtung kleinerer, handwerklich betriebener Craft-Brennereien, ähnlich den schon fast modern gewordenen Craft-Bier-Brauereien. Manche Brennereien arbeiten sogar mit einer Brauerei zusammen oder sind auf demselben Gelände errichtet. Das hat durchaus Vorteile, denn man kann sich sowohl die Infrastruktur als auch die Rohstoffe teilen. Schließlich ist Whisky ja prinzipiell nur destilliertes Bier. Manche dieser neuen Brennereien nennen sich auch „experimentelle Brennereien" und testen neue Verfahren, um Whisky herzustellen. Viele davon stellen neben Whisky auch Gin her oder haben sogar mit Gin angefangen. Der Grund dafür ist, dass Gin relativ schnell nach dem Brennen verkauft werden kann, weil es keine gesetzlich vorgeschriebene Lagerdauer von mindestens drei Jahren gibt. So hat die Brennerei direkt wieder etwas Geld in der Kasse, während reine Whiskybrennereien mindestens die ersten drei Jahre praktisch ohne Gewinn arbeiten müssen, während der Betrieb der Anlage, Rohstoffe und das Personal trotzdem Geld kosten. Die wichtigsten Neugründungen sind auf den nächsten Seiten beschrieben.

Das Drumchork Lodge Hotel liegt etwa 25 km (Luftlinie) westlich von Ullapool in der Ortschaft Aultbea im Bezirk Wester Ross. Frances Clotworthy kaufte das Gebäude 1997 und renovierte es anschließend. Wie viele andere Regionen in den abgelegenen Highlands war auch dieses Gebiet früher ein kleines Zentrum der illegalen Herstellung von Whisky. Diese Geschichte des Ortes faszinierte Frances. Zusammen mit ihrem Mann John beschloss sie, eine kleine Whiskybrennerei in einer angrenzenden Garage des Hotels zu bauen. Hier wollten die beiden mit Methoden aus dem 18. Jahrhundert Whisky herstellen. Dazu wollten sie zwei kleine, mit direktem Feuer beheizte 120-Liter-Brennblasen verwenden, wie sie früher bei den Schwarzbrennern üblich waren. Ihr Antrag wurde aber abgelehnt, weil die Steuer- und Zollbehörde der britischen Regierung meinte, dass Brennanlagen mindestens 1.800 Liter groß sein müssen. Aufgrund einer Gesetzeslücke, die kleinere Anlagen in Ausnahmefällen doch erlaubte, blieb Frances hartnäckig und es gelang ihr, im Jahr 2003 tatsächlich eine Lizenz zu bekommen. Die Gesetzeslücke wurde kurz darauf geschlossen, aber die Clotworthys hatten ihre Lizenz und konnten sich außerdem darüber freuen, dass sie nun auch noch die kleinste legale Brennerei im ganzen Königreich besaßen. John lernte das Destillieren und im Juni 2003 floss der erste Brand durch die kleine Anlage.

Frances und John hatten nicht vor, die Brennerei nur als kommerzielle Brennerei zu betreiben, dafür war sie einfach zu klein. Sie wollten eher ihren Hotelgästen zeigen, wie man früher Whisky gebrannt hat, und zwar den gesamten Prozess von Anfang bis zum fertigen Brand – so wie früher eben die Schwarzbrenner gearbeitet hatten. Die Menge, die sie herstellten, war überschaubar. Mit den kleinen Brennblasen konnten sie nur etwa 600 Liter pro Jahr erzeugen. Die beiden Betreiber lagerten den selbst hergestellten Brand nur für ein paar Wochen in 5-Liter-Fässern, weil sie einfach keinen Platz für größere Mengen hatten. Der Brand wurde dann als „Spirit of Loch Ewe" abgefüllt, weil er ja laut Definition noch kein Whisky war. 2015 haben die Clotworthys das Hotel zum Verkauf angeboten, um sich in den Ruhestand zu begeben. Die Brennerei „Loch Ewe Distillery" lief noch ein paar Jahre weiter, bis sie dann 2017 leider geschlossen wurde.

In der ersten Dekade des 21. Jahrhunderts gab es noch eine weitere interessante Neugründung: die Lowland-Brennerei Daftmill, etwa zehn Kilometer nördlich von Glenrothes gelegen. Die Brüder Ian und Francis Cuthbert, die auf der familieneigenen Farm arbeiteten, beantragten 2003 eine Lizenz, um alte Gebäude des Hofes in eine Brennerei umzubauen. 2005 kam dann die Lizenz und am Jahresende startete die Produktion. Von Anfang an war es den Brüdern wichtig, mit lokalen Firmen zusammenzuarbeiten und Produkte aus der Umgebung zu verwenden. Abgesehen von dem Maischebottich und den Brennblasen, die aus Rothes stammten, wurden alle Arbeiten durch lokale Firmen durchgeführt, die in einem engen Radius von nur ein paar Meilen um die Brennerei ihren Firmensitz hatten. Anders als viele andere neue Brennereien hatten die Cuthberts von Anfang an geplant, ihren Whisky erst nach einer Mindestreifezeit von zehn Jahren zu verkaufen. Das war möglich, weil die Haupteinnahmequelle nach wie vor der Bauernhof war und die Arbeitsleistung in der Brennerei nur von Familienmitgliedern erbracht wurde. Bei Daftmill wird nur in kleinen Mengen gebrannt, und zwar ausschließlich mit selbst angebauter Gerste und mit Wasser aus einem Brunnen auf dem Hof. Der Trester kommt als Futter für die eigenen Tiere zum Einsatz, das Pot Ale wird gesammelt und als Dünger auf die eigenen Felder gesprüht. Die Brennerei arbeitet nur saisonal, also nach dem Kalender der Landwirtschaft. Wie früher wird hier also vor allem im Winter Whisky gebrannt, wenn auf den Feldern nicht viel los ist und die Gerste geerntet wurde. Einen entsprechenden Hinweis darauf findet man auf dem Etikett des Whiskys: „A family owned and operated seasonal distillery, located in the heart of the Kingdom of Fife."

Auch auf der Insel Islay gab es wieder einmal eine Neugründung. Im Jahr 2005 startete die Brennerei Kilchoman an der Westküste der Insel ihren Betrieb. Wie Daftmill in den Lowlands ist auch Kilchoman eine Brennerei auf einer bestehenden Farm, allerdings schon in deutlich größerem Stil. Auf der Webseite steht, dass pro Jahr immerhin 1.400 Fässer befüllt werden. Ungefähr ein Viertel der Gerste, die hier verwendet wird, kommt direkt von Islay. Die Brennerei stellt auf zwei kleinen Malzböden sogar selbst Malz her, was ja mittlerweile eher die Ausnahme als die Regel ist. Die erzeugte Menge reicht aber nicht für die gesamte Produktion, der Rest des Malzes wird fertig zugekauft.

Im Jahr 2007 hat sich noch eine interessante Neugründung in den Lowlands mit „Alisa Bay" etabliert. Die Firma Wm. Grant & Sons hat die Malt Whisky-Brennerei gebaut, um den Bedarf an Malt Whisky für die eigenen Blends sicherzustellen. Alisa Bay liegt praktischerweise auf demselben Gelände wie die firmeneigene Grain Whisky-Brennerei Girvan. Sie soll einen Malt Whisky herstellen, der vom Geschmack her dem Balvenie ähnelt und diesen dann in den Blends ersetzen. Balvenie gehört zwar auch zu Wm. Grant & Sons, die Firma möchte die zurückgehenden Bestände aber lieber als Single Malt verkaufen, statt sie in den eigenen Blends zu verwenden. Die Malt Whiskys aus Alisa Bay waren eigentlich nur für die eigenen Blends gedacht, aber mittlerweile gibt es schon zwei zehnjährige Abfüllungen dieser Brennerei. Diese werden unter dem Namen „Aerstone" verkauft. Neben dem nichtrauchigen „Aerstone Sea Cask" gibt es noch den leicht rauchigen „Aerstone Land Cask".

In der ersten Dekade wurden noch zwei weitere Brennereien eröffnet: Abhainn Dearg (2008) auf der Isle of Lewis der Äußeren Hebriden und Roseisle (2009) in den Highlands, in der Nähe von Elgin. Letztere wurde von Diageo gebaut. Keine Neugründung, aber ein ordentliches Investment von 10 Millionen Pfund nahm man 2008/2009 bei The Glenlivet vor. Das Ziel war, Glenfiddich von der Nummer eins der Whiskyproduzenten zu verdrängen, was den Ausstoß anbelangt. Dazu hat man eine neue Mash Tun und acht zusätzliche Washbacks installiert und die Anzahl der Brennblasen um sechs erweitert. Dadurch kann „The Glenlivet" jetzt 10,5 Millionen Liter pro Jahr produzieren.

Ein hundertjähriger Whisky

Wie schmeckte Scotch vor 100 Jahren? Diese Frage können zumindest ein paar auserwählte Größen der Whiskyindustrie seit Anfang des Jahrtausends beantworten. Um die Geschichte zu erzählen, gehen wir erst einmal etwa hundert Jahre zurück, in die goldenen Zeiten der

Antarktis-Forschung und Expeditionen zum Südpol. Diese fanden laut Historikern zwischen 1895 und 1920 statt. Im englischsprachigen Raum wird diese Zeit auch als „heroic age" bezeichnet, also als das „heldenhafte Zeitalter". Eine Expedition in die Antarktis war damals mit Holzschiffen ein echtes Abenteuer, und die Expeditionen waren auch noch in einem regelrechten Wettlauf gegeneinander. Wer als erstes den Südpol erreicht, sollte in die Geschichte eingehen. Aber es gab noch andere wichtige Aufgaben, zum Beispiel die Kartografie der Antarktis und ihrer Küste.

Das gesamte Gebiet rund um den Südpol ist von einem dicken Eispanzer umgeben. Am Rand des Eispanzers konnte man noch mit dem Segelschiff anlegen, alles Weitere musste dann zu Fuß mit Muskelkraft erledigt werden. Insgesamt gab es 16 große Expeditionen in dieses Gebiet. Eine der bekanntesten Persönlichkeiten, um die es hier geht, war Sir Ernest Shackleton (1874–1922). Er war ein Forscher aus Irland, der gleich an vier dieser Expeditionen teilnahm. Den Ritterschlag erhielt er von König Edward VII im Jahr 1909 für seine Leistungen als Leiter der Nimrod-Expedition, welche ihn und einige Begleiter so nahe an den Südpol herangebracht hatte wie nie zuvor ein anderer Mensch gewesen war. Shackleton hat den Südpol selbst übrigens nicht erreicht, das gelang am 14. Dezember 1911 dem Norweger Roald Amundsen.

Aber es gab noch genug andere Ziele in der Antarktis, und Shackleton wollte auf seiner nächsten Reise die Antarktis von Küste zu Küste durchqueren, mit einer Kreuzung des Südpols auf der Route. Diese Mission war Shackletons dritte und größte. Er leitete sie als Kommandant des Schiffes Endurance, Kapitän war der Neuseeländer Frank Worsley. Shackletons Schiff, die Endurance, hieß ursprünglich Polaris und war für Kreuzfahrten in der Polarregion gebaut worden. Die eigentlichen Auftraggeber des Schiffs gerieten jedoch in finanzielle Schwierigkeiten und so konnte Shackleton das in Norwegen erbaute Schiff erwerben. Das Schiff, das jetzt Endurance hieß, war kein reines Segelschiff, sondern hatte auch eine Dampfmaschine installiert. Damit konnte es immerhin zehn Knoten schnell fahren. Am 8. August 1914 machte sich Shackleton mit seiner Mannschaft von Plymouth aus auf den Weg. Nach einem Zwischenstopp in Buenos Aires erreichte die Expedition planmäßig das Südpolarmeer. Ende Januar 1915 wurde das Schiff dann aber im Weddellmeer von den Packeismassen eingeschlossen. Die Crew blieb ein Dreivierteljahr auf dem Schiff, in der Hoffnung, dass das Eis die Endurance wieder freigeben würde, aber leider vergeblich. Im Oktober 1915 verließ die Mannschaft die Endurance und rettete sich auf eine Eisscholle. Am 21. November 1915 wurde das Schiff schließlich vom Eis zerdrückt und sank.

Von da an campierte die Mannschaft auf der Eisscholle, in der Hoffnung, dass sie zur 400 Kilometer entfernten Paulet-Insel getrieben würde. Bis März 1916 waren sie tatsächlich bis etwa 100 km Entfernung in die richtige Richtung getrieben worden, aber sie konnten die Insel leider nicht erreichen. Shackleton hatte drei Rettungsboote von der Endurance bergen lassen, bevor diese sank. Nun wollte er mit seiner Mannschaft in diesen drei Booten versuchen, Land anzusteuern. Nach einer anstrengenden Seereise von fünf Tagen erreichten sie tatsächlich Land, und zwar die kleine Insel Elephant Island. Die Insel war aber auch nicht gerade einladend, deshalb beschloss Shackleton, zusammen mit fünf weiteren Männern, in einem der Rettungsboote nach Südgeorgien aufzubrechen. Dort kannte er eine Walfangstation. In einer 15-tägigen

Seereise legten die sechs Männer mehr als 1.300 Kilometer zurück und alle erreichten lebend Südgeorgien. Die übrigen 22 Männer, die auf Elephant Island zurückgeblieben waren, wurden am 30. August 1916 von einem chilenischen Dampfboot gerettet. Sie lebten fast fünf Monate auf der unwirtlichen Insel. Shackleton gelang es also, alle Teilnehmer der Expedition zu retten, wofür er anschließend bekannter wurde als für seine eigentliche Forschungsarbeit.

Was hat diese Expedition ins Südpolarmeer aber nun mit Whisky zu tun? Bei der Vorstellung der wichtigsten Blender wurde schon erwähnt, dass Mackinlay damals mehrere Kisten Whisky an Ernest Shackleton geliefert und die Flaschen sogar mit einem besonderen Label beklebt hatte. Es handelte sich um 25 Kisten „Mackinlay's Rare Old Highland Malt Whisky". Die Flaschen wurden auf der Nimrod-Expedition (1907–1909) in die Antarktis transportiert, obwohl auf dem Label am Flaschenhals stand: „Especially prepared for the ANTARCTIC EXPEDITION 1907 – Ship 'ENDURANCE'" Der Hintergrund ist, dass Shackleton das Schiff ursprünglich in „Endurance" umbenennen wollte, diese Pläne dann aber verworfen hat. Nach einer langen Seereise über Neuseeland und weiter in Richtung Süden erreichte die „Nimrod" schließlich am 29. Januar 1908 den McMurdo-Sund. Nach der Landung am Cape Royds suchte Shackleton nach einem geeigneten Ort, um die vorgefertigte Holzhütte der Expedition zu errichten. Nachdem die Ladung gelandet und die Hütte gebaut war, machten sich die Männer an die Arbeit und führten ihr wissenschaftliches Programm durch. Mackinlay's Whisky wurde dort getrunken und teilweise auch als Vorrat eingelagert. Einige der Flaschen blieben wohl in der Hütte zurück und gerieten in Vergessenheit, als die Pioniere im Mai 1909 die Heimreise antraten.

Gehen wir nun über einhundert Jahre in die Zukunft, ins Jahr 2010. Mitarbeiter des „Antarctic Heritage Trust" entdeckten unter Shackletons Hütte, die die Expedition damals gebaut hat, fünf Kisten im Eis. Bei der vorsichtigen Bergung und Öffnung stellten sie fest, dass zwei der Kisten Brandyflaschen enthielten, die anderen drei den oben erwähnten Whisky. Eine der Kisten wurde nach Neuseeland gebracht, wo sie vom Trust in einer eigens dafür gebauten Einrichtung vorsichtig aufgetaut wurde. Insgesamt kamen elf Flaschen ans Tageslicht, die noch in der damals üblichen Papier- und Strohverpackung steckten. Wie zu erwarten war führte diese Sensationsmeldung dazu, dass in Schottland großes Interesse an den geborgenen Whiskyflaschen entstand. Ein Highland Malt Whisky, wie er vor einhundert Jahren genossen wurde, wäre ein echtes und einzigartiges Highlight für alle Whisky-Liebhaber. Damals hatte die Firma Whyte & Mackay, die bekannt für ihren gleichnamigen Blended Scotch ist, die Rechte an der Marke Mackinlay. Deren damaliger Besitzer, der indische Milliardär Dr. Vijay Mallya, flog daraufhin persönlich nach Neuseeland, um sich den sensationellen Fund anzusehen.

Wenn Whisky einmal in Flaschen abgefüllt ist, verändert er seinen Geschmack nicht mehr. Der Reifeprozess findet nur bei der Fasslagerung statt, wo der Whisky und das Holz miteinander interagieren. Im Gegenteil, nach jahrzehntelanger Lagerung kann es sogar sein, dass der Korken brüchig wird, Alkohol aus der geschlossenen Flasche verdunstet und Oxidationsprozesse den fertigen Whisky geschmacklich nachteilig verändern. Das passiert vor allem, wenn der Whisky großen Temperaturunterschieden ausgesetzt wird. Dadurch kann der Druck in der Flasche schwanken. Am besten lagert man fertige Whiskyflaschen deswegen gleichmäßig kühl und, anders als Wein, stehend. Die Flaschen, die in der Antarktis gefunden wurden, hatten dagegen ideale Lagerbedingungen. Der Alkohol in der Flasche hat dafür gesorgt, dass die Kälte den Inhalt über einhundert Jahre lang nicht gefrieren und die Flasche nicht springen ließ. Und auch chemische Prozesse, die den Geschmack in irgendeiner Weise hätten beeinflussen können, konnten bei diesen Temperaturen ausgeschlossen werden. Der Whisky in den Flaschen sollte also noch genauso schmecken wie zu dem Zeitpunkt, als er in die Flaschen gefüllt wurde.

Die Idee, die nun entstand, war eigentlich naheliegend: Mit modernen Methoden des 21. Jahrhunderts wollte man den alten Whisky analysieren und verkosten, um dann mit heute verfügbaren Whiskys einen Blended Malt zu erzeugen, der in Geruch und Geschmack dem alten „Mackinlay's Rare Old Highland Malt Whisky" möglichst nahe kommt. Dazu war es notwendig, dass man Proben des Whiskys zur Analyse hatte. Shackletons Hütte selbst sowie ihr Inhalt werden durch den Antarktisvertrag von 1972 als kulturhistorisches Monument geschützt. So gab es zunächst lange Verhandlungen zwischen Whyte & Mackay und dem Trust sowie den örtlichen Behörden, um die nötigen Genehmigungen zu bekommen. Im Januar 2011 wurden dann endlich drei der gefundenen Flaschen nach Schottland geflogen. Weil der Heritage Trust nicht wollte, dass die Flaschen als normale Luftfracht im Flugzeug transportiert werden, hat Dr. Vijay Mallya sie in einem Spezialbehälter an Bord seines Privatjets persönlich nach Schottland gebracht.

In Schottland kam die wertvolle Fracht zunächst ins firmeneigene „Invergordon Spirit Laboratory" sowie zum „Scotch Whisky Research Institute", welches bei Edinburgh liegt. Als erstes sollte der Inhalt der Flaschen wissenschaftlich analysiert werden. Richard Paterson, der bei Whyte & Mackay als Master Blender arbeitete, und Dr. James Pryde, der Leiter eines Expertenteams der Firma, haben sich wochenlang mit der Analyse des Whiskys beschäftigt. Sie haben ihn analysiert, gerochen und probiert, um sein wahres Erbe zu enthüllen und möglichst im Originalgeschmack nachzubauen. Die nun folgenden Angaben entnehme ich hauptsächlich einem Flyer, der der (zweiten) Replika-Flasche beiliegt.

Zunächst wurde die Alkoholstärke bestimmt, da diese im Jahr 1907, als die Flaschen abgefüllt wurden, noch keine Pflichtangabe war. Sie betrug 47,3 Vol. %. Dann fertigte das Team eine Beschreibung des Whiskys an, wie wir sie auch heute oft auf den Umverpackungen von Whiskyflaschen lesen können. Diese beschrieb das Aussehen des Whiskys als leicht honigfarben bis strohgold mit schimmernden Glanzlichtern. Das Aroma wurde mit weich, elegant und raffiniert in der Nase beschrieben, mit zarten Aromen von zerdrückten Äpfeln, Birnen und Ananas, mit Noten von Eiche, Rauch und einem Hauch buttriger Vanille, cremigen Karamell und Muskat. Und schließlich offenbarte die Verkostung einen Whisky mit viel Einfluss auf den Gaumen, sowie mit einer verlockenden Vielfalt an Aromen, die sowohl harmonisch als auch berauschend sind. Er wurde als ein Geist des Abenteuers und der Leidenschaft beschrieben, als eindrucksvolle Hommage an die Familie Mackinlay, deren Können und Hingabe einen Whisky von so einzigartiger Qualität hervorgebracht hat.

Nach so viel romantischen Worten über den Geschmack muss aber auch auf die wissenschaftliche Untersuchung eingegangen werden, welche noch weitere Erkenntnisse brachte. Die

Wissenschaftler konnten feststellen, dass der Whisky in Ex-Sherryfässern aus amerikanischer Weißeiche reifte. Der Phenolgehalt, der für die Rauchigkeit eines Whiskys verantwortlich ist, war deutlich niedriger als erwartet. Dabei hatte man sogar herausgefunden, dass der Torf, der zum Trocknen der gemälzten Gerste verwendet wurde, von den Orkney-Inseln stammte. In der Tat konnte anhand alter Aufzeichnungen anschließend festgestellt werden, dass von der Insel Eday, einer der Orkney-Inseln, Anfang des 20. Jahrhunderts einige Torf-Lieferungen an die beiden Brennereien Glen Mhor und Glen Albyn stattgefunden hatten. Der Whisky der Highland-Brennerei Glen Mhor war der führende Malt in den Blends von Mackinlay.

Die Aufgabe war jetzt, einen Blended Malt herzustellen, der zum Original in Aussehen, Geruch und Geschmack möglichst identisch ist, wobei das Aussehen das geringste Problem darstellte. Der schwierigste Teil der Aufgabe war es, an Whisky der Glen Mhor-Brennerei zu kommen, denn diese Brennerei wurde 1983 geschlossen und drei Jahre später abgerissen. Die Vorräte, die noch übrig waren, waren entsprechend gering und mit einem Alter von knapp 30 Jahren auch extrem teuer. Deshalb wurde mit Malt Whisky der 22 Meilen entfernt gelegenen und noch produzierenden Brennerei Dalmore nachgeholfen, um die Basis des neuen Whiskys zu erzeugen. Für die floralen Noten wurden außerdem Malts aus der Speyside (Glenfarclas, Mannochmore, Tamnavulin und Glen Rothes), weitere Highland-Malts (Pulteney und Ben Nevis) und eine kleine Menge alter Jura-Whisky hinzugefügt. Der Blended Malt, der so entstanden ist, enthält eine Mischung verschiedener Malt Whiskys, die zwischen acht und 30 Jahren alt sind. Der 30-jährige kommt dabei aus einem Fass Glen Mhor von 1983. Der Anteil Glen Mhor im neu geschaffenen Blended Malt wird nicht allzu groß sein, denn die erste Auflage betrug immerhin 50.000 Flaschen. Man kann sich leicht ausrechnen, welche Menge an Glen Mhor hier pro Flasche anfällt.

Auch Flasche und Verpackung wurden nachgebaut, so wie sie vor 100 Jahren ausgesehen haben. Die Flasche hat ein leicht braun gefärbtes Glas mit kleinen Luftblasen und das Label sieht genauso aus wie das von früher. Um der heutigen Auszeichnungspflicht gerecht zu werden, wurde noch ein zweites, kleineres Label mit den Pflichtangaben unterhalb des Original-Labels aufgebracht. Dieses lässt sich aber nach dem Kauf abziehen, so dass die Flasche dann aussieht wie vor einhundert Jahren. Hier hat man durchaus auch bis ins kleinste Detail mitgedacht.

Der erste Replika-Whisky, der hergestellt wurde, hat den Beinamen „The Discovery" (zu deutsch: die Entdeckung). Damit wird natürlich auf die Entdeckung der Kisten unter der Hütte angespielt. In einer aufwändig gestalteten Holzverpackung, die mit Stroh ausgekleidet ist, kam der Whisky in den Handel. Von jeder verkauften Flasche gingen fünf Pfund als Spende an den Antarctic Heritage Trust. Damit konnte sich der Trust über eine Viertelmillion Pfund für den Erhalt und die Pflege von Shackletons Hütte in der Antarktis freuen. Der Whisky erfreute sich großer Beliebtheit. Die erste Auflage „The Discovery" ist heute nur noch schwer zu bekommen. Falls man tatsächlich noch eine Flasche ergattern sollte, liegt deren Preis im hohen, dreistelligen Bereich.

Im Jahr 2012 trat keine geringere als Alexandra Shackleton, die Enkelin des berühmten Ernest Shackleton, an Richard Paterson mit der Bitte heran, eine weitere Replika zu kreieren. Für diese wurde ein noch älteres Fass Glen Mhor verwendet, diesmal eines aus dem Jahr 1980. Der ausschlaggebende Grund für die zweite „Auflage" war aber vor allem das Vorhaben des Abenteurers Tim Jarvis. Dieser wollte zusammen mit fünf anderen Abenteurern Shackletons Überquerung des Südpolarmeeres von Elephant Island bis nach Südgeorgien nachstellen. Dazu haben sie eine genaue Kopie von Shackletons Rettungsboot gebaut. Im Februar 2013 sind die sechs Abenteurer damit aufgebrochen. Sie haben die gleiche Ausrüstung, Nahrung und Kleidung mitgeführt wie die Leute vor hundert Jahren. Shackletons Reise gilt als die größte Überlebensreise aller Zeiten. Die als „Shackleton Epic Expedition" bezeichnete, nachgestellte Reise ist die erste authentische Nachbildung von Shackletons außergewöhnlicher Leistung.

Abbildung 10: Zweite Replika desMackinlay's Whisky

Diese zweite Replika des Whiskys, die Ende 2012 erschienen ist, heißt „The Journey", angelehnt an Jarvis Reise. Die Flasche kommt jetzt in einer Pappschachtel daher, aber dafür ist sie genauso aufwändig mit Stroh verkleidet wie die gefundenen Originale. Außerdem gibt es einen kleinen Flyer mit Infos zur Geschichte des Whiskys, Fotos von der alten Expedition (Shackleton hatte einen eigenen Fotografen dabei), eine Karte der Antarktis und weiteres Begleitmaterial. Die zweite Auflage kostete inzwischen ab 150 Euro aufwärts.

Wieder einige Jahre später kam dann die dritte Auflage auf den Markt, der dann eher für den Massenmarkt produzierte „Shackleton Blended Malt Scotch Whisky". Dieser trägt nun den Namen des berühmten Antarktis-Forschers direkt im Produktnamen. Er ist eine Hommage an die ersten beiden Replikas und enthält nur noch Malt Whiskys aus heute noch arbeitenden Brennereien. Mit 40 Vol. % hat er auch einen deutlich reduzierten Alkoholgehalt. Der Whisky wird in einer normalen, durchsichtigen Glasflasche und mit einem Karton als Umverpackung verkauft. Dafür ist er für unter 30 Euro erhältlich und damit deutlich günstiger als die beiden ersten Replikas. Da in diesem Blended Malt nur noch Whiskys aus noch offenen Brennereien verwendet werden, sind beim „Shackleton Blended Malt" erst einmal keine Nachschubprobleme mehr zu befürchten.

Was können wir aus dieser Geschichte lernen? Bisher ging man immer davon aus, dass Single Malt von vor einhundert Jahren im Geschmack eher stark, robust und stark torfig war, was für den normalen Whiskytrinker als zu schwer angesehen wurde. Diese Tatsache war einer der Gründe für den Siegeszug des Blended Scotch Whiskys in der Mitte des 19. Jahrhunderts. Die Analyse des Mackinlay-Whiskys, der ja ein (Blended) Malt Whisky war, zeigte jedoch, dass dem nicht so war. Dieser Whisky hatte einen durchaus subtileren, feineren Charakter als angenommen. Sicher hat es auch vor 100 Jahren Whiskys mit deutlich mehr Torfgeschmack gegeben, der Mackinlay gehörte aber eindeutig nicht zu dieser Gattung. Dabei darf man nicht vergessen, dass Shackletons Whisky „nur" etwa einhundert Jahre alt ist, also in der Zeit um 1900 hergestellt wurde. Zu dieser Zeit wurde bereits deutlich mehr mit Kohlefeuer gearbeitet als zu der Zeit, als die ersten Blends entstanden. Möglicherweise war der Siegeszug der milderen Blends sogar dafür verantwortlich, dass man in manchen Malt-Brennereien von Torf auf Kohle umgestiegen ist.

Es bleibt noch die Frage zu klären, was mit den drei Flaschen geschehen ist, die zur Analyse nach Schottland gebracht wurden. Im Jahr 2013 wurden diese Flaschen wieder nach Neuseeland zurückgebracht und dem Trust übergeben. Sir Ernest Shackleton, dem wir diese Geschichte und die genannten Whiskys verdanken, starb übrigens am 5. Januar 1922 an Bord des Expeditionsschiffs „Quest". Kein Sturm war für seinen Tod verantwortlich, denn er starb – völlig untypisch für einen solchen Pionier – an einem Herzinfarkt. Er fand seine letzte Ruhe auf einem kleinen Friedhof, der zur ehemaligen Walfangstation Grytviken in Südgeorgien gehört. Diese erreichte er damals mit dem Rettungsboot der Endurance.

Die Geschichte ist noch nicht ganz am Ende, denn im Jahr 2022 brach ein Forschungsteam im Rahmen des Projekts „Endurance22" auf, um sich auf die Suche nach dem gesunkenen Schiff zu machen. Im Gegensatz zu vielen anderen Wracks wusste man hier ziemlich genau, wo man nach dem gesunkenen Schiff suchen musste. Die damalige Feststellung der Position mittels Sextanten und Theodolit war natürlich deutlich ungenauer als es mit heutigen GPS-Empfängern möglich ist, welche die Position auf einige Meter genau anzeigen. Nach erneuter Analyse der Daten, die dem Kapitän der Endurance, Frank Worsley, damals aus einem astronomischen Jahrbuch zur Verfügung standen und der von ihm gemessenen Position, stand fest: Etwa drei Seemeilen südlich der errechneten Koordinaten musste das Schiff liegen.

Das 44 Meter lange Schiff wurde in einer Tiefe von mehr als 3.000 Metern mit Hilfe spezieller Tauchroboter, auch bekannt als Unterwasserdrohnen, entdeckt und fotografiert. Dabei wurde auch ein vollständiger 3D-Scan des gesamten Schiffes vorgenommen. Das Schiff war in einem erstaunlich guten Zustand, wenn man bedenkt, wie lange es bereits im Wasser liegt. Es ist nicht von Sediment bedeckt und perfekt erhalten – einschließlich des Endurance-Schriftzugs am Bug des Schiffs und aller Speichen des Steuerrads. Die ideale Konservierung des Schiffs führen die Forscher darauf zurück, dass aufgrund der Kälte und großen Tiefe keine Meeresorganismen existieren, die normalerweise Schiffswracks befallen. Das Schiff wird nicht geborgen, sondern bleibt, wo es ist. Denn das Schiff sowie sein Inhalt gilt unter dem Antarktis-Vertrag als Denkmal und darf nicht gestört werden.

Der australische Fotograf, der Shackleton auf seiner Expedition begleitete, hieß James Francis Hurley, war aber besser bekannt unter dem Namen Frank Hurley. Neben Fotografien fertigte er auch Bewegtbilder der Reise auf 35-mm-Film an. Das Filmmaterial, das er danach mit nach Hause brachte, wurde in den 2020er Jahren vom British Film Institute restauriert, digitalisiert und koloriert. Die „National Geographic Documentary Films" hat 2024 einen Dokumentarfilm erstellt, welcher sowohl Shackletons Reise, unter Zuhilfenahme von Hurleys Aufnahmen, als auch das Forschungsprojekt „Endurance22" zeigt. Damit verlassen wir Shackleton und seinen Whisky und wenden uns wieder dem 21. Jahrhundert zu.

Weitere Brennerei-Neugründungen im 21. Jahrhundert

Deutlich mehr Brennerei-Neugründungen als in der ersten Dekade, nämlich über 30, gab es in Schottland in der zweiten Dekade dieses Jahrhunderts. Doch auch bei einer wichtigen Brennerei wurde der Betrieb eingestellt: Der Spirituosenkonzern Diageo kündigte im Jahr 2010 an, seine Grain Whisky-Produktion auf die inzwischen groß ausgebaute Cameronbridge zu konzentrieren. Diageo hatte erst 2007 in Cameronbridge 40 Millionen Pfund in Erweiterungen und Modernisierungen investiert. Die in die Jahre gekommene Port Dundas stellte deswegen im Jahr 2011 die Produktion ein, da größere Renovierungsarbeiten nötig gewesen wären. Da sich kein Käufer fand, wurde sie abgerissen. Cameronbridge ist seitdem die einzige Grain Whisky-Brennerei des Diageo-Konzerns. Nebenbei wird hier auch noch Gordon's Gin und Smirnoff Wodka hergestellt.

Doch nun zu den Neugründungen. Fortune favours the brave – das Glück bevorzugt den Tapferen. Das ist das Leitmotiv der im Jahr 2012 als nördlichste Brennerei Schottlands (Hauptinsel) fertiggestellten Wolfburn in der Nähe von Thurso in der Grafschaft Caithness. Der Name der Brennerei geht auf einen nahegelegenen Bach zurück. Bereits zwei Jahrhunderte zuvor, im Jahr 1821, wurde ca. 500 Meter südlich der heutigen Brennerei von William Smith & Co eine Brennerei mit demselben Namen errichtet. Diese entwickelte sich damals schnell zur größten Brennerei der Region, nachdem sie 1823 unter dem neuen Excise Act eine Lizenz erhalten hatte. 1826 brannte Wolfburn bereits mehr als 28.000 Gallonen Whisky. Zum Vergleich: Die damals schon und heute noch existierende, erfolgreiche Brennerei Highland Park auf den Orkney-Inseln brannte im selben Jahr lediglich 5.600 Gallonen. Das genaue Datum der Schließung der ersten Wolfburn-Brennerei ist nicht bekannt, man geht jedoch davon aus, dass sie Anfang bis Mitte der 1860er Jahre geschlossen wurde. Interessant an der neuen Wolfburn war, dass der Innenausbau über Webcams aufgenommen und im Internet als Zeitraffer veröffentlicht wurde, so dass man den Baufortschritt und vor allem das Aufstellen der Brennanlagen weltweit verfolgen konnte. Am 25. Januar 2013 startete die Produktion und bereits fünf Jahre später waren die ersten 100.000 Flaschen Wolfburn Single Malt verkauft. Wolfburn ist eine eher kleine, handwerklich arbeitende Brennerei mit nur einer Wash Still und einer Spirit Still. Die jährliche Produktionsmenge liegt trotzdem bei stolzen 125.000 Litern, was exakt den 28.000 Gallonen entspricht, die die erste Wolfburn im Jahr 1826 brannte.

Im Jahr 2013 entstand Schottlands einzige Whiskybrennerei, die mitten in der 1973 erbauten Flaschen-Abfüllanlage von Diageo untergebracht ist. Gemeint ist die Brennerei Leven, bei der es sich nicht um eine herkömmliche Brennerei handelt, sondern um eine experimentelle. Sie wurde so konstruiert, dass man (theoretisch) jeden gewünschten Geschmackstyp von Whisky auf ihr brennen kann. Die Brennblasen sind so konstruiert, dass der Mittelteil ausgetauscht werden kann. Diageo kann auf diese Weise viele der sonstigen Brennblasenformen ihrer anderen Brennereien hier imitieren. Doch damit nicht genug: Die Anlage wurde auch zur Erzeugung neuer Geschmacksrichtungen und zur Durchführung von Experimenten zur Geschmacksverbesserung konzipiert. Die Größe der in den Jahren 2001 und 2013 mehrfach erweiterten Abfüllanlage ist ebenfalls beeindruckend: Das gesamte Gelände umfasst eine Fläche von über 60 Hektar.

Ebenfalls im Jahr 2013 begann man auf der zu den Shetland-Inseln gehörenden Insel Unst mit dem Bau der Brennerei Saxa Vord, die dann 2015 fertiggestellt wurde. Sie ist in ehemaligen Gebäuden der Royal Air Force untergebracht, gleich neben dem Shetland Space Centre. Von dort aus sollen ab Mitte der 220er Jahre Kleinsatelliten ins Weltall starten. Gebrannt wird hier neben Gin auch Whisky, was Saxa Ford zur nördlichsten Whiskybrennerei Schottlands macht.

2014 eröffnet Eden Mill in den Lowlands, eine Brennerei und Brauerei in einem. Dort werden Whisky, Gin und Bier hergestellt. Es ist die erste kombinierte Brauerei-Brennerei in Schottland. Naheliegend ist es da, dass die Whiskybrennerei auch die Malzsorten verwendet, die in der Brauerei für das Bier eingesetzt werden. Der Whisky-Teil der Firma ist aber eher klein, denn man hat sich verpflichtet, pro Woche nur maximal acht Fässer Whisky-Rohbrand herzustellen. Außerdem ist Eden Mill auf Boden von historischer Bedeutung gebaut, zumindest aus Whisky-historischer Sicht. Auf demselben Gelände stand früher die Großbrennerei Seggie, die 1810 von William Haig gegründet wurde. Die Papierfabrik, in die Seggie 1872 umgewandelt wurde, arbeitete bis ins Jahr 2008 hinein unter wechselnden Besitzern. Der letzte war die Firma Curtis Fine Papers, sie musste aber 2008 Insolvenz anmelden. Die Räumlichkeiten wurden danach in mehrere Einheiten unterteilt und an Start-ups vermietet und verkauft. Eden Mill nutzt nun eine dieser Einheiten für den Betrieb ihrer neuen Brauerei und Brennerei. So hat zumindest ein kleiner Teil der ehemaligen Großbrennerei Seggie überlebt.

Im Dezember 2012 gründeten Mike Hayward und Liam Hughes in Glasgow, genauer gesagt im Stadtteil Hillington, die Firma „The Glasgow Distillery Company Ltd.". Zweck der Firma ist natürlich der Betrieb einer Brennerei an besagtem Ort. Die Brennerei liegt zwar nicht direkt im Zentrum der Stadt, aber immerhin in einem schon recht dicht bebauten Industriegebiet. Leider hat man sich aus Platzgründen gegen ein Besucherzentrum entschieden. Die Brennerei gehört keinem der großen Spirituosenkonzerne, sie ist also unabhängig. Der Name der Brennerei kommt nicht von der Stadt, in der sie steht, sondern von der ursprünglichen Brennerei Glasgow, die später in Dundashill umbenannt wurde. Sie war eine der ersten lizenzierten Brennereien Schottlands und produzierte von 1770 bis 1902 Single Malt. Die neue „Glasgow", wie sie kurz genannt wird, startete 2014 zunächst mit der Produktion von Gin. Die Pot Still Brennblasen für die Whiskyproduktion wurden erst Anfang 2015 eingebaut. Im März 2015 wurde dann das erste Fass aus diesen Brennblasen befüllt. Seitdem wird in der schottischen Großstadt Glasgow wieder Malt Whisky hergestellt – zum ersten Mal seit mehr als einhundert Jahren. Jede Flasche trägt die Zahl 1770, das Gründungsdatum der ersten Glasgow-Brennerei. Der Whisky heißt

„Glasgow 1770". Der Absatz von Glasgow kann sich sehen lassen. Schon im August 2019, also ein Jahr nach Verkaufsstart, wurden zwei zusätzliche Whisky-Brennblasen installiert, um die hohe Nachfrage besser befriedigen zu können. Neben Gin und Whisky werden in der Brennerei inzwischen auch Rum und Wodka hergestellt.

Eine interessante Neugründung gab es mit der Brennerei „Isle of Harris" im Jahr 2015 auf der gleichnamigen Insel der Äußeren Hebriden. Wie viele andere Inseln hat auch Harris mit Einwohnerschwund zu kämpfen. Viele Leute ziehen weg, weil sie in den größeren Städten Schottlands oder auch im Ausland Arbeit finden, denn Jobs gibt es auf den Inseln kaum. Die Idee war also, mit dem Bau einer Brennerei, der „Social Distillery", wenigstens ein bisschen gegen die Abwanderung anzukämpfen und ein paar Arbeitsplätze zu schaffen. Die Idee war ein voller Erfolg: Nach der Fertigstellung der Brennerei arbeiteten dort zunächst zehn Festangestellte, inzwischen sind es über 50. Alle Arbeitsschritte werden von den lokalen Mitarbeitern in viel Handarbeit durchgeführt. Der Isle of Harris Whisky wird unter dem Namen „The Hearach" verkauft.

Auch auf Barra, der größten Insel im Süden der Äußeren Hebriden, ist der Bau einer Brennerei geplant. Sie soll „Heaval Distillery" heißen. Bis jetzt gibt es außer der Webseite aber noch nicht viel. Man kann dort nachlesen, dass bei Heaval lokal angebaute Gerste verwendet werden soll und dass die Brennerei mit selbst erzeugter, regenerativer Energie arbeiten wird. Die jährliche Menge soll bei 25.000 Litern liegen. Der Whisky wird nur als „Single Cask" abgefüllt und ausschließlich direkt bei der Brennerei sowie über das Internet verkauft. Auch die Flaschenabfüllung wird direkt bei der Brennerei erfolgen. Ein durchaus ehrgeiziges Projekt, dem man nur viel Erfolg wünschen kann.

Wie die Brennerei Isle of Harris ist auch GlenWyvis bei Dingwall eine rein durch Crowdfunding finanzierte Brennerei. Der Unterschied ist, dass die Investoren von GlenWyvis aus aller Welt kommen. Das Städtchen Dingwall liegt am Rand der Black Isle in den Highlands. Der Name GlenWyvis setzt sich zusammen aus den ehemaligen Brennereien Ben Wyvis (1879-1926), die einige Kilometer südöstlich lag, und der ebenfalls 1926 geschlossenen Brennerei Glenskiach, die etwa acht Kilometer nordöstlich von GlenWyvis lag. Die erste Crowdfunding-Kampagne startete im April 2016 mit dem Ziel, 1,5 Millionen Pfund einzusammeln. Das Interesse war so groß, dass am Ende der Kampagne über 2.000 Leute insgesamt 2,6 Millionen Pfund investiert hatten. In einer weiteren Investitionsphase wurden nochmals ca. 1.000 Interessenten gewonnen, mit deren Geld eine Gin-Brennblase angeschafft wurde. Im Januar 2017 startete der Bau der Brennerei, welcher noch im selben Jahr im November abgeschlossen wurde. Außerdem ist GlenWyvis die erste Whiskybrennerei Schottlands, die komplett mit regenerativer Energie betrieben wird. Die Brennerei nutzt verschiedene Energiequellen, darunter ein Windrad mit 11 kW Leistung, Photovoltaik, Solarthermiemodule auf dem Dach zur Warmwasserbereitung und eine Biomasse-Anlage.

Abbildung 11: GlenWyvis Single Malt "The Member's Release" 2018

2021 haben die ersten Shareholder der Brennerei je eine von insgesamt 1.600 kleinen Flaschen (0,2 Liter) dreijährigen Whisky bekommen, der unter dem Namen „The Members' Release" abgefüllt wurde. Der offizielle Verkauf startete aber erst später, weil man dem Whisky vor dem Verkauf eine etwas längere Reifezeit gönnen wollte. Ein Teil der Gewinne, die die Firma macht, wird für soziale Zwecke in der Gemeinde eingesetzt, in der die Brennerei liegt.

Auf den ersten Seiten des Geschichts-Kapitels dieses Buches war von Klosterbruder Friar John Cor von der Lindores Abbey die Rede und von der ältesten schriftlichen Referenz, die auf die Herstellung von „Wasser des Lebens" in der Lindores Abbey hindeutet. Um 1584 begann man mit dem Abriss der Abtei, die schon im Jahr 1191 gebaut wurde. Die Steine und das Holz wurden für Gebäude im neuen Städtchen Newburgh am Südufer des Flusses Tay verwendet. Der Grund für den Abriss war ein Überfall im Jahr 1559, bei dem der Altar umgeworfen, Statuen zerbrochen und Bücher verbrannt wurden. Von der Abtei sind heute noch das Osttor, das in die Klosteranlage führte, sowie ein Bogengewölbe-Kreuzgang erhalten. Im Jahr 2018 wurde tatsächlich ein für die Destillation verwendeter Behälter in den Ruinen entdeckt.

Anfang des 20. Jahrhunderts kaufte die Familie McKenzie Smith das Land, auf dem die Abtei stand. Sie wollte es landwirtschaftlich nutzen. Im Jahr 2017 bauten Drew McKenzie Smith und seine Frau Helen direkt gegenüber der ehemaligen Abtei die Lindores Abbey Distillery. Der Bau sollte eigentlich schon 2013 starten, aber dabei entdeckte Mauerreste der ehemaligen Abtei und sich anschließende archäologische Arbeiten haben das Ganze dann doch etwas verzögert. Neben dem Betrieb der neuen Brennerei will die Familie McKenzie Smith die noch vorhandenen Ruinen der Abtei restaurieren und erhalten. Außerdem ist geplant, einen Kräuter- und Heilpflanzengarten anzulegen. Dort sollen die Pflanzen und Blumen wachsen, die die Mönche damals für die Herstellung des „Aqua Vitae" verwendet haben.

Der erste Whisky der Brennerei ist seit Juli 2021 auf dem Markt. Auf dem Etikett steht die römische Jahreszahl MCDXCIV, also 1494, und der Hinweis „distilled from Kingdom of Fife barley". Die Königreiche waren früher nicht immer so groß wie heute. In der Brennerei wird neben Lowland Single Malt auch ein „Aqua Vitae" hergestellt. Wie vor 500 Jahren besteht dieses „Lebenswasser" aus einer Mischung aus Alkohol und einer Komposition von Kräutern, Trockenfrüchten und Gewürzen. Das Aqua Vitae war eigentlich ursprünglich eine Notlösung, weil die neue Brennerei noch keinen Whisky verkaufen konnte, weil sie nicht genug alte Lagerware hatte. So hat man sich dann auf die Herstellung des Kräuterbrands besonnen, der inzwischen aber ein fester Bestandteil des Verkaufsangebots ist und sogar schon Preise gewonnen hat. Ein gewisser Teil des Rohbrands wird also immer für die Herstellung von Aqua Vitae verwendet. Die Brennerei ist eher klein und hat eine Wash Still, eine Intermediate Still und eine Spirit Still. Das heißt, hier wird dreifach gebrannt. Der fertige Rohbrand für den Whisky wird in einem eigenen Lagerhaus gelagert. Ein Viertel des Hauses wird im Winter beheizt, um die Reifung zu beschleunigen.

Für eine weitere Neugründung begeben wir uns auf der Insel Raasay, die sich vor der Küste der Insel Skye befindet. Im Jahr 2017 öffnete dort die Raasay Distillery. Die Brennerei ist eher klein, stellt aber neben Whisky auch Gin her. Im selben Jahr hat übrigens noch eine weitere Brennerei eröffnet, nämlich Torabhaig. Diese liegt direkt auf der Isle of Skye. Die im Süden der Insel ansässige Brennerei ist zwar deutlich kleiner als die wesentlich bekanntere Talisker, allerdings verliert Talisker durch Torabhaig das Alleinstellungsmerkmal, die einzige Brennerei auf der Insel Skye zu sein, mit dem sie in der Vergangenheit gerne geworben hat. Inzwischen wurde bei Talisker der Werbeslogan geändert – er heißt nun: „from the oldest distillery on Skye", was angesichts der Eröffnung von Talisker im Jahr 1830 sicherlich richtig ist.

Zurück auf die britische Hauptinsel und in die Speyside, wo 2018 ebenfalls noch die Planungen für eine neue Brennerei starteten, und zwar für die Cabrach Distillery. Cabrach an sich, oder besser gesagt „The Cabrach", ist ein eher dünn besiedeltes Gebiet am Nordostrand der Cairngorm Mountains im Verwaltungsgebiet Moray. Während der Blütezeit der illegalen Whiskyherstellung war das Gebiet eine Hochburg der Schwarzbrenner. Dort wurden über einhundert illegale Brennblasen betrieben. Nach dem Excise Act von 1823 nahm man 1827 in der Nähe einer Farm eine legale Brennerei namens Cabrach in Betrieb. Doch die legale Brennerei musste 1834 schon wieder schließen, denn die Konkurrenz der immer noch in Mengen agierenden illegalen Brenner in der Gegend war zu groß. Während der darauffolgenden Jahrzehnte und Jahrhunderte erfuhr das Gebiet eine immer weiter voranschreitende Abwanderung, aufgrund derer im Jahr 2011 der Cabrach Trust gegründet wurde. Ziel des Trusts ist es, das Gebiet wieder zu bevölkern und ihm neues Leben einzuhauchen. So wurde zunächst ein Plan entwickelt, um soziale und wirtschaftliche Vorteile der Region herauszustellen, Arbeitsplätze zu schaffen und neue Besucher sowie Unternehmen in die Gegend zu locken. Teil des Plans war auch eine Whiskybrennerei, die neue „Cabrach", die vollständig im Besitz der Gemeinde ist. Jedes erwirtschaftete Pfund fließt direkt in den Cabrach Trust. Der handgemachte Single Malt Whisky wird auf zwei kleinen Brennblasen mit traditionellen Schlangenkühlern hergestellt. Außerdem gibt es noch eine direkt befeuerte Pot Still, mit der man im Stil von vor 200 Jahren, also so wie damals bei der ersten Cabrach-Brennerei, brennen kann. Da das erste Destillat aus der neuen Brennerei erst Ende 2024 gebrannt wurde, ist mit dem Cabrach-Whisky erst ab Ende 2027 zu rechnen. Um bis dahin trotzdem schon etwas Geld zu verdienen hat sich die Brennerei einen Blended Malt kreieren lassen, den sie seit 2024 unter dem Namen „Feering Early Harvest" verkauft. In den Jahren 2025 und 2026 sollen zwei weitere Blended Malts folgen. Ich vermute, dass man Ende 2027 dann den ersten selbst erzeugten Single Malt auflegen wird.

Weitere Brennerei-Neugründungen dieser Dekade waren in den Lowlands die Brennereien Starlaw (2010), Kingsbarns (2014), InchDairnie (2015), Aberargie (2017), die am Glasgower Hafen liegende Clydeside (2017), die Kleinbrennerei Crafty (2017), Falkirk (2017), Borders (2018) und die in Edinburgh erbaute Holyrood (2019). Für die Highlands sind zu nennen: Arbikie bei Montrose (2013), Strathearn bei Perth (2013), die durch Crowdfunding finanzierte Dornoch (2016), die kombinierte Craft-Brauerei und Brennerei Deeside bei Aberdeen, Ncn'ean und Toulvaddie (alle drei 2017 gegründet). In der Speyside gab es im Jahr 2015 noch zwei Neugründungen: Dalmunach und die nach dem gleichnamigen Schloss benannte Ballindalloch. Und schließlich entstanden, neben den oben genannten, noch drei weitere Insel-Brennereien: Ardnamurchan (2014) und Ardnahoe (2018) auf Islay, sowie Lagg (2019) auf der Insel Arran.

Ein paar der bestehenden Brennereien wurden in der zweiten Dekade auch erweitert und umgebaut. Hier ist hauptsächlich Macallan zu nennen. Die Marke ist vor allem in Asien immer beliebter geworden, was in den letzten Jahren dafür gesorgt hat, dass die Preise stark gestiegen sind. Die weltweit immens gestiegene Nachfrage nach Macallan Whisky konnte nur durch eine entsprechende Erweiterung der Brennerei befriedigt werden, die in den Jahren 2012 bis 2018 durchgeführt wurde und knapp 150 Millionen Pfund kostete. Während des Umbaus lief die Brennerei fast durchgehend weiter.

Abbildung 12: Macallan Besucherzentrum und Brennerei

In mehr als 50 Lagerhäusern auf dem fast 500 Hektar großen Gelände lagert Whisky unterschiedlichster Altersstufen, darunter auch noch einige Fässer aus der Zeit des Zweiten Weltkriegs. Heute werden über 15 Millionen Liter pro Jahr produziert. Brennerei und Besucherzentrum gehen inzwischen ineinander über und bilden einen großen Gebäudekomplex aus viel Glas und Holz mit einem Grasdach. Trotz seiner imposanten Größe ist der Bau aus der Luft betrachtet zunächst kaum zu erkennen. Ich kann das Besucherzentrum jedem empfehlen, der sich für Whisky interessiert, auch wenn man nicht an einer Führung teilnehmen möchte. In der integrierten Macallan-Bar lassen sich verschiedene Whiskys verkosten. Hinter einer 18 Meter hohen Glaswand kann man außerdem 840 Whiskyflaschen bewundern, die quasi das flüssige Archiv oder Museum des Unternehmens darstellen. Über ein Bedienpanel lässt sich eine Kamera, die auf einem kleinen Aufzug montiert ist, an jede Stelle des imposanten Regals steuern. Auf einem Monitor darunter wird dann das Etikett der angefahrenen Flasche dargestellt.

Auch Glenfiddich wurde ordentlich erweitert. 2019 verdoppelte man die Produktionskapazität, indem 24 weitere Washbacks aus Holz (kanadische Douglasie) gebaut wurden. Außerdem wurde ein neues Stillhaus gebaut. Insgesamt gibt es jetzt 42 Brennblasen, 14 Wash Stills und 28 Spirit Stills.

Anfang des Jahrzehnts, im Jahr 2011, eröffnete Diageo bei Cambus eine moderne Böttcherei. Die Speyside Cooperage, die bei Craigellachie noch eine zweite Niederlassung hat, welche man sogar besichtigen kann, bearbeitet an beiden Standorten zusammen pro Jahr etwa 400.000 Fässer.

Auch in den 2020ern gab es Neugründungen, zum Beispiel die Brennerei „8 Doors Distillery" ganz im Norden bei John O'Groats, die erste Brennerei an diesem Ort seit 180 Jahren. Der Name der Brennerei geht auf eine Legende um den Holländer Jan de Groot zurück, nach dem John O'Groats benannt ist. Die Legende besagt, dass Jan de Groot ein achteckiges Haus mit einem achteckigen Tisch darin baute. Jede der acht Seiten hatte ein eigenes Fenster und eine eigene Tür. So konnten sich seine Söhne nicht darüber streiten, wer an welcher Stelle des Tisches sitzen darf.

Am 2. August 2022 hat niemand Geringeres als König Charles persönlich – damals noch kurz vor seiner Krönung –die von Kerry und Derek Campbell gegründete Brennerei eröffnet. Er hat sich nicht nur die Brennerei zeigen lassen, sondern auch selbst ein 250-Liter-Fass abgefüllt. Dessen Inhalt soll nach der Reifezeit für einen guten Zweck versteigert werden. Im September startete dann die richtige Produktion der eher kleinen Brennerei, die über lediglich eine Wash Still mit 1.700 Litern und eine Spirit Still mit 1.300 Litern Kapazität verfügt. Es ist noch nicht bekannt, wann der erste Whisky dieser neuen Brennerei verfügbar sein wird. Auf der Webseite der Brennerei steht, dass die Qualität des gereiften Whiskys nach drei Jahren entscheidet, ob er schon in Flaschen abgefüllt wird oder noch länger reifen muss.

Schon zwei Jahre zuvor, in der schwierigen Zeit der Corona-Pandemie und Lockdowns, hat die North Point Distillery, die etwa 10 km westlich von Thurso liegt, ihren Betrieb aufgenommen. Am Standort der Brennerei befand sich früher im Kalten Krieg ein von den USA betriebener NATO-Stützpunkt und eine Funkabhörstation. Nachdem die Amerikaner in den 1990ern abzogen, nutzten die umliegenden Gemeinden die Gebäude und das Gelände zeitweise als Veranstaltungsort. Hier entstand später der „Forss Business and Energy Park", in dem sich schließlich auch die Brennerei ansiedelte. Gegründet wurde sie von den Freunden Alex MacDonald und Struan Mackie. Angefangen haben die beiden mit der Herstellung von Rum und Gin, wofür sie bereits Auszeichnungen bekamen. Im Jahr 2022 wurde der Crosskirk Bay Gin der Brennerei zu einem der besten Gins der Welt gekrönt und erhielt bei der „International Wine and Spirits Competition" sagenhafte 98 von 100 möglichen Punkten. Im Jahr 2023 gab die handwerkliche Brennerei mit inzwischen 14 Mitarbeitern die Markteinführung eines Single Malt Whiskys bekannt, der dann unter dem Namen „Dalclagie" vertrieben wird.

Die Washbacks der Brennerei wurden aus Holz hergestellt, welches laut Webseite von einer ehemaligen Blending-Anlage in Kilmarnock (...reclaimed wood from a historic blending plant in Kilmarnock...) stammt. Hierbei handelt es sich höchstwahrscheinlich um die ehemalige Blending-Anlage von Johnnie Walker in der Hill Street von Kilmarnock, die seit dem Umzug in den 1960er Jahren nicht mehr genutzt wurde.

Mit der North Point Distillery und der 8 Doors Distillery verliert Wolfburn nach einem knappen Jahrzehnt allerdings schon wieder ihren Status als nördlichste Brennerei der britischen Hauptinsel. Denn die North Point Distillery liegt etwa 0,6 Bogenminuten und damit etwas mehr als einen Kilometer nördlicher als Wolfburn, und bei der 8 Doors Distillery sind es sogar 2,6 Bogenminuten oder gut 5 Kilometer.

Erneute Steuererhöhungen

Schon das gesamte Geschichtskapitel dieses Buches hindurch, seit Mitte des 17. Jahrhunderts, zieht sich das Thema Steuererhöhung durch die Geschichte des Whiskys. Und auch im 21. Jahrhundert bleiben Whiskyliebhaber und -hersteller davon nicht verschont. Fairerweise muss auch erwähnt werden, dass tatsächlich ganz selten die Steuer auch wieder einmal gesenkt wird. So zum Beispiel im Jahr 1995, als zum ersten Mal seit hundert Jahren die Steuer auf Scotch Whisky gesenkt wurde, und zwar um 4 %. Damit fiel die Steuer von £5,77 pro 0,7-Liter-Flasche auf £5,54. Nicht viel, aber immerhin. In den darauffolgenden Jahren stieg die Steuer allerdings wieder an.

Im Jahr 2023 verkündete die Regierung im Rahmen der Haushaltsrede, dass die Steuern auf in Großbritannien hergestellten Alkohol abermals erhöht werden. Sie werde dann bei £31,64 pro Liter reinem Alkohol liegen. Für eine 0,7-Liter-Whiskyflasche mit 40 Vol. % Alkohol sind damit £8,86 nur an Alkoholsteuer zu entrichten. Hinzu kommen natürlich noch die im United Kingdom als V.A.T. (value added tax) bekannte Mehrwertsteuer sowie weitere Abgaben.

Selbstverständlich schrieb die Scotch Whisky Association vom größten Schlag gegen die schottische Whiskyindustrie seit Jahrzehnten, von Nachteilen im Wettbewerb und machte einen Aufruf an alle Parlamentsangehörigen, die ungerechtfertigte Steuererhöhung abzulehnen und somit die schottische Whiskyindustrie zu unterstützen. Aber ebenso selbstverständlich hatte all das keine Wirkung und die Steuererhöhung wurde natürlich Wirklichkeit – wie fast immer, wenn eine Regierung sich etwas einbildet.

Damit sind wir im Rückblick bei der Gegenwart angekommen, im Jahr 2025, in dem dieses Buch veröffentlicht wird. Ich hoffe, ich konnte Ihnen einige interessante Einblicke in die Geschichte dieses vielfältigen Getränks geben und Ihnen ein paar unterhaltsame Lesestunden bereiten.

Anhang

Anhang A: Alte Maßeinheiten

Geld

Pfund, Shilling, Pence

In Großbritannien wurde erst vor ein paar Jahrzehnten, und zwar am 15. Februar 1971, das uns bekannte Dezimalsystem beim Geld eingeführt. Das Pfund, genauer das Pfund Sterling, wie es offiziell heißt, besteht seitdem aus 100 Pence. Pence ist die Mehrzahl von Penny, die Abkürzung ist „p". Vor der „Dezimalisierung", wie der Vorgang übersetzt heißt, gab es drei Währungseinheiten: Das Pfund Sterling, wie heute mit dem Währungszeichen „£" abgekürzt, den Shilling („s") und den Penny, Abkürzung „d" vom römischen „denarius".

Ein Shilling bestand aus 12 Pence und ein Pfund aus 20 Shillings. Noch viele Jahre waren Geldstücke mit 5 (neuen) Pence Wert, also 1/20 Pfund, im Umlauf, die den Aufdruck „one shilling" trugen. Damit bestand ein Pfund also aus 240 Pence und nicht wie heute aus 100. Um diese beiden Penny-Einheiten auseinander zu halten, wird der heutige Penny mit „p" abgekürzt, der Penny von früher aber mit „d". Da es in diesem Buch sehr viel um historische Fakten geht, beziehen sich alle Geldangaben auf die Zeit vor der Dezimalisierung.

Die Schreibweise ist ebenfalls etwas gewöhnungsbedürftig. Das Pfund-Zeichen wird stets vor der Zahl, die Zeichen s und d für Shilling und Pence aber nach der Zahl angegeben. Beispiel: £2 3s 4d bedeutet: 2 Pfund, 3 Shilling und 4 Pence. Bei Beträgen unter 1 Pfund ließ man die Pfundangabe einfach weg und schrieb nur: 3s 4d.

(Scots) Merk

Das Merk war eine alte, schottische Silbermünze, die ab Ende des 16. und im 17. Jahrhundert im Gebrauch war. 1 Merk war 2/3 eines Pfunds oder, in Shilling und Pence ausgedrückt: 13s 4d.

Längenangaben

Das schottische Zoll (inch) hatte eine Länge von 25,44 mm und war damit geringfügig länger als das englische Zoll mit 25,40 mm, welches auch heute noch die international verwendete Länge darstellt und beispielsweise in den Vereinigten Staaten im täglichen Gebrauch verwendet wird wie bei uns der Zentimeter.

Foot / fit

In Schottland war 1 foot, oder in Scots: fit, zu Deutsch: Fuß, definiert als 12 scottish inches, also 30,53 cm. Die heute verwendete Länge „Fuß" beträgt 30,48 cm.

Yard

Das schottische yard entspricht 3 feet oder 36 inches oder 91,59 cm.

(Scots) Mile

Eine schottische Meile (Scots mile) ist definiert zu 5920 scottish feet, also 1807,4 Meter. Nicht zu verwechseln mit der englischen Meile, denn diese ist nur 5280 englische Fuß lang, was 1609,3 Metern entspricht.

Gewichte und Massen

Unze

Die Unze (ounce), abgekürzt „oz.", ist von „unica", einer antiken, römischen Maßeinheit abgeleitet. Sie ist im englischen Sprachraum immer noch führend, auch da, wo offiziell in Gramm und Kilogramm gemessen wird. Man findet Angaben in Unzen vorwiegend in englischen und US-amerikanischen Kochbüchern und auf Produktverpackungen. Eine Unze entspricht exakt 28,349523125 Gramm, oder gerundet 28,35 Gramm.

Nicht zu verwechseln ist die Unze mit der Feinunze, die immer noch für Gewichtsangaben von Edelmetallen wie Gold oder Silber Verwendung findet, und zwar nahezu in der ganzen Welt. Eine Feinunze entspricht exakt 31,1034768 Gramm.

Pfund

Das Pfund wird mit „lb" abgekürzt, mehrere Pfunde mit „lbs". Die Abkürzung kommt aus dem Lateinischen und steht für „latin libra". Es entspricht in Großbritannien der Masse von 16 Unzen und damit etwa 453,6 g.

Boll

Ganz verrückt wird das Umrechnen beim Boll, denn es variierte in der Größe, abhängig vom Produkt, welches vermessen wurde. In einem Handelslexikon von 1863 war angegeben, dass ein Boll Malz 320 lbs (145,15 kg) entsprach, ein Boll Hafer umfasste nur 264 lbs (119,75 kg), Haferflocken und Mehl gar nur 140 lbs (63,5 kg). Erbsen oder Bohnen brachten hingegen 280 lbs (127 kg) pro Boll auf die Waage. Glücklicherweise ist die Einheit „Boll" irgendwann ausgestorben und wird heute nicht mehr verwendet.

Volumen, Flüssigkeiten, Alkoholstärke

Flüssigunze

Auch bei Volumen gibt es eine Unze, und zwar die Flüssigunze (fluid ounce), abgekürzt fl. oz. In Großbritannien wird mit der „imperial fluid ounce" gerechnet. Sie entspricht 1/160 einer „imperial gallon", gerundet sind es 28,41 Milliliter. Nicht zu verwechseln ist die britische Flüssigunze mit der in den Vereinigten Staaten verwendeten „US customary fluid ounce". Sie beträgt 1/128 einer US-Gallone und kommt somit auf etwa 29,57 Milliliter.

Pint, Scottish Pint

Das Scottish Pint oder auch „Joug" war die Maßeinheit für Volumen ab dem 15. Jahrhundert. 1 Scottish Pint entsprach 1,696 Liter.

Die heute in Großbritannien immer noch gebräuchliche Einheit Pint, genauer das „imperial pint" (imp pt), umfasst 0,568 Liter (exakt: 20 fl. oz.) und entspricht damit etwa einem Drittel des alten Scottish Pint.

Bushel

1 imperial bushel (imp bsh) = 36,369 Liter

Gallone

Hier muss man unterscheiden zwischen der „Old English Wine Gallon" von 1706 und der Englischen Gallone „Imperial Gallon" (imp gal).

Die „Old English Wine Gallon" entspricht der heutige US-Gallone (US gal) und umfasst 231 Kubikzoll oder 3,7854 Liter. Eine Imperiale Gallone (imp gal) hingegen umfasst 4,54609 Liter, sie beträgt damit genau der 1,2-fachen Flüssigkeitsmenge der Old English Wine Gallon. Die Angaben im Geschichtsteil des Buches sind, falls nicht anders angegeben, Imperiale Gallonen.

Britische Fassgrößen

Wichtig für den Whisky sind natürlich auch die Größen der Fässer, in denen er reift. Die wichtigsten davon sind:

1 Tun = 210 imp gal = 954,68 Liter

1 Butt = 1/2 Tun (105 Gallonen) = 477,3 Liter

1 Hogshead = 1/4 Tun (52,5 Gallonen) = 238,7 Liter

1 Barrel = 1/8 Tun (26,3 Gallonen) = 119,3 Liter

Alkoholstärke

Heutzutage wird die Stärke alkoholischer Getränke in ganz Europa in Volumen-Prozenten, kurz: Vol. %, in Großbritannien auch ABV (Abkürzung für: Alcohol By Volume) angegeben. Ein Liter Whisky mit der Angabe „40 Vol. %" enthält also 0,4 Liter reinen Alkohol.

Früher wurde die Stärke in „percent over/under proof" angegeben. Steuern wurden oft in „shilling per proof gallon" definiert. „Proof spirit" war in Großbritannien durch den „Customs and Excise Act of 1952" definiert als ein Brand, der so stark ist, dass das Gewicht der Flüssigkeit (Alkohol ist ja leichter als Wasser) genau 12/13 des Gewichts der gleichen Menge destillierten Wassers entsprach, gemessen bei 51° Fahrenheit (etwa 10,5°C). Umgerechnet auf Volumen-Prozent entsprach das einem Alkohol von 57,15 Vol. % Stärke. Lange bevor man Dichte und Gewicht genau genug messen konnte, war „proof spirit" übrigens so definiert, dass man Alkohol und Schießpulver in einem bestimmten Verhältnis mischte. Brannte die Mischung, so war der Whisky „proofed" – er hatte seine Stärke also „bewiesen". Brannte die Mischung nicht, war der Whisky zu schwach, also „under proof". Die Definition mit den 12/13 Wassergewicht nahm man erst vor, als man Massen hinreichend genau bestimmen (wiegen) konnte.

Eine sehr gute und gern verwendete Näherung für die Umrechnung von Volumenprozenten in proof ist, die Angabe in Vol. % mal 7/4 zu nehmen, um auf die Angabe in proof zu kommen. Ein Whisky mit einer Stärke von 60 Vol. % hätte also: 60 x 7/4 = 105° proof, oder „5 % over proof". Von Glenfarclas gibt es beispielsweise eine Abfüllung „Glenfarclas 105° proof" mit 60 Vol. %. Dieser Name bezieht sich auf die alte Maßeinheit der Alkoholstärke. Ein Standard-Whisky mit 40 Vol. % Alkohol hätte also 40 x 7/4 = 70° proof, oder wäre „30% under proof".

Zu beachten: die Messung in den USA sieht auch hier wieder ein wenig anders aus. Hier entsprechen 100° proof (sprich: one hundred degree proof) genau 50 Vol. % Alkohol. Man muss hier also die Zahl lediglich halbieren, um auf Volumenprozent zu kommen. Ein amerikanischer Whisky mit 80° proof enthält also 40 Vol. % Alkohol.

Anhang B: Chronologische Ereignisse

In diesem Anhang finden Sie die wichtigsten Ereignisse, die in diesem Buch beschrieben wurden, nochmals als chronologische Tabelle aufgeführt. Die Gründung bestimmter Brennereien wird ebenfalls angegeben, sofern es sich um bedeutende Brennereien für die Whiskygeschichte handelt.

Frühzeit bis 17. Jahrhundert

1494 Exchequer Rolls erwähnen erstmals Whisky

1505 Die Gilde der medizinischen Barbiere erhält das Monopol für die Herstellung des „aqua vitae"

1540-1550 Entwicklung des wassergekühlten Kondensators

1579 Erstes schottisches Gesetz zur Unterbindung der Destillation wegen Missernten (Dezember 1579 bis Oktober 1580)

1644 Erste Steuer auf Alkohol

1660 Erste Malzsteuer in Schottland, Einführung der Steuerfahndung

1688 Erste Steuer für Importprodukte, die sich am Alkoholgehalt orientierte

1690 Duncan Forbes brennt in der Ferintosh-Distillery steuerfrei

1699 Erste Steuer für im Land hergestellte Produkte, die sich am Alkoholgehalt orientiert

18. Jahrhundert

1706 Definition der „Old English (Queen Anne) Wine Gallon" zu 231 Kubikzoll

1707 „Act of Union" vereint die Parlamente von Schottland und England

1713 Einführung der englischen Malzsteuer in Schottland, zunächst mit halbem Betrag

1715 Erster Jakobiter-Aufstand

1720 (geschätzt) Gründung von Kennetpans

1724 George Wade wird nach Schottland entsendet

1725 Einführung der Malzsteuer in ganz GB. Folge: Malt Tax Riots

1733 Bau der ersten Brücke in den Highlands über den River Tay durch General Wade

1736 Der „Gin Act" übersieht, dass in Schottland Whisky produziert und getrunken wird

1746 Zweiter Jakobiter-Aufstand (Schlacht bei Culloden)

1757 Brennverbot (bis Ende 1760) aufgrund von Missernten in bestimmten Landesteilen

1760er Jahre: Whisky setzt sich als Modegetränk in der High Society durch

1772 Glasgower Kaufmann George Buchanan gründet „Littlemill"

1773 James Stein gründet Kilbagie

1774 Verbot kleiner Brennanlagen

1779 Maximalgröße der Kleinanlagen für privaten Gebrauch sinkt auf 2 Gallonen

1780 John Stein gründet die „Dublin Bow Street Distillery" in Irland, die heutige „John Jameson and Son"
James Haig gründet Canonmills
John Haig gründet Lochrin
William Young gründet Hattonburn
Höhere Zölle auf importierten Wein

1781 komplettes Brennverbot für Privatleute

1782 Aufbau einer Steuerfahndung mit weitreichenden Rechten
Missernte und Getreideknappheit

1783 Verschärfung des Gesetzes gegen Schwarzbrenner. Beschlagnahmung von Pferden und Karren möglich.
Vulkanischer Winter 1783/84 wegen Vulkanausbruch in Japan
Brennverbot in Argyllshire
Ende des Amerikanischen Unabhängigkeitskriegs
Nochmalige Erweiterung der Rechte der Steuerfahnder

1784 „Wash Act" (Maische-Gesetz): Pauschalversteuerung der Würze mit 5d pro Gallone
Definition der Highland-Linie
Streichung des Ferintosh-Sonderrechts von Duncan Forbes

1785 Exportverbot von Highland-Whisky auf Gebiete außerhalb der Highlands

1786 „Amended Wash Act" untersagt Export von Highland-Whisky in andere Regionen und begrenzt maximale Malzmenge pro Jahr
Highlands: Erhöhung der Steuer auf £1 10s. Streichen der Eigentümerhaftung. Senkung der Brennraumsteuer auf £1 4s / Gallone
George Milne gründet St Clement's Well
William Menzies gründet Gorbals
Andrew Philip (Cousin von James Stein) gründet Grange
„1786 Scottish Distillery Act" ersetzt den „Wash Act"

1787 Kilbagie bekommt als erste Brennerei eine Dampfmaschine
St Clement's Well folgt kurze Zeit danach dieser Idee
Neudefinition des Gebiets der Highlands

1788 „1788 Lowland License Act" verlangt das Anmelden von Exporten 1 Jahr im Voraus
Mindestgröße für Brennanlagen: 200 Gallonen (Wash Still) bzw. 50 Gallonen (Spirit Still)
Erhöhung der Brennraumsteuer auf £3 / Gallone
Kilbagie stellt den Betrieb ein

1789 Robert Burns beginnt einen Job bei der Steuerfahndung

1790 Canonmills wechselt Besitzer: John Stein
Gründung der Firma „John Haig & Co"

1793 Die Familie Stein kauft die langsam verfallende Kilbagie
Erhöhung der Brennraumsteuer in den Lowlands von £3 auf £9 / Gallone bzw. auf £1 10s / Gallone in den Highlands
Einführen eines Brennverbots innerhalb 2-Meilen-Zone um die Highland-Linie

1795 Verdoppelung der Brennraumsteuer in den Lowlands auf £18 / Gallone, Erhöhung in den Highlands auf £2 10s / Gallone
Teilweise Brennverbote wegen schlechter Ernte für einige Brennereien
Kriegsausbruch zwischen Großbritannien und Frankreich
Whisky ist Schlüsselindustrie in Campbeltown, es gibt 22 Brennereien und 10 im Umland

1796 Verdreifachung der Brennraumsteuer in den Lowlands auf £54 / Gallone
Zusätzlich Einführung einer neuen Steuer auf Brand: 2s 1d / Gallone
Erhöhung Brennraumsteuer in den Highlands auf £4 10s / Gallone

1797 Erhöhung Brennraumsteuer in den Highlands auf £6 10s / Gallone
Einführung des Intermediate Districts mit Brennraumsteuer von £9 / Gallone
Ausschuss zur Untersuchung der Brennereien nimmt Arbeit auf

1799 Ausschuss zur Untersuchung der Brennereien präsentiert Abschluss-Bericht
Erhöhung der Brennraumsteuer in den Lowlands auf £108 / Gallone
Schlechte Ernte

19. Jahrhundert

1800 Schlechte Ernte

1801 Schlechte Ernte, Brennverbot

1806 Kincaple und Kennetpans erhalten je eine Dampfmaschine

1807-1809: Jeweils schwere Herbststürme mit teilweise schwerer Schädigung der Ernte

1809 Kincaple wird dauerhaft geschlossen

1810 William Haig gründet Seggie
Holland exportiert wieder Alkohol nach England

1811 Steuererhöhung
Robert Armour gründet in Campbeltown ein Gewerbe als Klempner und Kupferschmied

1813 Brennverbot aufgrund weit verbreiteter Hungersnot

1814 Sieg über Napoleon
Pflicht zu starken Maischen
Abschaffung des Lizenzsystem basiert auf Brennblasengröße
Steuer: 1s / Gallone Würze plus 2s 11d / Gallone Rohbrand
Brennblasen-Mindestgröße: 2000 Gallonen (Lowlands) bzw. 500 Gallonen (Highlands)

1815 Gründung von Charles Mackinlay & Company

1816 Jahr ohne Sommer, Hungersnöte, Ernteausfälle
Small Still Act, Abschaffung der Highland-Linie, Brennblasen ab 40 Gallonen erlaubt
Steuersenkung um ein Drittel
Steuerfahnder können nun kostenlos auf das Militär zugreifen
(Offizielle) Gründung von Lagavulin, Bowmore, Octomore

1817 Gründung der Stadt Dufftown durch James Duff, 4th Earl of Fife
Gründung der Brennereien Royal Brackla, Teaninich, Auchentoshan
Gleichsetzen der Steuer auf bere und barley

1818 Brennerei Glenturret entsteht

1819 Clynelish wird gebaut
Tägliche Kutschenverbindung zwischen Perth und Inverness

1820 Fertigstellung des Wasserreservoirs „Crosshill Loch" in Campbeltown
Rede des 4. Duke of Gordon vor dem Oberhaus

1821 Andrew Haig gründet Clackmannan
Verabschiedung des „Illegal Distillation (Scotland) Act"
Aufbau eines „Gremiums zur Untersuchung der Steuereinnahmen"

1822 Verabschiedung des Illicit Distillation (Scotland) Act

1823 Neues Verbrauchssteuergesetz „1823 Excise Act" schafft Rechtssicherheit
Brennereigründung: Mortlach

1824 Gründung von Cameronbridge durch John Haig & Co. Ltd.
Gründung von The Glenlivet durch George Smith

1825 Spirit Safe wird Pflicht für alle Brennereien

1827 Einzug der „Light Dragoons" gegen die Schmuggler in Braemar und Corgarff
Hinrichtung von Malcolm Gillespie

1831 Verbesserung der Column Still für Grain-Whisky durch Ing. Aeneas Coffey

1835 In Campbeltown und unmittelbarer Umgebung arbeiten 29 Brennereien parallel

1845 Hungersnot wegen Kartoffelkrankheit

1846 Abschaffung der „Corn Laws"
Gründung „John Dewar's & Sons"

1849 James Haig gründet Sunbury, aka Edinburgh

1850 Andrew Usher bringt „O.V.G" auf den Markt

1853 Forbes Mackenzie Act wird verabschiedet, Startschuss des „Blendings"

1856 Handelsabkommen von John Bald & Co. mit 5 anderen Grain-Brennern
Neubau von Balmoral Castle ist abgeschlossen
Gründung von James Logan Mackie & Co

1857 Gründung der Firma Chivas Brothers

1860er Jahre: Erschließung der Speyside durch die Eisenbahn

1860 „1860 Spirits Act" erlaubt das „blending under bond"
Der Blend „Chivas Regal" wird erstmals verkauft

1865 Gründung der „Scotch Distillers' Association" durch John Haig und weiterer Brenner

1866 Gründung der Brennerei Glenfiddich

1869 Gründung der Brennerei Convalmore

1874 Gründung der „North of Scotland Malt Distillers' Association"

1877 Gründung von „The Distillers Company Limited" (DCL)
Produktion von Malt Whisky erreicht Rekordmarke von 7 Millionen Gallonen

1878 Gründung der „United Kingdom Distillers' Association" durch die DCL

1879 „Old Vatted Glenlivet" wird als Handelsmarke eingetragen

1880 Aufhebung des „Malt Tax Act" (Malzsteuergesetz), Freigabe des Malzhandels
Alfred Barnard bereist ab diesem Jahr fast 120 der damals produzierenden Whisky-Brennereien

1883 Gründung der Firma Mackie & Co

1886 Verabschiedung des „Crofter's Act" und faktisch das Ende der Highland Clearances

1892 Gründung der Brennerei Balvenie

1896 Gründung der Brennerei Dufftown

1897 Gründung der Brennerei Glendullan

1898 Pattison-Crash

1899 Vorstellung des bis heute erhältlichen „Dewar's White Label"

Neuzeit ab dem 20. Jahrhundert

1901 Der Blended Whisky „White Horse" ist erstmals als Flaschenware verfügbar

1905 Famous Grouse ist erstmals unter diesem Namen erhältlich
Verhandlung des „Was ist Whisky"-Falls in erster Instanz

1908 Johnnie Walker entsteht als Marke

1910 Der Blended Scotch „Ballantine's Finest" erscheint

1914 Gründung der Scottish Malt Distillers Ltd. (SMD)
Ausbruch des Ersten Weltkriegs

1915 Verabschiedung des „Immature Spirits (Restriction) Act, 1915", damit Mindestlagerdauer von 3 Jahren für Whisky

1917 Kriegsbedingtes Brennverbot für alle Malt Whisky-Brennereien

1919 John Dewar's & Sons und James Buchanan & Co werden zu Buchanan-Dewar Ltd.

1920 Beginn der Prohibition in den USA

1925 Johnnie Walker & Sons fusioniert mit der DCL
White Horse Distillers Ltd erfindet den Schraubverschluss für Whiskyflaschen

1928 Die DCL gründet mit Turner & Newall die „Carbon Dioxide Co. Ltd." zum Verkauf von CO_2

1933 Prohibition in den USA wird aufgehoben
Buchanan-Dewar Ltd. fusioniert mit der DCL

1939 Ausbruch des Zweiten Weltkriegs

1942 Die „Distillers Biochemicals", eine Tochtergesellschaft der DCL, produziert Penicillin

1962 Bei Perth entsteht die größte Anlage für Blending und Flaschenabfüllung in ganz GB

1974 Royal Lochnagar verkauft nun auch an die Öffentlichkeit (vorher nur an das Königshaus)

1986 Guiness & Co übernimmt die DCL

1987 Guiness & Co gründet „United Distillers"
Die Whisky-Kollektion „Classic Malts of Scotland" wird vorgestellt

1988 Verabschiedung des „Scotch Whisky Act" durch das Parlament

1997 Die Firma Diageo wird gegründet

1998 „United Distillers" und „International Distillers & Vintners" verschmelzen zur „United Distillers & Vintners" (UDV)

2010 Entdeckung alter Whiskyflaschen unter Shackletons Hütte

2015 Fertigstellung der Brennerei Saxa Ford, der nördlichsten Brennerei Schottlands auf den Shetland-Inseln

2017 Gründung Torabhaig, Talisker ist nun nicht mehr die einzige Brennerei auf Skye
Bau der Lindores Abbey Distillery

2023: Steuererhöhung auf £31,64 / Liter reinem Alkohol

Anhang C: Literatur- und Quellenverzeichnis

Da, wie im Vorwort erklärt, im Buchtext nirgendwo auf eine bestimmte Literatur verwiesen wird, wurde im Literaturverzeichnis auf eine Nummerierung verzichtet. Die Literatur- und Quellenangaben sind alphabetisch sortiert, dabei jedoch nach Art des jeweiligen Mediums (Buch, Online-Quelle usw.) aufgeteilt.

Bücher und E-Books

Anderson, George & Peter: „Guide to the Highlands and Islands of Scotland". 3rd Edition. Adam and Charles Black, booksellers and publishers, Edinburgh, 1850. Digitized by the Internet Archive in 2007: https://archive.org/details/guidetohighlands00andeiala/

Andrews, Allen: The Whisky Barons. Verlag: The Angels' Share, an imprint of Neil Wilson Publishing Ltd, Glasgow, 1977. ISBN 1-89778484-8

Archibald, Malcolm: Whisky Wars, Riots and Murders – Crime in the 19th Century, Highlands and Islands. Black & White Publishing, Edinburgh, 2013. ISBN: 978-1-84502696-7

Barnard, Alfred: The Whisky Distilleries of the United Kingdom. First published in 1887 by Harper's Weekly Gazette. Reprinted 2008 edition by Birlinn Limited, Edinburgh. ISBN 978-1-84158652-6

Cooper, Derek & Godwin, Fay: The Whisky Roads of Scotland. Publisher: Jill Norman & Hobhouse Ltd., 1982. ISBN: 0-90690821-3

Daiches, David: Scotch Whisky – It's Past and Present. Published by Andre Deutsch Ltd., 1969. 3rd edition, 1978.

Fallon, Ivan & Srodes, James: Take-overs. Penguin Books Ltd, London, 1987. ISBN 978-0-33029870-4

Gunn, Neil M.: Whisky & Scotland. First published 1935, reprinted 1988. Verlag Mackays of Chatham PLC, Chatham, Kent. ISBN 0-28562279-X

Hendry, Frances Mary: The Clearances. A short, snappy account of the history of the Clearances in England and especially in Scotland, for young adults. Amazon Media EU, 2012.

Hume, John R. & Moss, Michael S.: The Making of Scotch Whisky – A History of the Scotch Whisky Distilling Industry. Neuauflage von 2000. Verlag: Canongate Books Ltd, 14 High Street, Edinburgh EH1 1TE. ISBN 1-84195010-6

Lockhart, Sir Robert Bruce & Lockhart, Robin Bruce: Scotch – The Whisky of Scotland in Fact and Story. Neil Wilson Publishing, 8. Edition, November 2011. E-Book Edition, ISBN 978-1-90647622-9

MacLean, Charles: MacLean's Miscellany of Whisky. Little Books Ltd, London, 2004. ISBN 1-90443523-8

MacLean, Charles: Malt Whisky – The complete guide. Lomond Books Ltd., 2013. ISBN 978-1-84204342-4

MacLean, Charles: Scotch Whisky – a liquid history. Octopus Publishing Group Ltd., London, 2005. ISBN 978-1-84403401-7

MacLean, Charles & MacCannell, Daniel: Scotland's Secret History – The illicit distilling and smuggling of Whisky. Birlinn Ltd., Edinburgh, 2017. ISBN 978-1-78027303-7

Malle, Bettina & Schmickl, Helge: Schnaps brennen als Hobby. 7. Auflage 2010. Verlag Die Werkstatt GmbH. ISBN 978-3-89533411-5

McHarry, Samuel: The Practical Distiller – An Introduction To Making Whiskey, Gin, Brandy, Spirits. Published by John Wyeth, Harrisburgh, PE, 1809. Reprint 2007. ISBN 978-1-61949241-7

Mitchell, Ian R.: Wee Scotch Whisky Tales. E-Book. Verlag Neil Wilson Publishing Ltd, 2015. ISBN 979-1-90600079-0

Munro, David & Gittings, Bruce: Scotland – an Encyclopedia of Places & Landscape. Royal Scottish Geographical Society, 2006. ISBN 978-0-00777352-7

Schreiber, Hermann: Die Geschichte Schottlands. Casimir Katz Verlag, Gernsbach, 1994 – Lizenzausgabe für Weltbild Verlag GmbH. ISBN 3-89350237-8

Sillet, Steve W.: Illicit Scotch. Beaver Books, Aberdeen, 1965.

Smith, Gavin D.: Stillhouse Stories, Tunroom Tales. Verlag Neil Wilson Publishing Ltd, 2013. ISBN: 978-1-90600016-5

Smith, Gavin D.: The Secret Still – Scotland's Clandestine Whisky Makers. Birlinn Ltd., Edinburgh, 2002. ISBN 1-84158236-0

Stirk, David: The Distilleries of Campbeltown – The Rise and Fall of the Whisky Capital of the World (E-Book). Verlag: The Angels' Share, an imprint of Neil Wilson Publishing Ltd, 2013. ISBN E-Book: 978-1-90600055-4, Buch: 978-1-90323884-4

Strachey, Lady: Memoirs of a Highland Lady – The autobiography of Elizabeth Grant of Rothiemurchus, afterwards Mrs. Smith of Baltiboysd. 1797 – 1830. R. R. Clark Limited, Edinburgh.

Townsend, Brian: Scotch Missed – Scotland's Lost Distilleries. Verlag Neil Wilson Publishing, 2004. ISBN: 978-1-89778497-6

Wündrich, Katja & Adams, Seonaidh: Whisky Trails – ein Reisehandbuch für Schottland. Goldfinch-Verlag, Frankfurt am Main, 2. Auflage, 2014. 978-3-940258-35-9

Bücher in Google-Books

Google Books ist eine Sammlung alter Bücher, deren Copyright ausgelaufen ist und die von der Firma Google digitalisiert wurden. Sie werden von ihr ganz oder in Auszügen im Internet zur Verfügung gestellt. Angegeben ist hier neben dem Titel auch die Internetadresse, unter der das jeweilige Buch abrufbar ist.

Dewar, Sir Thomas R. & Dewar, Tommy: A Ramble Round The Globe. London, 1894. Als Nachdruck erhältlich unter ISBN 978-1-01542326-8.
https://books.google.de/books?id=G7cBAAAAYAAJ

Donovan, Michael: Domestic Economy Vol. I – Brewing, Wine-Making, Distilling, Baking &c. Verlag: Longman, Rees, Orme, Brown, and Green, London, 1830.
https://books.google.de/books?id=ZDxPAAAAYAAJ

Leigh, Samuel: Leigh's New Pocket Road-Book of Scotland. Printed by S. & R. Bentley, London, 1829. https://books.google.de/books?id=sBNQAAAAYAAJ

Somers, Robert: Letters from the Highlands; or, The Famine of 1847. Simpkin, Marshall, & Co, London, 1848. https://books.google.de/books?id=UPA98njl1NUC

Artikel in Magazinen und Zeitschriften

Campsie, Alison: „The roads that imposed order on the Highlands". Aus „The Scotsman" vom 18.02.2020. Online: https://www.scotsman.com/heritage-and-retro/heritage/roads-imposed-order-highlands-1995243

Dietz, Vivien E.: „The Politics of Whisky: Scottish Distillers, The Excise and the Pittite State." Aus: Journal of British Studies, Vol. 36, No. 1, Januar 1997, Seiten 35-69.

Glenn, Dr. I. A.: „A Maker of Illicit Stills". Aus: THE KINTYRE ANTIQUARIAN and NATURAL HISTORY SOCIETY MAGAZINE, Issue Number 34, November 1993.
Online: http://www.ralstongenealogy.com/number34kintmag.htm

Karlsson, Björn C. G. & Friedman, Ran: „Dilution of Whisky – the molecular perspective".
Aus: nature, Scientific Reports #7, 6489 (2017).
Online: https://www.nature.com/articles/s41598-017-06423-5

Kullmann, Kurt: „Three Whiskies and a Coffey". Aus: Dublin Historical Record, vol. 71, No. 1, 2018, published by Old Dublin Society.

Middleton, Chris: „Mothers of Scottish Invention - The foundations for blending". Veröffentlicht in: Whisky magazine, Issue 160, 7. Juni 2019.
Online: https://whiskymag.com/story/mothers-of-scottish-invention

(Ohne Autorenangabe) Artikel über den Pattison-Crash in „Otago Witness" vom 02.10.1901, Seite 13. Abgerufen über „Papers Past":
https://paperspast.natlib.govt.nz/newspapers/OW19011002.2.33

Pryde, James; Conner, John; Jack, Frances; Lancaster, Mark; Meek, Lizzie; Owen, Craig; Paterson, Richard; Steele, Gordon; Strang, Fiona; Woods, Jacqui: „Sensory and Chemical Analysis of 'Shackleton's' Mackinlay Scotch Whisky". Veröffentlicht in „Journal of the Institute of Brewing", Vol.117, No.2, 2011, Seiten 156-165.

Weir, Ron: „Rationalization and Diversification in the Scotch Whisky Industry, 1900-1939: Another Look at 'Old' and 'New' Industries". Aus „The Economic History Review", Vol. 42, No. 3 (08/1989).

Sonstige Quellen

A History of Tiree Whisky Distilling. https://archiehendersonhistoricalresearch.wordpress.com/2016/06/06/a-history-of-tiree-whisky-distilling/

Amos, Jonathan: „Shackleton's Endurance: The impossible search for the greatest shipwreck". Artikel auf bbc.com vom 04.02.2022.
https://www.bbc.com/news/science-environment-60239105

History of „The Pear Tree House". https://www.peartreeedinburgh.co.uk/history

Hull, Christian: Temperance Magazine, for the Promotion of Evangelical Religion, and the Principles of True Temperance. Vol. I, London, 1842. Bereitgestellt von der University of Lancashire in Zusammemarbeit mit JSTOR.
https://www.jstor.org/stable/community.29561682

n-tv online: „Forscher entdecken Wrack der legendären 'Endurance'". Artikel vom 09.03.2022. https://www.n-tv.de/wissen/Forscher-entdecken-Wrack-der-legendaeren-Endurance-article23182866.html

National Geographic Documentary Films: „Endurance - Das Wrack im Eis". Dokumentarfilm, 2024.

Public General Act, 4 George IV, c. 94: An Act to grant certain Duties of Excise upon Spirits distilled from Corn or Grain in Scotland and Ireland, and upon Licences for Stills for making such Spirits, and to provide for the better collecting and securing such Duties, and for the warehousing of such Spirits without Payment of Duty. 18 July 1823. Copyright by The Parliamentary Archives of the United Kingdom. GB-061, Catalogue Reference: HL/PO/PU/1/1823/4G4n244.

Report from the Committee upon the Distilleries in Scotland. Reported by the Right Honourable Sylvester Douglas, 12 July 1799. Copyright 2007 by the University of Southampton.

Scotchwhisky.com, eine umfangreiche Sammlung von Informationen über alte und neue Brennereien, Personen aus der Whiskywelt, Whisky-Festivals, Videos, Magazine usw. https://scotchwhisky.com

South Georgia Museum, Internetauftritt. Infos zu Sir Ernest Shackleton. https://sgmuseum.gs/shackleton/

The James Caird Society, Internetauftritt. Infos zu Sir Ernest Shackleton. https://jamescairdsociety.com/shackletons-story/

The Pear Tree, Internetauftritt. Artikel zur Geschichte des Geburtshauses von Andrew Usher jun.: https://www.peartreeedinburgh.co.uk/history

The Scotch Whisky Regulations 2009. https://www.legislation.gov.uk/uksi/2009/2890/contents/made

Whisky.de – Website des Unternehmens, mit vielen Informationen zu Brennereien und Abfüllungen, Hintergrundwissen zu Whisky und einer umfangreichen Flaschen-Datenbank. https://www.whisky.de

Widmann, Esther: „Ernest Shackletons Antarktis-Expedition steht für unglaubliches Durchhaltevermögen und Führungsqualität. Jetzt ist sein Schiff «Endurance» gefunden worden." Artikel in „Neue Züricher Zeitung" vom 09.03.2022: https://www.nzz.ch/wissenschaft/ernest-shackletons-schiff-endurance-in-antarktis-gefunden-ld.1673714

Wilson, Neil: „Whisky Heroes – Robert Armour, Campbeltown". Artikel vom 07.05.2018 auf scotchwhisky.com. https://scotchwhisky.com/magazine/whisky-heroes/18859/robert-armour-campbeltown/

Anhang D: Abbildungsverzeichnis

Die Kartenausschnitte in den Abbildungen 7 und 9 stammen von OpenStreetMap (www. openstreetmap.org) und unterliegen der Open Database License (ODbL) bzw. der Creative Commons Lizenz CC BY-SA 4.0: https://creativecommons.org/licenses/by-sa/4.0/deed.de die eine freie Nutzung und Weitergabe der Daten erlaubt. Änderungen am Kartenmaterial wurden nicht vorgenommen.

Alle Fotografien wurden vom Autor selbst angefertigt.

Abbildung 1: Malzmühle in der Whiskybrennerei Glendronach, hier ein Modell von Robert Boby Ltd.

Abbildung 2: Die außerhalb des Brennhauses platzierten Holzbottiche (worm tubs) für die Spiralkühler der Brennerei Dalwhinnie. Anhand der Tür links der Bottiche lässt sich die immense Größe der Kühler erahnen.

Abbildung 3: Der Spirit Safe in der Brennerei Glendronach ist doppelt ausgeführt. Hierdurch kann der Brennmeister zwei Brennvorgänge gleichzeitig vom selben Platz aus kontrollieren und steuern.

Abbildung 4: Auf der Brennereiführung bei Talisker kommt man auch an diesem nachgestellten Dunnage-Warehouse vorbei. Die Fässer sind allerdings Attrappen und enthalten keinen Whisky mehr.

Abbildung 5: Küfer bei der Arbeit in der Speyside Cooperage.

Abbildung 6: Das Bild zeigt das Etikett des Loch Lomond Organic Single Blend Whiskys, der allerdings inzwischen nicht mehr produziert wird.

Abbildung 7: Aufteilung Schottlands in Highlands (oben), Intermediate-District (Mitte) und Lowlands (unten)

Abbildung 8: Die Pistolen, mit denen George Smith sich verteidigte. Sie wurden der Brennerei Glenlivet von einem Nachfahren von William Smith zur Verfügung gestellt. In der Brennerei kann man die Waffen in einem Schaukasten bewundern.

Abbildung 9: Lage der Brennereien in der Innenstadt von Campbeltown im Jahr 1835.

Abbildung 10: Zweite Replika des Mackinlay's Whisky.

Abbildung 11: GlenWyvis 20-cl-Flasche „The Members' Release".

Abbildung 12: Das neue Besucherzentrum bei Macallan, welches in die Landschaft integriert wurde und aus der Luft fast nicht zu erkennen ist.

Weiterer Titel des Autors aus dem BoD-Verlag

Schottland er-fahren – mit dem Auto durch das nördliche Schottland und die Highlands.

Als Taschenbuch mit 288 Seiten und 19 farbigen Abbildungen (12,99 €) oder E-Book (5,99 €)

ISBN: 978-3-74603276-4

Wie schafft man es, legal in einer Kirche zu übernachten? Wo fließt der kürzeste Fluss Großbritanniens? Wo kann man in Schottland Rentiere, Robben, Wale und Delphine beobachten? Welche Mietwagengröße ist ideal, wie kommt man damit lebend durch einen großen Kreisverkehr und was sind A- und B-Straßen? Was hatte der Sohn des ehemaligen Reichskanzlers Bismarck mit Schottland und Torpedos zu tun? Wie arbeitete ein Leuchtturmwärter und was hatte der Schriftsteller Robert Loius Stevenson mit dem Bau von Leuchttürmen zu tun?

Antworten auf diese und viele weitere Fragen sowie nützliche Reisetipps und Ziele finden Sie in diesem Buch.